Karl-Friedrich Pohlmann
Ezechielstudien

Beihefte zur Zeitschrift für die alttestamentliche Wissenschaft

Herausgegeben von
Otto Kaiser

Band 202

Walter de Gruyter · Berlin · New York
1992

Karl-Friedrich Pohlmann

Ezechielstudien

Zur Redaktionsgeschichte des Buches
und zur Frage nach den ältesten Texten

Walter de Gruyter · Berlin · New York
1992

∞ Gedruckt auf säurefreiem Papier,
das die US-ANSI-Norm über Haltbarkeit erfüllt.

Die Deutsche Bibliothek — CIP-Einheitsaufnahme

Pohlmann, Karl-Friedrich:
Ezechielstudien : zur Redaktionsgeschichte des Buches und zur
Frage nach den ältesten Texten / Karl-Friedrich Pohlmann. —
Berlin ; New York : de Gruyter, 1992
  (Beihefte zur Zeitschrift für die alttestamentliche Wissenschaft ;
  Bd. 202)
  ISBN 3-11-012976-0
NE: Zeitschrift für die alttestamentliche Wissenschaft / Beihefte

ISSN 0934-2575

Printed in Germany
Satz und Druck: Arthur Collignon GmbH, Berlin 30
Buchbinderische Verarbeitung: Lüderitz und Bauer, Berlin 61

Vorwort

Seit fast einem Jahrzehnt bin ich mit Vorarbeiten für den Kommentar zum Ezechielbuch in der Reihe »Das Alte Testament Deutsch« befaßt. Die hier vorgelegten »Ezechielstudien« bieten die bisherigen Ergebnisse meiner Bemühungen am Schreibtisch und in Lehrveranstaltungen. Das Manuskript war im März 1991 abgeschlossen.

Zu danken habe ich Otto Kaiser und dem Verlag Walter de Gruyter für die Aufnahme dieser Studien in die Reihe »Beihefte zur Zeitschrift für die alttestamentliche Wissenschaft«. Den Mitarbeitern des Verlags und zumal Frau Felicia Dörfert danke ich für die hervorragende Zusammenarbeit und die Betreuung der Drucklegung.

Münster, im September 1991   Karl-Friedrich Pohlmann

Inhaltsverzeichnis

A. Zur Frage nach der Entstehung des Buches — Redaktionsgeschichtliche Beobachtungen und Analysen 1

I. Strukturierungen im Ezechielbuch — Die golaorientierte
Redaktion 3

  1. Ez 14 6
    a) Beobachtungen zum Kontext 6
    b) Ez 14,1—23 — Beobachtungen zum Aufbau 7
    c) Ergebnisse 10
  2. Ez 24 11
    a) Zum Aufbau 11
    b) Ez 24,25—27 — Analyse I 17
    c) Ez 24,1—24 und 24,25—27 — Zwischenergebnisse 19
  3. Die »golaorientierte« Redaktion und die Frage nach
    der Entstehung des Beziehungsgeflechts Ez 3,25—27 —
    24,25—27 — 33,21 f. 21
    a) Ez 33,21 f. — Beobachtungen zum Kontext 21
    b) Ez 3,25—27 24
    c) Ez 24,25—27 — Analyse II 27
    d) Ergebnisse 32
  4. Ez 17,22—24 34
    a) Zum Kontext 34
    b) Ez 17,19—21 und Ez 12,13 f. 36
    c) 17,22—24 — Analyse 40
    d) Fazit 43
  5. Zusammenfassung und Folgerungen 43

II. Strukturierungen im Ezechielbuch — »Die Sammlung der
Zerstreuten« — Beobachtungen zur literarischen und theologischen Weiterführung der golaorientierten Konzeption . . 46
  1. Zur Orientierung 46
  2. Die golaorientierte Konzeption in der Endfassung des
    Ezechielbuches — Auflösungserscheinungen, Widersprü-
    che, Unstimmigkeiten (Überblick) 48
  3. Ez 20 und »Die Sammlung der Zerstreuten« im Rahmen
    der golaorientierten Konzeption 54
    a) Ez 20 — Beobachtungen zum Kontext 54
    b) Ez 20,1—44 — Analyse 58
    c) Ez 20 — Zum theologischen Standort 67
    d) Zusammenfassung 75

4. Ez 36,16—38 77
   a) Zum Kontext 77
   b) Analyse 79
   c) Ez 36,16—23a.bα und Ez 38/39 84
   d) Ergebnisse und Folgerungen 86

III. Erwägungen und Thesen zur golaorientierten Fassung des
    Ezechielbuches — Die Visionen Ez 1—3, Ez 8—11 und
    Ez 37 88
   1. Ez 1—3 89
     a) Analyse 89
     b) Fazit 94
   2. Ez 8—11 96
     a) Analyse 96
     b) Fazit 106
   3. Ez 37,1—14 108
     a) Beobachtungen zur vorausgehenden Textfolge Ez 34,1—36,15 . . 108
     b) Ez 37 — Analyse 110
     c) Fazit 119

IV. Strukturierungen im Ezechielbuch — Zusammenfassung und
    Folgerungen 120
   1. Die golaorientierte Redaktion und ihr Ezechielbuch . . 120
     a) Strukturierungen und Textanteile 120
     b) Zur Frage nach älteren vorgegebenen Texten 124
     c) Die golaorientierte Redaktion — Anliegen und Theologie 129
   2. »Die Sammlung der Zerstreuten« — Zum Anliegen der
     Diasporatheologie 131

B. Zur Frage nach den ältesten Texten im Ezechielbuch 135

I. Das Problem 137

II. Textanalysen 139
   1. Ez 19,1—14 139
     a) Zum jetzigen Kontext 139
     b) Ez 19,1—9 — Analyse 140
     c) Ez 19,10—14 151
     d) Zusammenfassung 157
   2. Ez 15 159
     a) Analyse 159
     b) Ergebnisse 173
   3. Ez 17 174
     a) Zum Kontext 175
     b) Zum Verhältnis Bildrede (17,1—10) — Deutung (17,11 ff.) 176

c) Ez 17,1–10 – Analyse 178
d) Ergebnis I 183
e) Zum Verhältnis Ez 17,1–10 – Ez 31* – Fragestellung 183

4. Ez 31 185
   a) Analyse 185
   b) Fazit 189

5. Zur Frage nach den ältesten Texten: Ergebnisse – Folgerungen – Ausblicke 190
   a) Ez 19* – Ez 31* – Ez 15* 190
   b) Ez 19, Ez 31* und Ez 15,2–4a im Verhältnis zu Ez 17 196

6. Ez 17 – Analyse II 197
   a) 17,1–10 197
   b) Ez 17,11–24 201
   c) Ergebnisse 203

7. Ez 23 204
   a) Analyse 204
   b) Ergebnis und Folgerungen 211
   c) Ez 23 – Zur Frage nach dem ältesten Kern 211
   d) Fazit 216

8. Zur Frage nach den ältesten Texten – Zusammenfassung 217

9. Ez 18 219
   a) Zum Kontext 219
   b) Ez 18 – Zur Frage der Einheitlichkeit 221
   c) Ez 18,1–20 – Analyse 222
      Fazit 230
   d) Ez 18,2 231
      Fazit 238
   e) Ez 18,21–32 239
   f) Ez 18 – Zusammenfassung 240
   g) Ez 18 im jetzigen Gesamtkontext des Buches 243

C. Auswertung – Zusammenfassung – Folgerungen 245

Literaturverzeichnis 255

Stellenregister 263

A. Zur Frage nach der Entstehung des Buches —
Redaktionsgeschichtliche Beobachtungen und Analysen

I. Strukturierungen im Ezechielbuch —
Die golaorientierte Redaktion

Die derzeitige Ezechielforschung ist in den wesentlichen Fragen, was Eigenart und Genese des Buches, aber auch die Gestalt eines Ezechiel selbst und Art und Umfang seiner Worte betrifft, zu völlig divergierenden Urteilen gelangt. Annähernd unbestritten ist lediglich, daß die vorliegende Buchfassung das Ergebnis kompositioneller Arbeit ist. Auf welche Weise, ob in einem Zuge[1] oder in mehreren Etappen[2], ob entsprechend von einer Hand oder von unterschiedlichen Personen, in welcher Absicht, für welche Adressaten etc. diese kompositionelle Arbeit geleistet wurde, all diese Fragen werden kontrovers diskutiert und beantwortet. Wenn angesichts der äußerst komplizierten Textverhältnisse überhaupt überzeugende Durchblicke gelingen sollen, um die Genese des Buches und die dahinter stehenden theologischen Reflexionsprozesse nachvollziehen zu können, so empfiehlt es sich zunächst, besonders auf die im jetzigen Buch erkennbaren Strukturierungen zu achten und die jeweilig damit verbundenen konzeptionellen Anliegen zu sondieren.

Bekanntlich stellt das vorliegende Ezechielbuch dem Leser einen Propheten Ezechiel vor Augen, der sich im Kreise der ersten Gola in Babylonien aufhält und sich speziell an diese 597 v. Chr. Exilierten wendet[3]. Diese Konzeption deutet bereits darauf hin, daß dem Stellenwert der ersten Gola ein besonderes Interesse gilt. Darüber hinaus finden sich im jetzigen Buch weitere Indizien, die in die gleiche Richtung weisen. So wird im Anschluß an die einleitenden Kapitel über die Beauftragung Ezechiels (Ez 1—3) im babylonischen Exil in einer Abfolge von Symbolhandlungen und Unheilsansagen (Ez 4—7) Jerusalems Untergang angekündigt und begründet. Die damit implizit aufgeworfene Frage nach dem Stellenwert Jerusalems für Jahwe und einer möglichen Fortsetzung der Beziehung Jahwes zu seinem Volk beantwortet Ez 8—11[4] schließlich dahingehend, daß Jahwe Jerusalem aufgegeben hat und daß er die Jerusalemer restlos verwirft. »Während den im Land Zurückgebliebenen ›Unheil‹

---

[1] Vgl. neuerdings BECKER, Erwägungen zur ezechielischen Frage, FS Schreiner, Künder des Wortes, 1982, der »mit einem Prophetenbuch aus der Retorte (rechnet), das von vornherein und ausschließlich den Exilspropheten Ezechiel zeichnen will« (S. 138).

[2] Vgl. z. B. ZIMMERLI, Ezechiel; GARSCHA, Studien; HOSSFELD, Untersuchungen; KRÜGER, Geschichtskonzepte, u. a.

[3] Vgl. Ez 1,1; 3,12—27; Ez 8—11; Ez 24,24—27; Ez 33,21 ff.

[4] Explizit ausgesprochen (vgl. 9,9; 11,13) in der Frage nach dem »Rest«.

angesagt wird, erhalten gleichzeitig die Exilierten eine ›Heils‹ankündigung«[5]. Die folgenden Kapitel (Ez 12 ff.) arbeiten unter Verwendung
weiterer Unheilsworte außerdem heraus, daß sogar alle diejenigen verwor-
fen sind, die der Katastrophe Jerusalems entrinnen, ja, daß nach der
Katastrophe das gesamte Land öde und wüst daliegt[6]. Da zudem zum
Beschluß der Unheilsankündigungen der Abschnitt 33,21–29 – ursprünglich im Anschluß an Ez 24[7] – noch einmal das Endergebnis »totale
Verwüstung« im Lande vor Augen hält, bleibt nur zu folgern, daß allein
diese erste Gola von Jahwes Volk und als Jahwes Volk übriggeblieben
ist. Demnach kommt auch für die in Ez 34 ff. vorliegenden Heilsworte als
einzig mögliche Adresse nur noch die erste Gola in Frage[8].

Dem korrespondiert, daß in Kap. 33, das insgesamt nach dem jetzigen
Aufbau des Buches zum dritten Heil ankündigenden Teil überleitet, mit
den Versen 33,21 f. auch explizit abgesichert ist, daß sich Ezechiel nach
dem Fall Jerusalems allein noch an die erste Exilsgemeinde wendet.

Daß mit diesen golafavorisierenden Textpassagen des Ezechielbuches
genau jene Auffassung vertreten wird, die auch im Jeremiabuch in bestimmten golaorientierten Passagen[9] zu erheben ist, hat neuerdings KRÜ-
GER gesehen[10]. Er rechnet zutreffend mit einer entsprechenden redaktionel-

---

[5] KRÜGER, Geschichtskonzepte, S. 321; zu 11,15 merkt KRÜGER an: »Die Gegenüberstel-
    lung von *yšby yrwšlm* und *kl byt yśr'l klh* (15) zeugt von einer für das EB völlig
    atypischen ›exklusiven‹ Israel-Konzeption: Die ›Bewohner Jerusalems‹ sind aus ›Israel‹
    ausgeschlossen; ›Israel‹ ist mit der babylonischen Gola identifiziert« (vgl. auch HOSSFELD,
    BEThL, S. 155 f.); es ist allerdings nicht zu übersehen, daß in der jetzigen Textfassung
    von 11,14 ff. die Exilierten in Babylon als die »in die Länder und unter die Völker«
    Zerstreuten angesehen werden; zu weiteren Einzelheiten vgl. unten S. 105 f.

[6] Vgl. programmatisch Ez 14,21–23; 15,8.

[7] Die Fremdvölkerworte Ez 25–32 sind nachträglich zwischengeschaltet worden (vgl. Ez
    24,25–27 und 33,21 f.).

[8] Vgl. ähnlich KRÜGER, Geschichtskonzepte, S. 336, für den die »Gola-freundliche Tendenz
    ... aus Ez 11,14 ff. und dem kompositorischen Ort von 33,23 ff. zu Beginn der Restitu-
    tionsprophezeiungen im zweiten Teil des Buches erkennbar ...« sind. Nach KRÜGER
    (S. 323) legen diese Verse »ein Verständnis der folgenden Restitutionsprophezeiungen als
    Programm einer ›Erneuerung des Lebens in Jerusalem und im Lande Israel durch die
    Rückkehrer aus dem Exil‹ nahe«. Daß 33,23–29 »keine redaktionelle Neubildung«
    (a. a. O., S. 323) sind, wie KRÜGER meint, »sondern die Neuinterpretation einer Gerichts-
    prophezeiung (»Entstehung vor 587«, a. a. O., S. 323) durch ihre Einstellung in den
    Komplex der Restitutionsprophezeiungen von Kap. 33 ff.« (a. a. O., S. 324), leuchtet nicht
    ein (vgl. nur die Aussagen in 33,27).

[9] Zur golaorientierten Redaktion (erste Gola) im Jeremiabuch siehe POHLMANN, Studien,
    vgl. bes. S. 183 ff.; vgl. dazu jetzt auch die Arbeiten von SEITZ (Crisis, VT XXXV;
    Conflict, s. S. 5), LEVIN (Verheißung, S. 165 ff.).

[10] Er (Geschichtskonzepte) postuliert ein »älteres EB« (= Ezechielbuch), das der jetzigen
    Endfassung vorausgehe (vgl. a. a. O., S. 305) und bereits konzeptionell durchdacht redi-
    giert gewesen sei. Da Ez 11,14–20 (vgl. dazu allerdings unten S. 105 f.) »Produkt der

len Bearbeitungsschicht im Ezechielbuch[11]. Allerdings ist zu bezweifeln, daß bislang ihr buchprägendes Profil, die entsprechenden Texte sowie ihr Grundanliegen im vollen Umfang und in eindeutiger Abgrenzung zu anderen redaktionell bedingten Eingriffen erfaßt worden sind. Verwiesen sei nur darauf, daß offensichtlich in der Frage der Textzuordnung noch große Uneinigkeit herrscht[12]. Damit stellt sich die Frage nach den Kriterien, mit deren Hilfe Textabgrenzungen und -zuweisungen möglich sind.

Als sicher kann veranschlagt werden, daß in der genauer zu sondierenden Bearbeitungsschicht als Grundaspekte eng aufeinander bezogen die Sonderstellung der Gola und die Verwüstung des Landes maßgeblich gewesen sind. Denn der besondere Stellenwert der Gola kann nur postuliert werden, sofern das Land selbst, wenn verwüstet, kein »Israelpotential« mehr enthält. Andererseits kann sinnvoller Weise nur insofern Wert darauf gelegt werden, daß das Land nach 587 zur Wüstung geworden und seiner Einwohner, also »Israels« gänzlich entblößt worden war, als ein Israelpotential noch anderweitig zur Verfügung stand, mit dem Jahwe neu beginnen konnte. Folglich kann man davon ausgehen, daß, taucht der eine Aspekt auf, der andere implizit mitgedacht ist. Wo diese beiden genannten Aspekte oder auch nur jeweils einer davon im Ezechielbuch auch sonst nachgewiesen werden können, ist daher mit großer Sicherheit die golaorientierte Redaktion an der Textgestaltung beteiligt gewesen. Das trifft m. E. für den jetzigen Schluß von Ez 14 zu. Ez 14,21—23 handelt vom Unheilsgeschick Jerusalems 587 und bestimmten Begleitumständen, über die hier die in der 2. pers. pl. angesprochenen Exilierten, also die erste Gola, informiert und belehrt werden. Da bisher nur selten und kaum in aller Schärfe Funktion und Stellenwert dieses Abschnitts im Rahmen

---

Redaktion des ›älteren EB‹« sei (a. a. O., S. 323), favorisiere sie demnach »in enger Anlehnung an Aussagen und Formulierungen des von ihr verarbeiteten Materials — in Auseinandersetzung mit Ansprüchen der im Lande Verbliebenen — die babylonische Gola als Boden und Ausgangsgruppe der Neukonstituierung Israels« (a. a. O., S. 323); zu weiteren Einzelheiten vgl. unten S. 46 f.; KRÜGER verweist auf »eine weitgehende Entsprechung in Texten des Jeremiabuchs« (ebd.); er konstatiert, daß »sich die Tendenzen und Interessen der für die Redaktion der (sic!) Jeremiabuchs — in einem näher zu bestimmenden Stadium seiner Entstehungsgeschichte — und die des ›älteren EB‹ verantwortlichen Kreise hinsichtlich ihrer Einschätzung der Rolle der babylonischen Gola weitgehend zu decken« scheinen (a. a. O., S. 337).

[11] Bereits GARSCHA (Studien) hatte Texte wie z. B. Ez 3,10 ff.; 8—11 sowie 24,25—27 und 33,21 ff. einer »deuteroezechielischen Bearbeitung« zugewiesen; sie »vertritt die Position der Exilierten« (a. a. O., S. 297).

[12] So vereinnahmt GARSCHA z. B. Ez 20 (vgl. Studien, S. 113 ff.; vgl. S. 298) und Ez 36,16—32 (a. a. O., S. 219.302) als Textprodukte seiner »deuteroezechielischen Bearbeitung«, die die Position der Exilierten vertritt, während KRÜGER beide Texte letztlich auf Ezechiel selbst zurückführen möchte (vgl. Geschichtskonzepte, S. 442.466).

der golaorientierten Konzeption wahrgenommen worden sind[13], benutzen wir Ez 14,21—23 als Einstieg bei unserem Versuch, die Erkenntnisse über Anliegen und Vorgehensweise der golaorientierten Redaktion im Ezechielbuch weiter zu vertiefen.

1. Ez 14

a) Beobachtungen zum Kontext[14]

Ez 12 und 13 sind über das Thema »Prophetie« miteinander verklammert[15]. Auch Ez 14 steht thematisch zunächst noch (Ez 14,1—11) mit dem Vorausgehenden in Verbindung, da hier über die Voraussetzungen gehandelt wird, die von Seiten derer erfüllt sein müssen, die Ezechiel als Propheten befragen wollen.

Weniger deutlich ist, welcher Zusammenhang zwischen Ez 14,1—11 und dem folgenden Abschnitt Ez 14,12—20 (Thema: individuelle Schuldverhaftung) zu veranschlagen ist. Beiden Texten ist immerhin gemeinsam, daß die darin angesprochenen Fragestellungen unkonkret zeitlos und somit gleichsam theoretisch abgehandelt werden.

Demgegenüber konzentrieren sich Ez 14,21—23 auf eine konkrete historische Situation (vgl. v. 21). Im Blickpunkt steht die Katastrophe Jerusalems von 587 und die Frage nach dem Stellenwert derer, die diesem Unheil entrinnen (vgl. *plṭh* v. 22). Der Autor dieser Verse blickt ganz deutlich schon auf die Katastrophe von 587 zurück; denn er weiß von Jerusalemern, die übrig geblieben sind und ebenfalls in die Verbannung (die erste Gola ist in v. 22 direkt angesprochen) mußten. Hier liegt also eine Aussage ex eventu vor, und zwar (vgl. v. 22) aus golaorientierter Sicht.

Wie die bisherigen Beobachtungen erkennen lassen, sind Ez 12—14 in ihrer jetzigen Abfolge das Ergebnis von Bemühungen, zunächst durchaus unterschiedlichen Fragestellungen (Problem »wahre und falsche Prophetie«) und Anliegen (die Frage nach dem »Rest«, das »wahre Israel«) Rechnung zu tragen und sie aufeinander abzustimmen[16].

Das Anschlußkapitel Ez 15 über das untaugliche Rebholz, eingeleitet mit der Wortereignisformel und mit der Jahwespruch-Formel am Ende,

---

[13] Daß dieser Passus einen golaorientierten »Anhang« darstellt, weil er aus der Absicht resultiert, »der Golah Jojachins die geistige Führung des exilischen Israels zu sichern«, hatte immerhin bereits HERNTRICH, Ezechielprobleme, S. 127 f., gesehen. Nach GARSCHA gehört Ez 14 insgesamt zu einer »sakralrechtlichen Schicht« (jünger als GARSCHAS DEz [vgl. dazu oben Anm. 11]); KRÜGER stuft 14,21—23 als älteres, der golafavorisierenden Redaktion vorgegebenes Material ein (vgl. Geschichtskonzepte, Anhang, S. 523).

[14] Vgl. auch unten zu Ez 15!

[15] Vgl. *ḥzh/ḥzwn* in 12,21—28 und 13,6 ff.

[16] Zu weiteren Einzelheiten vgl. unten S. 7 ff. die Beobachtungen zum Aufbau von Ez 14.

wirkt wie eine in sich abgerundete, selbständige Einheit[17]. Es ist jedoch mit seinen abschließenden Aussagen deutlich auf 14,21—23 abgestimmt. In 15,7 f. heißt es: »und ich gebe das Land zur Wüste«. Daß diese Bemerkung auf der Linie von 14,21—23 liegt, erhellt ein Blick auf Ez 33,21—29; hier wird, nachdem zuvor von dem der Katastrophe von 587 »Entronnenen« (33,21 f.), bzw. von im Lande Überlebenden die Rede war (33,27), abschließend mit der gleichen Formulierung wie in 15,8 (*ntty 't h'rṣ šmmh*) die völlige Verwüstung des Landes (Ez 33,28 f.) angekündigt. Dementsprechend muß man Ez 15,8 als ein Klammerelement auffassen, mit dem Ez 14,21—23 über Ez 15,1—7 hinweg zu Ende geführt werden sollte, bzw. mit dem das Gleichnis vom unbrauchbaren Rebholz gleichsam als Belegstück und Illustration zu jener Auffassung ein- oder umgearbeitet wurde, nach der Juda nach der Katastrophe von 587 trotz einiger Entronnener völlig verwüstet war.

Es ergibt sich somit, daß Ez 15,8 in enger Verbindung zu Ez 14,21—23 zu sehen ist. Der Autor von Ez 15,6—8[18] reflektiert demnach hier mit Hilfe des vorgegebenen Gleichnisses die gleiche Situation, auf die in Ez 14 die Verse 21—23[19] eingingen. Ez 15,6 f. behauptet: Jerusalem nach 597 ist wie ein nutzloses Rebholz, das Jahwe dem Feuer zum Fraß gibt (v. 6αγb). Es werden zwar einige aus dem Feuer herauskommen (v. 7aα), aber das Feuer wird sie doch verzehren (v. 7aβ). Ist Ez 15,6 f. so zu verstehen, so liegt die Weiterführung mit v. 8 dann auf der gleichen Linie: Angekündigt wird die Katastrophe von 587 (vgl. v. 6), angekündigt wird, daß es einige geben wird, die entrinnen werden (vgl. Ez 14,22), die aber dennoch schließlich dem Feuer nicht entgehen (vgl. v. 7a), angekündigt wird die totale Verwüstung des Landes (vgl. v. 8)[20].

b) Ez 14,1—23 — Beobachtungen zum Aufbau

Ez 14,1—11[21] hebt darauf ab, daß die, die sich verschuldet haben (vgl. v. 3 f.7), »aus der Mitte des Jahwevolkes« getilgt werden sollen (vgl. v. 8.9), damit das »Haus Israel« nicht mehr verunreinigt wird, um auf diese Weise »Israel« zu bewahren (vgl. v. 11). 14,1—11 will also gar nicht in erster Linie zeigen, unter welchen Voraussetzungen in der Situation der ersten Gola eine Befragung Jahwes durch Vermittlung Ezechiels in Ord-

---

[17] Zu Ez 15 vgl. die Ergebnisse der unten (S. 159 ff.) vorgelegten Analyse.

[18] Zu Einzelheiten vgl. unten S. 159 ff.

[19] Vgl. hier auch das Stichwort *yṣ'* in 14,22 und 15,7.

[20] Die *šmmh*-Ansage auf Juda bezogen taucht ferner auf in Ez 6,14; 12,20; 14,15 f.; 15,8; 33,28 f.; 35,3.4.12.15; 36,34.

[21] Dazu Mosis, Ez 14,1—11 — ein Ruf zur Umkehr, BZ 19, 1975.

nung geht. Die Ausführungen in 14,4 ff.[22] konzentrieren sich vielmehr auf die Frage, wie eine Gesamtgröße (Volk) intakt gehalten werden kann und ob einzelne Schuldige eine solche Gesamtgröße gefährden können. Hier wird ein Grundsatzproblem verhandelt. Indem der Verfasser darauf verweist, daß Jahwe betreffende Schuldige »aus seinem Volk« ausrotten wird, sind die möglichen Gefahren durch Verschuldungen entschärft; der Verfasser setzt voraus, daß Jahwe den Bestand des Volkes generell garantiert[23]. An keiner Stelle taucht ein Indiz in der Richtung auf, daß hier im Vorausblick oder Rückblick ein umfassendes, das Ganze bedrohendes Gerichtshandeln Jahwes mitbedacht[24] ist[25].

In Ez 14,12 ff. sind die Akzente insofern anders gesetzt, als es hier um die Bewahrung des einzelnen innerhalb eines völlig verdorbenen Landes geht; d. h. hier hat sich die Blickrichtung verschoben; das Problem ist hier anders als in 14,1−11, wie angesichts der Verschuldungen eines Landes der Stellenwert eines einzelnen, der sich nicht verschuldet hat, zu beurteilen ist.

Nimmt man Ez 14,21−23 als direkte Weiterführung von 14,12−20 hinzu, so läuft diese Textfolge jetzt insgesamt darauf hinaus, daß die Jerusalemer, die nach 597 zurückgeblieben waren, 587 uneingeschränkt dem Ausrottungshandeln Jahwes[26] verfallen sind. 14,21−23 will jedoch zugleich klarstellen, daß dem nicht die Tatsache widerspricht, daß der

---

[22] Die zahlreichen Wiederholungen in 14,1−11 (vgl. v. 3 mit v. 4 und v. 7) sind ein Indiz dafür, daß die vorliegende Einheit nicht aus einem Guß ist; die grundsätzlichen Ausführungen in v. 4 ff. dürften ursprünglich ohne die jetzige Einleitung 1−3 direkt an Ez 13 Ende angeschlossen haben und nach der Wortereignisformel und der Anrede direkt zur Sache gekommen sein (vgl. so z. B. Ez 7,1 f.; 11,14 f.; 12,1 f.; 13,1 f.; 15,1 f.; 33,23 f.; 36,16 f. u. ö.). Das Motiv für die Darlegungen in 14,1−3 ist klar: Auf diese Weise soll die erste Gola, repräsentiert durch die Ältesten Israels, der Götzendienerei beschuldigt werden (vgl. auch Ez 20, s. dazu unten S. 54 ff.)!

[23] Bereits HÖLSCHER (Hesekiel, S. 87) verweist auf »Berührungen mit dem Heiligkeitsgesetze«: zu 14,4.7 vgl. Lev 17.8.10.13; 20,2; zu *wntty pny b* in 14,8 vgl. Lev 17,10; 20,3.6; 26,27; zu *whkrty mn* in 14,9 vgl. Lev 17,10; 20,3.5.6; zu *glwlym* in 14,3−7 vgl. Lev 17 ff.

[24] Auch ZIMMERLI vermerkt »das völlige Außerachtlassen der konkreten Lage Jerusalems« (Ezechiel 1−24; S. 308).

[25] Da außerdem die Formulierung »jeder vom Haus Israel und von den Fremdlingen, die als Fremdlinge im Haus Israel weilen« (v. 7) kaum mit der jetzt das ganze Buch prägenden Vorstellung von der exilischen Wirksamkeit Ezechiels in Einklang zu bringen ist, ist zu überprüfen, ob Ez 14,3−11 als Bestandteil einer älteren Fassung eines »Ezechielbuches« erhalten geblieben ist, nach der der Prophet im Lande wirkte. Das Problem, daß hier ein Text vorliegt, der nicht aus dem Munde des Exilspropheten stammen kann, weil darin konkrete Verhältnisse im Lande angesprochen sind, will ZIMMERLI damit aus der Welt schaffen, daß er v. 7 »als eine prophetische Sekundärverwendung einer vorgegebenen nichtprophetischen Redeform« einstuft (Ezechiel 1−24, S. 306).

[26] Vgl. *hkryt* in 14,13.17.19, besonders v. 21.

Katastrophe 587 einige entronnen[27] sind; denn diese sind als Entronnene deswegen noch nicht gerecht; sie sind nicht um ihrer selbst willen entkommen, sondern zu dem Zweck, eben gerade im Blick auf ihren weiteren »Wandel und ihre Taten« (v. 23a) der ersten Gola in Babel als Beweis zu dienen, daß das Totalgericht (14,21b) Jahwes an Jerusalem berechtigt war.

Ein solcher Sonderfall ist jedoch in Ez 14,12—20 nirgends vorgesehen. Ez 14,12—14 arbeitet zunächst lediglich heraus, daß ein wie auch immer vollzogenes Strafgericht Jahwes an einem Land, das sich verschuldet hat, nicht die wirklich Gerechten in das Unheilsgeschehen miteinbezieht: Ein Noah, ein Daniel und ein Hiob würden ihr Leben retten. Ez 14,12—13 spielt also die Möglichkeit durch, daß ein von Jahwe eingeleitetes Gerichtshandeln neben der massa perditionis ja auch noch einige Gerechte treffen könnte. Indem konstatiert wird, daß die wirklich Gerechten ihr Leben retten (vgl. Ez 14,14), ist gewährleistet, daß auch eine umfassende Katastrophe noch innerhalb der Gerechtigkeitsordnung Jahwes zu verstehen ist: Gibt es Gerettete, so handelt es sich um wirklich Gerechte; gibt es sie nicht, so waren eben alle verdorben[28].

Daraus ergibt sich, daß der für Ez 14,21—23 zuständige Autor die grundsätzlichen Feststellungen in 14,12 ff. im Blick auf den Spezialfall der Katastrophe Jerusalems 587 korrigiert. Diese Korrektur oder Klarstellung war in seinen Augen deswegen erforderlich, weil er hier die Gefahr sah, daß die in Ez 14,12—14(15—20) vorgestellte Auffassung zu falschen Schlußfolgerungen über das Endergebnis der Katastrophe von 587 verleitete.

Wie bereits vermerkt blickt der Autor dieser Verse (14,21—23) auf die Katastrophe von 587 zurück. Daß sie keineswegs den völligen Untergang aller Jerusalemer zur Folge gehabt hatte[29], daß es also »Entronnene« gab, und zwar auch solche, die nach Babel ins Exil gelangten, war eine nicht zu bestreitende Tatsache. Für eine die erste Gola favorisierende Position mußte das die Frage aufwerfen, ob dann nicht bei Annahme eines gerechten Gerichts (Ez 14,12—20) diese »Entronnenen« als »Gerechte« einzustufen waren und ihnen daraufhin ein besonderer Stellenwert zuzuerkennen war.

---

[27] *plṭh* in v. 22, vgl. auch Ez 6,8.

[28] Ez 14,15—20 zieht die Linien weiter aus und wirft die Frage auf, inwieweit die Gerechtigkeit der Gerechten Auswirkungen auf die engsten Verwandten bzw. die Folgegeneration hat, und bleibt dabei, daß jeweils nur der Gerechte selbst dem Gericht entgeht. Ob für Ez 14,15—20 möglicherweise ein anderer Verfasser zuständig ist als der, der Ez 14,12—14 formuliert hat, kann hier offen bleiben. Gewisse Indizien deuten daraufhin, daß 14,1—20 jetzt einige Aspekte enthält, die von 14,21—23 und 15,1—8 erst rückwirkend eingetragen wurden (vgl. besonders *šmmh* in 14,15 f. und 15,8!).

[29] Vgl. z. B. auch die Darstellung der Ereignisse und Entwicklungen in Juda nach 587 in Jer 40 ff.; dazu POHLMANN, Studien.

Indem Ez 14,21—23 als prophetisches Zukunftswort darlegt, daß die *plṭh* weniger und ihr Weg ins Exil von Jahwe bereits vor der Katastrophe ins Auge gefaßt war, ließ sich zunächst die Überzeugung absichern, daß der tatsächliche Ablauf der Katastrophe bis in Einzelheiten auf Jahwes Plan zurückzuführen war[30].

Zum andern nimmt hier der Autor zugleich zu der Frage Stellung, welche Funktion dem übriggebliebenen Rest der Jerusalemer nach 587 nun noch zukommen konnte. Für ihn sind es keineswegs Gerechte und Fromme, wie analog zu Ez 14,1—20 an sich zu folgern wäre, die möglicherweise den Anspruch erheben konnten, als der Rest Israels und damit als das wahre Israel zu gelten. Gerade an ihrem Verhalten soll der ersten Gola verdeutlicht werden, daß Jahwes Unheilshandeln Jerusalem nicht umsonst (vgl. Ez 14,23) getroffen hat.

Wie Ez 33,21—29 zum Beschluß der Unheilsankündigungen noch einmal das Endergebnis »totale Verwüstung« im Lande vor Augen hält und aus golaorientierter Sicht damit den Stellenwert derer, die im Lande nach 587 weiterhin existierten,[31] auf die Weise annulliert, daß sie im weiteren Verlauf der Geschichte im Land dort völlig aufgerieben worden sein sollen, so kommentiert 14,21—23 den ebenfalls nicht zu bestreitenden Sachverhalt, daß auch 587 noch einmal Israeliten ins Exil[32] gehen mußten. Im Verbund mit Ez 33,23—29 soll also Ez 14,21—23/15,6—8 sicherstellen, daß Ausgang und Ergebnis der Katastrophe Sonderstellung und Exklusivanspruch der ersten Gola nicht tangieren.

c) Ergebnisse

Der Verfasser von Ez 14,21—23 steht auf der Seite der ersten Gola; er äußert sich zu Fragen, die Identität und Selbstwertgefühl der Gola betrafen, und zwar nach der Katastrophe von 587. Denn erst jene historische Tatsache, daß Jerusalem verbrannt und zerstört wurde, es aber trotz der Katastrophe zahlreiche Überlebende gab und sich nach der Katastrophe entsprechend im Lande die Zustände wieder notdürftig konsolidierten, worüber schließlich auch theologisch reflektiert wurde[33], war die Voraussetzung dafür, daß man sich als Gola mit dem Geschick und dem Stellenwert dieser »Entronnenen« auseinandersetzen mußte[34].

---

[30] Vgl. ähnlich Ez 6,8f. und Ez 12,15; vgl. dazu jedoch unten S. 36ff.

[31] »in den Trümmern«, vgl. Ez 33,24.27.

[32] Vgl. auch Ez 12,11f.; s. dazu aber unten S. 36ff.

[33] Vgl. dazu POHLMANN, Studien, S. 198ff.

[34] Das gleiche Anliegen wie in Ez 14,21—23 dürfte auch in Ez 5,3—4 verhandelt sein. Ob auch Ez 6,8ff. in dieser Richtung zu verstehen ist, bleibt noch zu überprüfen. Hier könnte sich durchaus ein noch jüngeres Stadium der Auseinandersetzung über die Frage nach dem wahren »Israel«, bzw. nach der Zugehörigkeit zum Jahwevolk widerspiegeln.

Daß das in der hier gebotenen Weise geschah, deutet daraufhin, daß die der Katastrophe von 587 entronnenen Gruppierungen — seien es die im Lande verbliebenen, seien es die ins Exil verschleppten — in den Augen der ersten Gola (oder ihrer Abkömmlinge nach der Rückkehr?) dem eigenen Ausschließlichkeitsanspruch entgegenstanden. So erklärt sich, warum diese Gruppierungen abgewertet werden, indem dargelegt wird, daß sie für Jahwes Zukunftspläne keinen Stellenwert mehr haben können.

Deutlich ist ferner, daß der golaorientierte Verfasser unseres Abschnitts 14,21—23 sich mit vorgegebenen Textpassagen auseinandersetzt (14,12—20), sie korrigiert, bzw. mögliche Widersprüche zu seinen eigenen Auffassungen auszugleichen sucht.

Es kann keine Frage sein, daß Ez 14,21—23 in Verbindung mit Ez 15,6—8 auf die gleiche redaktionelle Hand zurückgeht, die auch in Ez 33,21 ff. (vgl. besonders v. 27 ff.)[35] greifbar ist und dort speziell in buchkonzeptioneller Hinsicht das besondere eigene Aussageanliegen der Gola-favorisierung[36] einprägt.

Für Ez 33 insgesamt wird durch 33,21—22 sichergestellt, daß sich der Prophet als Angehöriger der unter Jojachin Exilierten, also der ersten Gola äußert. Eben diese Sichtweise ist auch in Ez 24 (vgl. 24,25—27) verankert. Beide Versgruppen sind zudem inhaltlich so eng aufeinander bezogen, daß keine der jeweils jetzt vorliegenden Fassungen ohne die andere existiert haben kann. Also ist auch in Ez 24 die golaorientierte Redaktion am Werk gewesen. Folgende Beobachtungen zu Ez 24 sollen die bisherigen Erkenntnisse über ihr Anliegen und ihre Vorgehensweise erweitern.

2. Ez 24[37]

a) Zum Aufbau

Es ist unübersehbar, daß bei der Erstellung der Endfassung dieses Kapitels und bei seiner Verklammerung am jetzigen Ort buchkonzeptionelle Absichten ausschlaggebend waren.

Zu 24,1—2: V. 1 setzt hinter 23,1—49 neu ein mit dem Verweis auf ein Jahwewort-Geschehen (Wortereignis-Formel, Selbstbericht) und einer genauen Datierung des Vorgangs. Das angegebene Datum[38] ist wichtig für das Verständnis des Auftrags, den der Sprecher anschließend in v. 2

---

[35] Zu den Analogien zwischen Ez 14,21—23/15,6—8 und Ez 33,27 ff. vgl. oben bei Anm. 20.

[36] Vgl. HÖLSCHER, Hesekiel, S. 167 zu Ez 33,23—29: »Das Heil kommt allein von der *gwlh* in Babylonien«; genauer müßte es allerdings heißen: »von der ersten *gwlh* ...«.

[37] Zu Ez 24 vgl. neuerdings besonders FUHS, BEThL, S. 266—282.

[38] Das Datum selbst und die Art der Angabe entspricht genau II Reg 25,1 (= Jer 52,4; vgl. Jer 39,1).

aus Jahwes Mund erhält. Er soll es aufschreiben, also dokumentarisch festhalten (v. 2a), weil am selben Tag der König von Babel mit der Belagerung Jerusalems begonnen hat.

Die Intention von 24,1−2 ist einmal, daß der Leser sich den Propheten fern von Jerusalem vorstellen soll.[39] Zum andern haben diese Verse die Funktion, sicherzustellen, daß die folgenden Worte (24,3 ff.) zu einem ganz bestimmten Zeitpunkt, eben im deutlichen zeitlichen Abstand noch vor der Eroberung Jerusalems gefallen sind. Zugleich ist mit diesem Datum am jetzigen Ort klar, daß die 24,1 vorausgehenden Worte vor diesem Zeitpunkt ausgesprochen wurden. Außerdem ist damit konstatiert, daß diejenigen Unheilsworte bereits eingetroffen sind, die das Ereignis der Belagerung[40] oder Bedrohung durch die Babylonier[41], besonders aber die Vorbereitungen dazu[42] ansprechen.

24,1−2 resultieren folglich insgesamt aus einem doppelten literarisch-konzeptionellen Anliegen.

Daß die in v. 2 ergehende Aufforderung, »eben diesen Tag« des Belagerungsbeginns zu notieren, den Eindruck bewirken soll, daß sich der Angesprochene nicht in Jerusalem selbst aufhält, ist nur dann sinnvoll, wenn der in v. 2 greifbare Autor diesen Eindruck mit der ganzen ihm vorliegenden oder erarbeiteten Buchfassung in Einklang bringen kann. Er setzt also entweder schon die Buchfassung voraus, die den Propheten im Exil als Angehörigen der ersten Gola darstellt — in diesem Falle hätte er am jetzigen Ort einen entsprechenden Hinweis vermißt und daher nachgearbeitet — oder er ist eben derjenige, der eine solche Buchfassung selbst erstellt. In jedem Fall vertritt er einen golaorientierten Standpunkt.

Da der Vermerk des Datums in v. 1 dazu dient, vorgegebene Texte auf die Weise zu ordnen, daß, wie bereits angedeutet, der Weissagungs- und Erfüllungscharakter vorausgehender und folgender Worte deutlicher in den Blick gerät, liegt hier das Indiz für das Bestreben vor, ein durchstrukturiertes Prophetenbuch, zumindest eine durchstrukturierte Sammlung von Prophetenworten, zu erstellen. Hinter einem solchen Bestreben steckt die Absicht, eine größere Zeiträume übergreifende Metaebene hinter den Ereignissen der Vergangenheit anzudeuten. Die zugrunde liegende theologische Konzeption beinhaltet ein Jahweverständnis, nach dem Jahwe

---

[39] Vgl. EICHRODT, ATD 22,2, S. 225: »... in Palästina hätte er jedenfalls keinen Anlaß zur Niederschrift des Datums gehabt, da jedermann es kannte und kein Beweis für seine Richtigkeit zu führen war. Nur im Exil hatte seine schriftliche Niederlegung einen Sinn ...«.

[40] Vgl. die Symbolhandlungen in Ez 4,1 ff.*.

[41] Vgl. z. B. in Ez 17,1 ff*.

[42] Vgl. Ez 21,23−27; 23,22 ff.

die angesprochenen Unheilsereignisse selbst geplant und gesteuert hat, also auch für die Zukunft weiterhin plant und steuert[43].

Folgende Gründe sprechen dafür, daß für dieses doppelte literarisch-konzeptionelle Anliegen auch zwei unterschiedliche Autoren verantwortlich zeichnen, also zunächst v. 1 ohne die Weiterführung mit v. 2 zu lesen war:

a) Da die mit diesem Datum verbundenen Vorgänge als bekannt gelten konnten (vgl. II Reg 25,1; Jer 52,4; 39,1), war auch ohne die Informationen in v. 2 klar, in welcher Situation die auf v. 1 folgenden Worte (24,3 ff.) ergingen.

b) Die Weiterführung von v. 1 mit v. 3 ff. ist durchaus in Ordnung.

c) V. 2 liest sich wie die Einleitung zu einer Symbolhandlung, die allerdings im folgenden nicht weitergeführt oder erläutert wird. Das hier eingebrachte Jahwewort bleibt, anders als die Einleitung v. 1 erwarten läßt, unabgeschlossen; daher ist davon auszugehen, daß v. 2 zum Zweck einer klarstellenden Ergänzung zu v. 1 konzipiert worden ist.

24,3—27 ist wie folgt aufgebaut: 24,3aα enthält die Aufforderung, einen Maschal über das Haus der Widerspenstigkeit zu sprechen; nach der Botenformel v. 3aβ folgt eine Texteinheit (v. 3b—5), die jetzt als dieses »Gleichnis« verstanden werden soll. Sie schildert »in Form eines Arbeitsliedes die Bereitung eines Festmahls«[44]. V. 6 mit *lkn* und der anschließenden Botenformel leitet eine Texteinheit ein, die sich jetzt bis v. 14 erstreckt[45]. Es ist unübersehbar, daß die Verse 6—14 das Produkt intensiver kompositorischer Arbeit sind, weil hier ein weiteres Bildwort, das vom Ausglühen des verrosteten Kessels (vgl. v. 6.11 f.), mit dem Bild vom Kochen des Fleisches (v. 3b—5) verzahnt worden ist[46] und darüber hinaus das Thema »Blutschuld« eingeführt wird[47].

---

[43] Vgl. ähnlich im Jeremiabuch die Datierungen »im vierten Jahre Jojakims«; für diese Datierungen gilt (vgl. Jer 25,1; 36,1; 46,1 f.), daß hier das Ergebnis berechnender Überlegungen vorliegt, die mit einer schon ausgeprägten Prophetentheorie einhergehen; denn das 4. Jahr Jojakims entspricht dem 1. Jahr Nebukadnezars (25,1). Diese Zeitangabe hängt mit Bemühungen zusammen, auf diesem Wege sicherzustellen, daß Jeremia seine Verkündigung (vgl. Jer 25 und 36!) tatsächlich als prophezeiendes Wort, ja sogar als im Buch fixiertes Prophetenwort (Jer 36!) längst übermittelt hatte, bevor sich in der Gestalt Nebukadnezars das Unheil aus dem Norden am geschichtlichen Horizont abzeichnete; zu den Datierungen im Jeremiabuch vgl. POHLMANN, Die Ferne Gottes, S. 125 f.

[44] FUHS, BEThL, S. 272.

[45] Vgl. die Beschlußformel *nʾm yhwh* in v. 14 Ende und die erneute (vgl. 24,1) Wortereignisformel in v. 15.

[46] »Kochen des Fleisches und Ausglühen des Kessels sind jetzt ein Vorgang« (FUHS, a. a. O., S. 277).

[47] Zu weiteren Einzelheiten vgl. FUHS' ausführliche Analyse zu Ez 24,1—14, a. a. O., S. 267—279.

Der Rest des Kapitels 24,15—27 besteht aus den beiden Einheiten 24,15—24 und 25,25—27, beide jeweils durch die Anrede »Menschensohn« (v. 16 und v. 25) eingeleitet und mit der sogenannten Erkenntnisformel (v. 24 und v. 27) abgeschlossen.

24,15—24 berichten über ein von Jahwe initiiertes Zeichengeschehen und seine Bedeutung. Das Zeichengeschehen besteht darin, daß der Prophet im Blick auf ein von Jahwe angekündigtes Leid von Jahwe beauftragt wird, nicht zu klagen und nicht zu weinen etc. (v. 16.17). Was der Vollzug dieses Auftrags anläßlich des Todes seiner Frau (v. 18) bedeutet (v. 19), legen die Verse 20—24 dar. V. 20 führt mit der im Selbstbericht des Propheten entsprechend verankerten Wortereignisformel eine weitere, jetzt an das »Haus Israel« gerichtete Jahwerede ein, die klarstellt, daß das Verhalten Ezechiels ein Verhalten des Volkes anläßlich eines künftigen von Jahwe bewirkten Unheilsgeschehens im voraus abbildet (v. 22 und v. 24).

Die vorliegende Textfolge enthält deutliche Anzeichen, daß ein älterer Text überarbeitet ist; auffällig ist besonders, daß in v. 22—23 der Prophet plötzlich innerhalb der Jahwerede zur Ich-Rede überwechselt, um selbst dem Volk sein Verhalten zu erklären. Dagegen führt v. 24 die Jahwerede weiter (vgl. v. 24 »..., daß ich Jahwe bin«.). Hier ist es Jahwe nun, der dem Volk den Bedeutungsgehalt des Verhaltens Ezechiels aufdeckt. Mit ZIMMERLI »sind 22 f. als eine formal recht ungeschickte nachträgliche Verdeutlichung, die inhaltlich Aussagen aus 16 f. wiederholt, anzusprechen. Sie gehören nicht zum Grundbestand des Textes. Dieser ist in 21.24 zu finden ...«[48]. Allerdings ist auch v. 21b noch zusatzverdächtig; denn »Subjekt- und Numeruswechsel erweisen v. 21b als sekundär«[49]. Dazu kommt, daß der Hinweis auf das Geschick der »Söhne und Töchter, die ihr zurückgelassen habt« hinter dem Verweis auf die Entweihung des Heiligtums durch Jahwe selbst (v. 21a) die streng parallele Gegenüberstellung von »Lust deiner Augen« (= die Frau Ezechiels) in v. 16 und »Lust eurer Augen« (= Jahwes Heiligtum) sprengt. Die hier somit vorliegende Erweiterung soll offensichtlich die Adressaten des Jahwewortes deutlicher als die Exilierten (1. Gola) kennzeichnen. Zu erwägen ist, ob v. 21b die sekundären Verse 22 f. vorbereiten soll. Nicht übersehen werden darf, daß in v. 22 f. die Adressaten mit dem Verweis darauf, daß sie in ihren Sünden dahinschwinden werden, abqualifiziert werden. Daher ist zu fragen, ob diese Abqualifizierung auf der Ebene der golafavorisierenden Redaktion erfolgt sein kann.

Von 24,22 f. abgesehen ist ferner die Aussage in v. 18aα nachträglich[50] eingebracht worden, die hinter v. 16.17 konstatiert, daß der Prophet »am Morgen« das Volk über das in diesen Versen enthaltene Jahwewort infor-

---

[48] Ezechiel 1—24, S. 570; anders FUHS, BEThL, S. 273 ff.
[49] FUHS, BEThL, S. 274.
[50] »ungeschickter Zusatz«, ZIMMERLI, Ezechiel 1—24, S. 569.

miert hat[51]. Offensichtlich soll hier auch am Beispiel eines den Propheten selbst betreffenden Jahwewortes (v. 16) deutlich vor Augen gestellt und belegt werden, daß sich Jahwes ansagendes Wort erfüllt. Dieses Anliegen berührt sich deutlich mit dem Interesse, das, wie gezeigt wurde[52], in 24,1 zur Einschaltung der Datumsangabe geführt hatte.

Das gleiche Anliegen, Weissagungs- und Erfüllungscharakter vorgegebener Texte sicherzustellen, scheint auch bei der Erstellung der Textfolge 24,1.3−24 insgesamt als Kompositionsprinzip eine Rolle gespielt zu haben. Denn die Abfolge 24,3−14 (das Geschick der Bewohner Jerusalems und der Stadt) vor 24,15−24 (das Geschick des Tempels und die Auswirkungen) − »Gericht über die Bewohner − Zerstörung der Stadt − Vernichtung des Heiligtums − Auswirkungen des Gerichts«[53] − dürfte durchdacht die angesprochenen Vorgänge auseinanderhalten und in der vorliegenden Weise (vgl. II Reg 25) ordnen.

Die mit der Anrede des Propheten in v. 25 neu einsetzende Einheit v. 25−27 ist zwar durch mehrere Verbindungselemente mit der vorausgehenden Texteinheit verknüpft; diese Verknüpfungselemente[54] sind hier jedoch in einer Aussageeinheit eingesetzt, in der es darum geht, den Blick über den zuvor verhandelten Geschehenszusammenhang hinaus zu lenken. Mit jenem Geschehen, das den Verlust des Tempels und seine Auswirkungen betrifft (v. 16−24), wird es nicht sein Bewenden haben. Denn »an jenem Tag« dieses Geschehens (v. 25 als Wiederaufnahme) soll dem Propheten etwas widerfahren, das wieder Zeichencharakter »für sie«, also für die vom Unheilsgeschehen Betroffenen, haben wird (v. 27). Damit ist eine Perspektive angedeutet, die den bisherigen Aussagehorizont von 24,3−24 sprengt und den Zeitrahmen für ein weiterführendes Jahwehandeln entgrenzt[55].

Die vorliegende Fassung von v. 25−27 enthält über die zum näheren Kontext bestehenden Verknüpfungselemente hinaus noch Aussagematerial, aus dem zu entnehmen ist, daß die jetzige Texteinheit in ein Buch übergreifendes Beziehungsgeflecht gehört. So bezieht sich 33,21 mit dem Hinweis auf das Eintreffen des aus Jerusalem »Entronnenen« bei Ezechiel auf die Vorankündigung dieses »Entronnenen« in 24,25 zurück. Außerdem

---

[51] Nach Zimmerli »erscheint das Reden Ez's zu den Leuten in 18aα, das zudem nach seinem Inhalt ganz offenbleibt, auffallend verfrüht« (a. a. O., S. 570); vgl. so auch Fuhs, BEThL, S. 274.

[52] Vgl. oben S. 11 ff.

[53] Vgl. so Fuhs, BEThL, S. 278.

[54] Rückverweis auf »die Sehnsucht der Augen ...« (vgl. v. 16 und v. 21); der Prophet als »Zeichen« (*mwpt*; vgl. v. 27bα und v. 24aα).

[55] Fohrer, Ezechiel, S. 143: »... mit dem Eintreffen des Unheils ist seine Wirksamkeit (Ezechiels) nicht zu Ende, vielmehr kündigt sich etwas Neues an ... Ez soll ein Wahrzeichen dafür werden, daß die Absichten Jahwes über das Gericht hinausgehen.«

korrespondiert der Notiz über das Stummsein Ezechiels in 24,27 die Bemerkung über das Ende der Verstummung in 33,22. Da das Thema »Verstummung Ezechiels« bereits in 3,26 eingeführt ist, ist auch die Verbindungslinie zu diesem Textstück im Auge zu behalten.

Charakteristisch für dieses Beziehungsgeflecht Ez 3,25—27 — 24,25—27 — 33,21 f. ist die Vorstellung, daß der Prophet sich im Kreis der ersten Gola aufhält. Daß dieser Punkt gerade zu Beginn des Buches im Rahmen der Berufung des Propheten, dann schließlich zum Beschluß der Unheilsworte und endlich noch vor dem Einsatz der Heilsankündigungen (Ez 34) hervorgehoben wird, deutet auf eine planvolle Absicht, auf diese Weise vorgegebene Texte oder Textsammlungen zu strukturieren[56].

Als eine weitere Grundkomponente mit Strukturierungsfunktion spielt in diesem Beziehungsgeflecht ferner das hier angesprochene Verstummen des Propheten eine Rolle[57].

Die das Beziehungsgeflecht konstituierende Vorstellung vom Aufenthalt Ezechiels im Kreise der ersten Gola ist zweifellos als ein Indiz dafür zu werten, daß die golaorientierte Redaktion an der Ausgestaltung dieses Beziehungsgeflechtes beteiligt gewesen sein muß. Ob sie auch für das Strukturierungselement »Verstummen Ezechiels«[58] verantwortlich zeichnet, ist dagegen keineswegs sicher.

Im folgenden soll Ez 24,25—27 daraufhin untersucht werden, ob der Verweis auf das Stummsein Ezechiels und die Vorstellung von der exilischen Wirksamkeit Ezechiels auf ein und denselben Autor führen oder ob und in welcher Weise der eine oder andere Aspekt zusätzlich eingeführt worden ist. Es geht dabei darum, Indizien aufzuspüren, die weitere Rückschlüsse auf die Aussageintention und das literarische Vorgehen der golaorientierten Redaktion sowie auf die ihr vorgegebene Textgrundlage ermög-

---

[56] Daraus folgert: Bei einem Versuch, die Frage nach dem Ursprungs- und Herkunftsort der einzelnen Texteinheiten zu beantworten, müssen Ez 3,25—27; 24,25—27 und 33,21 f. unberücksichtigt bleiben; hier liegen literarisch-buchkonzeptionell erstellte Einheiten vor; insofern ist ihr historischer Informationswert fraglich. Die Vorstellung vom Wirken eines Ezechiel unter den Erstexilierten ist vorausgesetzt und hier literarisch-redaktionell umgesetzt worden. Ob diese Vorstellung aus ältesten und älteren Texten und Textzusammenhängen entnommen werden konnte, ist in jedem Fall an den einzelnen Texteinheiten selbst zu überprüfen und nicht vom späteren Buch prägenden Vorstellungsmodell ausgehend von vornherein zu unterstellen (vgl. so das Verfahren ZIMMERLIS u. a.); wenn sich nicht zeigen läßt, daß der älteste Textbestand des Buches das Wirken Ezechiels im Exil bereits widerspiegelt, bleibt zu klären, welcher Ausgangspunkt für die bisher erkannten tendenziösen Sekundär- oder gar Tertiärinformationen über den Wirkungsort Ezechiels zu veranschlagen ist.

[57] Vgl. 3,26aα; 24,27; 33,22b.

[58] Dem Propheten wird im Einleitungsteil im Anschluß an die Beauftragungen sogleich die Verstummung auferlegt (3,26); in 24,27 wird das Ende der Verstummung in Aussicht gestellt; in 33,21 f. schließlich wird vermerkt, daß der Prophet nun reden kann.

lichen. Dabei bleibt zugleich im Auge zu behalten, daß das Beziehungsgeflecht, in dem dieser Abschnitt jetzt steht, möglicherweise auch Eingriffe
erfahren hat, die mit der Ausgestaltung der zu postulierenden golaorientierten Buchfassung zur vorliegenden Endfassung zusammenhängen[59].

b) Ez 24,25−27 − Analyse I[60]

V. 25 ist durch die einleitende Anredeform »Menschensohn« als Jahwerede gekennzeichnet, die die vorausgehende Rede fortsetzt. Jahwe
verweist auf einen »Tag«, den die folgenden Angaben, weil sie z. T. mit
denen in v. 21 übereinstimmen, als einen Termin charakterisieren, an
dem Jahwe verwirklicht, was zuvor in der Auslegung der prophetischen
Zeichenhandlung angesagt wurde. Wie in v. 21 charakterisieren diese
Angaben zugleich die vom Jahwehandeln Betroffenen; indem beschrieben
wird, was Jahwe ihnen an diesem Tag nimmt, ist implizit die Gefühlslage,
die geistige Verfassung angedeutet, in der sich die Betroffenen in der Zeit
bis zu diesem Termin befunden haben sollen.

m'wzm[61] »ihre Zufluchtsstätte« ist analog zu Ez 30,15[62] Jerusalem als
Zentrum der Sicherheit; das dann folgende *mśwś tp'rtm* »die Freude an
ihrer Pracht« dürfte auf den Zion, bzw. Jerusalem als Tempelstadt anspielen
wollen[63]; *mhmd 'ynyhm* (vgl. v. 21), sonst Ausdruck für Kostbarkeiten
allgemein (vgl. I Reg 20,6), kann in Thr 2,4 in Verbindung mit dem Zion
Verwendung finden[64]; in Jes 64,10 ist von »unseren Kostbarkeiten« die
Rede, die zusammen mit dem Tempel vernichtet wurden. *mś' npšm* kann
in vorliegender Kombination[65] nicht eine nochmalige Verstärkung der
vorausgehenden Ausdrücke bedeuten; denn die »Sehnsucht ihrer Seele«
meint ein Verlangen nach etwas, das fern, abwesend nicht erreichbar und
nicht greifbar ist[66]. Da die Angabe am Versende »ihre Söhne und ihre
Töchter« die bisherige Aussagelinie verläßt, sie hier genauso wie in v. 21

---

[59] Vgl. z.B. die jetzige Stellung der Fremdvölkerworte Ez 25−32, die die ursprünglich
      enge Anbindung von Ez 33,21 f. an 24,25−27 unterbrechen.

[60] Vgl. unten S. 27 ff.

[61] Im Vergleich zu v. 21 fehlt in v. 25 *g'wn 'zkm* (vgl. dazu Ez 7,24; hier ebenfalls wie in
      v. 21 in Verbindung mit dem Verweis auf die Entweihung der Heiligtümer): es scheint
      durch *m'wzm* ersetzt und interpretiert worden zu sein. Vielleicht hängt diese Nuance mit
      jenem Eingriff zusammen, der am Versende aus golaorientierter Hand stammt (s. u.).

[62] »Sin« als die »Zufluchtsstätte« Ägyptens; vgl. auch Jes 23,14: Sidon als »Zufluchtsstätte«
      der Tarsisschiffe.

[63] Vgl. Thr 2,1.15; Jes 62,3.5; Ps 48,3; Jes 60,15 (nur *mśwś*); Jes 66,10 konzentriert *mśwś*
      auf Jerusalem; in Jes 64,10 (*byt qdšnw wtp'rtnw*) bezieht sich »unsere Pracht« auf den
      Tempel.

[64] Vgl. noch Thr 1,10, nur *mhmd*.

[65] Vgl. ähnlich v. 21!

[66] Vgl. z. B. Dtn 24,15; Ps 24,4; 25,1; 86,4; 143,8; Jer 44,14 (jeweils *nś'* mit folgendem *npš*).

als späterer golaorientierter Zusatz[67] einzustufen ist, dürfte *mś' npśm* mit diesem Zusatz in Verbindung zu bringen sein.

Der Aussagereihe in v. 25 geht es nach allem darum, die außerordentliche Bedeutung des Verlustes des Zion, des Tempels oder Jerusalems als der Tempelstadt herauszustellen; deswegen wird dreifach auf die enge, positiv empfundene Beziehung dazu hingewiesen.

Die unabgeschlossene syntaktische Struktur von v. 25[68] verlangt nach einer Weiterführung. Diese liegt jetzt in doppelter Weise vor. Sowohl v. 26 als auch v. 27 nehmen mit *bywm hhw'* Bezug auf *bywm qhty* in v. 25. »Es fällt auf, daß dem *bywm qhty* in 25 ein zweifaches *bywm hhw'* entspricht«[69]. Die in v. 26 enthaltene Feststellung ist nur im Vorausblick auf Ez 33,21 verständlich und sinnvoll; verwiesen wird auf den »Entronnenen«, der die Leid verursachende Nachricht bringt. Der hier zuständige Autor setzt die Anwesenheit Ezechiels unter den Erstexilierten voraus[70]. Demzufolge muß er darauf hinweisen, daß »jener Tag« natürlich erst »jener Tag« sein kann, an dem Ezechiel vom Fall Jerusalems Nachricht erhielt. Der Ergänzungscharakter von v. 26 ist in der Forschung überwiegend unbestritten. Somit ist v. 27, ohne den ebenfalls nachgetragenen Hinweis *'t hplyt*, als genuine Weiterführung und eigentliche Zielaussage des ganzen Abschnitts einzustufen. Zielaussage ist, daß an jenem Tage, an dem »das Haus Israels«[71] seine zentrale Mitte verliert und entsprechend in »regloser Starre … seinem Schmerz nur in tiefem, wortlosem Stöhnen Ausdruck«[72] schaffen kann, der Prophet eine Erfahrung derart an sich selbst machen wird, daß er damit zum »Zeichen« (*lmwpt*) »für sie«, also das Haus Israels wird. Diese Erfahrung, die ihm in direkter Anrede vorausgesagt ist, wird sein, daß sein Mund geöffnet wird, daß er reden und nicht mehr stumm sein wird[73].

In der vorliegenden Fortsetzung der Gedankenführung von 24,15 – 24[74] bildet dieses künftige persönliche Widerfahrnis ein weiteres Mal[75]

---

[67] Vgl. oben S. 14.

[68] Zur Funktion von *hlw'* in der vorliegenden Satzkonstruktion vgl. unten Anm. 73.

[69] ZIMMERLI, Ezechiel 1–24, S. 577.

[70] Vgl. v. 25bβ und v. 21b; s. a. schon oben zu v. 2.

[71] Vgl. v. 25 *mhm*, das sich auf v. 21 zurückbezieht.

[72] ZIMMERLI, Ezechiel 1–24, S. 576 zu Ez 24,16 über Ezechiel; vgl. auch S. 574.

[73] Daß die den Propheten betreffende Aussage mit *hlw'* eingeleitet wird, ist bisher wenig beachtet worden. *hlw'* in der vorliegenden Verbindung verstärkt unzweideutig den Erfüllungscharakter der Ansage (vgl. auch Ez 38,14; zur Funktion von *hlw'* vgl. besonders GESENIUS-KAUTZSCH, Hebräische Grammatik, 28. Aufl., § 150 e), ja, man darf eventuell sogar daraus entnehmen, daß der zuständige Verfasser hier deswegen so formuliert, weil er Worte aus »Ezechiels« Mund nach dem Eintritt der Katastrophe vor Augen hat und jetzt schon weiß, daß diese Worte in der weiteren Textabfolge die hier vorliegende Ansage bestätigen werden; vgl. auch unten S. 31.34.

[74] Vgl. besonders v. 24; und analog zur Zeichenhandlung in Ez 12,1–16.

[75] Vgl. 24,16 f.

etwas im voraus ab, was sich entsprechend im Haus Israel abspielen wird. »Es wird kommen, was am Propheten zu sehen war«[76], bzw. zu sehen sein wird: Wie er nicht mehr stumm sein wird, wird der Zeitpunkt kommen, da das Haus Israel nicht mehr stumm sein wird.

c) Ez 24,1−24 und 24,25−27 − Zwischenergebnisse

1. Die Textfolge 24,3−14.15−24*[77] insgesamt ist unter Verwendung bereits vorgegebener Materialien kompositionell durchdacht erstellt worden. 24,15−24* hebt auf den Zeichencharakter eines Verhaltens des Propheten ab, dessen Aussageergebnis im Vergleich zu den sonstigen im Ezechielbuch enthaltenen Zeichenhandlungen[78] sehr gut als Abschlußtext solcher die Katastrophe thematisierenden Passagen paßt[79]. Daher liegt es nahe, schon diese Textkomposition (24,3−24*) auf buchkonzeptionelle Bemühungen zurückzuführen. Darf man auch 24,1 damit in Verbindung bringen, so rückt ihr Anliegen noch deutlicher vor Augen. Der Vermerk des Datums in v. 1 dient dazu, vorgegebene Texte auf die Weise zu ordnen, daß ihr Weissagungs- und Erfüllungscharakter sichergestellt ist. Das ist ein eindeutiges Indiz dafür, daß ein durchstrukturiertes Prophetenbuch, zumindest eine durchstrukturierte Sammlung von Prophetenworten, angestrebt ist[80].

2. Ein späterer, diese Komposition durchredigierender Autor ist in v. 2 sowie in v. 21b greifbar. Für ihn ist Ezechiel der Prophet der ersten Gola. Diese Auffassung war zuvor in 24,1.3−24* kein Thema. Das gilt auch für die ursprüngliche Fassung von 24,25−27*. Auch hier sind die Textbestandteile, aus denen das Wirken Ezechiels im Kreis der ersten Gola gefolgert werden muß, nachträglich eingearbeitet worden[81].

3. Offen ist noch die Frage, ob 24,25−27* von der gleichen Hand stammt, die 24,1.3−24* verfaßt hat[82]. Im Vergleich zu 24,1.3−24* wird hier ein neuer Aussagehorizont eröffnet. Daß der zuvor verhandelte Zeitraum entgrenzt wird, könnte zwar gegen gemeinsame Autorschaft spre-

---

[76] Zimmerli, Ezechiel 1−24, S. 263, zu Ez 12,11.

[77] Die Kennzeichnung jeweils mit * soll hier wie im folgenden festhalten, daß die betreffende Texteinheit noch sekundär zugewachsene Anteile enthalten kann. − Zu den Rekonstruktionsversuchen eines ältesten Kerns vgl. z. B. Hölscher, Hesekiel, S. 128 ff. u. a., ferner neuerdings Fuhs, BEThL, S. 273 ff.

[78] Vgl. z. B. 4,1 ff.

[79] Vgl. so auch Garscha, Studien, S. 83.

[80] Ob auch v. 18aα damit zusammenhängt oder noch etwas später, aber aus dem gleichen Interesse, eingefügt wurde, um den Weissagungs- und Erfüllungscharakter vorgegebener Texte zu verdeutlichen, kann offen bleiben.

[81] Vgl. v. 25Ende, v. 26 und den Hinweis auf den »Entronnenen« in v. 27.

[82] Für einheitliche Verfasserschaft plädiert z. B. Garscha, Studien, S. 86, Anm. 251; vgl. auch Fuhs, BEThL, S. 280.

chen. Andererseits konzipiert der Verfasser 24,25 – 27* sonst durchaus in Analogie zur Gedankenführung in 24,1.3 – 24*. Die Entscheidung, in welcher Verbindung 24,25 – 27* zum vorausgehenden Kontext steht, fällt mit der Beantwortung der Frage, wie in 24,25 – 27* der hier wichtige Aspekt des Stummseins Ezechiels zu beurteilen ist[83], bzw. welche Funktion hier dem Verstummungsmotiv zukommt. Da hierbei zu berücksichtigen ist, daß es ebenfalls in Ez 3,25 – 27 und 33,21 f. auftaucht, ist zu klären, ob ein derartiges Beziehungsgeflecht mit den Knotenpunkten im Eingang des jetzigen Buches sowie am Schluß der Israel geltenden Unheilsworte und nach den Fremdvölkerworten vor den Heilsansagen in einem Wurf aus einer Hand stammt[84]. Wäre das der Fall, so müßte man einen solchen Sachverhalt als ein starkes Argument dagegen werten, daß der Passus 24,25 – 27* im gleichen Zuge mit 24,1.3 – 24* konzipiert worden ist. Obwohl die volle Aussageintention des jetzigen Beziehungsgeflechts erst nach einer genauen Analyse erhoben werden kann, ist doch jetzt schon feststellbar, daß es hier darum geht, zwischen Wirkungsweisen Ezechiels einmal vor und zum anderen nach dem Fall Jerusalems zu unterscheiden, und zwar derart, daß der Prophet nach 3,26 in der ersten Phase »stumm«, konkretisiert *wl' thyh lhm l'yš mwkyḥ*, und nach 33,21 f. in der zweiten Phase »nicht mehr stumm« aufgetreten wäre. Hier liegt also eine das gesamte Buch übergreifende Strukturierung vor. Daß der für 24,1.3 – 24* zuständige Kompositor und Redaktor, der sich hier auf den Erfüllungscharakter des prophetischen Wortes konzentriert, außerdem noch eine derartige Strukturierung im Sinn hat, ist kaum wahrscheinlich.

Für eine eindeutige Klärung der Funktion des Verstummungsmotivs in 24,25 – 27* ist es unumgänglich, das oben erwähnte Beziehungsgeflecht

---

[83] Da die Analyse ergeben hat, daß die beiden Vorstellungen »Ezechiels Wirken im Exil« (Hinweise auf den »Entronnenen«) und »Ezechiels Stummsein« in der vorliegenden Weise erst nachträglich miteinander verknüpft worden sind, sind die in 24,25 – 27 enthaltenen golaorientierten Angaben über Ezechiels Wirken kein Indiz dafür, daß dieser Passus aus anderer Hand stammen muß als 24,1.3 – 24*.

[84] Für ZIMMERLI z. B. sind 24,25 – 27 »als redaktioneller Anhang, der zugleich über die Völkersprüche Ez 25 – 32 hinweg die Brücke zu Ez 33 schlagen soll, zu beurteilen« (Ezechiel 1 – 24, S. 578). Während sich der Nachtrag 24,25 – 27 »als ein aufgrund des Textes von 33,21 f. verfaßtes Element« (a. a. O., S. 810) erweisen soll, weist ZIMMERLI Zweifel »an der Ursprünglichkeit und Echtheit des kurzen Berichts« Ez 33,21 f. zurück (a. a. O., S. 811). Für ZIMMERLI ist also Ez 33,21 f. der Ursprungsort, von dem aus eine »starke Ausstrahlung in das übrige Wort des Prophetenbuches« (= 3,25 – 27 [ein »Element der Nachinterpretation ...«, vgl. S. 111.] und 24,25 – 27) ausgehe. FUHS dagegen beurteilt Ez 24,1 – 27 insgesamt (von einigen wenigen Glossen abgesehen) als »Einheit« im Sinn »eine[r] kunstvolle[n] Komposition« (BEThL, S. 277). Der Abschnitt 24,25 – 27 »bindet diese Einheit in den Kontext des Buches ein. Hier zeigt sich die redigierende Hand des Verfassers von Kap. 24« (a. a. O., S. 277).

näher in Augenschein zu nehmen und daraufhin zu befragen, ob und welch ein Stellenwert sich für den Passus 24,25—27* insgesamt darin ausmachen läßt.

3. Die »golaorientierte« Redaktion und die Frage nach der Entstehung des Beziehungsgeflechts Ez 3,25—27 — 24,25—27 — 33,21 f.

a) Ez 33,21 f. — Beobachtungen zum Kontext

Hinter Ez 33,1—20, den Ausführungen über die erneute (vgl. 3,17—19) Beauftragung des Propheten zum »Wächter« (vgl. 33,7) und seine Aufgaben leitet V. 21 abrupt mit der Mitteilung eines konkreten Datums[85] zu einem Ich-Bericht des Propheten über, in dem er darüber informiert, daß zu dem nach der Exilierung (lglwtnw) gerechneten Zeitpunkt ein aus Jerusalem »Entronnener« mit der Nachricht auftaucht, daß die Stadt genommen[86] ist. V. 22 führt in der vorliegenden Fassung noch einmal hinter das in v. 21 erwähnte Ereignis zurück und berichtet, daß am Abend vor der Ankunft des Entronnenen die Hand Jahwes über den Propheten kam (v. 22aα) und daß Jahwe bis zur Ankunft des Entronnenen am Morgen den Mund des Propheten öffnete. V. 22b konstatiert der Prophet abschließend »und mein Mund wurde geöffnet und ich war nicht mehr stumm«. Mit dieser Bemerkung ist die Texteinheit abgeschlossen; ein direkter, expliziter Zusammenhang mit dem Folgenden ist nicht erkennbar. Denn 33,24 setzt nach der Wortereignisformel (v. 23) mit der Anrede »Menschensohn« und den anschließenden Darlegungen über »die Bewohner dieser Trümmer« neu ein. Trotzdem dürfte die Abfolge 33,21 f.23—29 durchdacht sein. Denn das Hauptanliegen in 33,23—29 ist, unter Berufung auf ein Jahwewort sicherzustellen, daß die Überlebenden der Katastrophe auch noch umkommen werden[87]. Die Notiz über die Nachricht vom Fall der Stadt (33,21) ist dafür der geeignete Anknüpfungspunkt. Das Motiv der Verstummung, bzw. die zuvor erwähnte Aufhebung der Verstummung hat allerdings für 33,23 ff. keinerlei Funktion. Anders liegt der Fall im Blick auf den vorausgehenden Kontext 33,1—20. Dieser Abschnitt ist jedoch möglicherweise erst sekundär der Abfolge 33,21—29 vorgeschaltet worden[88]. Beschränken wir uns zunächst unter Absehung von 33,1—20 auf die Textfolge 33,21—29. Zu klären ist, ob und welche Gründe hier

---

[85] Vgl dazu z. B. KUTSCH, Daten, S. 41 ff.

[86] Wörtlich: »geschlagen« (= hkth h'yr; vgl. Ez 40,1.).

[87] Die mit v. 29 abschließende Texteinheit war bereits als Produkt der golaorientierten Redaktion (der Anredewechsel [in v. 25—26 2. pers. pl.; in v. 27 3. pers. pl.] deutet darauf hin, daß die Einheit nicht in der ursprünglichen Fassung vorliegt; vgl. Lxx, wo v. 25 f. fehlen) klassifiziert worden (vgl. dazu oben S. 4).

[88] Vgl. dazu unten zu »b) Ez 3,25—27«.

ausschlaggebend gewesen sein können, an diesem Ort in Verbindung mit dem hier für den weiteren Kontext notwendigen Hinweis auf den Fall der Stadt auch noch das Ende der Verstummung zu notieren[89]. Im Blick ausschließlich auf die Weiterführungen in 33,23 ff. erscheint dieses Verfahren nur erklärlich, wenn im vorausgehenden Textgut von einer »Verstummung« des Propheten schon einmal die Rede war, und zwar in einer Weise, daß es gleichsam aus einem literarischen Sachzwang unvermeidlich war, bei einem Hinweis über den Fall der Stadt eben auch auf Ezechiels Verstummung einzugehen.

Man muß also annehmen: Die Notiz über das Ende des Verstummens in 33,22 setzt eine frühere Notiz über das Stummsein Ezechiels voraus. Daß nach 33,21 f. die Verstummung zu eben dem Zeitpunkt aufgehoben wird, zu dem der Fall der Stadt bekannt wird, setzt weiterhin voraus, daß die frühere Notiz über Ezechiels Stummsein im Zusammenhang mit Darlegungen über den Untergang der Stadt eng verknüpft war. Da die eben genannten Voraussetzungen in Ez 24,25—27 gegeben sind, muß man folglich postulieren, daß der für 33,21 f. zuständige Autor den dort vorgegebenen Informationen Rechnung zu tragen und sich darauf abzustimmen bemüht ist.

Damit ist auch die Frage erledigt, ob der die Abfolge 33,21—29 arrangierende Autor auch 24,25—27 selbst konzipiert hat in der Absicht, später darauf zurückzukommen. Denn da die Notiz über das Verstummen Ezechiels in 33,22 zum Verständnis des jetzigen Aussagekontexts von 33,21.23—29 nichts beiträgt, also funktionslos und somit an sich verzichtbar ist, so wäre es merkwürdig, wenn der zuständige (golaorientierte) Autor zuvor selbst literarisch die Weichen gestellt, d. h. die Vorbereitungen für die spätere Einfügung eines für seine eigentliche Aussageabsicht (33,23—29) überflüssigen Hinweises getroffen hätte.

Fazit: Versucht man allein im Blick auf die Textfolge 33,21—29 die Hintergründe aufzudecken, die den Verfasser veranlaßt haben, hier die Notiz über Ezechiels Stummsein einzubringen, so kann man nur zu dem Schluß gelangen, daß er bei seinem Anliegen, den Fall Jerusalems zu konstatieren, um im Anschluß daran die weiteren Folgen für die »Bewohner der Trümmer« (33,23 ff.) auszumalen, literarische Vorgaben berücksichtigen mußte, Vorgaben, worin das Verstummen Ezechiels bereits im untrennbaren Zusammenhang mit dem Untergangsgeschick Jerusalems verhandelt war.

Unter dieser Voraussetzung also, daß dem für die Textfolge 33,21—29 zuständigen, golaorientierten Redaktor 24,25—27* bereits vorgelegen hat, leuchtet das Auftauchen des Verstummungsmotivs in 33,21 f. auch ein, obwohl die für den Verfasser wichtige Aussageintention in 33,23—29

---

[89] Zur Möglichkeit, daß nach und mit der Vorschaltung von 33,1—20 eine solche Notiz angebracht sein konnte, vgl. unten S. 24 ff.

auch ohne das Verstummungsmotiv (bzw. die Notiz über das Ende der Verstummung) zu verwirklichen war. Es ist also möglich, die Anmerkung über das Ende der Verstummung in 33,21 f. im Verbund mit 33,23—29 als literarisch jünger einzustufen als den ebenfalls darüber handelnden Passus 24,25—27[90].

Die vorstehenden Überlegungen haben bisher außer acht gelassen, daß sich jetzt von Ez 33,21 f. her zurück über 24,25—27 auch eine Verbindungslinie zu 3,25—27 erstreckt.

Spielt man die denkbaren Möglichkeiten durch, wie dieses Beziehungsgeflecht zustande gekommen sein könnte, so ist einmal zu erwägen, ob die Verbindungslinien von vornherein mit der Abfassung von 3,25—27 geplant waren, ob in 33,25—27 also das Verstummungsmotiv, das für den anschließenden Kontext 33,23 ff. funktionslos ist, von 3,25—27 her am jetzigen Ort seine Funktion erhält. Diese Möglichkeit ist immerhin in Betracht zu ziehen, weil 3,25—27 erwarten läßt, daß zum Thema »Verstummung« noch einmal Stellung genommen werden soll.

Andererseits läßt sich umgekehrt denken, daß im Blick auf eine bereits vorgegebene Einheit 33,21 f., die wiederum 24,25—27 schon voraussetzt (s. o.), die Verbindungslinie, die jetzt in das Berufungsgeschehen Ezechiels zurückführt, von einem 3,25—27 konzipierenden Autor hergestellt wurde.

Bevor ein endgültiges Urteil über die Hintergründe der Entstehung von Ez 24,25—27 möglich ist, ist es daher unumgänglich, auch für Ez 3,25—27 zu klären, zu welchem Zweck dieser Passus am jetzigen Ort untergebracht worden ist.

---

[90] Daß sich ZIMMERLI (vgl. Ezechiel 1—24, S. 577 f.; Ezechiel 25—48, S. 810 ff.) die Entstehung von 24,25—27 von 33,21 f. her erklärt, weil hier »eine starke Ausstrahlung in das übrige Wort des Prophetenbuches (3,26 f.; 24,25—27 ...)« (S. 811) vorliege, leuchtet schon deswegen nicht ein, weil 33,22 in keiner Weise das Verständnis nahelegt, das ZIMMERLI in diesen Vers hineinlesen muß, um dem gesamten Passus die Prädikate »Ursprünglichkeit und Echtheit« (S. 811) zuzusprechen. Da auch sonst im Ezechielbuch »das schwere Aufliegen der Hand Jahwes den Propheten ... in wortlose Starre versetzt« habe, will ZIMMERLI für v. 22 den gleichen Vorgang veranschlagen: »Am Abend kommt die Hand Jahwes auf den Propheten. Am Morgen kommt der *plyṭ*, und Ezechiels Mund wird aufgetan. Man möchte diese Aussage ... am liebsten so verstehen, daß der Zustand der Starre und Wortunfähigkeit am Abend auf den Propheten fiel ... und am Morgen unter dem erregenden Ereignis des Auftretens eines Augenzeugen und seiner Botschaft von ihm wich« (S. 813). — V. 22 ist möglicherweise nicht einmal in der ursprünglichen Fassung erhalten; der doppelte Hinweis auf das »Öffnen des Mundes« erklärt sich am besten, wenn ursprünglich direkt im Anschluß an das »die Stadt ist gefallen« (v. 21 Ende) in Wiederaufnahme von 24,27 das Ende der Verstummung angemerkt wurde; erst eine spätere Hand dürfte dieses Geschehen auf das Wirken der Hand Jahwes zurückgeführt und diesen Vorgang weiter ausgemalt haben. Das Motiv war, klarzustellen, daß nicht die Nachricht vom Fall der Stadt das Ende der Verstummung bewirkte, sondern das Eingreifen Jahwes selbst.

b) Ez 3,25—27

Die über das Berufungsgeschehen Ezechiels handelnden Kapitel 1—3 enthalten in 3,16b—21 eine Textpassage, die im Anschluß an 3,10—16a — Sendungsauftrag an die Gola (v. 11) und Darlegungen über die vom Geist bewirkte Rückversetzung unter die Exilierten in Tel Abib — über die Einsetzung des Propheten zum »Wächter« bzw. Warner und die entsprechenden Aufgaben berichtet. Darauf folgt 3,22—27 mit dem Hinweis auf ein Verstummen Ezechiels in v. 26.

Der Passus 3,16b—21 (über den »Wächter«) berührt sich in vielerlei Hinsicht mit Ausführungen in Ez 18,21 ff. und besonders Ez 33,7 ff. Es ist unübersehbar, daß auch diese Texte über das Amt des »Wächters« und die entsprechenden Ausführungsbestimmungen in einem engen Beziehungsgeflecht miteinander stehen. Die Frage ist auch hier, wie dieses Geflecht zustande gekommen ist, nämlich, ob synchron oder diachron vorgenommene Verknüpfungen vorliegen.

An diesem Beziehungsgeflecht »Ezechiels Beauftragung zum ›Wächter‹« ist zunächst besonders auffällig, daß wie hinter Ez 3,16b—21 in 3,22—25 so auch hinter Ez 33,1—20 in 33,21 f., also jeweils direkt nach den Darlegungen über den »Wächter« das Verstummungsmotiv auftaucht. Das bedeutet, daß das Beziehungsgeflecht »Verstummung« mit dem anderen Beziehungsgeflecht »Ezechiels Beauftragung zum Wächter« verschachtelt worden ist. Die dabei entstandenen Korrespondenzen der Textabfolgen sind mit Sicherheit kein Zufallsprodukt. Das spricht für ein besonderes Aussageanliegen.

Um dieses Aussageanliegen genauer zu erfassen, sind weiterhin folgende Beobachtungen wichtig: Mit 33,1—20 insgesamt (incl. Beauftragung zum »Wächter«) setzt jetzt hinter den letzten Fremdvölkerworten (in Ez 32) jener Teil des Buches ein, der überwiegend an das Haus Israel gerichtete Heilsworte enthält. Vor der Mitteilung der eigentlichen Heilsworte erfolgt also die Beauftragung zum »Wächter«, im Rückblick auf Ez 3,16b—21 also als Wiederaufnahme, bzw. Rückerinnerung an eine Aufgabe Ezechiels, mit der er schon gleich zu Beginn seines Wirkens betraut worden war. Da in 33,21 f. in Verbindung mit der Nachricht vom Fall Jerusalems darüber informiert wird, daß nun die Verstummung Ezechiels ein Ende hat, muß man der Textfolge 33,1—22 insgesamt entnehmen, daß Ezechiel bis zu diesem Zeitpunkt sein »Wächter«-Amt nicht wahrnehmen konnte oder sollte, es aber jetzt nach erneuter, den ursprünglichen Auftrag bestätigender Einsetzung nach dem Fall Jerusalems ausüben kann und soll. Dieser Konzeption korrespondiert die Abfolge 3,16b—27 insofern, als Ezechiel zwar von Anfang an zum »Wächter« bestimmt wird, ihm jedoch die Ausübung dieses Amtes zu Beginn seines Wirkens verwehrt sein soll, da ihm Jahwe die Zunge bindet, ihn »stumm« sein läßt (v. 26) mit der folgenden Feststellung, daß Ezechiel nicht als *ʾyš mwkyḥ*[91] auftreten kann.

---

[91] Vgl. dazu auch HÖLSCHER, Hesekiel, S. 57 f.

Diese Beobachtungen zu den Korrespondenzen zwischen den Textab-folgen 3,16b—27 (Bestimmung zum »Wächter«, Verstummungsmotiv [Zwangssuspendierung]) und 33,1—22 (Bestimmung zum »Wächter«, Verstummungsmotiv [Aufhebung der Suspendierung]) führen zu dem Ergeb-nis, daß das Verstummungsmotiv in diesen Texten lediglich als ein Mittel zum Zweck benutzt wird. Denn das Primäranliegen konzentriert sich nicht auf die Informationen über die Verstummung Ezechiels bzw. die Aufhebung der Verstummung; vielmehr werden diese Informationen ledig-lich dazu verwendet, den zeitlichen Rahmen für die Wirksamkeit Ezechiels als »Wächter« zu strukturieren und klarzustellen, daß er für eine bestimmte Zeit dieses Amt nicht ausüben durfte, bzw. daß er es erst nach Eintritt eines bestimmten Ereignisses ausüben sollte.

Das eigentliche Aussageziel, das bei der Ausgestaltung des zweifachen Beziehungsgeflechts intendiert war, rückt allerdings erst in den Blick, wenn man erkennt, daß die Textfolge 3,16b—21 (Ezechiels Beauftragung zum »Wächter« im Zusammenhang seiner Berufung) jetzt zusammen mit 3,22—27 (anschließende Suspendierung mit Hilfe des Verstummungsmo-tivs) hinter 3,10—16a (Sendungsauftrag für die erste Gola) darauf hinaus will, daß der Prophet sich nicht als »Wächter« und Warner für die Gruppie-rung der ersten Gola betätigen darf. Aus den Textfolgen 3,10—27 und 33,1—22 ist klar, daß die Zeitspanne der Suspendierung vom Amt des »Wächters« sich bis zum Eintreffen der Nachricht vom Fall Jerusalems erstreckt. Für diesen Zeitraum muß demnach nach der jetzigen Darstellung die Gruppierung der ersten Gola auf Ezechiels Dienste als »Wächter« und Warner verzichten. Nach dem Fall Jerusalems soll Ezechiel sein Amt ausüben. »Nach dem Fall Jerusalems« heißt aus der Sicht des hier zuständi-gen Bearbeiters allerdings, daß mit dem Ergebnis und den Auswirkungen der Katastrophe nun nicht mehr nur der Kreis der ersten Gola als die Adresse in Frage kommen kann, an die sich Ezechiel als »Wächter« und Warner, bzw. 'yš mwkyḥ (3,26) richten soll. Es sind nun mindestens auch jene Gruppen eingeschlossen, die, wie auch die golaorientierte Redaktion zugeben muß (vgl. 14,21—23), aber auch anderweitig im Ezechielbuch vermerkt ist (vgl. z. B. 12,15—16), der Katastrophe entronnen sind, falls nicht gar das Diaspora-Israel allgemein mit einbezogen sein soll[92].

Das gesamte Beziehungsgeflecht[93] ist also als eine literarische Kon-struktion zu werten. Sie verfolgt das Ziel, die von der golaorientierten Redaktion erstellte Buchfassung, in der die Autorität des Propheten Eze-chiel exklusiv für die erste Gola in Anspruch genommen war (s. o.), aus dieser Engführung herauszuführen. Mit diesem Anliegen ist zweifellos zugleich eine Relativierung des von der ersten Gola beanspruchten Stellen-wertes verbunden; offen bleiben mag, worauf der Hauptakzent liegen soll.

---

[92] Vgl. dazu unten S. 32 f.
[93] Zu Ez 18 vgl. unten Anm. 114.

Zur Frage, in welchem Stadium der Entstehungsgeschichte des Ezechielbuches Ez 33,1—20 seinen jetzigen Platz erhielt, ergibt sich aus den vorstehenden Darlegungen, daß dem Autor dieses Passus folglich die golaorientierte Abfolge 33,21—29 bereits vorgegeben war. Ferner ist klar, daß dieser Autor von 3,10—27 herkommend auch auf eine Notiz Wert legen muß, die das Ende der Verstummung Ezechiels, bzw. das Öffnen seines Mundes anmerkt. Offen ist allerdings noch, ob ihm eine solche Notiz im vorgegebenen Kontext (Ez 24,1—27/33,21—29*), als er 33,1—20 hineinverankerte, bereits vorlag oder ob sie von ihm selbst im gleichen Zuge mit 33,1—20 zusammen an passender Stelle eingefügt worden ist (33,22). Eine Entscheidung ist im Blick auf die Stellung von v. 22 in 33,21—29 allein nicht möglich. Die Notiz kann sehr wohl bereits vorgegeben gewesen sein; denn es ließ sich zeigen[94], daß die golaorientierte Redaktion, falls 24,25—27* in dem ihr vorgegebenen Buch bereits das Verstummungsmotiv enthielt, gleichsam aus einem literarischen Sachzwang auch das Ende der Verstummung im Kontext von 33,21—29 anmerken mußte.

Man kann sich aber auch gut eine golaorientierte Textfolge (33,21—29) vorstellen, die, falls sie in 24,25—27 das Verstummungsmotiv noch nicht berücksichtigen mußte, lediglich den Fall der Stadt konstatierte (33,21) und mit 33,23 ff. weitergeführt wurde. In diesem Fall müßte man davon ausgehen, daß der Bearbeiter, auf den die Passage über Ezechiel als »Wächter« und anschließend der Hinweis auf die Verstummung (3,17—21.22—27) zurückgeht, konsequenterweise 33,22 im gleichen Akt mit der Vorschaltung von 33,1—20 zusammen eingefügt hat. Man müßte dann außerdem annehmen, daß erst jetzt das Verstummungsmotiv überhaupt eingeführt wurde, also auch jetzt erst in 24, 25—27 Aufnahme fand[95].

Diese Überlegungen zeigen, daß sich bei einem Versuch, die Hintergründe für die Entstehung des zweifachen Beziehungsgeflechts aufzuhellen, alles auf die Frage zuspitzt, zu welchem originalen Zweck und in welchem Redaktionsstadium 24,25—27 entstanden ist.

Es gilt zwischen zwei Möglichkeiten zu entscheiden: Oben hatte sich bereits ergeben, daß Ez 24,25—27 durchaus als Abschlußtext zu 24,1.3—24 in Frage kommen kann, mit dem am jetzigen Ort eine kompositionell erstellte Sammlung von Zeichenhandlungen endet. Andererseits erscheint 24,25—27 jetzt als ein Bestandteil des doppelten Beziehungsgeflechts (Verstummung/Wächter), das eine spätere Redaktionsstufe widerspiegelt.

Im folgenden vergegenwärtigen wir uns daher noch einmal das besondere Anliegen des Redaktors, der das Beziehungsgeflecht 3,10—27 —

---

[94] Vgl. oben S. 22.

[95] Dagegen sprechen allerdings bereits die bisher zu 24,25—27 gewonnenen Einsichten (vgl. dazu oben S. 17 ff.).

(18*) — 33,1–29 konstruiert, und konzentrieren uns dabei auf die Frage, ob und welch eine Funktion 24,25–27 darin zugedacht ist.

Wir hatten schon festgestellt: Dem zuständigen Autor ging es darum, den in der Vorlage akzentuierten Sonderstatus und Exklusivanspruch der ersten Gola zu relativieren. Zu diesem Zweck zeigt er, daß Ezechiel, obzwar Prophet in der ersten Gola, hier das Amt des »Wächters« und Warners nicht ausüben durfte; das Wirken als Wächter läßt er in voller Absicht erst zu einem Zeitpunkt einsetzen, nach dem es möglich war, nun auch weitere Kreise über die erste Gola hinaus mitzuberücksichtigen. So erklärt sich die Suspendierung vom Amt des »Wächters« (Verstummung) bis in die Zeit nach dem Eintritt der Katastrophe 587; seit diesem Zeitpunkt konnten eben auch die mit der zweiten Exilierung nach Babel verschleppten von Ezechiel betreut werden.

Bei diesem Anliegen ist einsichtig, daß er entsprechend in den Bericht über die Berufung Ezechiels eingegriffen hat; ebenso klar ist daraufhin, daß nach einem Bericht oder einer Notiz über Jerusalems Fall entsprechend zu verfahren war. Daß der zuständige Autor zur Durchführung seiner Absicht das Verstummungsmotiv auch in 24,25–27 unterbringen mußte, scheint jedoch keineswegs zwingend. Für seine Konstruktion ist 24,25–27 durchaus verzichtbar, jedenfalls kein Passus, mit dem das Konstrukt steht oder fällt. Daher liegt es jetzt nahe, hier noch einmal auf Ez 24,25–27 zurückzukommen.

c) Ez 24,25–27 — Analyse II

Wir erinnern zunächst daran, daß in dem Abschnitt 24,25–27 einige Indizien dafür sprechen, daß Bestandteile dieses Passus im Textgefüge von Ez 24 schon fest verankert waren, bevor es zu einer golaorientierten Überarbeitung kam[96]. Schon daraus geht hervor, daß 24,25–27* nicht erst zu dem Zeitpunkt an seinen jetzigen Ort eingebracht worden sein kann, zu dem die Passagen über das Amt des Wächters eingearbeitet wurden. Ferner hatte sich gezeigt, daß der Verfasser von 25,25–27* in Analogie zur Gedankenführung von 24,1.3–24 vorging und diese weiterführte.

Selbst wenn man Bedenken hat, 24,25–27* vom gleichen Autor herzuleiten, der auch 24,1.3–24 konzipiert hat, so läßt sich doch nicht übersehen, daß 24,25–27* ganz in seinem Sinne die kompositionell durchdachte Textfolge 24,1.3–24, die ja zugleich als Abschlußtext zu den übrigen im Ezechielbuch enthaltenen Berichten über prophetische Zeichen-

---

96 Vgl. die golaorientierten Zusätze mit Hinweisen auf die Ankunft eines Entronnenen, die nur unter der Voraussetzung möglich waren, daß 24,25–27* der golaorientierten Redaktion schon vorgegeben war.

handlungen fungiert[97], abrunden soll. Denn: Wie Ezechiels Verhalten in 24,16 f. Zeichencharakter zukommt in dem Sinne, daß er etwas abbildet, was später zu einem bestimmten Zeitpunkt das Volk nachvollziehen wird, so wird dem in 24,25—27* erwähnten Widerfahrnis Ezechiels, daß er nach dem Eintritt der Katastrophe nicht mehr stumm sein muß (v. 27a), ebenfalls explizit Zeichencharakter zugesprochen (vgl. v. 24a mit v. 27b). Somit liegt also der Hauptakzent nicht darauf, daß Ezechiel stumm ist und das Ende dieser Stummheit hier angekündigt wird. Der Akzent liegt darauf, zu zeigen, daß, wie hier das Ende der Stummheit Ezechiels in Aussicht gestellt wird und damit für ihn persönlich eine Wende zum Besseren eintreten soll, so auch das Volk analog das Ende seiner Stummheit erfahren und damit die Wende zum Besseren erfahren soll. Zielaussage ist: Noch vor Eintreffen des Unheils hat Jahwe zum Beschluß der den Ablauf der Ereignisse vorabbildenden Zeichenhandlungen die künftige Unheilswende ins Auge gefaßt und darüber seinen Propheten informiert.

Daß es um diese Zielaussage geht und damit um ein Anliegen auf einer Redaktionsstufe, die nicht nur der golaorientierten Redaktion, sondern auch jenen redaktionellen Eingriffen vorausgeht, als deren Ergebnis die Konstruktion des jetzt doppelten Beziehungsgeflechts (Verstummen/Wächter) anzusehen ist, läßt sich im folgenden noch weiter absichern:

Im Zentrum von 24,25—27* steht die Ankündigung »an jenem Tage wird dein Mund sich öffnen (geöffnet werden) und du wirst reden und nicht mehr stumm sein, und du wirst ihnen zum Zeichen«[98]. Während v. 25 ganz eindeutig in Wiederaufnahme vorausgehender Darlegungen[99] formuliert ist, hier also, wenn auch etwas variiert[100], Aspekte aus dem vorausgehenden Kontext aufgegriffen sind, um mit deren Hilfe den gesamten Passus (trotz der mit v. 25aα erfolgten Neueröffnung zu einer selbständigen Redeeinheit) als stimmige Weiterführung zu 24,16—24* zu kennzeichnen[101], fragt man sich im Blick auf die eigentliche Zentralaussage in v. 27, ob und in welchem Sinne hier mit dem Hinweis auf Ezechiels Verstummen vorgegebene Aspekte in 24,16—24* ebenfalls stimmig weitergeführt werden sollen[102]. So ist es z. B. für VOGT »schwer zu sehen, welche

---

[97] S. o. S. 19 f.

[98] *'t ḫplyṭ* ist im Blick auf v. 26 (= golaorientierter Zusatz; s. o.) ursprünglich Marginalglosse und so schließlich in den jetzigen Text geraten.

[99] Vgl. v. 21.

[100] Vgl. dazu oben S. 17 f.

[101] ZIMMERLI, Ezechiel 1—24, S. 570, betont, daß 24,25—27 »in Anlehnung an 15—24 gebildet worden ist«.

[102] GARSCHA erklärt das Verstummungsmotiv von Ez 3,25—27 her. Die in den »Allegorien, die gedeutet werden müssen (etwa Kp 17 vgl. auch Kp 23 und 24,1—5.9—10a)«, und in den symbolischen Handlungen (Verweis auf 21,23 ff.; 24,15—24) dargestellte »›verborgene‹ oder ›indirekte‹ prophetische Verkündigung« werde auf diese Weise »gut in das

inhaltliche Beziehung der Schmerz des Volkes und die Öffnung des Mundes Ezechiels zueinander haben könnten«. Ferner sei merkwürdig, »dass das Ende der Stummheit unvermittelt angekündigt wird, ohne dass im ganzen Kap. 24 überhaupt von Stummheit, noch weniger von ihrem Beginn die Rede gewesen wäre«. Die Überlegung, »dass beide Aussagen (24,21.24 und 24,25—27) durch den Tod der Gattin des Propheten veranlasst worden seien …, da Ezechiel durch den Tod seiner Frau seelisch so erschüttert worden sei, dass er nicht mehr habe sprechen können«, weist Vogt zurück: »Aber der Prophet konnte gleich nach dem Tod noch sehr gut sprechen, und so bleibt die inhaltliche Unstimmigkeit bestehen.«[103].

Dieser Einwand setzt allerdings voraus, daß der Verfasser von 24,27 nur eine totale Stummheit Ezechiels im Sinn haben kann. Das muß jedoch gar nicht der Fall gewesen sein. Überprüft man nämlich im Blick auf den kritischen Vers 27, in welchem Zusammenhang sonst die dort verwendeten Formulierungen 'lm (ni) und pth bezogen auf ph auftauchen, so ergibt sich ein ganz anderes Bild.

In Jes 53,7 wird innerhalb des Berichts vom Leiden des »Knechts« nach den Hinweisen auf Mißachtung (v. 2—3), Schmerzen und Krankheit (v. 4—5) betont, daß der Knecht »seinen Mund nicht auftat« (wl' $ypth$ pyw), und diese Haltung mit der des Lammes vor seinen Scherern verglichen, »das verstummt und den Mund nicht auftut« ($n'lmh$ wl' $ypth$ pyw). Angespielt wird »auf ein von anderen Menschen verursachtes Leid«[104]; jedenfalls ist hier »Verstummen« und »den Mund nicht auftun« eine Reaktion auf konkrete Leidenserfahrungen, also situationsbedingt[105].

In Ps 38,14 stellt der zuvor über Schuld, Krankheit und Anfeindungen Klagende mit ausdrücklichem Verweis auf sein »Seufzen« ('$nhty$ vgl. v. 10)

---

durch die Rahmung 3,25—27 und 24,25.27 vorausgesetzte Wirken des Propheten« eingepaßt (Studien, S. 86) und damit »ein zeitlicher Rahmen der Schweigsamkeit bzw. Nichtwirksamkeit abgesteckt« (Studien, S. 85; vgl. auch die weiteren Schlußfolgerungen S. 288 ff.). Garscha verkennt jedoch, daß das Verstummungsmotiv in 3,25—27 hinter 3,17—21 auf das Beziehungsgeflecht »Ezechiels Wirken als Wächter« bezogen ist, während 24,25—27 eine (künftige) Zeichenhandlung in den Blick rückt und damit ein selbständiges Aussageanliegen beabsichtigt. In 3,25—27 im Verbund mit 33,21 f. geht es lediglich darum, in tendenziöser Absicht zu zeigen, daß die erste Gola keineswegs die Dienste Ezechiels für sich in Anspruch nehmen konnte. 3,25—27 und 33,21 f. sind im engen Zusammenhang mit den Passagen über Ezechiels Wirken als »Wächter« gar nicht als Bestandteile eines Zeichenhandelns konzipiert. Mit diesen Hinweisen fällt auch Vogts Konstruktion (Untersuchungen, S. 97 ff.), zunächst innerhalb von 24,25—27 eine Textverkürzung zu postulieren und dann den Schaden durch Verklammerung von 3,25αβ—26a zwischen 24,25—26α und 26αβ beheben zu wollen.

103 Vgl. Vogt, Untersuchungen, S. 96.

104 Westermann, Jesaja 40—66, S. 213.

105 An eine andere Situation des Verstummens denkt Jes 52,15 (»Könige werden ihren Mund schließen«, nämlich vor Staunen und Verwunderung); vgl. Job 29,9 (»Verstummen« vor Bewunderung).

schließlich fest: »Ich aber bin wie ein Tauber, höre nicht, und wie ein Stummer (*k'lm*), der den Mund nicht öffnet« (*l' ypth pyw*)[106]; auch hier ist der Verstummende in einer konkreten Leidenssituation. Sein Schweigen ist hier wahrscheinlich das Schweigen »vor den Anklagen seiner Feinde«[107].

In Ps 39,3 und 10 ist ebenfalls im Zusammenhang mit Leiderfahrungen des Beters vom »Verstummen« (*'lm*) die Rede: »Wo andere Leidende … schreien, da schweigt er …, verhält sich stumm und still«[108]. V. 10 legt dar, daß der Beter stumm bleibt (*n'lmty*), den Mund nicht öffnet (*l' 'pth py*), weil das Leid von Jahwe kommt.

Nach Thr 3,29 ist die angemessene Haltung in der Situation eines von Jahwe auferlegten Leides, zu schweigen (*dmm*), »den Mund zum Staub zu senken«.

Verwiesen sei ferner auf die späte, aber traditionsgeschichtlich interessante Stelle Dan Lxx 3,33, wo in einer Kollektivklage über eine Not- und Leidenssituation (Auslieferung an die Feinde) betont wird: »und auch jetzt ist es uns nicht gegeben, den Mund zu öffnen«.

Mit diesen Belegen ist sichergestellt, daß Hinweise auf »Verstummen« und »den Mund nicht öffnen« zum Beschreibungsrepertoire von Reaktionen auf erfahrene Not- und Leidenssituationen gehören. Dazu in Korrespondenz ist es für Heilssituationen charakteristisch, daß das »Auftun des Mundes« (vgl. Ez 29,21) ermöglicht wird; nach Ez 16,63 bezeichnet diese Redewendung (*pthwn ph*) »dort wie hier die fröhliche Zuversicht des Redens … Daß dem Propheten hier von Jahwe die fröhliche Zuversicht des Redens zugesagt wird, läßt erkennen, daß er in ebendieser Zuversicht zur Zeit bedrängt ist«[109]. Genau das ist eben nach allem auch der Hintergrund der Formulierungen in 24,27.

Die »inhaltliche Unstimmigkeit«[110] in der jetzigen Abfolge 24,15— 24.25—27* löst sich also in Nichts auf. Der Verfasser von 24,25—27* formuliert in v. 27 durchaus stimmig in Anknüpfung und Weiterführung zu den vorausgehenden Darlegungen, aus denen deutlich genug hervorgeht, daß der Prophet sich in einer Situation befindet, in der ihm die »fröhliche Zuversicht des Redens« genommen ist.

Fazit: Ez 24,25—27* soll hinter 24,1.3—24 als dem Endtext einer allem Anschein nach bereits kompositionell erstellten Sammlung von

---

[106] Vgl. auch die Weiterführung in v. 15, möglicherweise ein späterer Zusatz.
[107] KRAUS, Psalmen 1, S. 294.
[108] KRAUS, Psalmen 1, S. 301 zu v. 3.
[109] ZIMMERLI, Ezechiel, S. 722; vgl. noch das Jubeln des Stummen im Zusammenhang des sich vollziehenden Heils in Jes 35,6; dazu KAISER, Jesaja 13—39, S. 287, s. aber auch S. 289.
[110] VOGT, s. Anm. 103.

Unheilsworten, bzw. Zeichenhandlungen[111] diese Sammlung abrunden und zugleich nach vorn öffnen. Der zuständige Sammler und Autor will zunächst einmal lediglich zeigen, daß das, was als Unheilsgeschick erfahren wurde, da es vom Propheten zuvor in Jahwes Auftrag längst abgebildet oder angekündigt worden war, von langer Hand geplant worden war. Implizit ist damit sicher auch schon die Überzeugung angedeutet, daß Jahwe folglich auch weiterhin, also für die Zukunft, plant. Offen ist in diesen Texten wie auch in Ez 24,1.3—24 allerdings, in welche Richtung. An diesem Punkt setzt 24,25—27* ein. Der zuständige Autor will es offensichtlich nicht dabei bewenden lassen, daß die zu postulierende kompositionell erstellte Textsammlung der Zeichenhandlungen und Unheilsworte den Planungszeitraum Jahwes lediglich bis zum Eintritt der Katastrophe abdeckt. Daher versucht er mit 24,25—27* zu belegen, daß Jahwe bereits vor Eintritt der Katastrophe die Weichen für einen Umschlagpunkt des von ihm geplanten und anschließend durchgeführten Unheilsablaufs gestellt hat[112]. War schon vor Eintritt der Katastrophe dieser Umschlag geplant, so wird er ebenso sicher eintreten, wie die Katastrophe im Nachherein zu den früheren Zeichenhandlungen eingetreten ist. Das Spezifikum der konzeptionell durchdachten Abfolge 24,1.3—24.25—27* ist also, diese Überzeugung einleuchtend zu begründen. Dem Autor von 24,25—27* gelingt das, indem er im Rückgriff auf 24,16—24* zu belegen sucht, daß Jahwe für Ezechiel die Wende seiner persönlichen Misere in Aussicht stellt; der Leser muß von 24,1.3—24 etc. herkommend erwarten, daß diese Wende für Ezechiel eintreten wird.

Müßte man 24,25—27* nicht nur als Abschlußtext zur vorausgehenden Sammlung von Zeichenhandlungen, sondern überhaupt als Abschlußtext auffassen, auf den keine weiteren Worte mehr folgten, so wäre immerhin auch damit, in Andeutungen jedenfalls, eine künftige Wende allgemein in Aussicht gestellt. Denn der bisherigen Systematik zufolge wird das künftige Geschick Ezechiels, daß sein Mund wieder geöffnet wird, mit Sicherheit eintreffen und damit eben das abbilden, was dem Volk ebenfalls mit Sicherheit widerfahren wird.

Daß die angedeutete Wende kommt und in welcher Weise sie kommt, wäre allerdings noch deutlicher vor Augen gemalt, wenn der für 24,25—27* verantwortliche Autor zusätzlich auf prophetische Heilsworte verweisen konnte. Folgte auf 24,25—27*, in welcher Form auch immer, ein prophetisches Heilswort, so war für den Leser damit nicht nur dokumen-

---

[111] Für die Unheilsworte, die das Ereignis der Belagerung (vgl. die Zeichenhandlungen in Ez 4,1 ff.*; 12,1 ff.*) oder Bedrohung durch die Babylonier (vgl. z. B. in Ez 17,1 ff.*), besonders aber die Vorbereitungen dazu (vgl. Ez 21,23—27; 23,22 ff.) ansprechen, deckt 24,1.3—24 auf, daß sie sich bereits erfüllt haben.

[112] Vgl. ähnlich Jer 32; dazu POHLMANN, Die Ferne Gottes, S. 78 ff.; zur Frage nach dem ältesten Kern von Jer 32 vgl. neuerdings WANKE, Jeremias Ackerkauf.

tiert, daß der Umschlag für den Propheten eingetreten war und sich die
Ankündigung der Öffnung des Mundes erfüllt hatte. Für den Leser war
damit zugleich noch deutlicher vor Augen gerückt, daß sich der angekündigte Umschlag im Leben seines Volkes und zugleich das weitere Heilswort
selbst unausweichlich erfüllen müssen.

Somit erweist sich 24,24—27* als ein Stück am Prophetenwort orien-
tierter Überzeugungsarbeit, die darauf abzielt, gerade im Blick auf die
Ereignisse der Vergangenheit, weil sie Jahwes Plan dokumentierten, Hoffnung auf eine in diesem Plan schon längst vorgesehene Wende zu bewirken.

d) Ergebnisse

Die Untersuchungen zu Ez 24 und zur Entstehung des jetzigen Beziehungsgeflechts Ez 3,25—27 — 24,25—27 — 33,21 f. führen zu folgenden
Ergebnissen:

1. Das doppelte Beziehungsgeflecht »Ezechiel als Wächter«/»Verstummung« (3,16—21.22—27 und 33,1—20.21 f.) geht nicht auf die Hand
der golaorientierten Redaktion zurück[113]. Im Rahmen der golaorientierten
Konzeption war Ezechiel von Anfang an und ohne Einschränkung für
die erste Gola zum »Wächter« beauftragt worden (Ez 3,17—21)[114]. Die

---

[113] Vgl. oben S. 24 ff.

[114] Entsprechend wird man davon ausgehen, daß Ez 3,17—21 am jetzigen Ort hinter 3,10—
16a und vor 4,1 ff. verklammert vorgegeben war. Im Rahmen der golaorientierten
Konzeption war damit sichergestellt, daß die erste Gola von vornherein in dem hier
angezeigten Sinne von Ezechiel betreut wurde. Ohne hier die Einzelnachweise vorführen
zu können, erklären sich m. E. die engen Berührungen mit Ez 18,21—24(25—29) und
Ez 33,7—9 wie folgt am besten: 1. Der golaorientierten Redaktion lag Ez 18,21 ff.
bereits vor; Ez 18,21 ff. ist am jetzigen Ort aus weiterführenden Reflexionen zu den
vorausgehenden Darlegungen erwachsen (vgl. dazu unten S. 219 ff.). — 2. Diese lehrhaften Rechtssätze wurden im Rahmen der golaorientierten Konzeption gleich eingangs
dahingehend aufgenommen, daß Ezechiels Tätigkeit in der Situation der ersten Gola nun
auch die besondere Aufgabe einschloß, seinen Leidensgenossen in der Exilsgemeinde
entsprechend dieser Lehre Weisung zu erteilen und über sie zu wachen und zu warnen.
In diesem Zusammenhang greift der zuständige Verfasser auf das Bild des »Wächters«
zurück und formuliert entsprechend Ezechiels Beauftragung in 3,17—21. »Es scheint,
daß das Bild des ›Wächters‹ — unabhängig vom sprachlichen Ausdruck — als Mittel,
die Funktion eines Propheten zu erfassen und zu beschreiben, vorgeprägt und verbreitet
ist« (KRÜGER, Geschichtskonzepte, S. 346, mit Verweis auf Jer 6,17 f., Jes 56,10 f. und
Hab 2,1—5). — 3. Ez 33,1—20 ist das jüngste Stück, und zwar nicht nur aus den bereits
eben dargelegten Gründen, daß hier im Verbund mit dem Verstummungsmotiv (33,21 f.)
der zeitliche Rahmen für Ezechiels Wächtertätigkeit neu abgesteckt wird und Ezechiel
jetzt eben erst nach dem Fall Jerusalems und damit zugleich für die umfassendere
Exilsgemeinde sein Amt ausübt. Dafür sprechen auch folgende Beobachtungen: 33,1—
6 ist von vornherein auf den Abschnitt 7—9 hin konzipiert. Dabei scheint der zuständige
Verfasser bereits Ez 14,12 ff. zu berücksichtigen (vgl. 33,1 und 14,17). Außerdem ist zu

jetzigen Textanordnungen (3,16—21.22—27 und 33,1—20.21 f.) sind erst das Produkt späterer Eingriffe (3,22—27 als Nachtrag zu 3,17—21; 33,1—20 als Vorschaltung vor 33,21 ff.), mit deren Hilfe die Engführung auf den Exklusivanspruch der ersten Gola gerade aufgebrochen werden sollte. Ezechiel ist nach dieser Konzeption zwar bereits bei seiner Berufung zum »Wächter« bestimmt, er wird jedoch dieses Amt erst nach der Katastrophe, und d. h. dann auch für die in diesem Zusammenhang Exilierten ausüben[115].

---

beachten, daß diese Ausführungen über die Aufgabe eines Wächters im Fall von kriegerischen Ereignissen, die Jahwe über irgendein Land herbeiführt (v. 2a), direkt auf die Sammlung der Unheilsworte über fremde Völker folgen. Hier liest sich jetzt 33,1—6 wie eine Erläuterung zu Fragen, wie sie im Blick auf Jahwes Gerichtswirken an anderen Ländern aufbrechen mußten, sofern über dieses Gerichtswirken und seine Auswirkungen auf den je einzelnen Gerechten bzw. Ungerechten reflektiert wurde (vgl. auch Ez 14,12—20). Denn mit v. 6 läuft diese Einheit darauf hinaus, daß der Wächter, der rechtzeitig vor dem Schwert Jahwes warnen soll, sich selbst verschuldet, wenn er seiner Aufgabe nicht nachkommt und dadurch in Kauf nimmt, daß jemand ohne Warnung »in seiner Sünde« dahingerafft wird. Diesem Aussagegefälle ist zu entnehmen, daß der Sinn der Tätigkeit des Wächters in erster Linie darin gesehen wird, die Schuldigen zu retten, bzw. sicher zu stellen, daß sie nicht ungewarnt das Gericht trifft. Dieser Punkt entspricht genau 33,7. 33,1—6 bereitet also einerseits den Spezialfall der Wächtertätigkeit Ezechiels (33,7 ff.) vor, bedenkt aber andererseits im Anschluß an die Völkerworte und damit im Blick auf Jahwes Gerichtswirken in der Völkerwelt generell die Frage, wie sichergestellt ist, daß dieses Gerichtswirken tatsächlich nur die nicht zur Umkehr bereiten Schuldigen trifft. 33,1—6 ist folglich als Brückentext konzipiert, der nach den Völkerworten zu den Ausführungen in 33,7 ff. überleiten soll (auch ZIMMERLI, Ezechiel 25—48, S. 799, erwägt die Möglichkeit, »daß 7—9 zunächst als selbständiges Wort bestanden hätte, zu dem dann 2—6 als Erläuterung hinzugetreten wäre«). Dem zuständigen Verfasser muß allerdings 33,7—9 bereits anderweitig vorgegeben gewesen sein; nur so erklärt sich, daß 33,1—6 (für das Volk durch Ezechiel zu vermittelnde Darlegungen Jahwes, vgl. v. 2) mit 33,7—9 fortgesetzt wird, obwohl hier die für Ezechiel bestimmten Anweisungen Jahwes gar nicht für die Weitergabe an das Volk bestimmt sind. Da auch 33,10—20 wieder für die Zuhörer Ezechiels bestimmte Darlegungen Jahwes enthalten (33,10.11.12), erweist sich 33,7—9 als ein Sonderstück innerhalb der Einheit 33,1—20. Daß 33,7—9 nicht von demjenigen konzipiert worden sein kann, der den vorausgehenden und nachfolgenden Kontext erstellt hat (unter Auswertung von Ez 18 [vgl. z. B. Ez 18,25—30a und 33,17—20], Ez 24,23 [vgl. Ez 33,10], mit Bezug auf Ez 20 [vgl. Ez 33,15 und 20,11.13.21]), geht auch schon aus der nicht aufeinander abgestimmten Diktion hervor (vgl. die unterschiedlichen Wendungen in 6bβ [*wdmw myd hsph 'drš*] und 8bβ [*wdmw mydk 'bqš*] sowie in 5bβ [*npšw mlṭ*] und 9bβ [*npšk hṣlt*]). Alle diese Beobachtungen zwingen zu dem Schluß, daß dem Verfasser von Ez 33,1—20 die Einheit Ez 3,17—21 vorgegeben war. So erklären sich die wortwörtlichen Übereinstimmungen zwischen 33,7—9 und 3,17—19. Die Vorgabe in 3,17 ff. über Ezechiels Beauftragung zum Wächter erzwang die wörtliche Übernahme in den neuen Kontext.

[115] Vgl. oben S. 24 ff.

2. Der golaorientierten Redaktion geht eine bereits theologisch syste-
matisierte, kompositionell erstellte Abfolge von Unheilsworten und Zeichenhandlungen voraus. Ez 24* hat darin die Funktion, den Unheilsteil
abzuschließen und zugleich (mit 24,25—27*) die Wende zum Heil zu
markieren, d. h. wahrscheinlich zu Heilsworten überzuleiten[116].
3. Das Motiv der »Verstummung« ist in Ez 24,27 ursprünglich.
Der Verfasser von 24,25—27 formuliert in v. 27 durchaus stimmig in
Anknüpfung und Weiterführung zu den vorausgehenden Darlegungen[117].
4. Die golaorientierte Redaktion hat bei Abfassung von 33,21 f.
gleichsam aus literarischem Sachzwang den bereits in 24,25—27* vorliegenden Hinweis auf das Verstummen Ezechiels mitberücksichtigen müssen[118].

4. Ez 17,22—24

Wir hatten oben[119] bereits darauf hingewiesen, daß die golaorientierte
Redaktion sinnvoller Weise nur insofern Wert darauf legen kann, daß das
Land nach 587 zur Wüstung geworden und seiner Einwohner, also »Israels«, gänzlich entblößt worden war, als ein Israelpotential noch anderweitig vorausgesetzt ist, mit dem Jahwe neu Heil wirkend beginnen
konnte. Kann man folglich davon ausgehen, daß, taucht der eine Aspekt
auf, der andere implizit mitgedacht ist, so ist noch im Blick auf Ez 17,22—
24 zu überprüfen, ob und in welcher Weise die golaorientierte Redaktion an
der Textgestaltung des hier vorliegenden Heilswortes im jetzigen Kontext
beteiligt gewesen ist[120].

a) Zum Kontext[121]

Wir konzentrieren uns zunächst auf die 17,22—24 direkt vorausgehenden Verse 19—21. Diese mit der Botenformel neu einsetzende Texteinheit
unterscheidet sich von den bisherigen Darlegungen 17,11—18 dadurch,
daß hier plötzlich anders als zuvor Jahwe selbst der Beleidigte ist; hier ist

---

[116] Vgl. oben S. 17 ff.27 ff.
[117] Vgl. oben S. 31.
[118] Vgl. oben S. 21 ff.
[119] Vgl. oben S. 5.
[120] KRÜGER, Geschichtskonzepte, S. 332 ff., hält 17,22—24 für eine »Neubildung« der golafavorisierenden Redaktion (vgl. S. 334); für LANG, Aufstand, S. 61 ff., handelt es sich um
ein Wort Ezechiels; GARSCHA, Studien, S. 307 ff., verzichtet auf eine schichtenspezifische
Zuweisung.
[121] Im folgenden sind die Erkenntnisse über den Werdegang von Ez 17,1—21 vorausgesetzt,
wie sie sich anhand der unten (Teil B.) vorgeführten Analyse des Kapitels ergaben.

es jetzt sein Fluch und sein Bund, die Zedekia in seinem Verhalten Nebukadnezar gegenüber außer Acht gelassen hat. D. h.: Der törichte Abfall Zedekias wird nun auf »allerhöchster« Ebene gewertet, indem klargestellt wird, daß es Jahwe selbst ist, gegen den sich Zedekia vergangen hat. Dazu kommt, daß anders als in den vorgegebenen Textstadien hier nun auch Jahwe selbst als der aktiv Einschreitende vorgestellt ist.

V. 19 führt zunächst das Thema »Eidbruch« weiter (vgl. v. 16.18). V. 20 ist deutlich unter dem Einfluß von Ez 19,8.9 formuliert und stellt hier — wahrscheinlich im Vorausblick auf Ez 19,8.9 und zum Zweck einer Vorweginterpretation der dortigen Aussagen — klar, daß Jahwe selbst Urheber und Vollstrecker des Gerichts ist. Außerdem ist zu beachten, daß v. 20 weitgehend in wörtlicher Entsprechung in Ez 12,13.14 auftaucht. Ferner wechselt die Terminologie; ist zuvor von »Fluch verachten« und »Bund brechen« die Rede, so qualifiziert v. 20b[122] Zedekias Verhalten als *m˓l*, also als Abfall von Jahwe[123].

Ez 17,20.21 hat auf den ersten Blick sicher eine Funktion in der Richtung, im Zusammenhang mit dem bisher nicht näher eingestuften v. 17[124] und den jeweils darin enthaltenen zahlreichen Anspielungen auf historische Vorgänge vor und während der Katastrophe von 587 den Ansage- bzw. Weissagungscharakter der ganzen Einheit zu verstärken und damit abzusichern: Genau so ist alles tatsächlich eingetroffen, wie es vorausgesagt war.

Darüber hinaus ist zu beobachten: 17,20a führt noch einmal hinter den Aussagestand von v. 16 zurück, indem mit den hier benutzten Bildern vom »Netz auswerfen« auf die Gefangennahme Zedekias angespielt wird. Diese zusätzliche Anmerkung zum Geschick Zedekias hat zugleich die Funktion einer Überleitung; im Anschluß daran können die Auswirkungen des von Zedekia zu verantwortenden Unheils auf weitere Kreise vor Augen gemalt werden. Nach allem muß 17,19—21 »als eigener Abschnitt mit neuer Interpretation verstanden werden«[125].

Weitere Aufschlüsse über die Aussageintention von 17,20 f. und die Funktion dieser Verse im jetzigen Textzusammenhang ergeben sich möglicherweise, wenn es gelingt, die Hintergründe aufzuhellen, die dafür ausschlaggebend gewesen sind, daß zwischen 17,20 f. und 12,13 f., wie schon aus den engen terminologischen Berührungen ersichtlich, deutliche Verbindungslinien bestehen.

---

[122] Diese Aussage fehlt allerdings in Lxx.

[123] Vgl. in diesem Sinn Ez 14,13; 15,8; 18,24; 20,27; 39,23.26.

[124] Daß Ez 17,17 jetzt einen ursprünglich zwischen v. 16 und v. 18 bestehenden Zusammenhang unterbricht, ist deutlich erkennbar.

[125] Hossfeld, Untersuchungen, S. 94.

Auf dem Wege des Vergleichs beider Aussagereihen und ihrer jeweiligen Kontextbezüge ist zuerst abzuklären, ob 17,20—21 auf der gleichen Linie wie 12,13 f. liegt oder ob sich beide Aussageeinheiten und die jeweiligen Kontexte hinsichtlich ihrer Aussageintentionen unterscheiden.

b) Ez 17,19—21 und Ez 12,13 f.

Offenkundig und in der Forschung auch unbestritten ist, daß die vorliegende Fassung 12,1—16 deutliche Anzeichen intensiver Überarbeitung aufweist. Das Endergebnis läuft darauf hinaus, daß mit Hilfe einer Zeichenhandlung des Propheten den Angehörigen der ersten Gola (vgl. v. 11) die Exilierung der Jerusalemer im Zusammenhang mit dem Fall Jerusalems als zwingend bevorstehend vor Augen gemalt wird. Ez 12,1—14 will in der jetzt vorliegenden Fassung offensichtlich zeigen, daß die tatsächlichen Abläufe um 587 durch eine Symbolhandlung des Propheten Ezechiel präfiguriert sind. Das eigentliche Anliegen des Verfassers ist damit jedoch noch nicht erfaßt. Die folgenden Beobachtungen lassen die Hauptintentionen erkennen:

Die erste Gola, unter der sich hier Ezechiel befindet (vgl. v. 2 und v. 11), wird im Endtext von vornherein als das »Haus des Widerspruchs« eingestuft, die Augen haben zu sehen, und doch nicht sehen, und Ohren zu hören und doch nicht hören. Dieses Prädikat[126] war in Ez 3,26.27 der Gola ebenfalls in tendenziöser Absicht zugesprochen worden[127], in diesem Fall im Zusammenhang damit, daß Ezechiel ihnen seine Dienste als »Wächter« bis zum Eintritt der Katastrophe, also bis zur zweiten Exilierung vorenthalten soll[128]. In Ez 1,1; 3,11.15 und 11,24 f. dagegen und eindeutig golaorientierten Textpassagen wie Ez 14,21—23 und 33,21—29 fehlt die Charakterisierung der Gola als »Haus der Widerspenstigkeit«.

Daß hier also mit diesem Prädikat der Exklusivanspruch der ersten Gola zurückgewiesen werden soll, ist deutlich. Auf der gleichen Linie liegt alles Weitere. Indem in 12,1—16 die zweite Exilierung zum Thema erhoben und gezeigt wird, daß dieses Ereignis in Jahwes Plan schon vor der Katastrophe 587 vorgesehen war und indem der »Gola«-Begriff hier eben auch auf die nach 587 Exilierten angewendet und somit verallgemeinert wird[129], ist die Sonderstellung der ersten Gola zumindest relativiert.

---

[126] Zum Thema »Widerspenstigkeit« ist auch Ez 20 zu beachten (vgl. 20,8.13.21). Hier ist Israel seit Ägypten ein »widerspenstiges« Volk.

[127] Vgl. dazu oben!

[128] Für die übrigen Stellen Ez 2,5.6.7.8; 3,9; 12,25; 17,12; 24,3 (44,6) liegt die Vermutung nahe, daß hier als Adressaten ursprünglich die Bewohner im Lande nach 587 vor Augen standen.

[129] Mit gwlh/glwt wird sonst überwiegend die erste Gola erfaßt (zu gwlh vgl. II Reg 25,14—16 und dagegen II Reg 25,21; Jer 28,6; 29,1.4.16.31; Ez 1,1; 3,11.15; 11,24 f.; Est 2,6(!);

Demnach soll hier die von der golaorientierten Redaktion vertretene Konzeption korrigiert werden.

Die abschließenden Aussagen in Ez 12,15—16 stellen klar, daß das zuvor angesprochene Unheilsgeschehen der Exilierung als die Zerstreuung »unter die Völker und in die Länder« zu verstehen ist. Mit dieser Zerstreuung verfolgt Jahwe das Ziel, daß die Zerstreuten selbst den Völkern über ihre Untaten berichten, die für die Katastrophe ausschlaggebend gewesen waren.

Israels Rolle und Stellung »unter den Völkern und in den Ländern« ist nun eindeutig kein Anliegen, das die golaorientierte Redaktion verfolgt. Diese handelt ja in 14,21—23 und 33,21—29 über den Stellenwert der der Katastrophe 587 Entronnenen in einer Weise, daß sie für den weiteren Fortgang völlig ausgeschieden sind. Dagegen berührt sich das Thema »Israel unter den Völkern und in den Ländern« in 12,15 f. deutlich mit Texten wie z. B. in 11,17; 20,41 und 36,24, also überwiegend Heilsworten, in denen die Rückführung aller Zerstreuten, also Israels als Diaspora, im Mittelpunkt steht.

Daß mit 12,1—16 im Gegenzug zur vorgegebenen Konzeption der golaorientierten Redaktion und ihren Textanordnungen deren Engführung aufgesprengt werden soll[130], kann die Gegenüberstellung von Ez 12,15 f. und 14,21—23[131] verdeutlichen.

Während die Entronnenen in 14,22 f. (*plṭh*), die zur ersten Gola nach Babel gelangen, in der Sicht der golaorientierten Redaktion weiterhin an ihrem bisherigen Wandel festhalten und damit der ersten Gola deutlich machen, daß Jahwes Handeln 587 begründet war, und daraufhin kein Hinweis auf die weitere Bedeutung dieser »verkommenen« Exilierten zu erfolgen braucht[132], setzt der Verfasser von 12,15 f. die Akzente durchaus anders; es geht ihm offensichtlich darum, 14,21—23 zu modifizieren[133].

Sach 6,10(?); zu *glwt* II Reg 25,27; Jer 24,5; 28,4; 29,22 (anders 40,1); Ez 1,2; 33,21; 40,1). In Esr/Neh ist der Sachverhalt komplizierter.

[130] Ob 12,1—16 von der gleichen Hand stammt, die auch das doppelte Beziehungsgeflecht »Ezechiel als Wächter«/»Verstummungsmotiv« konzipiert hat (vgl. dazu oben!), bleibt zu überprüfen.

[131] Vgl. dazu bereits oben S. 8 ff.

[132] Vgl. ähnlich Jer 44,27 f. zum Stellenwert der Ägyptenflüchtlinge; dazu POHLMANN, Studien, S. 176—181.

[133] Daß er 14,21—23 voraussetzt, geht unzweifelhaft daraus hervor, daß er das in 14,22 verwendete *nwtrh* aufgreift; er stellt gegenüber 14,21—23 klar heraus, daß hinter dem Geschehen ein absichtsvolles Handeln Jahwes steht und formuliert daher *hwtrty* (*ntr* im Ezechielbuch in Ez 34,18; 39,14; 48,15.18.21 in anderen Zusammenhängen; zu 12,16 und 14,22 vgl. noch 6,8). Außerdem findet die in 12,16 überraschende und nicht auf den vorausgehenden Kontext (vgl. allerdings die Trias »Schwert, Hunger und Pest« bereits in 7,5 und 5,12 ff.) abgestimmte Einbeziehung auch der Unheilsmächte »Hunger« und

Er stellt die Folgen der Katastrophe anders als 14,21—23 als Zerstreuung »unter die Völker und in die Länder« etc. vor Augen. Indem er damit das Anliegen Jahwes verknüpft, daß auf diesem Wege den Völkern die Hintergründe der Katastrophe klar werden sollten[134], macht er deutlich, daß nach seiner Auffassung die Katastrophe von 587 und ihre Auswirkungen in einem weiteren Horizont des Handelns Jahwes verstanden werden müssen, als ihn die golaorientierte Redaktion mit ihrer perspektivischen Engführung vorgegeben hatte.

Aus dem Rahmen dieser Konzeption scheinen die Textanteile herauszufallen, die sich auf das Geschick Zedekias konzentrieren[135]. V. 12 scheint sich allerdings auf bestimmte Einzelzüge im Bericht über die Zeichenhandlung zu beziehen (vgl. 12,5.6). Die Weiterführung mit v. 13 fällt jedoch dadurch auf, daß unvermittelt und im Widerspruch zu v. 11 die dortige Prophetenrede in eine Jahwerede umschlägt, die nun bis 12,16 verläuft. Ferner führt v. 13 Einzelheiten vor Augen, die im Blick auf die Zeichenhandlung überschüssig erscheinen. Immerhin steht hier noch wie in v. 12 Zedekia allein im Mittelpunkt. Dagegen handelt v. 14 darüber, in welchem Umfang Jahwe weitere Kreise um Zedekia in sein Unheilswirken einbeziehen wird: Alle die um ihn sind, seine Hilfe (Lxx = »seine Helfer«) und alle seine Scharen sollen in alle Winde zerstreut werden etc.

Welche Funktion kommt v. 14 im vorliegenden Kontext zu? Beachtet man, daß 12,1—16 in der oben beschriebenen tendenziösen Absicht in erster Linie darauf hinaus will, das mit der Katastrophe von 587 verbundene allgemeine Golageschehen als im Plan Jahwes vorgesehen der ersten Gola vor Augen zu stellen, so kann v. 14 mit den darin enthaltenen Spezifizierungen kaum dazu dienen, hier lediglich Einzelheiten zu illustrieren. Indem v. 14 auf das Sondergeschick der »Helfer« Zedekias und »seiner Scharen« hinweist, scheint der zuständige Verfasser zwischen dem allgemeinen Golageschehen sowie seinen in v. 15 f. dargestellten Folgen und diesem Sondergeschick zu differenzieren: Das »ganze Haus Israel«[136] wird in die

---

»Pest« neben dem »Schwert« so ihre Erklärung; der Verfasser von 12,15 f. steht unter dem Einfluß von 14,21 ff.

134 Zu diesem Punkt vgl. unten die Untersuchungen besonders zu Ez 20 und 36.

135 Daher spricht z. B. EICHRODT, ATD 22,1, S. 78 von »eingeschobenen Verse[n]« (= 12,12—14, zusammen mit v. 10 nach der Botenformel), die »eine Ausdeutung der symbolischen Handlung unter dem erschütternden Eindruck des Schicksals Zedekias darstellen«. — Es kann hier offen bleiben, ob diese Spannung mit der Annahme erklärt ist, daß hier ein nachträglicher Einschub vorliegt, oder ob sie daraus resultiert, daß ein bereits vorgegebener Bericht über eine Zeichenhandlung aufgegriffen wird, also jene Zedekia betreffenden Textanteile (vgl. 12,5*.6*.7*.12*.[13*?]) zum vorliegenden Text so ausgebaut und erweitert wurden, daß schließlich die Symbolhandlung auch das Golageschehen nach der Katastrophe mit abdeckt.

136 Vgl. v. 10; falls man v. 10 als späteren Einschub auffaßt, steht man vor der Schwierigkeit, daß im folgenden Vers unklar bleibt, worauf sich *Ihm* bezieht, d. h. wem das widerfahren

Verbannung gehen. Zedekias Helfer und Scharen dagegen will Jahwe in alle Winde zerstreuen und mit dem Schwert hinter ihnen her sein. Sinn und Funktion dieser Differenzierung bleiben allerdings dunkel und uneinsichtig, solange man nach Sinn und Funktion im engen Rahmen von 12,1–16 fragt und die oben gewonnene Erkenntnis außer Acht läßt, daß die Gesamttendenz des Kapitels auf eine Korrektur an der Konzeption der golaorientierten Redaktion hinauslaufen soll und dementsprechend vorgegebene golaorientierte Textpassagen entschärft oder umakzentuiert werden. Da sich für 12,15 f. ergeben hat, daß hier der enge Horizont von 14,21–23 aufgesprengt wird[137], ist analog dazu damit zu rechnen, daß 12,14 im Anschluß an v. 13 im Sinne einer Korrektur an golaorientierten Vorstellungen gedacht ist.

Im Blick auf die oben vermerkten engen terminologischen Berührungen zwischen 12,13 f. und 17,20 f. liegt es daraufhin nahe, zu sondieren, ob und in welcher Weise 12,13 f. im Vorausblick auf 17,20 und den entsprechenden Kontext neue Akzente setzt.

17,20a entspricht wörtlich 12,13a; v. 21 bezieht in das Geschick Zedekias weitere Betroffene ein (seine auserwählten Truppen[138], seine »Scharen« und die »Übriggebliebenen« [*whnš'rym*]) und stellt fest, daß die Truppen Zedekias durchs Schwert fallen und die »Übriggebliebenen« in alle Winde zerstreut werden. Im Vergleich dazu heißt es dagegen in 12,14, daß Jahwe das Heer Zedekias in alle Winde zerstreut und dann das Schwert hinter ihnen her zückt. Während in 12,14 klar ist, daß hier speziell die Hilfstruppen und Scharen Zedekias dem Untergang ausgeliefert sind, ist 17,21 so formuliert, daß mit den *nš'rym* nicht nur der Rest seines Heeres, sondern generell die nach der Katastrophe Übriggebliebenen einbezogen erscheinen[139].

Der Vergleich zeigt, daß 12,14 im Vorausblick auf 17,20 f. klarer hervorzuheben sucht: Mit denjenigen, deren Untergang im Anschluß an die Informationen über Zedekias Geschick angesagt wird, sind keinesfalls die Übriggebliebenen insgesamt nach der Katastrophe 587 gemeint, wie 17,21 verstanden werden kann oder verstanden werden soll[140].

Fazit: Die Art und Weise, wie 17,19–21 mit dem vorgegebenen Kontext verklammert wurde und den ursprünglich auf Zedekia beschränk-

---

soll, was Ezechiels Zeichenhandlung im voraus abbildet; vgl. so auch GARSCHA, Studien, S. 107.

[137] Vgl. dazu oben S. 37 ff.

[138] So mit ZIMMERLI, Ezechiel 1–24, S. 376: Gegen M (»seine Flüchtlingsschar«) spricht von zahlreichen Textzeugen abgesehen nicht nur »die Tatsache, daß *mbrḥ* im AT sonst nie belegt ist, sondern auch der Sinnzusammenhang, der zunächst ein Wort über das normale Heer und dann erst das Wort über die Flüchtigen als den ›Rest‹ (*whnš'rym* αβ) erwarten läßt«; zu *mbḥr* sonst in Ez vgl. 23,7; 24,4 f.; 31,16; vgl. noch Dan 11,15.

[139] *š'r* ni. in Ez sonst nur 6,12; 9,8; 36,36; vgl. noch *š'ryt* 5,10; 9,8; 11,13; 25,16; 36,3.4.5.

[140] Vgl. so auch Ez 5,10.12.

ten Aussagehorizont erweitert, ferner die engen Berührungen zwischen diesen Versen und Ez 12,13 f. sowie die Erkenntnis, daß Ez 12,13 f. eine Korrektur im Vorausblick auf 17,19—21 anbringen soll, all diese Beobachtungen lassen den Schluß zu, in 17,19—21 soll aus der Sicht der golaorientierten Redaktion dargelegt werden, daß das Ende Zedekias schließlich auch das Ende aller im Lande Verbliebenen zur Folge hatte[141].

c) 17,22—24 — Analyse

Im Anschluß an 17,19—21 bietet 17,22—24 »einen heilvollen Kontrapunkt«[142]. Der Verfasser beschreibt in einer Ich-Rede Jahwes dessen künftiges Handeln mit bildhaften Formulierungen, die er aus 17,3 f. entnommen hat. Er knüpft also bewußt an die Bildrede 17,3 ff. an, die mit dem Verweis auf einen »großen Adler«, der den »Wipfel der Zeder wegnimmt« (*wyqḥ 't ṣmrt h'rz*), »die Spitze ihrer Sprossen abpflückt« (*'t r'š ynyqwtyw qṭp*) und sie an einen anderen Ort — gemeint ist Babel[143] — versetzt, Jojachins Exilsgeschick vor Augen malt[144]. Anstelle des »großen Adlers« in 17,3 f. wird in 17,22 Jahwe selbst als Handlungssubjekt eingeführt. Wie in 17,3 ist der »Wipfel der Zeder« etc. auch in 17,22 Handlungsobjekt, allerdings mit einer kleinen Modifikation; während in 17,3 f. der Zedernwipfel an sich nach Babel versetzt wird, nimmt Jahwe in v. 22 »vom Zedernwipfel« und »von der Spitze ihrer Sprossen«[145]. Jahwes Handeln ist zwar mit dem Handeln des »großen Adlers« in 17,3 f. weitgehend identisch, zielt aber in eine andere Richtung, ja es bringt die Kehre im Rückblick auf das Handlungsziel, das der »große Adler« verfolgte: Den Wipfel der Zeder (oder einen Ableger davon) nimmt und pflückt Jahwe, um ihn »auf einem hohen Berg«[146] einzupflanzen.

17,22 ist somit deutlich so konzipiert, daß das hier in Aussicht gestellte Handeln Jahwes als Fortsetzung und Vollendung des in 17,3 f. behandelten Geschehens erscheint. Im Rückblick wird das in 17,3 f. umschriebene Geschehen, die Exilierung Jojachins nach Babel, als vorläufig erkennbar. Da dieses Geschehen jetzt auf einer Linie liegt, an dessen Zielpunkt Jahwe als der zuständige Akteur erkennbar ist, ist zugleich sichergestellt, daß er selbst auch die Ausgangsposition seines Handelns — die vom »großen Adler« bewirkte Versetzung des Zedernwipfels nach Babel — herbeigeführt und bestimmt hat.

---

[141] Vgl. ähnlich die Konzeption in Jer 24,8—10.

[142] HOSSFELD, Untersuchungen, S. 89.

[143] Zu *'rṣ kn'n* für Babel vgl. Ez 16,29.

[144] Zu Einzelheiten vgl. die Untersuchungen zu Ez 17 unten S. 174 ff.

[145] Es kann also in 17,22bβ keinesfalls an die Restituierung Jojachins selbst gedacht sein.

[146] Vgl. z. B. Jes 40,9; 57,7; Ez 40,2.

Der Aussagehorizont des im wesentlichen einheitlich formulierten v. 22[147] ist nach vorn offen; denn man erwartet noch eine weiterführende Aussage darüber, was nun aus dem von Jahwe selbst auf den »hohen Berg« versetzten Zedernsproß werden soll. Sie liegt in v. 23aβ vor: Der Wipfel der Zeder wird zu einer prächtigen Zeder. Damit ist im wesentlichen das eigentliche Aussageziel der Redeeinheit formuliert. V. 23aα ist erläuternder Nachtrag, der klarstellen soll, daß der »hohe Berg« in v. 22 die »Bergeshöhe Israels« ist[148]. Der Nachtragscharakter ist auch daraus ersichtlich, daß zum einen das Pflanzen Jahwes (in v. 22 *wštlty*) in v. 23 noch einmal (*'štlnw*) aufgenommen werden muß, und daß zum anderen jetzt anders als in v. 22 (*štl* c. *'l*)[149] *štl* c. *b* konstruiert wird[150]. Ob in v. 23 noch weitere Versanteile sekundär sind, ist nicht ganz eindeutig zu klären. Es kann hier offen bleiben, ob die Aussagen über das »Frucht« bringen sowie über die Vögel, die im Schatten der Zeder wohnen, mehr bezwecken sollen, als die Pracht der Zeder auszumalen[151]. Den Zusatzcharakter von v. 24 hat neuerdings bereits SEITZ erkannt[152].

Nach allem ist davon auszugehen, »daß 17,22—24 zu keinem Zeitpunkt eine in sich abgeschlossene, literarisch selbständige Einheit gebildet hat«[153]. Der Verfasser hat diesen Passus in enger Anlehnung an das vorgegebene Bildwort 17,3 ff. geschaffen. Indem er das in 17,3 ff. vorliegende Bild vom nach Babel versetzten Zedernwipfel aufgreift und das damit in besonderer Weise gewertete Exilsgeschick Jojachins[154] als Ausgangspunkt des zu erwartenden Heilshandelns Jahwes bestimmt, bewirkt er zum einen — und zwar unter Aufnahme und Weiterführung der Aussageintention von 17,19—21 — daß nun klar ist: Jahwe hat nicht nur das Kapitel der Geschichte Jerusalems unter Zedekia zu Ende geführt; sondern, indem er ein völlig neues Kapitel aufschlagen wird und in der Weise, wie er neu einsetzen wird, bleibt auch für Jerusalem solange jeglicher Stellenwert ausgeschlossen, bis Jahwe im Rückgriff auf das Elitepotential der ersten Gola aus Babel Jerusalems Stellenwert neu definiert. 17,19—21 und 17,22—24 erscheinen so eng aufeinander bezogen[155]. Zum anderen

---

[147] Zu textkritischen Einzelheiten vgl. ZIMMERLI, Ezechiel 1—24, z. St.
[148] Vgl. Ez 20,40; 34,14.
[149] Vgl. Jer 17,8; Ez 17,8.10; 19,10.13; Ps 1,3.
[150] So sonst nur Ps 92,14.
[151] Vgl. z. B. Ps 104,17.
[152] Conflict, S. 149, Anm. 107; anders LANG, Aufstand, S. 65 ff.
[153] KRÜGER, Geschichtskonzepte, S. 333.
[154] Vgl. dazu unten die Analyse zu Ez 17.
[155] Für die Annahme, daß der in 17,22—24* konzipierte »heilvolle Kontrapunkt« bereits mit 17,19—21 vorbereitet worden ist, spricht auch, daß in beiden Abschnitten die gleiche literarische Technik eingesetzt wird, nämlich unter Auswertung vorgegebener Bildworte zu formulieren, bzw. für die in vorgegebenen Bildworten dargestellten Vorgänge im Nachherein das Hintergrundwirken Jahwes herauszustellen. So greift 17,20 auf 19,8b.9

bedeutet diese Konzeption zugleich, daß die in 17,3 f. vor Augen stehende
Exilierung unter Jojachin als von Jahwe selbst geplant und beabsichtigt
erscheinen muß und außerdem die davon Betroffenen als Mittel zur
Durchsetzung der Heilspläne Jahwes ausgezeichnet werden.

Das den Verfasser leitende Interesse ist also nicht nur die Frage: »Was
kommt nach dem Gericht?«[156]; es geht ihm eben gerade auch darum, den
»heilvollen Kontrapunkt«[157] so zu setzen, daß dabei unübersehbar das
erste Golageschehen als Voraussetzung für Jahwes künftiges Heilshandeln
in den Blick gerät.

Wie man sich dieses Heilshandeln Jahwes konkret vorzustellen hat,
führt er im einzelnen nicht aus. Der damit gewährte Interpretationsspiel-
raum ist jedoch keineswegs so groß, daß man die Aussage des Verfassers
von 17,22—24 auf eine »Erhöhung Israels und ... des Tempelberges in
seiner Mitte«[158] beziehen kann. Wegen der engen Korrespondenzen zu
17,3 f. ist davon auszugehen, daß der Verfasser an ein Handeln Jahwes
denkt, bei dem ein Abkömmling Jojachins aus Babel »auf den hohen
Berg«, also nach Jerusalem versetzt werden wird[159]. Unausgesprochen
bleibt jedoch, unter welchen Begleitumständen das geschehen soll, ob dem
Zeitpunkt der Aktion Jahwes dann erst noch eine längere Phase des
Wachsens bis zur »prächtigen Zeder« (v. 23) folgen wird. Ebensowenig
Wert legt der Verfasser auf Informationen über Entwicklungen oder Aktionen Jahwes, die diesem Heilshandeln vorausgehen[160]. Wichtig ist ihm
neben dem reinen »Daß« einer künftigen Restitution des davidischen
Königtums offensichtlich nur noch eines: Dieses Königtum ist Folge und
Ergebnis des ersten Golageschehens. Der kommende Davidide ist ein
Nachkomme Jojachins. Zugleich deckt er mit 17,19—21.22—24* im An-
schluß an 17,1—18 auf, daß Jahwe mit der ersten Exilierung von vornherein einen besonderen Zweck[161] verfolgt hatte.

---

zurück; für das Ausbreiten des Netzes etc. der Löwenfänger in 19,8b.9 steht jetzt in
17,20 Jahwe selbst. Analog verfährt 17,22, indem die Aktionen, die in 17,3bβ.4a der
»große Adler« vollzieht, hier von Jahwe — nun zum Positiven gewendet — durchgeführt
werden. Der Verfasser bezieht sich jeweils auf vorgegebene Bildworte und nimmt darin
verwendete bildhafte Formulierungen in einer Weise auf, daß die Bildaussage zugleich
als Sachaussage fungiert. Das gleiche Verfahren ist in Ez 15 zu beobachten (zu Ez 15
vgl. unten S. 159 ff.), wo Jahwe überraschend in v. 6aβ als Hintergrundakteur des
Bildgeschehens eingeführt wird und damit Bild- und Sachebene vermischt werden.

[156] HOSSFELD, Untersuchungen, S. 97.

[157] Vgl. oben Anm. 142.

[158] So HERRMANN, Heilserwartungen, S. 258; vgl. EBACH, Kritik, S. 275 f.

[159] KRÜGER, Heilskonzepte, S. 334, denkt an »einen Nachfolger Jojachins als neuen Herrscher
Israels«; so auch SEITZ, Conflict, S. 150.

[160] Vgl. dagegen Ez 34,23 f. und 37,24 f., wo jeweils erst im Anschluß an Darlegungen über
wichtige von Jahwe gesteuerte Ereignisse von einem davidischen Herrscher die Rede
ist.

[161] Ähnlich Jer 24,5; vgl. dazu POHLMANN, Studien, S. 22.

d) Fazit

Ez 17,22—24* ist im Verbund mit 17,19—21 ein Textprodukt der golaorientierten Redaktion. Diese will hier sicherstellen: Jahwe hat das Kapitel der Geschichte Jerusalems unter Zedekia zu Ende geführt; er wird ein völlig neues Kapitel aufschlagen. Das wird geschehen im Rückgriff auf das Elitepotential der ersten Gola aus Babel. Bis dahin bleibt Jerusalem ohne Stellenwert. Indem der Redaktor die Akzente so setzt, erreicht er zugleich, daß damit unübersehbar das erste Golageschehen als Voraussetzung für Jahwes künftiges Heilshandeln ins Zentrum gerückt ist.

5. Zusammenfassung und Folgerungen

Die Annahme einer golafavorisierenden Redaktion im Ezechielbuch, wie sie z. B. bereits von HERNTRICH[162], GARSCHA[163] und KRÜGER[164] vertreten wird, haben die obigen Darlegungen weiter absichern können (vgl. zu Ez 14,21—23; 15,1—8; 17,19—24). Zugleich ist allerdings auch klar geworden, daß das Grundanliegen dieser Redaktion, anders als bisher gesehen, speziell darauf abzielt, die Sonderstellung der ersten Gola hervorzuheben. Ezechiel ist für diese Redaktion eben nicht der Prophet der Exilierten allgemein[165]; er und sein Wort werden exklusiv für die erste Gola in Anspruch genommen. Wie Ez 33,21—29 darauf hinausläuft, daß die nach der Katastrophe im Lande noch Übriggebliebenen schließlich verschwinden, so stellt Ez 14,21—23 darauf abgestimmt klar, daß auch solche Gruppierungen, die nach 587 noch ins Exil mußten, für Jahwes Zukunftspläne keine Rolle spielen können[166].

In Ez 17,22—24 rückt die Redaktion in den Blick: Indem Jahwe ein völlig neues Kapitel aufschlagen wird und in der Weise, wie er neu einsetzen wird, wird das erste Golageschehen Ausgangspunkt und Voraussetzung für Jahwes künftiges Heilshandeln überhaupt. Entsprechend bleibt Jerusalem solange ohne jegliche Bedeutung, bis Jahwe im Rückgriff auf das Potential der ersten Gola aus Babel Jerusalems Stellenwert neu definiert.

---

[162] Ezechielprobleme.

[163] Studien.

[164] Geschichtskonzepte.

[165] Anders KRÜGER, Geschichtskonzepte, S. 339, der die golafavorisierenden Tendenzen auf Kreise zurückführt, die »sich aus der 597 und 587 nach Babylonien deportierten Oberschicht« rekrutieren.

[166] Diese Konzeption liegt auch jenem redaktionellen Programm im Jeremiabuch zugrunde, das hier vorgegebene, ältere Jeremiatraditionen in einer Weise umpolt, daß sie dem Exklusivanspruch der ersten Gola nicht mehr entgegenstehen (vgl. besonders Jer 24,9).

Dieses Ergebnis bedeutet zugleich, daß die Herleitung zahlreicher Texte aus golaorientierter Hand, wie sie z. B. GARSCHA für Ez 11,14 ff.; Ez 20; Ez 36 u. a.[167] veranschlagt[168], zu überprüfen ist. Denn es ist nicht zu übersehen, daß hier Texte vorliegen, deren Auffassungen mit dem golaorientierten Standpunkt kollidieren. Hier ist die Engführung auf die erste Gola aufgehoben, weil Israel als Diaspora im Blickpunkt steht[169], also Israel wieder als Ganzes das Thema ist. Die betont das Diaspora-Israel allgemein einbeziehende, geschichtskonzeptionell orientierte theologische Gedankenführung in Ez 20 und 36[170] deutet einen Erwartungs- und Problemhorizont an, der so von der golaorientierten Redaktion noch nicht reflektiert wird.

Obwohl gezeigt werden kann, daß geradezu ein Netz miteinander verknüpfter golaorientierter Textpassagen und Aussagen das Ezechielbuch in der vorliegenden Fassung strukturiert (Ez 1,1−3*; 3,10−16*; 14,21−23; 15,6−8; 17,19−24; 24,25−27*; 33,21−29)[171], ist eine genaue Rekonstruktion jener von der golaorientierten Redaktion erstellten Buchfassung deswegen schwierig, weil im Verlauf der weiteren Genese des Ezechielbuches bis zur Endfassung zahlreiche Spuren, die entsprechende Rückschlüsse ermöglichen könnten, verwischt worden sind. Abgesehen von später eingearbeiteten, diasporaorientierten Textpassagen[172], hat auch die Aufnahme weiterer Texteinheiten über Ezechiel als Wächter und das entsprechend aufgebaute Beziehungsgeflecht[173], weil es sich ebenfalls gegen die golaorientierte Engführung richtet, das literarische Profil der golaorientierten Redaktion durchbrochen. Dieser Sachverhalt erschwert naturgemäß erst recht einen Versuch, sich ein genaueres Bild von jenem Textgut zu machen, das der golaorientierten Redaktion vorgegeben war, und zu klären, welche Texte in welcher Abfolge und mit welchem Aussageanliegen dazu gehörten.

Die bisherigen Erkenntnisse bedeuten in jedem Fall, daß sich ein Versuch, die Frage nach dem Ursprungs- und Herkunftsort einzelner Aussageeinheiten zu beantworten, nicht von den Informationen beeinflussen lassen darf, die die golaorientierte Redaktion in tendenziöser Absicht

---

[167] Vgl. GARSCHA, Studien, S. 297 ff.

[168] Vgl. auch KRÜGER, Geschichtskonzepte, S. 335: »Die von der Redaktion ... bereits vorgefundenen Restitutionsprophezeiungen von Kap. 20; 33 ff. werden von ihr konkretisiert und um neue Aspekte bereichert«; zu KRÜGERS Auffassungen vgl. auch unten S. 46 ff.

[169] Vgl. dazu die Untersuchungen unten S. 47 ff.

[170] Für RENDTORFF (Ez 20 und 36,16 ff., S. 263) besteht zwischen beiden Kapiteln ein »kompositorische[n]r Zusammenhang«.

[171] Zur Frage, in welchem Umfang die Visionsberichte in Ez 1,3 ff.; 8,1 ff.; 37,1−14 und 40,1 ff. von der golaorientierten Redaktion mitgestaltet sind, vgl. unten S. 88 ff.

[172] Vgl. oben zu Ez 12,15 f.

[173] Vgl. dazu oben S. 21 ff.

über Zeit, Ort und Herkunft der Texte vorgibt. Das heißt konkret: Die Vorstellung vom Wirken eines Ezechiel unter den Erstexilierten ist keine sichere Ausgangsbasis exegetischer Bemühungen im Ezechielbuch. Erkennbar ist an der Arbeit der golaorientierten Redaktion zunächst nur das Interesse, von dieser Vorstellung aus das Buch zu strukturieren. Eine interessengeleitete Vorstellung enthält aber nur eingeschränkt historischen Informationswert. Ob die Vorstellung selbst aus ältesten und älteren Texten und Textzusammenhängen entnommen wurde, ist an den einzelnen Texteinheiten selbst zu überprüfen.

Die bisherigen Untersuchungen haben nicht nur deutliche Indizien dafür aufspüren können, daß die Vorlage der golaorientierten Redaktion zahlreiche Unheilsworte und Berichte über Zeichenhandlungen enthalten hat, die bevorstehendes Unheil thematisieren. Es hat sich auch ergeben, daß diese Texte schon in einer kompositionell erstellten Sammlung geordnet vorgelegen haben müssen. Ez 24* hat die Funktion, den Weissagungs- und Erfüllungscharakter vorausgehender Unheils- und folgender Heilsworte hervorzuheben und zu verstärken. Das ist ein klares Indiz für das Bestreben, ein durchstrukturiertes Prophetenbuch zu erstellen. Die zugrunde liegende theologische Konzeption beinhaltet ein Jahveverständnis, nach dem Jahve die angesprochenen Unheilsereignisse selbst geplant und gesteuert hat, also auch für die Zukunft weiterhin plant und steuert.

Ferner hat sich herausgestellt, daß die Vorlage auch nichtprophetische Aussageeinheiten enthalten haben muß. Ez 14,21—23 setzt z. B. die sakralrechtlich unterweisenden Passagen 14,4—11.12—20 voraus und reagiert darauf; Ez 3,17—21 setzt Ez 18 voraus (vgl. 18,21 ff.).[174]

---

[174] Die Beobachtungen zu redaktionstechnischen Verfahrensweisen der die erste Gola favorisierenden Redaktion lassen sich wie folgt zusammenfassen: 1. Anknüpfung und Wiederaufnahme: Die Anknüpfung der redaktionell erstellten Einheit 14,21—23 an den vorgegebenen Text 14,1—11.12—20 gelingt mit Hilfe der Wiederaufnahme der in 14,12—20 vorgestellten Unheilsmächte »Schwert, Hunger, wildes Getier und Pest« (v. 21) in abweichender Reihenfolge von v. 13.15.17.19, und zwar deswegen, weil so anders als im vorausgehenden Kontext stringenter die Katastrophenabfolge für Jerusalem (Krieg/ Belagerung und die entsprechenden Auswirkungen) deutlich zu machen war. — In 15,6— 8 hält sich der Redaktor eng an das vorgegebene Bildwort und das hier wichtige Stichwort »Feuer«. Entsprechend verwendet er dieses Stichwort; das Katastrophenhandeln Jahves an den Jerusalemern wird so zum Feuer, das Jahve auf sie legt etc. An 15,6—8, 17,20 und 17,22 wird deutlich, daß der Verfasser vorgegebene Bildworte oder -elemente daraus auch deswegen auswertet, um für die in vorgegebenen Bildworten dargestellten Vorgänge im Nachherein das Hintergrundwirken Jahves herauszustellen (vgl. oben Anm. 155). — 2. Uminterpretation bzw. Korrektur von Aussageintentionen in vorgegebenen Texteinheiten z. B. 14,21—23 zu 14,1—20; 15,6—8 zu 15,1—5. — 3. »Klarstellende« Hinweise zum Handlungsort im Bereich der ersten Gola z. B. in 24,2 (zu v. 1), in 24,22.23.25Ende.26. — 4. Auswertung vorgegebener Texteinheiten (Ez 3,17—21 mit Rückgriff auf Ez 18).

II. Strukturierungen im Ezechielbuch —
»Die Sammlung der Zerstreuten« —
Beobachtungen zur literarischen und theologischen
Weiterführung der golaorientierten Konzeption

1. Zur Orientierung

Zur Frage nach der Vorlage der golaorientierten Redaktion ebenso wie zur Frage der literarischen und theologischen Weiterführung der golaorientierten Konzeption hat sich jüngst in ausführlicher Weise KRÜGER[1] geäußert. Er setzt zutreffend voraus, »daß eine für die Gestalt des vorliegenden EB [= Ezechielbuch] verantwortliche ›Endredaktion‹ i. W. vorgegebenes Material neu geordnet und damit neu interpretiert hat«. Zu diesem vorgegebenen »Material« rechnet KRÜGER »ein ›älteres EB‹ …, das sowohl in seinem Gesamtaufriß als auch in der Struktur einzelner Textkomplexe von einem zweigliedrigen Schema (›Gericht-Restitution‹) geprägt war«[2]. »Bestimmend für die Gesamtstruktur des ›älteren EB‹ ist die Abfolge von Gerichts (in Kap. 1—24)- und Restitutions (in Kap. 33—37; 40—48) -prophezeiungen an Israel«[3]. Da davon auszugehen sei, daß deutlich Ez 11,14—20 »Produkt der Redaktion des ›älteren EB‹« sei[4], favorisiere sie demnach »in enger Anlehnung an Aussagen und Formulierungen des von ihr verarbeiteten Materials — in Auseinandersetzung mit Ansprüchen der im Lande Verbliebenen — die babylonische Gola als Boden und Ausgangsgruppe der Neukonstituierung Israels«[5]. Mit Verweis auf Ez 6,8—10, das »als der Redaktion des ›älteren EB‹ vorliegendes Material anzusehen«[6] sei, nimmt KRÜGER an, »daß diese die babylonische Gola für die Neukonstituierung Israels favorisierende Tendenz des ›älteren EB‹ als Weiterentwicklung von Aussagen über der Katastrophe ›Entronnene‹ im in diesem Buch verarbeiteten älteren Material verstanden werden kann«[7]. Weitere Textprodukte dieser Redaktion seien neben Ez 11,14—20 auch Ez 16,44—63 und 17,22—24. Sie »wirken — in der Reihenfolge, in

---

[1] Geschichtskonzepte, S. 283—471.

[2] Vgl. a. a. O., S. 305.

[3] A. a.O., S. 317.

[4] A. a.O., S. 323.

[5] A. a.O., S. 323.

[6] A. a.O., S. 324.

[7] A. a.O., S. 324.

der sie im EB vorliegen, gelesen — wie die Prioritätenliste eines Programms der Restitution Israels. Die von der Redaktion ... bereits vorgefundenen Restitutionsprophezeiungen von Kap. 20; 33 ff. werden von ihr konkretisiert und um neue Aspekte bereichert: Die babylonische Gola ist Boden, Jerusalem Zentrum und ein Nachkomme Jojachins Herrscher des neuen Israel«[8]. —

Die Textkomplexe Ez 3,16—21; 18 und 33,1—20, »in denen das ›Wächteramt‹ des Propheten, die Möglichkeit der ›Umkehr‹ Israels« und das, was als individuelle Vergeltungslehre bezeichnet werde, »thematisch sind«[9], erwecken nach KRÜGER »mit ihrer kompositorischen Einordnung (1) an den Anfang des Blocks der Gerichtsprophezeiungen im Anschluß an den Einsetzungsbericht (3,16—21), (2) an den Anfang der Restitutionsprophezeiungen im zweiten Hauptteil des ›älteren EB‹ (33,1—20) und (3) in den Block der Gerichtsprophezeiungen von Kap. 1—24 (Kap. 18) ... den Eindruck einer Kontinuität der Funktion des Propheten und der Möglichkeit der Reaktion seiner Adressaten in Gerichts- und Restitutionsprophezeiungen«[10]. Im Interesse der Redaktion des ›älteren EB‹ habe es gelegen, »diese Kontinuität zu unterstreichen«[11]. »Auf ihre Tätigkeit wird deshalb zumindest die Stellung von 3,16—21; 18 und 33,1—20 im Buchganzen zurückzuführen sein«[12]. Von den genannten Texten gehöre aber Ez 3,16—21 und Kap. 18* bereits zu dem Material, das der Redaktion vorgelegen habe. Außerdem nimmt KRÜGER an, daß bereits ein »Grundbestand der Gerichtsprophezeiungen an Jerusalem/Juda in Kap. 1—24 (... jedoch ohne die eingeschalteten Restitutionsprognosen 11,14—21; 16,44—63; 17,22—24 und höchstwahrscheinlich ohne das ›ex eventu‹ formulierte Kap. 22)« sowie ein »Grundbestand der Fremdvölkerorakel in Kap. 25—32«, ferner »ein Grundbestand der Restitutionsprophezeiungen an Israel in Kap. 33—37 ...« und ein »Grundbestand des ›Verfassungsentwurfs‹ von Kap. 40—48 ...« vorgegeben war[13].

Unsere bisherigen Untersuchungen konnten auf der einen Seite bestätigen, daß in der Tat eine Redaktion mit golafavorisierender Tendenz den Werdegang des Ezechielbuchs entscheidend beeinflußt hat; auf der anderen Seite hatte sich im Unterschied zu KRÜGERS Auffassung nachweisen lassen, daß diese Redaktion speziell die Sonderstellung der e r s t e n Gola abzusichern trachtet. Außerdem zeichnete sich bereits deutlich ab, daß beachtliche

---

[8] A. a. O., S. 335.

[9] A. a. O., S. 342.

[10] A. a. O., S. 343.

[11] Ebd.

[12] Ebd.

[13] A. a. O., S. 394 f.; zu weiteren Einzelheiten, besonders zu den Versuchen einer »Rekonstruktion des Wirkens Ezechiels in seiner geschichtlichen Entwicklung« (vgl. a. a. O., S. 394 ff.) muß auf die Abhandlung selbst verwiesen werden.

Textanteile des vorliegenden Ezechielbuchs dieser golaorientierten Redaktion noch nicht vorgelegen haben können[14]. Dagegen ist der obigen Zusammenschau zu KRÜGERS Auffassungen zu entnehmen, daß für ihn das derzeitige Ezechielbuch zum weitaus überwiegenden Teil aus von der golaorientierten Redaktion (= KRÜGERS »älteres EB«) verarbeitetem älterem Textmaterial[15] besteht. Die folgenden Darlegungen werden zeigen, daß KRÜGER, weil er den spezifischen Textcharakter und die entsprechende Aussageintention wichtiger Textpassagen verkennt, nicht nur die Weiterarbeit am golaorientiert erstellten Buch bis zur vorliegenden Fassung sowie die entsprechenden theologischen Reflexionsprozesse in wesentlichen Punkten fehl einschätzt, sondern auch den Weg zurück zu den nichtgolaredigierten Texten und Textfolgen.

2. Die golaorientierte Konzeption in der Endfassung des Ezechielbuches —
Auflösungserscheinungen, Widersprüche, Unstimmigkeiten (Überblick)

Aus den bisherigen Untersuchungen ging eindeutig hervor, daß im Ezechielbuch mehrfach und literarisch-konzeptionell geplant die Sonderstellung der ersten Gola in den Blick gerückt wird. Andererseits hatten die Beobachtungen zu Ez 12,15 f. in Gegenüberstellung zu Ez 14,21—23 ergeben, daß der für 12,15 f. zuständige Autor die Katastrophe von 587 und ihre Auswirkungen in einem weiteren Horizont des Handelns Jahwes einordnet, als ihn die golaorientierte Redaktion mit ihrer perspektivischen Engführung auf die erste Gola vorgegeben hatte. Denn Ez 12,15 f. im Verbund mit 12,1—14 rückt als Korrektur zu 14,21—23 das Thema »Zerstreuung Israels in die Länder und unter die Völker« in den Mittelpunkt. Indem hier die Katastrophe von 587 auf die »Zerstreuung ...« hinausläuft und diese »Zerstreuung« zugleich mit dem Prädikat »Gola« belegt wird (vgl. 12,3.4.6.11), wird die in der golaorientierten Redaktion beabsichtigte Differenzierung zwischen Erstexilierten und im Lande Verbliebenen nivelliert[16]. Da das Thema »Zerstreuung« außer in 12,15 f. auch noch in Ez 4,13; 6,8—10[17]; 20,1—44; 22,15; 28,25 f.; 34,13; 36,16—32 und 37,21 verhandelt wird und dazu in Korrespondenz an zahlreichen Stellen die »Sammlung aus den Völkern und Ländern«[18] ein besonderes Schwergewicht erhält, ist damit zu rechnen, daß Ez 12,15 f. keinen Einzelfall solcher Nivellierung darstellt.

---

[14] Vgl. oben zu Ez 3,22—27, 12,1—6 und 33,1—20.
[15] Vgl. Geschichtskonzepte, S. 394—464; einen schnellen Überblick ermöglicht die Tabelle auf S. 523 f.
[16] Vgl. oben S. 36 ff.
[17] Vgl. 12,15 f. und 14,21—23.
[18] Vgl. 20,34.41; 28,25; 34,13; 36,24; 37,12; 39,25 ff.

Der mit diesen Hinweisen angedeutete Befund, daß sich im Ezechiel-buch einerseits Texte und Textfolgen mit einer pointierten Golafavorisie-rung (erste Gola) erkennen lassen, daß andererseits jedoch zahlreiche Texte aus diesem Horizont der Golafavorisierung herausfallen bzw. im Widerspruch dazu stehen, soll im folgenden Überblick detaillierter vorge-führt werden mit dem Ziel, genauer zu erfassen, in welcher Weise und in welchem Umfang das bereits erhobene Profil der golaorientierten Redak-tion Texte und Textfolgen der vorliegenden Fassung des Ezechielbuches konzeptionell noch stimmig überlagert, bzw. welche Textanteile aus diesem Profil herausragen, weil sie sich der golaorientierten Konzeption gegen-über als sperrig erweisen.

Wir rekapitulieren: Die Situationsangaben im Ezechielbuch hinsicht-lich des Handlungsträgers Ezechiel stellen den im Kreis der ersten Gola weilenden Propheten vor Augen (1,1 — 24,27/33,21 ff.). Trotz dieses Situationsrahmens konzentriert sich das Wirken Ezechiels überwiegend darauf, das bevorstehende Geschick Jerusalems und des Landes anzusagen. Die zunächst das Unheilsgeschick Jerusalems thematisierenden Zeichen-handlungen sind dabei teilweise so konzipiert bzw. von der Redaktion übernommen, als ob Jerusalem direkt als Adressatin angesprochen würde[19]. Direkte Ansprache liegt auch in den Worten an die »Berge Israels«[20] vor. Diese direkten Anreden korrespondieren einerseits mit Ez 2,3 ff. und 3,4 ff., wo der Prophet beauftragt wird, sich an die »Israeliten« bzw. das »Haus Israel« zu wenden; andererseits kann man sich nach 3,10—15 sein Wirken doch wieder nur so vorstellen, daß es dazu dienen soll, lediglich die erste Gola über den weiteren Gang der Dinge und deren Hintergründe in Jerusalem etc. zu informieren und zu belehren: Worte und Handlungen implizieren für Jerusalem etc. Unheil. Die entsprechenden Aussagen könnten für die erste Gola nur von indirekter Bedeutung sein[21].

Direkt an die erste Gola gerichtete Aussagen liegen zum ersten Mal in 11,14—21 vor[22]. Der nach 8,1 ff. durch das Visions- und Entrückungsge-schehen autorisierte Ezechiel teilt seinen »Brüdern« (erste Gola) die »Worte Jahwes« (11,24.25) mit. Nach dem bisherigen »Handlungsverlauf« muß der Leser hier zu dem Ergebnis kommen, daß die Unheilsworte in Ez 9,1—11,13 die 597 Zurückgebliebenen, die Heilsansage dagegen in 11,14—

---

[19] Vgl. z. B. 5,5f.7 (Anrede Jerusalems in der 2. pers. singl. f.); 5,8—15 (Anrede in der 2. pers. pl. masc.).

[20] Vgl. 6,1—7 (Anrede in der 2. pers. pl. masc.) und in Ez 7 im Blick auf das »Land Israels« (7,3—9, Anrede in der 2. pers. singl. f.).

[21] Sollen die entsprechenden Texte im Rahmen der golaorientierten Redaktion ähnlich, wie die Fremdvölkersprüche »der Sache nach weithin als indirekte Heilsorakel für Israel zu werten sind« (vgl. KAISER, Einleitung⁵, S. 309), als indirekte Heilsworte für die erste Gola gelesen werden?

[22] Vgl. die Anrede in 11,17.

21 die erste Gola betreffen. Dieser in Ez 11 erkennbaren Differenzierung entspricht, daß in Ez 2—7 »Israel« und die Jerusalemer etc. spezifiziert (vgl. 6,2 ff.; 7,20 ff.23) oder pauschaliert (2,3 ff; 3,7—9; 5,5 ff.; 6,11 ff.) mit Schuldvorwürfen zur Begründung des kommenden Unheils bedacht werden, während in Ez 1—11 jegliche Vorwürfe oder Abqualifizierungen fehlen[23], wenn speziell auf die erste Gola Bezug genommen wird (explizit Ez 3,10 f.; implizit 11,14—21).

In Ez 12,1 ff. ist dagegen die Differenzierung hinsichtlich der Schuldvorwürfe aufgehoben, weil hier anders als zuvor die Angehörigen der ersten Gola mit dem Prädikat »Haus des Widerspruchs« belegt werden (12,2.3.9); außerdem hatten wir zu 12,1—16 bereits festgestellt, daß hier das Sondergeschehen der ersten Exilierung relativiert wird, indem anders als sonst in den Jerusalem etc. betreffenden Unheilsansagen in Ez 1—11 ebenfalls ein Golageschehen als das Endergebnis der künftigen Katastrophe[24] konstatiert wird[25]. Noch deutlicher wird die erste Gola in Ez 14,1—3 den zurückgebliebenen Jerusalemern gleichgestellt, indem ihr im Zusammenhang mit Informationen zur Situation, in der der Prophet sich äußert, überraschenderweise Götzenverehrung (Stichwort *glwlym*) vorgeworfen wird. Dagegen differenziert 14,21—23 wieder deutlich zwischen beiden Gruppierungen: Die »Pleite« Jerusalems sind nicht die »Gerechten«, die dem Unheilsgeschehen entronnen sind (vgl. 14,12—20), sondern diejenigen, die auch noch in der Zerstreuung, in diesem Fall vor den Augen der ersten Gola (direkt angesprochen in 14,22 f.), an ihrem bisherigen »Wandel und Tun« festhalten[26].

Ez 18 enthält Lehre und Ermutigung, die darauf hinausläuft (vgl. 18,30 ff.), daß die Angesprochenen (»Haus Israel«, v. 30) umkehren mögen von ihren »Übertretungen« (v. 30 *pš'ykm*). Daß sich die entsprechenden Darlegungen jetzt an die Erstexilierten richten sollen, ist keineswegs sicher, auch nicht, wenn man dem Sachverhalt Rechnung trägt, daß die golaorientierte Redaktion dieses Kapitel im jetzigen weiteren Kontextgefüge für den eigenen Bezugs- und Situationshorizont vereinnahmt hat; denn auch in den vorausgehenden Texten sieht die golaorientierte Redak-

---

[23] Zur Ausnahme 3,22—27 vgl. oben S. 24 ff.

[24] Vgl. 12,11, ferner 12,3.4.7.

[25] Vgl. oben S. 36 ff.

[26] Direkt angesprochen ist die erste Gola ferner mehrfach im Zusammenhang mit der sogenannten Erkenntnisformel; allerdings ist nicht immer ganz eindeutig, ob die Anrede in der 2. pers. pl. masc. auf die erste Gola (so möglicherweise in 6,13; 7,4.9; 15,7 [vgl. aber Lxx!]; 17,21; eindeutig in 20,38.42.44 [vgl. 20,1—3.30 ff.]; 23,29[?]) oder auf die Jerusalemer o. ä. (so in 6,7; 36,11 [»Berge Israels«]; 11,10.12 [bestimmte Männer in Jerusalem, vgl. 11,1.2]; 12,20 ['m h'rṣ, vgl. 12,19]; 13,14 [Propheten, vgl. 13,2 ff.]; 13,21.23 [Prophetinnen, vgl. 13,17 ff.]) zielt (unklar in 13,9; 14,8 [vgl. 14,1 »Älteste«; 14,6 »Haus Israel«]; 24,24; 37,6 [die »Gebeine«]?; 36,13 [»Haus Israel«, v. 11]).

tion ja offensichtlich kein Problem darin, daß sich Ezechiel trotz seiner räumlichen Ferne unter der ersten Gola überwiegend direkt an die Jerusalemer, Haus Israel etc. wendet. Außerdem ist es wegen 18,6.11 »auf den Bergen essen« durchaus fraglich, daß diese Ausführungen der Situation der ersten Gola korrespondieren. Setzt man sich über diese Vorbehalte hinweg, so ist der ersten Gola hier immerhin zugestanden, daß ihre Mitglieder umkehrfähig (18,30; vgl. 14,6) sind, so daß in diesem Punkt deutlich zwischen ihnen und den Zurückgebliebenen unterschieden wäre.

In Ez 20 dagegen ist der Sachverhalt eindeutig. Wie in 14,1—3 ist von den Ältesten Israels die Rede, die sich direkt an Ezechiel wenden. Der Prophet hält ihnen ihre und ihrer Väter bis in die jüngste Gegenwart währende Sündengeschichte vor. Eine zwischen der ersten Gola und den Zurückgebliebenen differenzierende Einschätzung ist hier nicht erkennbar. In Abstimmung auf den vorgestellten Handlungsrahmen der golaorientierten Redaktion (vgl. 20,1—3.30 f.) — Ezechiels Wirken im Kreis der ersten Gola im Zeitraum vor 587 — richtet sich der Blick aus der Gegenwart weit zurück in die Vergangenheit Israels und zugleich, ohne auf die Katastrophe von 587 einzugehen, weit voraus in die Zukunft (vgl. v. 23). Nicht die Katastrophe von 587, ihre Hintergründe und Auswirkungen, stehen vor Augen, sondern allgemein das Geschick der Zerstreuung, und zwar als ein Resultat, das bereits in der Verschuldungsgeschichte Israels noch vor dem Betreten des Landes angelegt war.

In Ez 21 wiederum richtet sich der Prophet ausschließlich an die Zurückgebliebenen im Lande und in Jerusalem, um sie über die von Jahwe auf Jerusalem hingesteuerten Unheilsmächte zu informieren (21,1—22) und schließlich konkret die bevorstehende Belagerung Jerusalems durch den König von Babel (v. 23—32) vor Augen zu malen.

Ez 22 charakterisiert Jerusalem als »Blutstadt« (22,2 ff.) und deckt in direkter Anrede (22,4 ff. 2. pers. singl. f.) die Vergehen der dort verantwortlichen Führungsschichten (Fürsten etc.; vgl. 22,6 ff.; 22,23 ff.) auf. Die folgende Bildrede von den beiden treulosen Frauen in Ez 23 läuft ebenfalls darauf hinaus, die Hintergründe für Jahwes drohendes Katastrophenhandeln darzulegen; trotz der Rekapitulation der bis in die Ägyptenzeit zurückreichenden Untreue Jerusalems fehlt anders als in Ez 20 jegliches Indiz dafür, daß in den entsprechenden Darlegungen der Stellenwert der ersten Gola in irgendeiner Weise mitbedacht wird oder sich die erste Gola direkt angesprochen fühlen muß. Das Geschehen von 597 und die Folgen liegen hier außerhalb des verhandelten Problemhorizonts.

Nach Ez 24,1—3.25—27 in der vorliegenden Fassung wendet sich hier Ezechiel direkt an die erste Gola, allerdings erst in 24,15 ff. Die erste Zeichenhandlung vom »siedenden Topf« hat als Adressatin allein die »Blutstadt« Jerusalem (24,6.9 [vgl. 22,2]; Anrede in der 2. pers. singl. f. in 24,13 f.). Die zweite Zeichenhandlung 24,15 ff. in der jetzigen Textfassung legt der ersten Gola dar, wie sie auf die Vernichtung des Heiligtums in Jerusalem reagieren wird. Das »und ihr werdet hinschwinden in euren Sünden« in v. 23[27] bewirkt als Bestandteil der insgesamt nachgetragenen Verse 22—23[28] im Nachherein eine Gleichstellung der ersten Gola mit den Jerusalemern. Daß sich eine solche Gleichschaltung aus der zwischen erster Gola und den Zurückgebliebenen differenzierenden Konzeption der golaorientierten Redaktion ableiten läßt, ist unwahrscheinlich. Die Kapitel 24 abschließenden Verse 25—27 schlagen über die Fremdvölkerworte Ez 25—32 hinweg eine Brücke zu Ez 33,21 ff.; nachdem hier die erste Gola die Nachricht vom Untergang Jerusalems erfahren hat, folgt in 33,23—29 ein Unheilswort an »die Bewohner der Trümmer« (vgl. v. 27) im Lande Israel, das diesen mit dem Verweis auf ihre andauernden Verschuldungen (v. 25) den restlosen Untergang und schließlich die völlige Verwüstung des Landes ankündigt.

Ferner fallen Texte ins Auge, die, liest man sie im Bezugsrahmen der golaorientierten Konzeption, zwischen verschiedenen Gruppen innerhalb der ersten Gola differenzieren: Nach 13,9 wären gewisse Propheten davon ausgeschlossen, ins »Land Israel« (vgl. 11,17) zu kommen. 13,9 setzt demnach in der vorliegenden Fassung eine Exilssituation voraus, in der »Ezechiel« »die Zukunftsperspektive einer Rückkehr ins Land«[29] für die erste Gola berücksichtigt. Die vorgeführten falschen Propheten wären demnach Glieder der ersten Gola. Anders als in 11,14—17 würde die golaorientierte Redaktion hier also merkwürdigerweise klarstellen, daß die erste Gola, weil eben auch in ihren Kreisen Fehlhaltungen feststellbar sind, nicht insgesamt für die Rückkehr ins Land (vgl. 11,17 f.) vorgesehen ist. Man steht hier somit vor der Frage, ob die golaorientierte Redaktion selbst die von ihr favorisierte erste Gola als eine, wie das Beispiel der falschen Propheten und Prophetinnen (vgl. 13,17 ff.) zu belegen scheint, durchaus gefährdete Größe charakterisieren will, oder ob im Zusammenhang mit den anderenorts beobachteten Bestrebungen, den besonderen Stellenwert der ersten Gola zu nivellieren, erst im Nachherein am »Image« der ersten Gola Korrekturen angebracht werden[30].

Da davon auszugehen ist, daß die golaorientierte Redaktion vorgegebene Texte und Textfolgen voraussetzt[31] und eine Reihe solcher Passagen direkt an die Jerusalemer etc. gerichtet waren, und da außerdem auch im Rahmen der golaorientierten Konzeption zahlreichen Texten weiterhin diese Ausrichtung belassen ist[32], liegt es näher, anzunehmen, daß in Ez 13

---

[27] Vgl. Ez 4,17, dort auf die Jerusalemer bezogen; sonst noch Ez 33,10.
[28] Vgl. dazu oben S. 14 f.
[29] Vgl. KRÜGER, Geschichtskonzepte, S. 459 f.
[30] Vgl. ähnlich Jer 29!
[31] Vgl. dazu die Überlegungen oben S. 12 f.19 f.27 ff.
[32] Vgl. dazu bereits oben S. 49.

wie auch sonst[33] bereits im vorgolaorientierten Stadium zwischen verschiedenen Gruppierungen des Jahwevolkes differenziert wurde, und zwar
indem besonders die Unheil bewirkenden Verschuldungen der Führungsgruppen (Könige/Fürsten, Priester, Propheten, ʿm hʾrṣ) hervorgehoben
wurden[34]. Außerdem ist es trotz ZIMMERLIS Ausführungen zu Ez 13 keineswegs sicher, daß 13,8aβ.9 schon immer Bestandteil der Darlegungen
über die Propheten war. Damit ist die Möglichkeit in Rechnung zu stellen,
daß die golaorientierte Redaktion Ez 13* als ein gegen die Jerusalemer
Propheten gerichtetes Wort vorfand und als solches wie auch andere Worte
nun aus der Ferne als von »Ezechiel« ausgesprochen einstufte[35]. Erst eine
spätere zwischen der ersten Gola und den Zurückgebliebenen nivellierende
Hand hätte dann mit 13,8 f. (vgl. 20,38) die Kontextaussagen auf die erste
Gola bezogen und hier Fehlhaltungen in ihrem Umkreis belegt gefunden.

Dieser Überblick über den Situations- und Handlungsrahmen, in dem
sich Ezechiel nach Darstellung von Ez 1—24/33 bewegt, verdeutlicht auf
der einen Seite, daß die von der golaorientierten Redaktion vorgenommene
Strukturierung der Texte[36] weitgehend erhalten geblieben ist[37]; das Aussagegefälle der Textfolgen insgesamt zielt auch in der vorliegenden Endfassung immer noch darauf ab, den Nachweis zu erbringen, daß 587 für
Jerusalem und das Land das totale »Aus« bedeutete. Deutlich erkennbar
ist außerdem immer noch, daß der ersten Gola ein besonderer Stellenwert
zugemessen wurde und daß sie in Jahwes Plänen für die Zeit nach der
Katastrophe eine Sonderrolle spielen sollte[38].
Auf der anderen Seite ließ sich nicht übersehen, daß mehr[39] oder
weniger[40] massive Einblendungen die golaorientierten Auffassungen nivellieren. Das ist dort der Fall, wo der ersten Gola das Prädikat »Haus

---

[33] Vgl. z. B. auch 22,23—31.

[34] Vgl. die Sammlungen Jer 21,11 ff. über die Könige und 23,9 ff. über die Propheten; vgl.
auch die Kataloge Jer 1,18; 2,26; 4,9 (32,32).

[35] Vgl. unten S. 96 ff. die Ausführungen zu Ez 11.

[36] Vgl. dazu genauer oben S. 3 ff.

[37] Golaorientierte Eingriffe im jetzt vorliegenden Komplex der Fremdvölkerworte Ez 25—
32 sind nicht erkennbar. Da sich Ez 33,21—29 direkt auf Ez 24,25—27 zurückbezieht (vgl.
33,21 f.), hat es zwar den Anschein, daß die Fremdvölkerworte jetzt einen ursprünglichen
Zusammenhang (24,25—27/33,2 ff. unterbrechen, hier also die golaorientierte Konzeption
gestört worden ist; aber man kann die Möglichkeit nicht ausschließen, daß die golaorientierte Redaktion bereits eine in ihrer Vorlage hinter Ez 24* verankerte Sammlung von
Völkerworten — möglicherweise noch nicht im jetzigen Umfang — vorfand. Eine
Entscheidung ist davon abhängig, ob es gelingen kann, diese Vorlage umfangmäßig und
in ihrer konzeptionellen Ausrichtung genauer zu sondieren.

[38] Vgl. 11,1—13 und 11,14—21*; 14,21—23; 17,22—24 [vgl. 17,19—21; 15,1—8]; 33,21 ff.

[39] Vgl. z. B. 12,1—16.

[40] Vgl. 12,1 f.; 14,1—3; 18,30 f.; 24,23.

des Widerspruchs« beigelegt oder wo sie der gleichen Vergehen wie die Jerusalemer beschuldigt wird. Dazu kommt, daß das Sondergeschehen »erste Gola« dadurch zumindest relativiert wird, daß schließlich ganz allgemein und umfassend die Zerstreuung Israels[41] und in Korrespondenz dazu die Sammlung Israels[42] angesprochen wird.

Im folgenden soll zu klären versucht werden, aus welchem Grunde Textanteile in Ez 1—24 aus dem von der golaorientierten Redaktion geschaffenen Profil herausragen. Es gilt zu sondieren, ob dies daran liegt, daß sich bestimmte vorgegebene Textanteile der golaorientierten Konzeption gegenüber als sperrig erwiesen und daher ein völliger Ausgleich zwischen solchen älteren Texten und dem eigenen Aussageanliegen nicht zu erreichen war, oder daran, daß diese Texte erst nachträglich eingebracht wurden, um an der golafavorisierenden Konzeption Korrekturen anzubringen.[43]

Da in Ez 20 die Situation der ersten Gola vor 587 als äußerer Handlungsrahmen gilt, hier aber zugleich über Geschick, Stellenwert und Zukunftsperspektive verbannter oder zerstreuter Israeliten allgemein reflektiert wird und damit die golafavorisierende Konzeption tangiert ist, die auf der strikten Differenzierung zwischen der ersten Gola und dem übrigen Israel aufbaut, setzen wir mit der Untersuchung dieses Kapitels ein. Wir suchen die Frage zu beantworten, ob und in welcher Hinsicht in diesem Kapitel auf literarischer und theologisch-konzeptioneller Ebene die Aussageintention der golafavorisierenden Redaktion berücksichtigt bzw. neu interpretiert worden ist.

3. Ez 20 und »die Sammlung der Zerstreuten« im Rahmen der golaorientierten Konzeption

a) Ez 20 — Beobachtungen zum Kontext

Für GARSCHA ist »die Stellung im Buchganzen ... nicht ganz deutlich«[44]. Er meint immerhin in 20,35 eine »schwache(n) Verklammerung« zu Ez 17—19 wahrzunehmen, da hier im Gegensatz zu 17—19 Jahwes Königswürde betont werde. ZIMMERLI[45] erinnert »die Durchführung von drei Geschichtsphasen« an die »Dreigenerationenreihe von Ez 18«. ZIM-

---

[41] Vgl. Ez 4,13; 6,8—10; 12,11.15 f.; 20,23; 22,15 f.

[42] Vgl. 20,34.41; 28,25; 34,13; 36,24; 37,12; 39,25 ff.

[43] Erst wenn aus diesen Sondierungen klarer zu erheben ist, welche Textanteile der golaorientierten Redaktion bereits vorgegeben waren, bzw. welche nachträglich eingearbeitet wurden, ist es möglich, auch der Frage nachzugehen, wie eine von der golaorientierten Redaktion übernommene Sammlung von Heilsworten ausgesehen haben kann.

[44] Vgl. Studien, S. 121.

[45] Ezechiel 1—24, S. 440.

MERLIS Hinweis dürfte in die richtige Richtung gehen; denn wenn in Ez 20,4a der Prophet zum Richten aufgefordert wird und nach 20,4b die »Greueltaten der Väter« kundtun soll, so liegt damit ein deutlicher Rückbezug zu dem in Ez 18 verhandelten Thema »Schuld der Väter« vor.[46]

Darüber hinaus ist zu beachten, daß in Ez 21/22 mehrfach das Stichwort »Zorn Jahwes« eine wichtige Rolle spielt[47] und dargelegt wird, daß nun Jahwes Zorn ausgegossen wird. Der zuständige Autor von Ez 20 handelt ebenfalls über Jahwes Zorn, bzw. reflektiert über die Zurückhaltung seines Zornes im früheren Verlauf der Geschichte Israels[48]. Diese Korrespondenzen könnten darauf hindeuten, daß wegen der umfassenderen Darlegungen zum Thema »Zorn Jahwes« in Ez 20 dieses Kapitel nachträglich vor Ez 21/22 untergebracht wurde und auf diese Weise die nun folgenden Ausführungen der in Ez 20 vorgelegten Systematik untergeordnet wurden.

Folgende Beobachtung spricht dafür, daß Ez 20 in der Tat nachträglich in eine vorgegebene Textfolge Ez 19/21 f. eingeschaltet worden ist: Aus Ez 21,17.30 und 22,6 ff.25 ff. und Ez 19,1 ist zu entnehmen, daß in Ez 21/22 enthaltene Texteinheiten und Ez 19 thematisch und sachlich eng aufeinander bezogen sind, weil hier wie dort der »Fürst«, bzw. die »Fürsten« Israels im Blickpunkt stehen[49].

Ferner ist zu beachten: Ez 20,4 und 22,2 (vgl. noch 23,36) sind wörtlich fast gleichlautend formuliert. Nach Ez 22,2 ist Ezechiel nur nach dem »Richten« über die »Blutstadt«[50] gefragt und gehalten, ihr lediglich ihre Greueltaten mitzuteilen. 22,3 ff. kommt auf die Greueltaten zu sprechen (v. 3 ff. = Jahwerede), indem betont auf das in der Stadt vergossene Blut (v. 3.4.13) verwiesen und dieser Punkt konkretisiert wird (v. 6.9.12). Dagegen wird in Ez 20,4 der hier vor Augen stehende Prophet gefragt, ob er die ihm in Gestalt der Ältesten gegenüberstehende erste Gola »richten« will, und dann aufgefordert, ihnen die Greueltaten ihrer Väter

---

[46] »Die lange Beschreibung ist mehr Abhandlung als Weissagung« (so HÖLSCHER, Hesekiel, S. 110).

[47] Vgl. ḥmty 21,22; 22,20.22; vorher zuletzt 16,42; vgl. ferner z'm 21,36; 22,31; ḥmh sonst im näheren Kontext in 19,12; 23,25.

[48] Vgl. Ez 20,8.13.21.

[49] Die Analysen zu Ez 19 und Ez 15 werden ergeben (vgl. dazu unten S. 139 ff.159 ff.), daß in einem sehr frühen Überlieferungsstadium dieser Texte hinter Ez 19,10—14 ursprünglich Ez 15,1—4* anschloß; die golaorientierte Redaktion hat diese thematisch und konzeptionell konsequente Textfolge aufgehoben, weil sie mit Ez 15,1—4*, dem Bildwort vom nutzlosen Rebholz, nach einer entsprechenden Bearbeitung und Uminterpretation das Aussageanliegen in Ez 14,21—23 weiterführen konnte (vgl. zu Einzelheiten oben S. 6 f.). Zuvor jedoch hatte der Autor von Ez 21,1—5* die in Ez 15 auftauchenden Stichworte y'r, 'ṣ und 'š aufgreifen und für sein neues Bild vom nun von Jahwe veranlaßten Waldbrand einsetzen können.

[50] Nach dem vorausgehenden Kontext 21,6.25 »Jerusalem«; vgl. auch noch 24,6.

kundzutun, womit zum Zweck des Schuldaufweises der Blick in die Geschichte zurück gelenkt wird. In beiden Kapiteln liegt also das gleiche Anliegen »Schuldaufweis« vor, zudem noch fast wörtlich übereinstimmend eingeleitet; doch anders als Ez 20 kennt der Schuldaufweis in Ez 22 nicht die zurückblickende, umfassende geschichtsperspektivische Argumentation.

Dagegen ist der Schuldaufweis in Ez 23 deutlich aus einer geschichtsperspektivischen Sicht konstruiert[51]. Im Rückblick wird die in der Vergangenheit für Jerusalem gefährliche Bündnispolitik herausgegriffen und als Abfall von Jahwe im Bild der untreuen Ehefrauen Jahwes qualifiziert.

Aus den bisherigen Beobachtungen geht hervor, daß Ez 20 einerseits in Abstimmung auf die den jetzigen Kontext bildenden Texteinheiten konzipiert worden ist; andererseits ist nicht zu übersehen, daß Ez 20 in mehrfacher Hinsicht den Aussagehorizont der Kontexteinheiten umfassender umreißt. Das läßt sich im folgenden noch genauer spezifizieren:

1. Während in Ez 20 die Schuld als Schuld der Väter (20,4) seit den Anfängen der Geschichte des Jahwevolkes in Ägypten in den Blick (20,7 ff.) gerät, behandelt Ez 14,1−23 die Verschuldungen Jerusalems[52], die im Zeitraum nach 597 und vor 587 das Unheilshandeln Jahwes provoziert haben und somit den Untergang Jerusalems 587 in den Augen der Gola rechtfertigen (v. 22 f. direkte Anrede) sollen[53]. In Ez 22 ist es ebenfalls der Verschuldungszeitraum vor 587, der Jahwe zum Eingreifen bewogen hat. Ez 23 beginnt der Zeitraum der Verschuldung gegenüber Jahwe bereits mit der zweifelhaften Bündnispolitik zunächst des Nordreiches (Stichwort »Assur« v. 5 ff.), dann des Südreiches (v. 11 ff.).

2. Der in Ez 20 zeitperspektivisch ausgeweiteten Erfassung der Verschuldungen korrespondiert in diesem Kapitel die umfassende Berücksichtigung des ganzen »Hauses Israel«[54], indem hier auch der Verschuldungsspielraum der Gola mitbedacht wird[55]. Dagegen geht es in Ez 18 nur um das »Israel« im Lande Israel[56] und die Frage, welche Bedeutung die Verschuldungen einer früheren Generation für die folgenden haben (18,3− 20); nachdem 18,21−29 die Möglichkeit individueller Umkehr bzw. individuellen Abfalls erörtert, wird zwar in 18,30−31 umfassend das »Haus Israel« auf alle seine Vergehen (*kl pš*'*yhm*) hin angesprochen und zur Umkehr aufgefordert[57]; doch ist keineswegs sicher, daß diese Aufforderung

---

[51] Vgl. dazu unten S. 204 ff.
[52] Vgl. 14,21; dagegen 14,13 »Land«; 14,1−11 die Verschuldungen des »Hauses Israel«.
[53] So die jetzige Abfolge der Aussageeinheiten 14,[1−3].4−11.12−20.
[54] Vgl. 20,5.30.39.40.
[55] Vgl. 20,1−3.30 ff.
[56] Vgl. 18,2.3.
[57] Vgl. so auch 14,6.

sowie der abschließende warnende Hinweis »Warum wollt ihr sterben, Haus Israel?« an die Gola adressiert ist. In Ez 14,1—11* sind es lediglich bestimmte Personen oder Gruppen innerhalb »Israels«[58], die Schuld auf sich laden, woraufhin der Schaden durch Ausgrenzung der Betroffenen behoben werden kann[59]. In Ez 17,1—21 steht nur König Zedekia im Zentrum der Beschuldigung. Ez 22,1—16 betont die Verschuldungen der »Blutstadt« (v. 2) Jerusalem am Beispiel der »Fürsten Israels« (v. 6). Ez 22,23—31 bezieht den Kreis der Schuldigen im Land mit ein (v. 24.32); konkret vor Augen steht die Führungselite, darunter an erster Stelle die »Fürsten«[60], ferner die Priester (v. 26), die Obersten (śrym, v. 27) und die Propheten (v. 28).

3. In Ez 20 werden die Verschuldungen als Vergehen im kultischen Bereich[61] bzw. pauschal als Auflehnung gegen Jahwes Rechte und Satzungen[62] erfaßt. In Ez 14 steht nur Abgötterei, also Abfall von Jahwe vor Augen (v. 3—7.11). Ez 21,29 faßt die Verschuldungen wieder pauschal, lenkt dann aber in v. 30 den Blick auf den »Fürsten« als »unheiligen Frevler«. In Ez 22,1—16 ist der Hauptvorwurf »Blutschuld«[63], daneben Vergehen im sozialen (v. 7.12), sexuellen (v. 10.11) und kultischen (v. 8.9b) Bereich. Der Abschnitt 22,23—31 behandelt wieder nur gruppenspezifische Vergehen der Führungsgruppen (der Fürsten, Priester, Propheten, Landadel), die sich zum Nachteil des übrigen Volkes auswirken, auf das hier keine Schuldvorwürfe zielen.

4. Die durch Vergehen provozierten Unheils- bzw. Gerichtsfolgen treffen in Ez 20 ausnahmslos die Gesamtheit des Volkes bis hin zur »Zerstreuung in die Länder und unter die Völker« (vgl. 20,23.34.41). Dagegen geht Ez 14,1—11 davon aus, daß jeweils nur die betreffenden Schuldigen aus Jahwes Volk ausgerottet werden sollen (v. 8.9). Anders wiederum kann Ez 14,12—23 den Fall einer umfassenden Verschuldungssphäre durchspielen. Der Akzent liegt hier jedoch darauf, daß der wirklich Gerechte, aber auch nur er, sich retten wird, also nicht in die Verschuldungs- und Unheilssphäre einbezogen wird (14,12 ff.). Nach Ez 21 trifft das Unheil Jerusalem und das Land (v. 6), nach 21,23—32 Jerusalem und die »Fürsten«. Ez 22 ist zunächst die »Blutstadt« Jerusalem (v. 2) Objekt des Unheilshandelns, dann das Haus Israel (v. 17—23), schließlich das Land (v. 30).

Nach diesem Überblick über die unterschiedlichen Einschätzungen hinsichtlich des Verschuldungszeitraums, der Schuldverursacher, der Ver-

---

[58] Vgl. das Prädikat »mein Volk« in v. 8.9.
[59] Vgl. v. 8.9.
[60] Vgl. v. 25 Lxx.
[61] Abgötterei, Verunreinigung, Sabbatentweihung; vgl. v. 7.16.18.24.30.31.
[62] Vgl. v. 11.13.16.18—21.24.
[63] Vgl. v. 2.6.9a.12.13.

schuldungsweisen und der Verschuldungsauswirkungen im näheren und weiteren Kontext zu Ez 20 bieten sich grundsätzlich zwei Möglichkeiten an, das nachgewiesene Beziehungsgeflecht zwischen Ez 20 und den fraglichen Kontexteinheiten zu erklären:

a) Man könnte annehmen, daß im Kontext ausschnittartige Einzelaspekte einer einheitlich synchronen Reflexionsstufe vorliegen, die schließlich in Ez 20, weil dieses Kapitel kontextbezogen erstellt worden ist, auf der gleichen Reflexionsstufe systematisch aufgerundet sind. Da allerdings die ausschnittartigen Einzelaspekte und Hinweise im näheren und weiteren Kontext von Ez 20 auf den Verschuldungszeitraum, die Schuldverursacher, die Verschuldungsweisen und die Verschuldungsauswirkungen für die golafavorisierende Konzeption die Funktion haben, den Stellenwert der Zurückgebliebenen zu charakterisieren, bzw. sie im Vergleich zur ersten Gola abzuqualifizieren, um so die strikte Differenzierung zwischen der ersten Gola und dem übrigen Israel der Zurückgebliebenen zu erreichen, müßte man folglich davon ausgehen, daß Ez 20 wegen der synchronen Systematisierung jener Einzelaspekte zusammen mit ihnen der golafavorisierenden Konzeption vorgegeben war. Dann wäre zu fordern, daß auch Ez 20 der golafavorisierenden Sichtweise nicht grundsätzlich entgegensteht.

b) Die zweite Möglichkeit wäre, Ez 20 wegen seines in allen vier o. a. Punkten umfassenderen Aussagehorizontes so einzustufen, daß hier n a c h t r ä g l i c h und abschließend in einer neuen und umfassenden Systematik die in den Kontexteinheiten enthaltenen unterschiedlichen Antwortversuche zur Frage nach den schuldverursachenden Hintergründen der Katastrophe von 587 überhöht und überholt werden sollen. Diese Einschätzung ließe sich absichern, wenn gezeigt werden könnte, daß Ez 20 einer mit den fraglichen Kontexteinheiten argumentierenden Golafavorisierung prinzipiell keinen Raum mehr belassen und diese ebenfalls überholen will.

Auf Grund der bisherigen Beobachtungen und Überlegungen zu Funktion und Stellenwert von Ez 20 im Kontext des Ezechielbuches und zugleich im Blick auf die Aussagerichtung der golafavorisierenden Konzeption ist also bei der weiteren Analyse von Ez 20 besonders darauf zu achten und deutlich herauszuarbeiten, welche Einstellung zur ersten Gola die Hand des zuständigen Autors geführt hat.

b) Ez 20,1—44 — Analyse[64]

Ez 20,1 setzt ein mit Angaben über den Zeitpunkt, zu dem sich einige Älteste Israels bei »Ezechiel« einfinden, um Jahwe zu befragen.

V. 2.3: In dieser Situation erhält der »Prophet« ein Jahwewort, in dem ihm mitgeteilt wird, daß sich Jahwe nicht von ihnen befragen läßt.

---

[64] Eine ausführliche Untersuchung bieten R. Liwak (Probleme, S. 144—193, vgl. dazu Anm. S. 296—316 [mit umfassenden Wortfeldanalysen]) und neuerdings Krüger (Geschichtskonzepte, S. 199—281).

Mit der Jahwespruchformel wird dieses Wort abgeschlossen. Eine Begründung für die Verweigerung Jahwes fehlt. So wirkt 20,1−3 zwar formal
wie eine in sich geschlossene Einheit; vom Inhaltlichen her ist sie jedoch
implizit auf eine Weiterführung angelegt.

Dem korrespondiert, daß 20,30 f. nach den in 20,5−29 enthaltenen
Darlegungen Jahwes über den »Wandel der Väter« in der Vergangenheit
wieder auf die in 20,1−3 vorgestellte Situation der Jahwebefragung zu-
rückkommt. Beide Verse knüpfen an die Informationen in 20,1−3 an, weil
sonst die rhetorische Jahwefrage »und ich sollte mich von ihnen befragen
lassen …« (v. 31a Wiederaufnahme von 20,3b) völlig unvermittelt ohne
sachlichen und literarischen Kontext eingebracht wäre. Sie enthalten zugleich Aussageelemente[65], die eine weitere literarische Klammerfunktion
erfüllen: Sie tragen den vorausgehenden, bereits in v. 4b avisierten Darlegungen über die Vergehen der Vätergenerationen Rechnung (20,5−29)
und bewirken, daß die Adressaten von 20,1, also die Ältesten Israels, als
Glieder der ersten Gola in der Nachfolge jener stehen, deren »Widerspen-
stigkeiten« (vgl. v. 8.13.21) und Verschuldungen Jahwe gegenüber in
20,5−29 vorgeführt worden sind. Der 20,1−3 abrundende Abschnitt
20,30.31 ist also auch in Kenntnis und unter Berücksichtigung von 20,5−
29 formuliert, setzt jedenfalls Darlegungen über den »Wandel der Väter«
(v. 30) im Kontext voraus.

Aus diesen Beobachtungen zum Beziehungsgeflecht zwischen 20,1−
3 und 20,30.31 und dem darin eingebundenen Kontext 20,4−29 ergibt sich,
daß 20,1−3 und 20,30.31 jetzt als der sachlich und literarisch angemessene
Rahmen gedacht sind, mit dessen Hilfe die Darlegungen 20,4−29 ins
Ezechielbuch verklammert werden konnten. Das literarische und themati-
sche Übergewicht der im Rahmen eingebetteten Jahwerede zum Thema
»Verschuldungen/Untaten der Väter« läßt deutlich erkennen, daß der Topos
»Jahwebefragung« in erster Linie als Mittel zum Zweck dient, auf diese
Weise einen Anlaß für die in 20,5 ff. konzipierten Ausführungen Jahwes
zu konstruieren. Das geschieht in bewußter Abstimmung auf die im
Ezechielbuch vorausgesetzte Situation Ezechiels als Prophet im Kreis der
ersten Gola[66]. Daß der Verfasser zugleich mit dem Verweis auf die aktuellen
Hintergründe, die eine geplante Jahwebefragung vor Ezechiel scheitern
lassen müssen (20,30 f.[67]), die erste Gola in ein entsprechendes ungünstiges

---

[65] Vgl. das Stichwort »Väter« in v. 30 (vgl. v. 3); ferner das Stichwort *šqwṣym* in v. 30 (vgl.
v. 7) sowie das Stichwort »sich verunreinigen« in v. 30 f. (vgl. v. 7.18) und schließlich
glwlym in v. 31 (vgl. v. 7.16.18.24).

[66] »Daß das in 30 f. angesprochene ›Haus Israel‹ sich … im Exil befindet, geht nicht nur
daraus hervor, daß es, wie die Aufnahme des Themas ›Befragung‹ Jahwes aus 1−3 in
31 zeigt, von den − exilierten − ›Ältesten Israels‹ (1) repräsentiert wird, sondern ist
auch in 34.38 ausdrücklich vorausgesetzt und durch die Ankündigung in 23 vorbereitet«
(KRÜGER, Geschichtskonzepte, S. 206, Anm. 24).

[67] Vgl. Anm. 65.

Licht rückt, steht, wie noch deutlich zu machen ist, mit den Darlegungen
in 20,4—29 durchaus in Einklang.

V. 4 *ḥtšpṭ* ... *ḥwdy'm* dürfte wegen der Berührungen mit Ez 16,2; 22,2
und 23,36 sicherzustellen suchen, daß ebenfalls die Darlegungen über
Verschuldungen in diesen Kapiteln im folgenden (20,5 ff.) in dem hier
umrissenen Aussagehorizont mit abgedeckt sind. Das Stichwort »Greueltaten ihrer Väter« zeigt diesen Horizont bereits an.

20,5—29 in Verbindung mit 20,30 f. führt den Nachweis, daß der
gesamte Zeitablauf der Geschichte Israels von den Anfängen (Ägypten)
bis in die Gegenwart einen Verschuldungszeitraum umgreift, in dem
ausnahmslos ganz Israel so verstrickt ist, daß entsprechend auch ganz
Israel immer wieder die Folgen tragen muß (vgl. schließlich v. 23).

Die folgende Paraphrase zu 20,5—24[68] soll die Hauptlinien der Gedankenführung und ihre Grundintention verdeutlichen[69]:

1. Am Anfang steht die Initiative Jahwes, der sich Israel in Ägypten
erwählt, sich ihm dort bekannt macht (v. 5a) und sein Gott sein will
(v. 5b). Jahwe macht sich Israel gegenüber zur Auflage, daß er Israel aus
Ägypten herausführt in das schönste aller Länder (v. 6). Israel erhält zur
Auflage, sich von den Scheusalen und Götzen Ägyptens zu trennen und
sich nicht zu verunreinigen, weil Jahwe ihr Gott ist (v. 7).

Dem Vorhaben Jahwes widersetzt sich Israel, indem es die geforderte
Auflage nicht erfüllt (v. 8a). Daraufhin plant Jahwe, seinen vernichtenden
Zorn über Israel in Ägypten auszugießen (v. 8b). Um seines Namens willen
nimmt er jedoch davon Abstand, damit dieser nicht in den Augen der
Völker entweiht wird, weil sich Jahwe vor deren Augen als der bekannt
gemacht hatte, der Israel aus Ägypten herausführen werde (v. 9). Daher
bleibt Jahwe dabei, Israel aus Ägypten herauszuführen (v. 10a, vgl. v. 6);
folgenlos bleibt das Verhalten des Volkes jedoch nicht: er bringt es nicht
in das in Aussicht gestellte Land, sondern in die Wüste (v. 10b).

2. Dort teilt er ihnen seine Satzungen und Rechte mit (v. 11) und
gibt ihnen seine Sabbate (v. 12). Das Volk widersetzt sich jedoch Jahwe
auch in der Wüste und erfüllt nicht die Auflage, die Satzungen etc.
einzuhalten (v. 13a). Daraufhin plant Jahwe, seinen vernichtenden Zorn

---

[68] Zu dieser Abgrenzung vgl. unten Anm. 70.

[69] Auf eine gründliche Analyse mit dem Ziel, zwischen einem ältesten Bestand und möglicherweise späteren Nachträgen zu unterscheiden, kann im Rahmen unserer Fragestellung
verzichtet werden, da die das Geschichtsresümee strukturierenden Kernaussagen un-
umstritten festliegen; vgl. immerhin z. B. HÖLSCHER, Hesekiel, S. 110, Anm. 1, und
EICHRODT, Hesekiel 19—48, S. 170 f., die die Aussagen zu den »Sabbaten« nicht zum
ursprünglichen Kern rechnen; so auch neuerdings VEIJOLA, Die Propheten und das Alter
des Sabbatgebots, S. 258 ff.; VEIJOLA kommt zu dem Ergebnis, daß die Sabbat-Belege
»ein Zeichen für die wachsende Bedeutung des Sabbats in den priesterlichen Kreisen des
nachexilischen Zeitalters sind« (S. 261).

über Israel in der Wüste auszugießen (v. 13b). Um seines Namens willen nimmt er jedoch davon Abstand, damit dieser nicht in den Augen der Völker entweiht wird, vor deren Augen er Israel (aus Ägypten) herausgeführt hatte (v. 14). Folgenlos bleibt das Verhalten des Volkes jedoch nicht: Jahwe nimmt seine Zusage zurück, diese Israelgeneration in das in Aussicht gestellte Land zu bringen (v. 15; vgl. v. 6), weil sie die Auflagen nicht erfüllt und ihr Herz ihren Götzen folgt (v. 16); aber Jahwe verschont das Volk vor der Vernichtung in der Wüste (v. 17).

3. Ihre Söhne fordert Jahwe in der Wüste auf, sich von ihren Vätern und deren Verhalten zu distanzieren und sich nicht mit deren Götzen zu verunreinigen (v. 18), weil Jahwe ihr Gott ist (v. 19aα). Sie erhalten Jahwes Satzungen und Rechte etc. (v. 18aβ.b.20) zur Auflage. Die Söhne widersetzen sich jedoch Jahwe und erfüllen die Auflage nicht (v. 21a). Daraufhin plant Jahwe, seinen vernichtenden Zorn über sie in der Wüste auszugießen (v. 21b). Um seines Namens willen nimmt er jedoch davon Abstand, damit dieser nicht in den Augen der Völker entweiht wird, vor deren Augen er sie (aus Ägypten) herausgeführt hatte (v. 22). Folgenlos bleibt das Verhalten des Volkes jedoch nicht: Jahwe nimmt sich vor, sie »unter die Völker und in die Länder« zu zerstreuen (v. 23), weil sie seine Auflagen nicht erfüllen und ihre Augen hinter den Götzen ihrer Väter her sind (v. 24).

Als die eigentlichen Kernaussagen in 20,5—24[70] springen die jeweils wörtlich fast durchweg übereinstimmenden, insgesamt dreimal stereotyp eingebrachten Versgruppen über den vernichtenden »Zorn« Jahwes und die Aussage ins Auge, daß Jahwe »um seines Namens willen« seinen Zorn bezähmt (a) 20,8b.9; b) 20,13b.14; c) 20,21b.22):

Die diesen Kernaussagen vorausgehenden Verse enthalten jeweils Informationen über Verhaltensweisen Israels, die darlegen, warum Jahwe daran denkt, seinem Zorn Lauf zu lassen. Diese Verhaltensweisen werden wiederum jeweils als Auflehnung (Widerspenstigkeit) gegenüber Jahwe qualifiziert[71]. Die den Kernaussagen nachfolgenden Verse legen jeweils dar, wie sich die Bezähmung des Vernichtungszorns auswirkt: Jahwes Reaktion auf die Auflehnung Israels und die entsprechenden Folgen für Israel fallen regelmäßig so aus, daß Jahwe sich die Möglichkeit, anschließend wieder initiativ zu werden, offen hält[72]. Daß Jahwe diese Möglichkeit

---

[70] Die schwierigen Verse 25 f. werden hier wegen ihrer kaum eindeutig zu erhebenden Aussageintention nicht ausgewertet; v. 27—29 bleiben unberücksichtigt, weil nicht sicher zu klären ist, ob sie noch vom gleichen Verfasser stammen wie die eben paraphrasierten Darlegungen 20,5—24 oder ob sie als spätere Nachträge einzustufen sind (vgl. dazu KRÜGERs Referat (Geschichtskonzepte, S. 207 ff.). Wir verzichten auf eine Diskussion dieser Frage; im Blick auf die durchstrukturierten Ausführungen in 20,5—24 und ihre strenge Gedankenführung ist es möglich, hier bereits die theologische Grundkonzeption des Verfassers zu orten.

[71] *wymrw* in v. 8.13.21.

[72] 20,10; 20,15—17; 20,23 f.

zu Gunsten Israels mit dem Ziel des rechten Gottesverhältnisses[73] wahrnimmt, wird ausdrücklich in den ersten beiden Fällen festgehalten (20,11 f.;
20,18—20). Im dritten Fall (20,23 f.) fehlt direkt anschließend ein Hinweis
auf Jahwes weitere Initiativen, obwohl die v. 22 f. analog zu v. 9 f. und
14 ff. grundsätzlich in dieser Richtung offen sind.

Als Grund dafür ist zu veranschlagen, daß mit dem in 20,23 vorliegenden Hinweis auf die Folgen, die die zuletzt vorgeführte Auflehnung
gegenüber Jahwe für Israel haben wird, nämlich die Zerstreuung »unter
die Völker und in die Länder«, die gesamte Zeitspanne der Geschichte
Israels vom Aufenthalt in der Wüste vor der Landnahme bis hin zur
Katastrophe Jerusalems überbrückt wird und schließlich zugleich die
gegenwärtige Situation der ersten Gola in Babel (20,1—3.30 f.), ja darüber
hinaus generell Exil und Diasporageschick eingeholt sind. Die dazwischen
liegende Geschichte wird demnach ausgeblendet. Sie ist für den Verfasser
offensichtlich deswegen irrelevant, jedenfalls ohne aktuelle Bedeutung,
weil ihr keinerlei Gesichtspunkte abgewonnen werden können, die über
das hinausweisen, was er an drei Beispielen aus der Frühzeit Israels
hinsichtlich des Beziehungsgeflechts »Jahwe — Israel« als für die Gegenwart relevant aufzudecken beabsichtigt.

Aktuelle Bedeutung haben für den Verfasser offensichtlich jene Tradi-
tionen aus der Frühzeit Israels, die die Situation des Volkes noch außerhalb
des Landes voraussetzen. Daß gerade darauf zurückgegriffen wird, muß
als Indiz dafür gewertet werden, daß den Verfasser von 20,5—24 die Frage
bewegt, ob und wie ein Beziehungsgeflecht zwischen Jahwe und dem
gegenwärtigen Israel außerhalb des Landes — Israel in der Diaspora »unter
den Völkern und in den Ländern« — besteht und daß er eben diese Frage
hier theologisch aufzuarbeiten sucht. Am Beispiel gerade des anfänglichen
Israel fern und außerhalb des Landes, seinem Scheitern und Versagen
Jahwe gegenüber auf der einen Seite, und am Beispiel jenes Jahwe,
der sich seine Initiativmöglichkeiten und seine Souveränität gerade auch
außerhalb des Landes trotz dieses Versagens immer bewahrt hat, läßt sich
für das Diaspora-Israel insgesamt aufzeigen und belegen, daß jetzt und
zukünftig mit Jahwes Souveränität und Initiativmöglichkeiten auch außerhalb des Landes zu rechnen ist.

Was in Ez 20* vorliegt, ist eine »Theologie der Diaspora«, in der es
darum geht, die Diasporaerfahrungen nach 587 bis in die eigene Gegenwart
theologisch zu verarbeiten[74]: Das Diaspora-Israel ist davon freizusprechen,

---

[73] Vgl. v. 6.7.12.19.20.

[74] Zu weiteren Textanteilen im Ezechielbuch, in denen die Diasporasituation reflektiert
wird, vgl. unten S. 77 f.131 ff.; es ist das Verdienst LEVINS, auf die »Diasporaorientierung«
bestimmter Textanteile des Jeremiabuches (vgl. Verheißung, S. 168 f.188 f.196.202 f.) sowie des Ezechielbuches (vgl. a. a. O., S. 205 ff.) aufmerksam gemacht zu haben; LEVIN
hat zugleich die Augen dafür geöffnet, daß entsprechend, wie die »Phase der ›Diaspora-

in besonderer Weise das Objekt des ungehindert und ungezähmt wirkenden Jahwezorns gewesen zu sein oder zu sein; es steht hinsichtlich seiner Verschuldungen nicht anders da als das Israel der Vergangenheit, ja, es hat in gewisser Weise »auszubaden«, was dieses Israel längst vor Eintritt des Diasporageschicks in seiner permanenten Widerspenstigkeit Jahwe gegenüber provoziert hatte (vgl. 20,23 f.). Dem korrespondiert, daß das Israel der Gegenwart in der Zerstreuung »unter die Völker und in die Länder« wie damals (20,5—22) so auch jetzt (20,23.30 f.) Objekt des Handelns Jahwes ist und bleibt.

Der in 20,5—24 vorliegende Gedankenduktus läuft mit v. 23 f. also darauf hinaus, daß der hier in Aussicht gestellten Zerstreuung die gleiche Funktion zukommt wie den Maßnahmen Jahwes, die er zu früheren Zeiten an Israel noch außerhalb des Landes vollzog, anstatt seinem Vernichtungszorn freien Lauf zu lassen. Die »Zerstreuung unter die Völker und in die Länder« (v. 23) ist nach der Logik der vorausgehenden Aussagen nichts anderes als die Option Jahwes, danach wieder initiativ werden zu können.

Dem Verfasser liegt daran, sicherzustellen, daß gerade die Diasporasituation von langer Hand geplant ist; ihr Eintreffen, Israel unter den Völkern, ist so das Ergebnis eines Waltens Jahwes in der Geschichte, das sich eben nicht in der vom uneingeschränkten Vernichtungszorn getriebenen Reaktion Jahwes erschöpfte.[75]

Ez 20,32 ff.[76]:

Nachdem v. 32 im Anschluß an die Vorwürfe in 30 f. die Implikationen des Verhaltens (die Angleichung an die Völker) vor Augen stellt,

---

orientierung‹ des Jeremiabuches ... im Verlauf der Theologiegeschichte die ›Golaorientierung‹ abgelöst hat« (a. a. O., S. 188), im Ezechielbuch die diasporaorientierten Textanteile die vorgegebene golaorientierte Konzeption überholen.

[75] Diese Konzeption steht in einem gewissen Widerspruch zu der Aussage in Ez 36,18. Hier wird gerade das Zerstreuungshandeln Jahwes (v. 19) vorweg als Folge dessen interpretiert, daß Jahwe seinen Zorn nun über Israel ausgießt. Dazu kommt noch, daß hier der Grund für Jahwes Zorn darin gesehen wird, daß Israel durch seinen Wandel und seine Taten das Land »verunreinigt« hat. Anders als in 20,7.18.30.31.43 fehlt hier also der Gedanke, daß Israel sich selbst durch seinen Wandel und seine Taten »verunreinigt« (so 20,30a.43). Außerdem ergänzt 36,19b zur Begründung, daß Jahwe Israel nach seinem Wandel und seinen Taten richten wird. Dagegen kann 20,44 zum Schluß des Kapitels ausdrücklich hervorheben, daß Jahwes Handeln an Israel — hier steht jetzt wohl in erster Linie sein in 20,40 ff. umrissenes Heilswirken vor Augen — nur mit Rücksicht auf seinen »Namen« und gerade nicht »ihrem Wandel und ihren Taten entsprechend« erfolgt.

[76] Ob Ez 20,32—38 vom gleichen Verfasser herzuleiten ist, der 20,1—31 konzipiert hat, ist strittig; das gilt auch für 20,39—44; vgl. zur Diskussion KRÜGER, Geschichtskonzepte, S. 207 ff. 270 ff. Die in 20,32—44 folgenden Ausführungen nehmen in jedem Fall die

konstatiert v. 33, daß Jahwe dennoch an Israel als Objekt seines Handelns und Herrschens (*mlk*) festhält und leitet damit über zu Aussagen, die Jahwes neues Handeln, nämlich die generelle Aufhebung der Diasporasituation, in Aussicht stellen (v. 34). Während 20,35−38 mit den Darlegungen über ein Gericht Jahwes an denen, die »aus den Völkern und Ländern« heraus »in die Wüste der Völker« geführt werden, wie ein retardierendes Zwischenstück wirken, kommt das Kapitel in 20,39 f. zu dem Aussageziel: Der heilige Name Jahwes soll nicht mehr durch die Götzen entweiht werden[77]; vielmehr soll ganz Israel Jahwe auf seinem heiligen Berge dienen (v. 40a); und dort verlangt Jahwe nach den Gaben der jetzt noch »unter den Völkern und in den Ländern Zerstreuten« (vgl. die Anrede in der 2. pers. pl. in v. 40b).

Der oft als schwierig empfundene v. 40 enthält nach den bisherigen Ausführungen zur Gedankenführung von Ez 20 gar nicht die Spannungen, die man im zu beobachtenden Personenwechsel zu erkennen meint: Angeredet ist weiterhin wie in v. 39 die erste Gola. Wurden ihr zuvor die Hintergründe für die Abläufe der Vergangenheit Gesamtisraels etc. und der weitere Gang der Dinge, wie er auch die erste Gola betrifft (20,30 ff. Anrede in der 2. pers. pl.), vor Augen gemalt, so jetzt das Endziel der Pläne Jahwes, »ganz Israel im Dienst für Jahwe auf seinem heiligen Berg« (allgemeine Feststellung 3. pers. pl.). Die erste Gola, in v. 30.39 als »Haus Israel« angesprochen, wird hier also deutlich als pars pro toto vorgeführt, sie ist Paradigma für das Diaspora-Israel überhaupt, das erst auf Jahwes »heiligem Berge« zu seiner Bestimmung kommen wird.

Das gesamte jetzt vorliegende Kapitel trägt eine die sonstigen Darlegungen des Ezechielbuches weit überholende und umgreifende Geschichtsreflexion vor, in der es darum geht, eine allgemeine, keineswegs auf die Zeit kurz nach 587 beschränkte Diasporasituation und damit das Problem der Identität »Israels« theologisch aufzuarbeiten und zu bewältigen.

Die Art und Weise, wie die allgemeine Diasporasituation Israels und ihre Hintergründe beurteilt werden und wie angesichts dieser Situation über das Handeln und Planen Jahwes reflektiert ist, läßt deutlich erkennen:

---

bisher eingeschlagene Linie konsequent auf. Wir meinen deswegen im Rahmen unserer Fragestellung auf eine umfassende Erörterung der Frage verzichten zu können, ob Ez 20,33−38 und 20,39 ff. als genuine Weiterführungen der Darlegungen in 20,1− 32 anzusehen sind, oder ob hier später nachgetragene Texteinheiten vorliegen. Beide Auffassungen werden − in mehreren Variationen − vertreten; vgl. die Übersicht bei KRÜGER, a. a. O.

[77] Die Entweihung des Jahwenamens hat demnach in 20,39 andere Hintergründe als in 20,9.14.22 und in 36,20−23! Der Jahwename wird hier durch schuldhaftes Verhalten gegenüber Jahwe entweiht (vgl. so auch Jer 34,16 und Lev 22).

Die Gedankenführung ist konzeptionell so angelegt, daß sie nicht die jetzt in 20,1—3.30 f. berücksichtigte Situation der ersten Gola als Ausgangspunkt braucht. Das leitende Interesse der Geschichtsreflexion von Ez 20,5—29 ist also nicht in erster Linie die jetzt auf Grund des Rahmens erreichte Nivellierung der im Ezechielbuch vorgegebenen Golafavorisierung; das leitende Interesse zielt darauf, für das Israel der »Zerstreuung unter die Völker und in die Länder« (v. 23), also für die Diaspora allgemein, den Nachweis zu bringen, daß dieses Israel wahres »Israel« ist und Objekt des Handelns Jahwes war und bleibt. Die entsprechenden Darlegungen waren im golaorientierten Ezechielbuch allerdings nur so unterzubringen, daß der hier vorgegebenen Favorisierung der Gola kein Raum mehr belassen wurde.

Wir können festhalten: Ez 20,1—3 im Verbund mit 20,30 f. nach den Darlegungen über die »Väter« (20,[4].5—23.[24—29]?) stellt einen »Ezechiel« im Kreise der ersten Gola dar, der seinen Schicksalsgefährten klarmachen muß, daß sie völlig in der Tradition der Väter stehen, die von Anfang an durch die gesamte Geschichte hindurch bis in die Gegenwart das Beziehungsgefüge zu Jahwe verdorben haben. Jeglicher Versuch einer differenzierenden Betrachtung und Bewertung hinsichtlich der ersten Gola und dem übrigen Israel ist damit abgewiesen; die golafavorisierende Konzeption ist damit überholt[78]. Die in Ez 20,5—24 vorgetragene Sicht von der Gesamtgeschichte der »Widerspenstigkeit« Israels seit den Anfängen kann aus konzeptionellen Gründen keine Ausnahmen zulassen, nicht für die aufgezählten Geschichtsabläufe bis zum Aufenthalt in der Wüste (v. 22) und auch nicht für die Folgezeiten. Daher hat damals schon Jahwe, so die These des Verfassers, die spätere umfassende Zerstreuung seines Volkes ins Auge gefaßt (v. 23); daraufhin kann das Geschick der ersten Gola nichts anderes mehr darstellen als die bereits erfolgte Teilrealisierung jener von Jahwe längst geplanten Gesamtzerstreuung. M. a. W.: Im Gesamtzusammenhang des für Israel längst geplanten (v. 23) und nun eingetretenen Zerstreuungsgerichts Jahwes (Situation der ersten Gola nach 20,1—3.30 f.) fungiert die erste Gola als die Adressatin dieser Ausführungen in 20,5—29 lediglich als pars pro toto. Insofern hat sie für den Verfasser von Ez 20 keinerlei Vorzugsstellung. Daß sich in seinen Augen ihr Sinnen und Trachten etc. trotz der speziellen Situation als erste Gola in keiner Weise von demjenigen Verhalten unterscheidet, mit dem Israel immer schon sein Verhältnis zu Jahwe aufs Spiel setzte, verdeutlicht er mit dem Verweis

---

[78] Vgl. HERRMANN, Heilserwartungen, S. 287, Anm. 9, der im Blick auf die mehrfach erwähnte Heimkehr des unter die Völker zerstreuten Volkes konstatiert: »Dabei scheint nicht nur an die babylonische Gola gedacht zu sein. Aus vielen Völkern sollen die Israeliten heimkehren, in deren Mitte sie verstreut sind. Das ist kaum allein vom Standpunkt der babylonischen Gola gesagt, vielmehr vom Standpunkt der die Exilierten erwartenden Palästinenser«.

darauf, daß sie wie die Auszugsgeneration an *šqwṣym*[79] und *glwlym*[80] festgehalten hat[81].

Die vorstehenden Beobachtungen und Überlegungen lassen keinen Zweifel zu, daß Ez 20, wie auch immer die Genese des gesamten Kapitels verlaufen sein mag, in seinen Teilabschnitten und als Ganzes die vorgegebene Favorisierung der ersten Gola voraussetzt. Der für 20,1−31* zuständige Verfasser denkt jedoch in einem völlig anderen Horizont; ihn bewegt die Frage nach dem Stellenwert Israels in der Diaspora. Seine Darlegungen wie auch die folgenden Ausblicke in 20,32−44 spiegeln die theologischen Bemühungen der nachexilischen Zeit wider um den Nachweis, daß das Israel »unter den Völkern und in den Ländern« nicht aus dem Zuständigkeitsbereich Jahwes herausgefallen ist und daß ihm die Rückkehr ins Land nicht versagt sein kann, es vielmehr erst dort »auf Jahwes heiligem Berg« (v. 40) im Dienst an Jahwe zu seiner Bestimmung gelangen kann.

Indem der Verfasser seine Fragestellung in die Zeit der ersten Gola noch vor der eigentlichen Katastrophe 587 zurückverlagert, kann er damit nicht nur die Autorität des Propheten Ezechiel als d e s Exilspropheten für seine Darlegungen in Anspruch nehmen; er erreicht auf diese Weise auch, daß die von der golaorientierten Konzeption vorgegebene Auffassung von der Katastrophe von 587 und ihren Auswirkungen relativiert wird; denn nach den Darlegungen von Ez 20 (vgl. besonders v. 23) läuft nun das Gerichtswirken Jahwes nicht auf diese nach der Textanordnung des Ezechielbuches noch ausstehende Katastrophe (vgl. Ez 24/33) und damit auf das Ende der im Lande Verbliebenen hinaus, sondern auf die Zerstreuung »unter die Völker und in die Länder«, also auf die in der Gegenwart noch andauernde Diasporasituation. Zum anderen gerät ihm auf diese Weise die erste Gola zum Paradigma des Diaspora-Israel generell[82].

---

[79] Sonst nur in Ez 5,11; 7,20; 11,18.21.

[80] 20,30 f. als Rückbezug auf 20,7.8.

[81] KRÜGERS Einschätzung, daß 20,5−29 in Kap. 20 »die Funktion der ›Scheltrede‹ bzw. des Schuldaufweises in der Gerichtsprophezeiung wahrnimmt« (Geschichtskonzepte, S. 206; vgl. aber auch S. 226: »Daneben zeigt sich in 5−29 aber auch eine Argumentationslinie, die die Erwartung der Restitution Israels begründet«.), und zwar im Blick auf 20,1−3.30 f., um die Ablehnung der Befragung Jahwes zu begründen (nach KRÜGER mit dem Ziel letztlich, hier falsche Zukunftserwartungen zu korrigieren (vgl. S. 215 ff.227 f.), verkennt die eigentliche Bedeutung der Ausführungen 5−29* für den situativen Rahmen (1−3/30 f.) und umgekehrt die des Rahmens für 5−29*. Ganz abgesehen davon, daß im Rahmen selbst die Ablehnung der Befragung bereits ausreichend begründet ist, hat das Aussageanliegen in 20,5−29* deutlich andere Hintergründe. Die jetzt enge Verknüpfungen zwischen Rahmen und dem Abschnitt 5−29* resultiert daraus, daß so das Israel der ersten Gola, hier durch die »Ältesten« vor Ezechiel repräsentiert, in die aufgedeckten Schuldzusammenhänge, in die Gesamtgeschichte der »Widerspenstigkeit« (vgl. 20,8.13.21) einbezogen werden soll.

[82] Daß der Verfasser das Diaspora-Israel außer Landes exlusiv favorisiert, wird man schon deswegen nicht sagen können, weil nach der in Ez 20 vorliegenden Konzeption Israel

c) Ez 20 — Zum theologischen Standort

Daß das Kapitel insgesamt als ein Produkt später nachexilischer Reflexionen anzusehen ist[83], soll noch mit folgenden Hinweisen belegt werden:

1. Zunächst kann ein Vergleich der Argumentationsebenen in Ez 20 und Ez 14,[1−3].4−11 die bisherigen Einsichten in die Besonderheiten der sich in Ez 20 artikulierenden Theologie vertiefen:

In 14,4−11 ist die Möglichkeit der Jahwebefragung nicht generell bestritten. Wie die Ausführungen in 14,6 ff. zeigen, wird hier darauf gedrungen, die Voraussetzungen (Abkehr von den Götzen) dafür sicherzustellen, bzw. aufgedeckt, welche negativen Folgen für diejenigen entstehen, die diese Voraussetzungen infolge aktueller Vergehen außer Acht lassen. Damit wird hier festgehalten, daß das Beziehungsgefüge Jahwe − Israel[84] grundsätzlich intakt ist und intakt gehalten werden kann[85]. Diejenigen, die dieses Gefüge durch aktuelle Verschuldungen gefährden, wird Jahwe selbst ausgrenzen.[86]

Ez 20,30.31 hebt dagegen mit dem Verweis auf den »Wandel der Väter« und den entsprechenden Darlegungen im vorausgehenden Kontext auf einen umfassenden Verschuldungszusammenhang ab, in dem die angesprochenen Ältesten der ersten Gola (vor 587) bzw. Israel (vgl. die Anrede »Haus Israel« in v. 31aβ) verstrickt sind. Dieser hier vorgestellte Verschuldungszusammenhang − »der Wandel der Väter« − charakterisiert die Gesamtsituation des Hauses Israel incl. der ersten Gola im Beziehungsgefüge zu Jahwe als von Anfang an und durch die gesamte Geschichte hindurch bis in die Gegenwart als derart verdorben, daß am Ende eine Differenzierung zwischen »Israel« und Israel nicht mehr in Frage kommen kann und deswegen partielle Eingriffe im Sinn von Schadensbegrenzun-

---

insgesamt und ausnahmslos die Diaspora-Erfahrung (vgl. dazu STECK, Israel, S. 122) machen muß.

[83] Vgl. dagegen z. B. HOSSFELD (Untersuchungen, S. 332, für den »bis auf einige Erweiterungen und Nachträge ... Ezechiel für 20,1−31 verantwortlich« zeichnet) und KRÜGER (Geschichtskonzepte, S. 227.442.466 f., der die Entstehung »in der gewandelten Situation nach 587« ansetzt).

[84] Vgl. »mein Volk« in v. 8.9.

[85] Der einzelne Schuldige ist »dem intakten Volksganzen entgegengesetzt« (MOSIS, Ez 14,1−11, S. 179).

[86] Angesichts der Dubletten 14,4 und 7 und gewisser konzeptioneller Spannungen zwischen 14,4/7f.9 und 14,5.6.11 (vgl. dazu MOSIS, Ez 14,1−11, S. 178 ff.) ist damit zu rechnen, daß der ursprüngliche Kern der »Rechtsunterweisung« (dazu MOSIS, a. a. O., S. 180) der Ältesten (noch ohne Hinweis auf ihren Götzendienst) lediglich die Verse 7.8.9 umfaßte. Aber auch die jetzige Textfassung, in der in v. 6 die Anschuldigungen ganz Israel betreffen, läßt mit der anschließenden Umkehrforderung erkennen, daß der Schaden noch nicht irreparabel ist; vgl. auch die »Bundesformel« in v. 11; sie wird interessanterweise in Ez 20 nicht mehr verwendet, um das dort vor Augen stehende Beziehungsgeflecht »Jahwe − Israel« zu bestimmen; vgl. ferner zu Ez 14 bereits oben unter A.I.1.b.

gen[87] zum Zweck der Erhaltung des wahren »Israel« generell ausscheiden. Das heißt: Ez 20,1 — 31 ist mit der Intention konzipiert, eine einschneidende, Israel insgesamt betreffende Totalreaktion Jahwes, die konkret auf die Zerstreuung Israels incl. der ersten Gola »unter die Völker und in die Länder« hinausgelaufen ist[88], einsehbar und theologisch nachvollziehbar zu machen.

Nach Ez 20 ist Jahwe hinsichtlich seines Ordnungswillens so behindert worden, daß er bisher zu seiner eigentlichen Durchsetzung noch gar nicht gelangen konnte, obwohl es an seiner Initiative dazu keineswegs gefehlt hatte. Die Vorstellung von Jahwe als dem Garanten und ruhenden Pol einer real bestehenden Heilsordnung »seines Volkes« (vgl. 14,8.9 ʿmy) ist in Ez 20 aufgegeben. Daß es eine solche Heilsordnung in der bisherigen Geschichte — wie der Verfasser von Ez 20 Jahwe selbst resümieren läßt — noch niemals gegeben hat, auch nicht im Lande selbst, daß Jahwes Initiative am Anfang in Ägypten darauf zielt, sich an Israel als sein Gott zu erweisen (20,5), daß aber keineswegs implizit oder explizit die Rolle Israels als Volk Jahwes betont wird, daß vielmehr auffälligerweise die erste Hälfte der sogenannten »Bundesformel« nirgends auftaucht, dafür aber betont deren zweite Hälfte[89], das schon deutet daraufhin: Jahwes Wirkungsbereich und Wirkungspotential definiert sich in Ez 20 nicht mehr ausschließlich über »sein Volk Israel« als den real vor Augen stehenden und funktionierenden Ordnungszusammenhang. Indem in Korrespondenz dazu außerdem Jahwe vielmehr auf seinen Namen, sein Prestige in den Augen der Völker zu achten hat, gerät ein von Jahwe gesteuerter Ordnungszusammenhang im weitesten Sinne in den Blick. Das bislang auf Israel konzentrierte Ordnungskonzept ist darin zwar mitberücksichtigt; denn Jahwe bleibt der Gott Israels. Aber er ist mehr als der Gott Israels.

Hier artikuliert sich eine Theologie, die Jahwe als den Nationalgott Israels bewußt aufgegeben hat. Die Auffassung von Jahwes exklusiver Bindung an Israel in dem Sinn, daß Jahwes Gottsein und Macht an Israels šlwm-Zustand ablesbar ist oder, sofern dieser Zustand in Gefahr gerät oder gar aufgehoben ist, in Zweifel gerät, weicht einer Auffassung, die Jahwes Gottsein und Souveränität unabhängig vom gegebenen oder fehlenden šlwm-Zustand Israels zu fassen sucht. Die Bindung Jahwes an Israel wird in Ez 20 so definiert, daß sich Jahwe Israel als Zielgruppe seines Gottseins erwählt und ihm entsprechend zusagt (20,5), sein Gott zu sein. Jahwes Auflage (20,7), alles zu unterlassen, was als Widerspruch oder Auflehnung ihm gegenüber gelten muß, zielt darauf ab, daß Israel Jahwes Gottsein über Israel realisieren und wahr machen soll (v. 18—20). Sofern Israel diese Auflage nicht erfüllt, kommt es selbst nicht zu seiner eigentlichen Bestimmung, die eben darin besteht, Jahwes Gottsein zu realisieren. Diente

---

[87] Vgl. so Ez 14,4—11.

[88] Vgl. 20,23; s. a. 20,34.

[89] Allerdings in interessant abgewandelter Formulierung »ich bin Jahwe, euer Gott« (v. 5.19).

nach früheren Auffassungen die Erfüllung der Auflagen Jahwes dazu, das Bestehen eines von Jahwe garantierten *šlwm*-Zustandes nicht zu gefährden, so haben hier also die Auflagen Jahwes die Funktion, Jahwes Gottsein und Zuständigkeit für Israel Rechnung tragen zu können. M. a. W.: Israel kann mit der Erfüllung der Auflagen Jahwes zeigen, daß es die Zuständigkeit Jahwes für Israel in Anspruch nimmt und sich daraufhin orientiert. Versagt Israel oder eine Israelgeneration, so ist damit die Orientierung auf Jahwe hin aufgegeben; aber am Stellenwert Jahwes für Israel generell und auch in den Augen der Völker ändert sich dadurch nichts.

2. Schon immer sind die starken Berührungen mit P aufgefallen[90]. Andererseits gibt es »eine Reihe von Anklängen an Formulierungen und konzeptionelle Elemente aus der ›dtn./dtr.‹ ... Traditionsströmung«[91]. Aber, die »deutlichen Anklänge an Formulierungen und konzeptionelle Elemente aus dem dtn./dtr. Traditionsbereich in Ez machen nicht seine Einordnung in diesen, sondern sein Verständnis als Produkt der Auseinandersetzung mit und Abgrenzung von ihm wahrscheinlich«[92].

Dieser Sachverhalt legt die Vermutung nahe, daß sich in Ez 20 eine priesterschriftlich beeinflußte Theologie mit Grundsatzüberlegungen zur Diaspora-Situation zu Wort meldet[93]. Die Nähe zu P zeigt sich auch in der auffälligen Betonung lediglich der ersten Hälfte der sogenannten Bundesformel[94] (in der Formulierung »Ich bin Jahwe, euer Gott«)[95].

---

[90] Vgl. z. B. ZIMMERLI, Ezechiel 1—24, S. 443: »Die sprachlichen Berührungen weisen Ez 20 ... in die Nähe der priesterschriftlichen Redeweise (insbesondere in Ex 6) ... Die Nähe zu Ex 6 läßt vermuten, daß Ez darin priesterlicher Theologie folgt«; ähnlich neuerdings W. H. SCHMIDT, Exodus, BK II,1, S. 280: »Ex 6 nennt nur indirekt, Ez 20 (v. 5 ff.) direkt Ägypten als Ort der Offenbarung ... Beide Texte beschreiben Gottes Kundgabe mit dem Verb *ydʿ* ni. ›sich zu erkennen geben‹ (Ex 6,3; Ez 20,5) und sprechen vom Schwur als ›Handerheben‹ (20,5 f.15.23), zumal für die Land›gabe‹ (20,28.42; Ex 6,8) ... Stellt Ex 6,9 den Ungehorsam Israels nur knapp fest, so führt Ez 20 (v. 7 ff.) aus und verschärft ...«.

[91] KRÜGER, Geschichtskonzepte, S. 274; vgl. ferner LIWAK, Probleme.

[92] KRÜGER, a. a. O., S. 278, vgl. ferner LUST, Ez., XX, 4—26 une parodie de l'histoire religieuse d'Israel; PONS, Le vocabulaire d'Ez 20.

[93] Zum an die Diaspora gerichteten Anliegen der Priesterschrift vgl. LEVIN, Verheißung, S. 234, ferner LOHFINK, Die Priesterschrift und die Geschichte; nach LOHFINK ist in Pg »eine Diaspora angesprochen, die schon heimkehren könnte, aber zögert ...« (a. a. O., S. 201, Anm. 33; vgl. auch S. 217).

[94] Vgl. LEVIN, Verheißung, S. 234: Wenn bei P »die Israelhälfte, in der die Forderung des Ersten Gebots anklingt, nicht einfach gestrichen ist (vgl. Gen 17,7.8; Ex 29,45 mit der Vorlage 12aβb), ist sie dahin umgedeutet, daß auch in ihr Jahwe allein der Handelnde ist (Ex 6,7a)«; vgl. auch Anm. 141: »Im bezeichnenden Gegensatz dazu ist es die im weiteren Sinne deuteronomistische Literatur, in der die Bundesformel nicht selten auf die Israelhälfte verkürzt, der Bund also als Gehorsamsforderung aufgefaßt ist« (Verweis auf SMEND, Die Bundesformel, 1968, S. 5).

[95] Vgl. Ez 20,5.7.19.20; diese Formel ist außerhalb von Ez 20 im Ezechielbuch sonst nirgends mehr belegt; nach ELLIGER ist sie »als Heilsgeschichts- oder Huldformel zu bezeichnen«; vgl. ders., Ich bin der Herr — euer Gott, Kl. Schr., S. 216.

3. Die Wendungen ›um meines Namens willen‹, ›um meinetwillen‹ finden sich vor allem in Texten, »die man mit Sicherheit als nachexilisch, mit großer Wahrscheinlichkeit als spätnachexilisch ansehen muß«[96]. Dazu läßt sich beobachten, daß in Ez 20 (vgl. besonders v. 5 — 10) die Argumentation mit dem »Namen Jahwes« im Ansehen der Völker Gedankengänge weiterführt, mit deren Hilfe in späten, überwiegend nachexilischen Texten wie z. B. Ex 32,12 ff.; Nu 14,13; Dtn 9,26 ff.; Dtn 32,27; Jos 7,8 — 10[97] sichergestellt werden soll, daß Jahwe sein einmal mit der Herausführung aus Ägypten in Gang gebrachtes Heilshandeln an Israel nicht mehr in ein endgültiges Vernichtungshandeln umschlagen lassen kann.

In den genannten Texten wird Jahwe vorgehalten, daß eine endgültige Vernichtung Israels dann in den Augen der Ägypter oder der Völker als seine Ohnmacht (Nu 14,16; Dtn 9,28), Unfähigkeit oder Inkonsequenz (Ex 32,12) angesehen werden müßte oder gar als ein rein »innerweltliches« Machtwirken der Feinde Israels (Dtn 32,27) vereinnahmt werden könnte. »Die Anspielung auf die Reaktion der umliegenden Nationen erfolgt hier überall in der Absicht, Jahwe zum Einschreiten für sein Volk zu bewegen«[98].

Die geistig-religiöse Ursprungssituation der o. a. Texte weiß die Ereignisse von 587 bereits hinter sich. Der besondere Stellenwert Israels innerhalb der Völkerwelt, das eigene Selbstwertgefühl, war damals auf den Nullpunkt gesunken, weil die bis dahin geltende Überzeugung von den den eigenen Stellenwert tragenden Garantien Jahwes widerlegt war. Damit war zugleich der Stellenwert Jahwes selbst in Zweifel geraten.

Blieb nach dem Wegfall der bisherigen Glaubensgrundlagen (Tempel Jahwes, Gottesstadt, Land Jahwes, davidische Dynastie)[99] noch die Möglichkeit, auf Jahwes Exodustaten und den darin sich pro Israel als mächtig manifestierenden Jahwe zu verweisen, so war damit wenig gewonnen, solange eben dieses Machtwirken Jahwes durch die weiteren Abläufe der Geschichte in seinem Stellenwert bis zum Verdacht der Ohnmacht Jahwes relativiert war[100]. Man mußte mit der Sorge leben, ob die einstige Ge-

---

[96] SIMIAN, Nachgeschichte, S. 342, vgl. insgesamt S. 338 — 346.

[97] Zum theologiegeschichtlichen Ort dieser Texte (vgl. auch noch Dtn 1,27 und Jer 14,21) vgl. neuerdings AURELIUS, Der Fürbitter Israels, passim.

[98] VEIJOLA, Klagegebet, S. 300.

[99] Vgl. dazu PERLITT, Anklage, S. 291 ff.

[100] Vgl. die Frage in Jer 2,6 »Wo ist Jahwe, der uns heraufgeführt hat aus dem Lande Ägypten ...?«; ferner 6,13 (dazu VEIJOLA, Klagegebet, S. 297 f.); Ps 79,10 (im Munde der Völker); Ps 89,50; Ps 115,2 (im Munde der Völker); Jes 63,11.15; Mi 7,10. Die »Wo-Frage« taucht »zum ersten Mal in der Exilszeit in der Volksklage auf ... Sie betrifft hier ... die Gültigkeit der vergangenen Heilstaten Jahwes, die in der gegenwärtigen Lage ihre Evidenz eingebüßt und damit Jahwes ... Wirksamkeit in der Geschichte [,] in Frage gestellt haben« (VEIJOLA, a. a. O., S. 298).

schichtsmächtigkeit Jahwes überhaupt und zumal zu Gunsten Israels weiterhin vorausgesetzt werden durfte[101].

Der Verdacht der Ohnmacht Jahwes war noch nicht damit widerlegt,
daß man mit der deuteronomistischen Systematik Hintergründe aufzudek-
ken suchte, die die Katastrophe als Jahwes Reaktion auf Israels eigenes
Versagen Jahwe gegenüber einsichtig machen sollten. Hier war zwar eine
Antwort gefunden auf die Frage: »Wie konnte geschehen, was geschah,
wenn Jahwe Israels Gott war und — ist?«[102]. Die »Warumfrage« war damit
beantwortet: »An ihm hat es nicht gelegen«[103]; aber gerade mit dem
Nachweis der Strafgerechtigkeit Jahwes und der entsprechenden Systematik mußte man in Kauf nehmen, daß dieser Jahwe der Gesetzmäßigkeit
seines Handelns folgend es bei der gegenwärtigen Misere belassen mußte
und zu einer wirklichen Neueröffnung auf Zukunft hin nicht mehr in der
Lage schien. »Der Schritt …, der die Zukunft voll eröffnen sollte, der
keiner Analyse mehr entnehmbare Schritt zum Freispruch nun auch des
angeklagten Menschen war damit nicht getan, denn im Koordinatensystem
von Schuld und Strafe blieb die Haftung der Söhne für die Torheiten der
Väter des (sic!) Grundgesetz der Geschichte«[104].

Die genannten Texte[105] wollen Krisensituationen nach dem Exodusgeschehen vor Augen malen, die eigentlich damals schon den Untergang
Israels zur Folge hätten haben müssen. Indem damit zugleich gezeigt wird,
daß sich Jahwe in den von Israel selbst verursachten Krisen letztlich
nicht dazu hinreißen ließ, sein mit den Exodustaten vor den Völkern
nachgewiesenes geschichtsmäßiges Wirken zu beenden, soll für die eigene
Gegenwart sichergestellt werden, daß Jahwe sich seine Geschichtsmächtigkeit unabhängig vom Verhalten Israels bewahrt, und sei es nur — aber
das war für die Gegenwart schon hilfreich genug — daß daraus die bloße
Erhaltung Israels resultiert. Das heißt nichts anderes: Die nackte Existenz
Israels allein diente als Beleg für Jahwes Wirken und die Widerlegung
seiner Ohnmacht. Daß Israel nicht endgültig untergegangen war, damals
nicht und auch 587 nicht, konnte so schon als Beweis seiner Macht
gelten. Der Spott der Völker über Jahwes Ohnmacht war eben damit
zurückzuweisen[106], bzw. der Appell an Jahwe, den Spott der Völker zu
berücksichtigen, war der Appell, die Weiterexistenz Israels zu gewährlei-
sten.

[101] Noch Deuterojesaja »kämpft … an gegen diese tief eingebrannte Überzeugung von der
völligen Unwirksamkeit Gottes« (PERLITT, Anklage, S. 296).
[102] Vgl. PERLITT, Anklage, S. 298.
[103] Vgl. PERLITT, Anklage, S. 298.
[104] Vgl. PERLITT, Anklage, S. 300.
[105] Ex 32,12 ff.; Nu 14,13; Dtn 9,26 ff.; Dtn 32,27; Jos 7,8—10.
[106] Vgl. z. B. Ps 44,14 ff.; 74,4.10; 80,7; 89,42.51 f.; Thr 1,9; 3,45 f.

In Ergänzung und Weiterführung deuteronomistischer Reflexion, die Jahwe »nur als den Vollender einer vergangenen Geschichte und den Vollstrecker des Gerichts glaubhaft zu machen verstand«[107], suchte man sich in notvoller Zeit mit Hilfe dieser Gedankengänge der die eigene Existenz und Identität ermöglichenden Zuständigkeit Jahwes zu vergewissern, um entsprechend an Jahwe appellieren zu können.

Daß z. B. in Texten wie Jos 9,9; Jes 63,12.14; Jer 32,20; Dan 9,15; Neh 9,10; Bar 2,11 ff. gerade die Herausführung aus Ägypten als das entscheidende Ereignis angesehen wird, wodurch sich Jahwe einen Namen als der Gott Israels gemacht habe bzw. dieser sein Name bekannt geworden sei (vgl. Jos 9,9), liegt auf der gleichen Linie. Hat Jahwe einmal erwiesenermaßen zu Gunsten Israels gehandelt (Exodus), so konnte er trotz der Widerspenstigkeit seines Volkes dieses Volk endgültig eben nicht ablehnen oder aufgeben, ohne sich selbst bzw. seinen Namen aufzugeben, bzw. als der letzlich doch Ohnmächtige dazustehen.

Vor dem Hintergrund dieser Beobachtungen gewinnt die Position des Verfassers von Ez 20 deutlichere Konturen: Hier steht Jahwes Name, bzw. seine Geschichtsmächtigkeit nicht wie in den oben genannten Stellen auf dem Spiel. Während es sonst gerade die Exodustaten sind, die Jahwes Namen, seine Geschichtsmächtigkeit, vor den Völkern erst begründet haben, diese Geschichtsmächtigkeit jedoch angesichts späterer Existenzgefährdung Israels in Zweifel geraten kann, woraufhin der Appell an Jahwe ergeht, seinen Namen vor den Völkern nicht dem Hohn und Spott preiszugeben und den Ohnmachtsverdacht zu vermeiden, hat Jahwe in Ez 20,5−9 bereits vor dem Exodus einen Namen, dessen Stellenwert er in den Augen der Völker nicht aufgeben will[108].

Für den Verfasser von Ez 20 hat also nicht erst Jahwes Exodustat seinen Namen begründet; vielmehr umgekehrt resultiert das Exodusgeschehen aus der Konsequenz heraus, daß Jahwe bereits seinen Namen zuvor in die Waagschale geworfen hat. Er hat das in den Augen des Verfassers mit der Willenserklärung vor den Augen der Völker (v. 9) getan, Israel aus Ägypten heraus und in das gelobte Land zu führen (Ez 20,5−6). Diese Willenserklärung ist der Ansatz- und Ausgangspunkt der geschichtsreflektierenden Darlegungen und Folgerungen des Verfassers von Ez 20[109].

---

[107] Vgl. Perlitt, Anklage, S. 300.

[108] Zimmerli, Ezechiel 1−24, S. 446: In Ez 20 »hat Jahwe seinen Namen schutzlos vor den Augen der Völker kundgemacht, indem er ihn an Israel band. Eine Vernichtung Israels, dem doch im Zusammenhang der Namensoffenbarung die Befreiung aus Ägypten zugesagt worden war, würde eine Profanation dieses Namens ... bedeuten«.

[109] Vgl. Rendtorff, BEThL 74, S. 262: »Die Zusage der Herausführung aus Ägypten spielt eine entscheidende Rolle ... Diese Zusage bildet auch den Grund dafür, daß Gott seinen Grimm ›nicht ausschüttet‹, weil sonst die Völker sehen würden, daß Gott seine Zusage nicht einhält, und weil dadurch sein Name entweiht würde«.

Wenn ZIMMERLI hervorhebt: »Schon die Gnade des Auszugs aus
Ägypten ... ist danach hier eine Tat der inneren Treue Gottes und der
Aufrechterhaltung der Ehre seines Namens gegenüber einem sündigen
Volke«[110], so wäre das genauer dahingehend zu spezifizieren, daß die
innere Treue, die »Aufrechterhaltung der Ehre seines Namens« — nun
eben nicht »gegenüber einem sündigen Volke«, sondern vor den Augen
der Völker — darin besteht, daß Jahwe zu seinem Wort steht, aber nicht
in erster Linie zu seinem Wort als Zusage an Israel, sondern zu seinem
Wort als Ankündigung, als Plan vor den Augen der Völker (Ez 20,9).

Daß Jahwe seinen den Völkern durch seine Willenserklärung bekannt
gewordenen Namen nicht aufs Spiel setzen will, heißt in den Augen des
Verfassers, daß Jahwe sich nicht, nicht einmal durch die Widerspenstigkeit
seines eigenen Volkes, dazu verleiten läßt, den von ihm selbst gefaßten,
den Völkern bekannten Plan, die Hineinführung Israels ins verheißene
Land, aufzugeben.

Die Art und Weise, wie in Ez 20,5—10 der Verweis auf die Ehre
Jahwes, auf das Handeln um seines Namens willen, erfolgt, läßt deutlich
erkennen[111], daß der Verfasser hier Wert auf den Jahwe legt, der, weil er
vor der Weltöffentlichkeit seinen Plan mit Israel ausgebreitet hat[112], diesen
Plan durchzuführen willens und in der Lage ist. Die einmal ergangene
göttliche Ankündigung (Ez 20,6) wird nicht revoziert, ihre Realisierung
wird trotz der Widerspenstigkeit Israels in Angriff genommen.

Entgegen deuteronomistischen Reflexionen, die Jahwe »nur als den
Vollender einer vergangenen Geschichte und den Vollstrecker des Gerichts
glaubhaft zu machen verstand«[113], und auch über jene Auffassung hinaus-
führend, nach der man dem Ohnmachtsverdacht nicht anders als mit dem
Verweis auf die die Krisen überdauernde Weiterexistenz Israels begegnen
konnte, will der Verfasser von Ez 20 darlegen, daß Jahwe auf die bekannte
und zugestandene Verschuldungsgeschichte nicht lediglich reagiert, sondern daß er Israels Geschichte selbst aktiv lenkt, daß er von langer Hand
plant, sich ein Ziel setzt und auf dieses Ziel zusteuert.

Daß Jahwe in Ez 20,23 bereits »in der Wüste« den Plan gefaßt hat,
Israel »unter die Völker und in die Länder« zu zerstreuen, liegt auf der
gleichen Linie. Die Diasporasituation ist demzufolge ein Beleg für Jahwes
planvolle Geschichtslenkung, deren einzelne aufeinander folgende Schritte
zwar jeweils den Verschuldungen Israels Rechnung tragen, aber doch
zugleich von der Option bestimmt sind, danach wieder zielgerichtet aktiv
zu werden. Zugleich ist mit dieser Konzeption gewährleistet, daß Jahwe

---

[110] Ezechiel 1—24, S. 446.
[111] Vgl. besonders v. 9.
[112] Auffälligerweise wird hier der Aufenthalt in Ägypten, noch bevor Israel Ägypten
verlassen hat (vgl. v. 10), als Aufenthalt »unter den Völkern« qualifiziert.
[113] Vgl. PERLITT, Anklage, S. 300.

wegen der Diasporasituation Israels nicht mehr unter Ohnmachtsverdacht stehen kann.

Es ist nach allem keine Frage, daß der Verfasser von Ez 20 Auffassungen im deuterojesajanischen Traditionsbereich sehr nahe steht. Schon die Verwendung der Formel »um meines Namens willen« (Ez 20,9.14.22) auch in Jes 48,9 (11) deutete darauf hin[114]. »... daß Jahwe Israel trotz seiner Schuld nicht vernichtet hat, begründet v. 9 ebenso wie Ez 20 (v. 9.14.22.44) damit, daß Jahwe Israel ›um seines Namens willen‹ geschont habe, um diesen Namen — wie offensichtlich auch v. 11aβ meint — in den Augen der Völker nicht zu entweihen (die entsprechende Formulierung wieder in Ez 20: vgl. v. 9.14.22).«[115]. Jes 48,9 gehört nach SCHMITT zu »einer schultheologischen Bearbeitung« (1bβ.2.4.5b.7b.8b.9.10.11aβ.17−19)[116], die in eine vorgegebene deuterojesajanische Grundschicht in Jes 48, also »an einer markanten Stelle des Deuterojesajabuches«[117], neue Aspekte einträgt[118]. SCHMITT knüpft u. a. an Beobachtungen WESTERMANNS an: Während es »für die Botschaft Deuterojesajas ... wesentlich« ist, »daß er zwar eine Anklage gegen das Israel vor dem Exil erheben kann (43,22−28), daß aber die Stunde, in der er zu verkündigen hat, völlig bestimmt ist von dem Wort der Vergebung Gottes (40,2; 43,25), das die reine Heilsbotschaft begründet«[119], ist »das alles ... in 48,8b−10 anders: die Sündhaftigkeit Israels ist ein Dauerzustand (8b); es hätte die Vernichtung verdient (9b). Aber um seines Namens willen hält Gott seinen Zorn zurück (9a) und läßt nur ein Läuterungsgericht kommen (10)«[120]. An der für deuterojesajanisches Denken charakteristischen »universalen Perspektive« dagegen hält die »Schultheologie« fest[121].

Fazit: Die Berührungspunkte zwischen Ez 20 und Jes 48 in der vorliegenden Fassung erklären sich damit, daß Ez 20 und die schultheologische Ergänzung in Jes 48 mit der deuterojesajanischen Grundauffassung übereinstimmen, daß Jahwe, was er sich vornimmt und ankündigt, auch durchführt[122]. Ez 20 wie die Schultheologie modifizieren aber angesichts

---

[114] Vgl. z. B. HOSSFELD, Untersuchungen, S. 331, der neben Jes 48,1−11 auch noch auf Jes 43,25 verweist; SCHMITT, Schultheologie, S. 54. Auffällig auch in Ez 20,5 die sonst im Ezechielbuch nie auftauchende Bezeichnung Israels als »Haus Jakob« (vgl. Jes 48,1!).

[115] SCHMITT, a. a. O., S. 54.

[116] A. a. O., S. 61.

[117] A. a. O., S. 55.

[118] Dazu gehört nach SCHMITT, Schultheologie, S. 54, gerade auch die »Erinnerung an die fortdauernde Sündhaftigkeit des Volkes«.

[119] WESTERMANN, Jesaja 40−66, S. 161 f.

[120] WESTERMANN, a. a. O., S. 161.

[121] SCHMITT, a. a. O., S. 61.

[122] Vgl. WESTERMANN, Jesaja 40−66, S. 159, zur Grundlinie von Jes 48: »V. 3−6a das Frühere habe ich gekündet und es ist eingetroffen, Israel selbst muß das bestätigen; V. 6b−11 jetzt künde ich Neues ... und ich bin im Begriff, es auszuführen«; »Ziel des

der Realitäten und Fragestellungen einer späteren Zeit den deuterojesajanischen Grundgedanken, daß Israels Schuld abgetan ist und Israel genug
gebüßt hat, woraufhin Jahwe nun mit seinem Heilswirken einsetzen wird.
Die von SCHMITT sondierte Entstehungsgeschichte von Jes 48 beweist
im Blick auf die unübersehbaren Übereinstimmungen zwischen Ez 20
und der nachdeuterojesajanischen »Schultheologie« unzweifelhaft, daß die
Entwicklungslinie von Ez 20 nicht, wie öfters angedeutet[123], zu Deutero-
saja verlaufen ist. Der theologiegeschichtliche Ort von Ez 20 ist nach
Deuterojesaja anzusetzen.

d) Zusammenfassung

Die Frage, »ob und in welcher Hinsicht« in Ez 20 »auf literarischer
und theologisch-konzeptioneller Ebene die Aussageintention der golaorientierten Redaktion berücksichtigt bzw. neu interpretiert worden ist«[124],
läßt sich wie folgt zusammenfassend beantworten:
Das gesamte jetzt vorliegende Kapitel trägt eine die sonstigen Darlegungen des Ezechielbuches weit überholende und umgreifende Geschichtsreflexion vor, in der es darum geht, eine allgemeine, keineswegs auf die
Zeit kurz nach 587 beschränkte Diasporasituation und damit das Problem
der Identität »Israels« theologisch aufzuarbeiten und zu bewältigen.
Die Gedankenführung ist konzeptionell so angelegt, daß sie die jetzt
in 20,1–3.30f. berücksichtigte Situation der ersten Gola und Ezechiels
an sich nicht als Ausgangspunkt braucht. Denn das leitende Interesse der
Geschichtsreflexion von Ez 20,5–29 zielt in erster Linie darauf, für das
»Israel« der »Zerstreuung unter die Völker und in die Länder« (v. 23), also
für die Diaspora allgemein, den Nachweis zu bringen, daß dieses Israel
»Israel« ist und Objekt des Handelns Jahwes war und bleibt. Die entsprechenden Darlegungen in Ez 20, wie auch immer die Genese des gesamten
Kapitels im Einzelnen verlaufen sein mag, waren im vorgegebenen golaorientierten Ezechielbuch allerdings nur unterzubringen, indem der darin
verankerten Favorisierung der ersten Gola Rechnung getragen wurde.
Daraus ergab sich gleichsam zwangsläufig die jetzt im Rahmen des Kapitels
(20,1–3 und 20,30f.) festgeschriebene Nivellierung des bisherigen Stellenwertes der ersten Gola: Ez 20,1–3 im Verbund mit 20,30f. nach den
Darlegungen über die »Väter« (20,[4].5–23.[24–29]?) stellt einen »Ezechiel« im Kreise der ersten Gola vor Augen, der seinen Schicksalsgefährten

---

Wortes« ist: »Das in den Gerichtsreden den Völkern gegenüber erhobene Argument des
verläßlichen Zusammenhangs von Gottes Ankündigen und Ausführen wird hier an Israel
adressiert, damit Israel Vertrauen gewinne …«.

123 Vgl. z. B. ZIMMERLI, Ezechiel, S. 876f; PERLITT, Anklage, S. 299f.; KRÜGER, Geschichtskonzepte, S. 443f.
124 Vgl. oben S. 54.

klarmachen muß, daß sie völlig in der Tradition der Väter stehen, die von Anfang an durch die gesamte Geschichte hindurch bis in die Gegenwart das Beziehungsgefüge zu Jahwe verdorben haben. Jeglicher Versuch einer differenzierenden Betrachtung und Bewertung hinsichtlich der ersten Gola und des übrigen Israel ist damit abgewiesen; die vorgegebene golafavorisierende Konzeption ist damit überholt. Die in Ez 20,5—24 vorgetragene Sicht der Gesamtgeschichte der »Widerspenstigkeit« Israels seit den Anfängen kann aus konzeptionellen Gründen keine Ausnahmen zulassen, nicht für die aufgezählten Geschichtsabläufe bis zum Aufenthalt in der Wüste (v. 23) und auch nicht für die Folgezeiten. Im Gesamtzusammenhang des für Israel insgesamt längst geplanten (v. 23) Zerstreuungsgerichts Jahwes fungiert für den Verfasser von Ez 20 die erste Gola als die Adressatin (20,1—3.30 f.) dieser Ausführungen in 20,5—29 lediglich als pars pro toto. Das, was nach den Textabfolgen des Ezechielbuches Israel insgesamt noch bevorsteht, ist hier partiell schon eingetroffen. Die erste Gola gerät auf diese Weise zum Paradigma des künftigen Diaspora—Israel generell. Insofern hat sie für den Verfasser von Ez 20,1—31* keinerlei Vorzugsstellung.

Seine Darlegungen wie auch die folgenden Ausblicke in 20,32—44 widerspiegeln theologische Bemühungen der nachexilischen Zeit um den Nachweis, daß das Israel »unter den Völkern und in den Ländern« nicht aus dem Zuständigkeitsbereich Jahwes herausgefallen ist und daß ihm die Rückkehr ins Land nicht versagt sein kann, es vielmehr erst dort »auf Jahwes heiligem Berg« (v. 40) im Dienst an Jahwe zu seiner eigentlichen Bestimmung gelangen kann.

Indem der Verfasser seine Fragestellung im Ezechielbuch abhandelt und damit in die Zeit der ersten Gola noch vor der eigentlichen Katastrophe 587 zurückverlagert, kann er damit nicht nur die Autorität des Propheten Ezechiel als des Exilspropheten für seine Darlegungen in Anspruch nehmen; er erreicht auf diese Weise zugleich, daß die von der golaorientierten Konzeption vorgegebene Einschätzung der Katastrophe von 587 und ihrer Auswirkungen relativiert wird; denn nach seinen Darlegungen (vgl. besonders Ez 20,23) läuft nun das Gerichtswirken Jahwes nicht mehr lediglich auf diese nach der Textanordnung des vorgegebenen Ezechielbuches im Zentrum stehende Katastrophe (vgl. Ez 24/33) und damit auf das Ende der im Lande Verbliebenen hinaus; Jahwes Geschichtswirken ist vielmehr von Anfang an auf eine die Katastrophe überholende Initiative ausgerichtet. Die in der Gegenwart des Verfassers noch andauernde Diasporasituation ist nicht auf das ungehemmte, auf Vernichtung zielende Zorneswirken Jahwes zurückzuführen. Denn die »Zerstreuung unter die Völker und in die Länder« war von Jahwe längst, bereits in der Frühzeit (v. 22 f.), planvoll ins Auge gefaßt worden. Sie ist das Resultat einer Geschichtslenkung, deren einzelne aufeinander folgende Schritte zwar jeweils den Verschuldungen Israels Rechnung tragen, aber doch zugleich von der Option bestimmt sind, danach wieder zielgerichtet aktiv zu werden.

Daß das Kapitel insgesamt als ein Produkt nachexilischer Reflexionen anzusehen ist, konnten die Beobachtungen und Überlegungen zum theologiegeschichtlichen Ort (Nähe zu priesterschriftlichen Auffassungen, enge Berührungen mit einer in Jes 48 greifbaren nachdeuterojesajanischen »Schultheologie«) voll bestätigen.

Das Kernanliegen des Autors ist der Nachweis, daß Israel als »Diaspora-Israel« nicht dem Zuständigkeitsbereich Jahwes entglitten ist, ja, daß die Diasporasituation selbst ein Ergebnis der geschichtsmächtigen Steuerung Jahwes ist. Nicht der Vernichtungszorn Jahwes über die Verschuldungen Israels hat die vergangene und gegenwärtige Geschichte bestimmt, sondern die eben diesen Zorn überholende Besinnung Jahwes darauf, daß er der Gott ist, der seine Zusagen und Ankündigungen zum Ziel bringt — und daran hängt der Stellenwert seines Namens in den Augen der Völker. Aus dieser Konzeption ergibt sich für die Diasporasituation, daß sie im Plan Jahwes ein Durchgangsstadium auf dem Weg Israels zu seiner eigentlichen Bestimmung ist. Und diese eigentliche Bestimmung Israels ist der Dienst für Jahwe auf seinem heiligen Berg, der eben in der Diaspora nicht gelingen kann.

Da die Beobachtungen zu Ez 12,15 f. in Gegenüberstellung zu Ez 14,21—23 ergeben hatten, daß der für 12,15 f. zuständige Autor die Katastrophe von 587 und ihre Auswirkungen in einen weiteren Horizont des Handelns Jahwes einordnet, »als ihn die golaorientierte Redaktion mit ihrer perspektivischen Engführung auf die erste Gola vorgegeben hatte«[125], weil Ez 12,15 f. im Verbund mit 12,1—14 als Korrektur zu dem golafavorisierenden Passus 14,21—23 das Thema »Zerstreuung Israels in die Länder und unter die Völker« in den Mittelpunkt rückt, ist davon auszugehen, daß Ez 12,15 f. mit den in Ez 20 vorliegenden theologischen Bemühungen zur Frage nach der Diaspora-Situation Israels in enger Verbindung steht. Ob auch in Ez 36,16 ff. solche Bemühungen vorliegen und in welcher Weise das hier pointiert angesprochene Thema »Zerstreuung unter die Völker und in die Länder«[126] dem bisher in Ez 12,15 f. und Ez 20 sondierten Profil einer Diasporatheologie korrespondiert, soll im folgenden überprüft werden, zumal die zahlreichen Berührungen zwischen Ez 36,16 ff. und Ez 20 nach einer Erklärung verlangen.

4. Ez 36,16—38

a) Zum Kontext

Nach den Heilsworten in Ez 34 setzt mit der Jahwewort-Ergehensformel in 35,1 und dem Handlungsauftrag (v. 2) eine völlig neue Aussagein-

---

[125] Vgl. oben S. 38.
[126] Vgl. sonst noch Ez 4,13; 6,8—10; 22,15; 28,25 f.; 34,13 und 37,21.

heit ein. Sie enthält Unheilsansagen für das »Gebirge Seir« (v. 2.3.7), bzw. »Edom« (v. 15). Die Funktion dieses Fremdvölkerwortes[127] ist innerhalb der Heilsworte für Israel nicht von vornherein durchsichtig[128]. Immerhin läßt sich beobachten, daß Ez 35,1 – 15 jetzt mit Ez 36,1 – 15*, der Verheissung für die »Berge Israels«[129], verzahnt ist, da 36,1.4.8 deutlich auf 35,1 – 15 zurückverweist[130].

War in Ez 35 das Unheil über Edom angesagt worden, weil es Besitzansprüche auf Israels Land angemeldet hatte (vgl. 35,10), ja, über die »Berge Israels« gesagt hatte: »sie sind verwüstet« (35,12) etc., so greift Ez 36 jetzt diesen Punkt auf. Das verwüstete Land (vgl. Ez 36,4) ist im Besitz der Völker, speziell Edoms (36,2 – 5). Damit ist klar, daß das Land nach der Katastrophe völlig leer und verwüstet war. Die anschließenden Heilsansagen über das Land und die Berge Israels (vgl. v. 8) zielen jetzt also auf ein Land, in dem sich nach 587 Israel betreffend nichts mehr abgespielt hatte[131].

36,6.7 enthalten zunächst eine begründete Unheilsansage für die Völker; weil das Land und die Berge Israels den Schimpf der Völker tragen mußten, sollen diese nun selbst ihren Schimpf tragen. 36,8 richtet sich direkt an die »Berge Israels«: Sie sollen Frucht[132] tragen für Jahwes Volk. Jahwe will sich ihnen zuwenden und sie sollen bearbeitet und besät werden (v. 9). Jahwe wird auf ihnen Menschen mehren, die Städte werden bewohnt werden, die Trümmerstätten sollen aufgebaut werden (v. 10). Diese Aussage wird in 36,11.12 leicht variiert wiederholt, wobei bereits v. 12Ende als Überleitungsvers zu 36,13 – 15 fungiert.

36,13 – 15 läuft darauf hinaus, daß das Land Schimpf und Schmach der Völker nicht mehr vernehmen wird (v. 15) und bezieht sich damit zurück auf 36,6.7.

36,16 ff. setzt im Vergleich zum vorausgehenden noch einmal völlig neu ein. War in 36,1 – 15 die Frage, aus welchen Gründen das Land und die Berge Israels in ihre schimpfliche Situation geraten waren, unberücksichtigt geblieben, so lenkt 36,16 – 19 den Blick zurück auf das frühere Verhalten des Hauses Israel im Lande und liefert damit die Begründung (Verunreinigung des Landes, v. 17) dafür, daß Israel unter die Völker

---

[127] Vgl. über »Edom« Ez 25,12 – 14.

[128] Vgl. dazu unten S. 108 ff.

[129] Vgl. schon 34,13 f.

[130] Da das Thema »Berge Israels« auch in Ez 6 eine Rolle spielt, bestehen auch Verbindungslinien zu diesem Kapitel. Außerdem ist die Wendung »die beiden Völker« in 35,10 im Auge zu behalten; möglicherweise bezieht sich Ez 37,22 darauf zurück.

[131] Ob diese Aussagerichtung hier allerdings ursprünglich und von vornherein beabsichtigt war, ist zu überprüfen. Denn es drängt sich der Verdacht auf, daß die vorliegende Textgestaltung auf golaorientierte Auffassungen abgestimmt ist.

[132] Vgl. 34,27; 36,30!

zerstreut wurde (v. 18 f.). Während 36,1—6 das »Gerede« (v. 3), der »Spott« (v. 4), die Schadenfreude und Verachtung (v. 5) und der »Schimpf der Völker« (v. 6) über den Zustand der Berge Israels den Ausschlag geben, daß Jahwe nun eingreifen will, den Völkern zum Unheil und den Bergen Israels zum Heil, sieht sich Jahwe in 36,16—23 auf Grund der Entweihung seines Namens unter den Völkern veranlaßt, es nicht bei seinem Gerichtshandeln »entsprechend ihres Weges und ihrer Taten« (v. 19) bewenden zu lassen.

Es ist deutlich, daß 36,16 ff. nicht im gleichen Zuge mit 36,1—15 entstanden sein kann. Wir können daher 36,1—15 zunächst unberücksichtigt lassen, wenn wir im folgenden der Frage nachgehen, ob und in welcher Weise in 36,16 ff. die Darlegungen zum Thema »Zerstreuung« den Ausführungen in Ez 20 entsprechen.

b) Analyse

Daß zwischen Ez 20 und Ez 36,16 ff. enge Berührungen bestehen, ist unübersehbar[133]. Strittig ist jedoch, wie diese Berührungen entstanden sind.

Nach Rendtorff kann der »Abschnitt 36,16 ff. ... nur als bewußte Fortsetzung und Weiterführung von Kap. 20 verstanden werden«[134]; er geht davon aus, »daß ein Text wie Kap. 20 auf eine notwendige Fortsetzung hin offen, also nicht in sich geschlossen ist«[135].

Krüger, der nicht bestreitet, daß in der »Grundstruktur der Argumentation ... Ez 36,16 ff. mit Kap. 20 überein«stimmt[136], meint jedoch, Rendtorffs Auffassung modifizieren zu müssen. Daß »36,22 ff. inhaltlich reichhaltigere und differenziertere Ankündigungen ... als 20,32 ff.« enthalte, spreche nicht dafür, daß 36,16 ff. nur als bewußte Fortsetzung und Weiterführung von Ez 20 verstanden werden müsse. Dieser Eindruck sei zwar »auf der Ebene ›der Komposition des Buches Ezechiel‹ berechtigt«; aber Ez 36,16 ff. scheine »in seinem Grundbestand ein früheres Stadium der konzeptionellen Entwicklung der Restitutionsprophezeiung Ezechiels zu repräsentieren als Kap. 20. Hier wird nämlich ... Israels Vergangenheit — ganz im Sinne der Gerichtsprophezeiungen von Kap. 1—24 — im konzeptionellen Rahmen der regelhaften Abfolge von Verschuldung

---

[133] Vgl. die Verweise Rendtorffs, BEThL, S. 261 ff., auf 20,7.18 und 36,16 f. (Verunreinigung durch »Götzen«); 20,8.13.21 und 36,18 (Zorn Jahwes); 20,9.14.22 und 36,20 (die Entweihung des Namens Jahwes); 20,23 und 36,19 (die Zerstreuung »unter die Völker und in die Länder«).

[134] A. a. O., S. 262.

[135] A. a. O., S. 263.

[136] Geschichtskonzepte, S. 441.

Israels[137], Zorn Jahwes[138] und Gericht[139] begriffen. Erst die gegenwärtig erfahrbaren Folgen dieses Prozesses nötigen nach 36,16 ff. Jahwe zu einer Restitution Israels im Lande«[140]. Diese Konzeption (»antithetische Beziehung von Vergangenheit [Gericht] und Zukunft [Restitution]«) werde »erst in Kap. 20 durch einen einheitlichen konzeptionellen Rahmen des gesamten Geschichtsprozesses abgelöst ... Es scheint also, daß das Motiv der Sorge Jahwes um seinen Namen *zunächst* (36,20 ff.) der Begründung einer das Gericht transzendierenden Restitutionsprognose angesichts gegenwärtig erfahrbarer Folgen dieses Gerichts dient und *erst dann* (20,5 ff.) auch für die Interpretation der vergangenen Geschichte fruchtbar gemacht wird«[141]. Der »Eindruck einer ›Weiterführung‹ der Prognosen von 20,32 ff. in 36,22 ff.« sei als »Indiz für ein literarisches Wachstum von 36,16 ff. zu werten«[142]. KRÜGER rechnet mit Nachträgen »zum Grundtext 36,16 – 28.31 f. ... in 29f.33 – 36 und 37 f.«[143].

Während wir im Blick auf die bisherigen Untersuchungsergebnisse KRÜGERS Herleitung von Ez 20 von Ezechiel selbst zurückweisen müssen, ist seinen Beobachtungen und Überlegungen zum Verhältnis von Ez 20 zu Ez 36,16 ff. in dem Punkt zuzustimmen, daß 36,16 ff. »in seinem Grundbestand ein früheres Stadium der konzeptionellen Entwicklung ... als Kap. 20« zu repräsentieren scheint[144]. Allerdings gilt das nur für die Beziehungen zwischen Ez 20* und 36,16 – 23a.bα[145].

Die wichtigsten Einzelmomente, die diese Einschätzung stützen, seien noch einmal hervorgehoben und ergänzt: In Ez 36,18 f. wird gerade das Zerstreuungshandeln Jahwes (v. 19) vorweg (v. 18) als Folge dessen

---

[137] Verweis auf 36,17 f.: Verunreinigung des Landes.

[138] Verweis auf 36,18.

[139] Verweis auf 36,19.

[140] A. a. O., S. 442.

[141] A. a. O., S. 442. – Für beide Texte zeichnet nach KRÜGER Ezechiel selbst verantwortlich. »In der gewandelten Situation nach 587« entwerfe er »... drei Typen von Restitutionsprophezeiungen ..., in denen sich vielleicht auch eine Entwicklung spiegelt«: Während in 37,1 – 14* die »Diskontinuität des Restitutionsprozesses auf Seiten Israels ... dadurch zum Ausdruck«, komme, »daß das Volk neu geschaffen und von der göttlichen *rwḥ* belebt werden muß, ...« sehen 36,16 ff. und Kap. 20 »... die Kontinuität im Restitutionsprozeß in Jahwes Sorge um seinen ›Namen‹ in der Völkerwelt, durch die sein Handeln im Fortgang der Geschichte an seine ursprüngliche Initiative zugunsten Israels zurückgebunden ist ...« (a. a. O., S. 466 f.).

[142] A. a. O., S. 443.

[143] A. a. O., S. 449.

[144] Anders SIMIAN, Nachgeschichte, S. 353, der für die »Priorität von Ez 20 vor Ez 36,16 ff.« plädiert; ähnlich HOSSFELD, Untersuchungen S. 330 ff.

[145] Daß Ez 36,23bβ ff. nicht die direkte Weiterführung von 36,23a.bα sein kann, bezeugt bereits die Textfolge in Pap. 967 [36,16 – 23a.bα; 38,1 – 39,29]; vgl. auch die Abgrenzung HOSSFELDS, Untersuchungen, S. 287 ff; zu Ez 36,23bβ ff. vgl. unten S. 84.86.

interpretiert, daß Jahwe seinen Zorn nun über Israel ausgießt. Hier bietet
Ez 20 die weitergehenden Reflexionen über den Stellenwert des Jahwezorns[146]. Der Verfasser von Ez 20 stellt heraus, daß gerade die Diasporasituation von langer Hand geplant ist und ihr Eintreffen, Israel unter den
Völkern, somit das Ergebnis eines Waltens Jahwes in der Geschichte ist,
das sich eben nicht in der vom uneingeschränkten Vernichtungszorn
getriebenen Reaktion Jahwes erschöpfte. Dazu kommt, daß 36,16 ff. der
Grund für Jahwes Zorn darin gesehen wird, daß Israel durch seinen
Wandel und seine Taten das Land »verunreinigt« hat. Anders als in
20,7.18.30.31.43 fehlt hier also der Gedanke, daß Israel sich selbst durch
seinen Wandel und seine Taten »verunreinigt«. Außerdem erläutert 36,19b
die Auswirkungen des ausgegossenen Jahwezorns dahingehend, daß die
Zerstreuung »unter die Völker und in die Länder« das Gericht über Israel
»nach seinem Wandel und seinen Taten«[147] bedeutet. Das gerade versucht
Ez 20 auszuschließen[148].

Ferner läuft der Abschnitt 36,16—23a.bα in v. 23a.bα darauf hinaus,
daß Jahwes Name künftig seinen ihm zustehenden Stellenwert für die
Völker bekommen wird. Dagegen legt Ez 20,1—31 dar, daß das Führungs-
handeln Jahwes bereits seit den Anfängen dem Stellenwert des Jahwenamens in den Augen der Völker Rechnung getragen hat. Hier ist der
Gedanke von vornherein abgewehrt, daß das Zerstreuungsgeschick die
Entweihung des Namens bewirken könnte, im Gegenteil: Das Zerstreuungsgeschick ist geradezu die Folge dessen, daß Jahwe konsequent darauf
achtet, seinen Namen eben nicht durch das Ausgießen seines Zorns der
Entweihung preiszugeben (Ez 20,22.23).

Das die Geschichte steuernde Planen Jahwes, wie es sich dem Verfasser von Ez 20 im Rückblick auf Jahwes Handeln in der Vergangenheit
erschließt, hat der Verf. von 36,16—23a.bα noch nicht vor Augen; ihm
kann Jahwes Handeln in der Vergangenheit, sein Zorneswirken als Reaktion auf Israels Wandel und Taten, zwar die Situation der Gegenwart
begründen; aber eine Perspektive für die Zukunft ist für ihn aus diesem
früheren Handeln noch nicht ablesbar.

Der theologisch kritische und zu klärende Punkt dürfte für den
Verfasser von Ez 36,16—23a der sein, wie sicherzustellen ist, daß Jahwe
die von ihm selbst herbeigeführte Situation Israels — das Diaspora-
Geschick — überwinden kann und will. Im Blick auf die anhaltende Not
der Zerstreuung gilt es dem Gedanken zu wehren, daß Jahwe sich mit

---

[146] Vgl. dazu oben S. 54 ff.62 f.

[147] Vgl. Ez 24,14; vgl. 14,22.23.

[148] So kann 20,44 zum Schluß des Kapitels ausdrücklich hervorheben, daß Jahwes Handeln
an Israel — hier steht jetzt wohl in erster Linie sein in 20,40 ff. umrissenes Heilswirken
vor Augen — nur mit Rücksicht auf seinen »Namen« und gerade nicht »ihrem Wandel
und ihren Taten entsprechend« erfolgt.

diesem Gerichtshandeln in eine Sackgasse manövriert hat und jetzt als handlungsunfähig dasteht.

Offensichtlich ist das hier gesehene Problem nicht mehr wie in den vorausgehenden Texten (vgl. 36,1—15) mit Hinweisen darauf zu entschärfen, daß eine Wende bevorsteht, weil Jahwe in der Zukunft die Wiederherstellung des Früheren in die Wege leitet. Solche Hinweise und Ansagen scheinen sich im Blick auf die gegenwärtigen und anhaltenden Anfechtungen abgenutzt zu haben. Die auf diesem Wege bisher gestützte Hoffnung auf Restitution und grundsätzliche Besserung der Lage mußte im Lauf der Zeit wegen der fortwährenden Verzögerung einer Unheilswende immer mehr in die Krise geraten. Dazu kam, daß die Verzögerungen der Unheilswende je länger je mehr mit erneuten Verschuldungen erklärt werden mußten: Die Katastrophe von 587 und die Auswirkungen bis hin zur Zerstreuung Israels waren die Folge der Verschuldungen Israels; Jahwe hatte entsprechend »ihrem Wandel und ihren Taten« (36,19b) das Gericht herbeigeführt. Dieses Erklärungsmuster der Katastrophe als Strafhandeln Jahwes mußte nun auch die Verzögerung der erhofften und angesagten Unheilswende begründen. Aber damit stand man schließlich vor der Frage, wie dieses fortwährende Handeln Jahwes an Israel »nach seinem Wandel und seinen Taten« überhaupt wieder eine Zukunftsperspektive eröffnen und zu einer Unheilswende führen konnte[149]. Der Verfasser sucht den Zirkel aufzubrechen, indem er die Frage nach dem Stellenwert von Jahwes Namen unter den Völkern aufwirft und damit den Blick auf einen umfassenderen Handlungshorizont Jahwes lenkt.

Indem Israel unter die Völker geraten ist, muß Jahwe in den Augen der Völker, so der Gedanke des Verfassers, als ohnmächtig erscheinen: Israel ist aus dem Jahwe eigenen Zuständigkeitsbereich herausgefallen. Das heißt: Die Entweihung seines Namens unter den Völkern besteht darin, daß Jahwes Herrschaftsanspruch und Zuständigkeit für sein Land in Zweifel gezogen werden kann. Zum andern geht es um Zweifel in den eigenen Reihen, daß die gegenwärtige Israelsituation, »Israel unter den Völkern und in den Ländern« und damit im Bereich der Völkerwelt, grundsätzlich Jahwes Zuständigkeit entglitten sein könnte, weil offen ist, ob und in welcher Weise sich Jahwe in diesem Bereich überhaupt noch die Möglichkeit souveränen Handelns an und für Israel bietet. Diesen Ohnmachtsverdacht greift der Verfasser auf, um daraus abzuleiten, daß Jahwe nun den Völkern gegenüber unter Zugzwang steht[150], also seinen Stellenwert unter den Völkern künftig klar machen wird. Daher formuliert v. 22 (vgl. auch v. 32), daß Jahwe nicht um des Volkes willen (»um

---

[149] Vgl. dazu bereits oben S. 70 ff.

[150] Vgl. das gleiche Argumentationsmuster in Ex 32,10 ff.; Nu 14,16; Dtn 9,28; Dtn 32,27; Jos 7,8 f.; vgl. dazu oben S. 70.

euretwillen«) handeln wird, sondern um seinen »großen Namen« zu heiligen (v. 23a), damit eben die Völker »erkennen, daß ich Jahwe bin« (23bα).

Daß die Frage nach dem Stellenwert von Jahwes Namen unter den Völkern in den theologischen Reflexionen der exilisch-nachexilischen Zeit eine besondere Rolle gespielt hat, ist bereits dargelegt worden[151]. Der Verfasser von Ez 36,16—23a.bα greift sie auf, verfolgt jedoch, wie er sie behandelt, damit ein anderes Anliegen als jenes, das sich nach den bisherigen Einsichten in den oben ausgewerteten Textstellen artikuliert.

Der Formulierung »mein großer Name« (v. 23a) ist zu entnehmen, daß der Verfasser an Reflexionen anknüpft, bei denen es um das Ansehen des Jahwenamens im Blick auf die Völker und die Begründung dieses Ansehens geht. Solche Reflexionen spiegeln sich in Texten wie Jos 9,9; Jes 63,12.14; Jer 32,20; Neh 9,10 und Dan 9,15. Hier wird das Exodusgeschehen als die Tat Jahwes eingestuft, die das Ansehen seines Namens unter den Völkern begründet hatte. Daraufhin kann an Jahwe mit Verweis auf den Stellenwert seines Namens in den Augen der Völker appelliert werden[152]. Dem Verfasser von 36,16 ff. geht es allerdings nicht mehr darum, mit Verweis auf die Beispiele der Vergangenheit[153] zu belegen, daß analog dazu, weil Jahwe damals aus Rücksicht auf seinen Namen das an sich konsequente totale Vernichtungshandeln in ein begrenztes Strafhandeln umgewandelt hatte, auch die Katastrophe von 587 und ihre Folgen als ein solches Strafhandeln aufzufassen war. Bei diesen Überlegungen, daß sich Jahwe in den von Israel selbst verursachten Krisen letztlich nicht dazu hinreißen ließ, sein mit den Exodustaten vor den Völkern nachgewiesenes geschichtsmäßiges Wirken zu beenden, ging es darum, für die eigene Gegenwart zunächst überhaupt sicherzustellen, daß Jahwe sich seine Geschichtsmächtigkeit unabhängig vom Verhalten Israels bewahrt hatte. Damit konnte man zwar dem seit 587 Jahwe gegenüber aufkommenden Ohnmachtsverdacht[154] entgegen treten[155]; aber es war damit ja immer noch offen, ob und aus welchen Gründen überhaupt Jahwe neue Zukunft eröffnen würde. Auf diesen Punkt genau konzentriert sich Ez 36,16 ff.

Fazit: Ez 36,16—23a.bα greift die Diasporasituation als Problem auf; dem Verfasser stellt sich die Frage nach Jahwes Macht und dem Stellenwert seines Namens nicht in erster Linie im Blick auf die Verhältnisse im Lande und die Beeinträchtigungen etc. seitens Edoms und der Völker, sondern im Horizont der Völkerwelt angesichts der »unter die Völker und in die Länder« Zerstreuten.

---

[151] Vgl. oben S. 67 ff.

[152] Vgl. z. B. Jos 7,8 f.

[153] Vgl. Ex 32,10 ff.; Nu 14,16; Dtn 9,28; Dtn 32,27.

[154] Vgl. z. B. Jer 14,9.

[155] Das gleiche Anliegen dürfte sich auch in den Völkerworten Ez 25—32 artikulieren.

Der künftige Vorgang der Heiligung »meines großen Namens« soll nach 36,23 unter den Völkern stattfinden und dort die entsprechende Erkenntnis Jahwes bewirken. An welche Ereignisse gedacht ist, die die Erkenntnis Jahwes unter den Völkern bewirken werden, bleibt hier offen. Damit erweist sich Ez 36,16−23a.bα als fortsetzungsbedürftig; es ist aber keineswegs so, daß die geforderte Weiterführung in 36,23bβ−32 vorliegt; denn hier konzentriert sich der zuständige Verfasser auf Jahwes Handeln bei der Rekonstituierung der Diaspora im Lande, ohne daß deren Bedeutung für die Völker klargestellt wird. Das ist erst in der nachfolgenden Texteinheit 36,33−36 der Fall (v. 36). Hier bewirkt die Rekonstituierung das Erstaunen eines »jeden, der vorübergeht« (36,34 f.). Es sind hier allerdings die Völker, die in der Nachbarschaft übrig sind[156], die Jahwes rekonstituierendes Handeln wahrnehmen und anerkennen müssen.

Da ein Handeln Jahwes, das zur Anerkenntnis unter den Völkern führt, auch das Gerichtshandeln Jahwes an den Völkern selbst sein kann,[157] und da 36,33−36 nicht als die zu erwartende Fortsetzung zu 36,16−23a.bα in Betracht kommt, weil dieser Abschnitt an den engeren Kreis der Nachbarvölker denkt und folglich nicht die Dimension der »Völker und Länder« in 36,19 f. vor Augen hat, ist die Möglichkeit in Betracht zu ziehen, daß 36,16−23a.bα ursprünglich auf eine Weiterführung mit Darlegungen über ein Gerichtshandeln an den Völkern in einem umfassenden Horizont angelegt ist.

c) Ez 36,16−23a.bα und Ez 38/39

Von den auf Ez 36,23a.bα folgenden Texten im Ezechielbuch handelt von einem Jahwegericht an den Völkern allein noch die sogenannte Gog-Perikope Ez 38/39. Auch wenn es kaum mehr möglich sein dürfte, genau die Textfassung zu rekonstruieren, in der ursprünglich die Aussagen über Jahwes Gericht an Gog etc. im Ezechielbuch verankert worden waren,[158] so sind doch die Grundelemente noch deutlich erkennbar, die aufeinander abgestimmt die Hauptaussagerichtung prägen.

Wesentlich für Ez 38/39 ist das Dreiecksverhältnis »Jahwe − Gogs Feindmacht − Land/Berge/Volk Israels«:

1. Jahwe selbst ist es, der die Feindmächte Gogs etc. aufbietet und herbeilenkt (38,3−7; 38,16; 39,1−2). Damit wird sichergestellt, daß Jahwe souverän Einfluß auch auf die fernsten und bedrohlichsten Mächte nimmt.

---

[156] Ez 36,36; vgl. 36,3.4.5⟩ Rückbezug auf die vorausgehenden Völkerworte?

[157] Vgl. 25,7.11.14[?]; 26,6; 28,22 f.; 29,6.9; 30,8.19.25.26; 32,15; ferner 35,4; 37,28; 38,23; 39,6.7; s. a. 21,4.10.

[158] Daß die beiden Kapitel in ihrer vorliegenden Fassung erst das Ergebnis eines mehrfachen und komplizierten Fortschreibungsprozesses sind, ist in der Forschung überwiegend unbestritten.

2. Zielort der von Jahwe geplanten und gesteuerten Abläufe sind die »Berge Israels« (38,8; 39,2.4.17) bzw. das »Land« (38,8.9.10.11.16b [»mein Land«].18), bzw. das »Volk« (38,12.16a). Damit ist sichergestellt, daß eigentliche Mitte und Ziel des von Jahwe bewirkten Handlungsablaufs Jahwes ureigenster Bereich ist.

3. Zweck der von Jahwe gesteuerten Abläufe ist die totale und damit endgültige Vernichtung der Feindmächte (38,18 ff.; 39,1—5; 39,17—20). Damit ist sichergestellt, daß Jahwe eine endgültige Aufhebung aller weltlichen Anfeindungen und Bedrohungen anpeilt.

Die Systematik dieses Dreieckverhältnisses ist implizit darauf ausgerichtet, den Stellenwert Jahwes so zu umreißen, daß sein Handeln einerseits in weltweiten Dimensionen und andererseits in seiner Zielrichtung auf sein »Land und Volk« aufs engste aufeinander bezogen erscheint. Die Aussageelemente 1.—3. stehen so, jedes unverzichtbar, im engsten Verbund miteinander. Es genügt nicht, daß Jahwe ferne Abläufe steuert (1.); es muß auch klar werden, in welchem Zusammenhang damit sein ureigenster Bereich steht (2.), und ebenso, daß sein Handeln schließlich seine totale Souveränität unzweideutig und endgültig offenbar werden läßt (3.).

Die so umrissene Systematik versucht offensichtlich auf folgende Problemstellung eine Antwort: Wie kann Jahwe als der erkannt werden, sowohl von Israel als auch von den Völkern, der er bereits ist, jedenfalls in den Augen dessen, der die Aussagen in 38/39* wagt, nämlich der weltweit souverän handelnde und steuernde Gott, der Israel — Volk und Land — als sein ureigenstes Interessengebiet nicht aus den Augen verloren hat, und das angesichts einer Gegenwart, in der Israel seine zentrale Mitte verlassen und verloren hat, unter den Völkern ist, und die Völker auf Grund dieser Situation keinerlei Anlaß sehen, Jahwe als den zu erkennen, der gerade diese Situation in absoluter Souveränität selbst herbeigeführt hat.[159]

---

[159] Im Vergleich zu Aussagen in einzelnen Völkerworten, daß das jeweilige Volk an seinem Unheilsgeschick schließlich »Jahwe erkennen wird« (vgl. die Stellenangaben oben Anm. 157!) und also auch Israel Jahwe daraufhin erkennen muß (vgl. Ez 28,24; 29,21), reflektiert Ez 38/39 über die Fragestellung grundsätzlicher. Denn hier genügt offensichtlich das Unheilsgeschick eines Fremdvolkes noch nicht als Beweis der Israel — Land und Volk — wieder zentrierenden Geschichtsmächtigkeit Jahwes. Die Völker, die übriggeblieben sind (Ez 36,3.4.5), die Völker »ringsumher« (Ez 36,7; vgl. 36,36), die Völker, zu denen man gelangt ist (36,20), wie Israel selbst, sollen zu Erkenntnis und Anerkenntnis dieser Geschichtsmächtigkeit dadurch kommen, daß der letzte Feind überwunden wird, daß die Abfolge der immer wieder aus dem »Norden« aufbrechenden Völker verderbenden Unheilsmächte (vgl. dazu z.B. Jer 25,9; 50,3.9; 51,48) gestoppt wird. In den in Ez in 38,16; 38,23; 39,6.7 (vgl. 39,23.27) explizit vorliegenden Verweisen auf die künftige Anerkenntnis Jahwes seitens der Völker artikuliert sich die neue, gewandelte Einstellung zur Völkerwelt deutlicher: Nicht die Vernichtung, Bestrafung etc. der Völker ist das Ziel von Jahwes Handeln, sondern die Anerkenntnis Jahwes.

Die vorstehenden Beobachtungen und Überlegungen sprechen m. E. dafür, daß die für Ez 36,16−23a.bα zu fordernde Fortsetzung in Ez 38/ 39* zu suchen ist. Bringt man 36,16−23a.bα und 38/39* zusammen, so artikuliert sich in dieser Textfolge die Überzeugung, daß trotz der gegenwärtigen Misere der Zerstreuung und der daran mit den Augen der Welt anscheinend ablesbaren Ohnmacht Jahwes er selbst souverän hinter den Abläufen und Entwicklungen gesehen werden muß. Den eigentlichen Beweis dafür muß allerdings erst die Zukunft bringen[160].

Die These einer ursprünglichen Textfolge Ez 36,16−23a.bα; 38/ 39* stützt zudem das Textzeugnis des vorhexaplarischen Pap. 967, der bekanntlich Ez 38/39 direkt im Anschluß an 36,16−23a.bα bietet[161], also die Darlegungen über Gog etc. als die Lösung kennt, auf die hin die in 36,16−23a.bα verhandelte Problemstellung angelegt ist[162].

d) Ergebnisse und Folgerungen

Wir halten nach allem fest: Die von Pap. 967 bezeugte Textfolge Ez 36,16−23a.bα; 38/39 erweist sich als das Produkt einer Bearbeitung im Ezechielbuch, die über die Diasporasituation Israels reflektiert. Sie will

---

Diese durchzusetzen, dient die Überwindung der allgemein bedrohlichen Unheilsmacht Gogs. Insofern ist das Gog-Geschehen, die Vernichtung dieser Unheilsmacht, implizit zugleich ein Handeln zu ihren Gunsten (vgl. explizit z. B. Jes 14,7.15).

[160] Der Verfasser von Ez 20 stellt mit seiner Interpretation der Geschichte seit den Anfängen in Ägypten sicher, daß der Beweis für Jahwes überlegene Geschichtsmächtigkeit bereits vorliegt (vgl. dazu oben S. 67 ff.). Die Akzente sind hier insofern anders als in 36,16− 23a.bα; 38/39 gesetzt, als nicht mehr erst eine letzte Entscheidung mit der Vernichtung eines Israel bedrohenden Feindes erfolgen muß; Jahwes planvolles Handeln kommt in Ez 20 mit der Sammlung der Diaspora und ihrem Dienst auf Jahwes heiligem Berg (20,40) zum Ziel.

[161] Ez 36,23bβ−38 taucht in Pap. 967 überhaupt nicht auf, Ez 37 liest man erst hinter Ez 38−39, dann folgen Ez 40−48 (Pap. 967 = Ez 1−36,23a.bα; 38,1−39,29; 37; 40−48).

[162] Daß die Textfolge des Pap. 967 nicht aus einem Versehen resultieren kann, hat neuerdings LUST (CBQ 43) überzeugend nachgewiesen. Der in Pap. 967 fehlende Abschnitt Ez 36,23bβ−38 hat dem Schreiber des Codex überhaupt nicht vorgelegen, »since it was neither attested in the Greek MS which he was copying, nor in its Hebrew Vorlage« (a. a. O., S. 520 ff., zu Einzelheiten vgl. ebd.). LUST kommt zu dem Schluß, »that Ezek 36:23c−38 is most probably a late redactional addition. Both in the Hebrew text and in the traditional Greek version, the style and the vocabulary of the passage betray a hand different from the one in the surrounding parts of the book« (a. a. O., S. 524). In der Textfolge nach Pap. 967 »there was no place for 36:23−38: The pericope was composed for another, probably later, Hebrew text with a different order. This Hebrew text became the accepted MT« (a. a. O., S. 528). Daß Pap. 967 im Vergleich zum MT ursprünglicher ist, geht für LUST u. a. auch daraus hervor, daß in Ez 38/39 das Thema »Jahwes heiliger Name« eine wichtige Rolle spielt: »This important theme of chaps. 38−39 is obviously connected with the central motif of 36:16−23: God's name has been profaned by his

mit dem Verweis auf ein bevorstehendes, letztes Eingreifen Jahwes darlegen, auf welche Weise Jahwe seinem bisher unter den Völkern verkannten Namen universale Anerkennung verschaffen wird, und damit Anfragen und Zweifel im Blick auf Jahwes geschichtsmächtiges Planen und Lenken zugunsten Israels im Bereich der Völkerwelt entgegentreten. Diese Bearbeitung und die dahinter stehenden Reflexionen berühren sich mit den Darlegungen in Ez 20 insofern, als auch dieses Kapitel die Diasporasituation und die daraus resultierenden Fragen und Zweifel behandelt. Ez 20 spiegelt allerdings schon ein fortgeschrittenes Reflexionsstadium wider; außerdem vertritt Ez 20 eine völlig andere theologische Konzeption[163], als sie in 36,16—23a.bα; 38/39* erkennbar ist.

Im Blick auf die bisher gewonnenen Erkenntnisse über Textanteile und Textanordnungen der die Diasporasituation problematisierenden und reflektierenden Positionen liegt es nun nahe, die Frage aufzuwerfen, ob von hier aus weitere Rückschlüsse auf die oben sondierte golafavorisierende Redaktion im Ezechielbuche möglich sind. Diese Frage ist besonders im Blick auf den Anfang und den Schluß der zu postulierenden golaorientierten Buchfassung zu stellen. Inwieweit die die Diasporasituation problematisierenden und reflektierenden Positionen und ihre Textanteile buchkonzeptionell durchdacht im Ezechielbuch angebracht worden sind, lassen wir vorerst offen. Wir setzen ein mit:

---

people and is to be sanctified (36:20 ff.)«; zu den weiteren Beobachtungen und Argumenten, die nach Lust dafür sprechen, daß die Textfolge Ez 37 hinter Ez 38/39 älter ist als die traditionelle, vgl. a. a. O., S. 529 ff.

[163] Vgl. dazu oben S. 67 ff.75 ff.

III. Erwägungen und Thesen zur golaorientierten Fassung des Ezechielbuches — Die Visionen Ez 1—3, Ez 8—11 und Ez 37

Die in Ez 36,16—23a.bα; 38/39* greifbare Schicht, die die theologische Problematik der Diaspora-Existenz Israels und damit die Frage nach Weg und Ziel des Geschichtshandelns Jahwes reflektiert, setzt die golaorientierte Redaktion und deren Textanteile voraus. Während solche Textanteile eindeutig für den Anfang des Buches (vgl. 1,3; 3,11 ff.) sowie am Schluß des ersten Teils (vgl. 24,25—27) und zu Beginn der Heilsworte (vgl. 33,21 ff.) sondiert werden konnten und somit das buchkonzeptionelle Interesse der golaorientierten Redaktion ins Auge springt, ist bisher noch ungeklärt, ob und in welcher Weise auch der Schluß des Buches mitgeprägt war.

M. E. ergibt sich aus folgenden Beobachtungen und Erwägungen, daß Ez 37* als Schlußkapitel fungiert haben muß und als solches auf die übrigen, bereits erkannten buchkonzeptionell angelegten Anteile der golaorientierten Redaktion bestens abgestimmt gewesen ist[1], bevor diese Fassung im Laufe der Fortschreibungsgeschichte schließlich zur als kanonisch geltenden Textfolge aus- und umgebaut wurde.

Ist Ez 36,16 ff. nicht die ursprüngliche Fortsetzung von 36,1—15 und sind die Darlegungen über Jahwes Gericht an Gog etc. (38/39*), weil in enger Verbindung mit 36,16—23a.bα, ebenfalls, und zwar im gleichen Zuge wie 36,16—23a.bα, später hinter 36,1—15 angefügt worden und läßt sich außerdem nachweisen, daß 36,23bβ—38 als noch jüngeres Sonderstück einzustufen ist[2], so folgt nach Abzug der genannten Texte Ez 37 direkt im Anschluß an 36,1—15. Nimmt man an, daß es in der Tat diese Textfolge gegeben hat, so ist zugleich durchsichtig, wie die von Pap. 967 bezeugte Textanordnung zustande kam: Mit der Einschaltung von Ez 36,16—23a.bα; 38/39 wurde Ez 37 von seinem ursprünglichen Ort verdrängt, um schließlich nach den Erweiterungen in 37,15 ff. als Ein- bzw. Überleitung[3] zu Ez 40—48 zu fungieren.

---

[1] Die Kapitel 40—48 schlagen ein Sonderthema an; in der vorliegenden Textgestalt können sie keinesfalls aus golaorientierter Hand stammen, da für die darin enthaltene Israelkonzeption die erste Gola von keinerlei Bedeutung ist.

[2] Vgl. dazu die Beobachtungen Lusts (s. o. Anm. 162).

[3] Vgl. besonders 37,27 f.; s. Lust (CBQ 43, S. 530): »The end of Chapter 37 offers a good introduction to chaps. 40—48«.

Der Visionsbericht Ez 37,1—15 erinnert deutlich an die Eingangsvision Ez 1,3 ff. und die Vision in Ez 8—11[4]. Allerdings sind auch markante Unterschiede festzustellen. Anders als in Ez 1—3 und 8—11 fehlen in Ez 37 die Schilderungen der göttlichen Herrlichkeit etc. Diese Unterschiede dürften damit zusammenhängen, daß Ez 1,3 ff. und 8,1 ff. in der vorliegenden Fassung erst das Ergebnis intensiver Fortschreibung und Ausmalung eines jeweils älteren Kerns darstellen. Daher ist es zwecks einer zuverlässigen Bewertung und Gewichtung möglicher redaktionsgeschichtlicher Zusammenhänge zunächst angebracht, die in diesen Texten später zugewachsenen Bestandteile zu sichten. Dabei dürfte die Beobachtung hilfreich sein, daß Ez 37,1—15 im Vergleich zu den beiden anderen Visionen einen insgesamt weniger komplizierten Visionsvorgang ansetzt[5].

1. Ez 1—3

a) Analyse

Ez 3,22—27 ist, wie wir bereits gesehen haben[6], als ein Textprodukt einzustufen, das im Verbund mit 33,1 ff. und wahrscheinlich im Zusammenhang mit weiteren Eingriffen die golafavorisierende Ausrichtung der Einleitungspassagen korrigieren soll, hier konkret die Angaben in 3,16—21[7], die nach 3,15 gleich eingangs festhalten sollen, daß »Ezechiel« als Wächter über die Israel repräsentierende erste Gola zu verstehen ist. Ebenso wie die golafavorisierende Ausrichtung setzt der Autor von 3,22—27 auch schon die visionäre Schau der »Herrlichkeit Jahwes« in 1,3 ff. voraus (vgl. 3,23 und 1,28; 3,12). In jedem Fall endete für ihn der in 1,3 einsetzende Visionsbericht, nachdem 3,11 den Auftrag, zur Gola zu gehen, vermerkt hatte, mit einem Vermerk über den Abschluß der Vision (3,12—14) und dem Hinweis, daß sich »Ezechiel« schließlich im Kreis der ersten Gola befindet (3,15). Ob Ez 1,1—3,15; 3,16—21 bereits in der jetzigen Fassung vorlag (vgl. noch 3,24 und 2,2), kann offen bleiben.

Daß 1,3—3,15 insgesamt nicht von einer Hand konzipiert worden sein kann, dürfte allerdings schon daraus hervorgehen, daß dem Visionär eine mehrfache Beauftragung widerfährt[8]. Dazu folgende Beobachtungen:

Eingebunden in den geschilderten Visions- und Entrückungsvorgang finden wir zunächst den mit der Sendungsaussage (2,3) einsetzenden

---

[4] Vgl. z. B. die Wendung »da kam die Hand Jahwes ...« in 37,1; 1,3b sowie 8,1.
[5] Zu den eindeutig späteren Zusätzen in Ez 37,1—15 vgl. den wichtigen Aufsatz von BARTELMUS (ZAW 97).
[6] Vgl. dazu oben S. 24 ff.
[7] Vgl. dazu oben S. 24 ff.
[8] Vgl. *dbrt 'lhm* in 2,7; 3,4; 3,11; vgl. 3,1.

Abschnitt 2,3—7, der die Sendung an die Israeliten (Lxx = »Haus Israel«) mit deren und ihrer Väter Abtrünnigkeit Jahwe gegenüber begründet. »Ezechiels« Wirken unter ihnen soll sie zu der Erkenntnis führen, daß ein Prophet unter ihnen gewesen ist (v. 5b). 2,6 f. (vgl. 3,9!) enthalten die Aufforderung zur Furchtlosigkeit sowie, Jahwes Worte zu reden (v. 7; vgl. 3,4 und 3,10 f.).

Während innerhalb von 2,3—7 selbst nirgends angedeutet ist, daß die hier erfolgte Beauftragung sich im Rahmen einer Vision abspielt, ist das für die Darlegungen in 2,8—3,3[9] eindeutig. Offen bleiben kann zunächst noch, ob dieser Abschnitt als direkte Fortsetzung zu 1,28; 2,1.2a in Frage kommt.

3,4—9 liest sich jetzt wegen des einleitenden Befehls, zum »Haus Israel« zu gehen (vgl. 2,3), wie die konsequente und konkrete Ausführungsbestimmung zu 2,8—3,3. Ohne diesen vorausgehenden Abschnitt wirkt 3,4—9 für sich genommen unvermittelt und unvollständig. Versucht man 3,4—9 als direkte Weiterführung von 2,3—7 einzustufen, so sprechen gegen eine solche Textfolge die zahlreichen, nahezu wörtlich übereinstimmenden Doppelaussagen (vgl. 3,4 mit 2,7; 3,9 mit 2,6; 3,7b mit 2,4), die bei Herleitung aus einer Hand äußerst merkwürdig wirken.

Der Adressatenkreis ist nach 3,4 in Verbindung mit 3,7 »das ganze Haus Israel«, das hier ähnlich wie in 2,3.4, jedoch in Gegenüberstellung zu »vielen Völkern« (v. 6), als insgesamt verstockt[10] charakterisiert wird. Liest man so von 3,4—9 herkommend den nächsten Abschnitt 3,10—16, der von der Beauftragung »Ezechiels« für die Gola handelt, so erstreckt sich der Verstockungsvorwurf jetzt auch auf die Gola; die Gola erscheint jetzt als Teil des insgesamt verstockten Israel (3,7).

3,10—16 berichtet inzwischen zum vierten Mal von Sendung (3,11; vgl. 2,3 und 3,1.4) und Redeauftrag (3,11; vgl. 2,7 und 3,1.4). Während wie in 2,3—7 innerhalb von 3,4—9 keine Spur darauf hindeutet, daß diese Einheit von vornherein im Rahmen des Visionsberichts fest verankert war, wird in 3,10—16 mehrfach auf das vorausgesetzte Visionsgeschehen Bezug genommen: 3,12 f. nennt zuvor in 1,3 ff. genannte Visionsinhalte; 3,13b bezieht sich mit dem Verweis auf »Jahwes Hand« zurück auf 2,3.

Bevor wir an diesen Beobachtungen anknüpfend eine genauere Sondierung der Textverhältnisse versuchen, halten wir zu Ez 1—3 insgesamt fest:

In der Grundstruktur ist Ez 1—3 als Selbstbericht einer »Berufung« konzipiert, der bucheinleitend feststellen soll, woraufhin der in den folgenden Buchteilen zuständige Sprecher als Sprecher Jahwes fungiert und worin sein konkreter Aufgabenbereich besteht. Mit den Verweisen auf das Widerfahrnis einer Jahwevision wird die Legitimation als Sprecher Jahwes

---

[9] Vgl. v. 8 »und ich sah …«.
[10] Das Thema klingt auch in 11,19; 18,31; 36,26 an!

besonders hervorgehoben; dem korrespondieren die innerhalb der Vision zur Audition überleitenden Aussageelemente, die als Anrede Jahwes den eigentlichen Auftrag umreißen (Sendung, Sendungsziel, Aufforderung zur Rede im höheren Auftrag) und so den Sprecher für die konkrete Aufgabe als im höheren Auftrag autorisiert auszeichnen. Beide Komponenten sind unlösbar miteinander verknüpft: Die Verweise auf das Widerfahrnis der Jahwevision allein wirken funktionslos, die Aussagen über den Auftrag ohne den Kontext der Jahwevision uneingeleitet und unvermittelt.

Daraufhin ist zu fragen, auf welchen Textanteilen innerhalb von Ez 1—3 diese Grundstruktur basiert. Bisher haben wir besonders in den Blick gerückt, daß die durch die Anrede Jahwes autorisierte Beauftragung in 2,3—3,16 auffällig überschüssig wirkt[11]. Rechnet man daher in diesem Punkt mit nachträglichen Erweiterungen, so ergeben sich mehrere Möglichkeiten der Rekonstruktion jeweils einer Textbasis mit der oben veranschlagten Grundstruktur, die als Ausgangstext für die vorliegende Textfolge existiert haben könnte.

In der jetzigen Fassung von 1,1—3,16 läuft alles auf die Beauftragung des Sprechers für die erste Gola hinaus (3,10 ff.). Dieser Abschnitt schlägt mit seinen Zielangaben »Gola« (v. 11.14b.15) einen Bogen zurück zu 1,1—3*[12]. Darf man davon ausgehen, daß der Verweis auf »Jahwes Hand« ein wesentliches Grundelement zur Einleitung des Visionsberichtes darstellt (1,3b)[13], so ist 3,10—16* zudem über v. 14b »und die Hand Jahwes lag schwer auf mir« wegen des deutlichen Rückbezugs auf 1,3b mit der hier vorliegenden Überleitung zur Vision fest verknüpft. D. h.: Die Komponenten Golasituation (1,1—3*), Visionsgeschehen (1,3b ff.), Beauftragung für die Gola (3,11) und Ende der Vision (3,12 ff.), Golasituation (3,15 f.) bilden ein eng aufeinander abgestimmtes einheitliches Beziehungsgeflecht golaorientierter Prägung.

Da das Ezechielbuch, wie wir gesehen haben, auch sonst im golaorientierten Sinn vorgegebene Texte strukturiert und interpretiert, ist zu klären, ob sich für Ez 1—3 ein älteres, vorgolaorientiertes Textstadium ausmachen läßt, das erst durch die golaorientierten Textanteile seine jetzige Aussagerichtung erhielt, oder ob das soeben vorgestellte Beziehungsgeflecht als Entwurf aus golaorientierter Hand die Ausgangsbasis und Textgrundlage für Erweiterungen und Akzentverschiebungen darstellt.

Spielt man diese Möglichkeiten durch, so ergibt sich folgendes: a) Für die Suche nach möglichen Textanteilen aus einem vorgolaorientierten Textstadium kommen die in 2,3—3,9 erkennbaren Texteinheiten 2,3—7;

---

[11] Vgl. 2,3 ff.; 3,1; 3,4 ff.; 3,10 ff.

[12] Die Kennzeichnung jeweils mit * soll hier wie im folgenden festhalten, daß die betreffende Texteinheit noch sekundär zugewachsene Anteile enthalten kann.

[13] Vgl. auch 3,14.22; 8,1; 33,22; 37,1; 40,1; dazu ZIMMERLI, Ezechiel 1—24, S. 47 ff.

2,8—3,3 und 3,4—9 in Frage[14]. Wie oben bereits vermerkt, wirkt auch diese Textfolge keineswegs aus einem Guß, weil 2,3—7 und 3,4—9 weithin parallel laufen und zahlreiche Doppelaussagen auffallen. Dieser Befund ist bei den folgenden Sondierungsversuchen mitzubedenken. Außerdem ist zu beachten, daß Textanteile aus einem vorgolaorientierten Textstadium folgende Voraussetzung erfüllen müssen: Ihre Aussagen und Aussagetendenzen dürfen nicht in einer Weise dem golaorientierten Anliegen entgegenstehen, daß nicht mehr nachvollziehbar ist, wie die golafavorisierende Redaktion daran anknüpfen konnte. Bedenken in dieser Richtung muß man sowohl für 2,4—7 als auch für 3,4—9 anmelden. Ganz gleich in welcher hypothetisch als ursprünglich angesetzten Textabfolge[15] diese Abschnitte auftauchen, die darin enthaltenen abwertenden Verdikte über »das Haus Israel« bzw. »ganz Israel« dürften sich kaum angeboten haben, im Anschluß daran in golafavorisierender Weise auf die erste Gola zu sprechen zu kommen, weil in dieser Abfolge das Verdikt ja nun auch die Gola miteinbezog, so daß daraufhin ein besonderer Stellenwert der ersten Gola gar nicht mehr einleuchtend vertretbar war.

Somit ergibt die Suche nach möglichen Textanteilen aus einem vorgolaorientierten Textstadium innerhalb von Ez 1—3, daß die Texteinheiten 2,3—7 und 3,4—9 sowohl in der jetzigen, bzw. auch in einer anderen Abfolge, und auch als einzelne Einheiten kaum als Ausgangstexte für eine nachträgliche Verknüpfung mit dem Ez 1—3 prägenden golaorientierten Beziehungsgeflecht in Betracht kommen. Lediglich 2,8—3,3 für sich genommen sperrt sich nicht gegen eine Weiterführung im golafavorisierenden Sinn. Da dieser Abschnitt jedoch ohne Weiterführung unabgeschlossen wirkt und für sich genommen gar nicht existiert haben kann, ist auch er nicht als Bestandteil einer vorgolaorientierten Einleitung einzustufen.

Nach allem ist daher jetzt die Möglichkeit zu prüfen, ob nicht umgekehrt das oben umrissene Beziehungsgeflecht golaorientierter Prägung im Nachherein zur jetzigen Textfassung erweitert worden sein kann und ob die dafür zu veranschlagenden redaktionellen Verfahren und Anliegen eher nachvollziehbar sind als bei Annahme der Möglichkeit a).

b) Abgesehen davon, daß die Abschnitte 2,3—7 und 3,4—9 der golaorientierten Konzeption deutlich entgegenstehende Tendenzen enthalten, und das um so deutlicher am jetzigen Ort vor 3,10—15, war auch

---

[14] Vorausgesetzt werden muß, daß diesen Einheiten eine wie auch immer gestaltete Einleitung vorausgeht; für 2,8—3,3 wäre zu fordern, daß diese Einleitung Verweise auf eine folgende Jahwevision enthalten hat.

[15] Theoretisch sind folgende Möglichkeiten denkbar: a) 2,3—7; 2,8—3,3; 3,4—9. Diese Abfolge kann wegen der zahlreichen Doppelaussagen (vgl. den 1. und den 3. Abschnitt) außer Betracht bleiben. b) 2,3—7; 3,4—9 fällt aus den gleichen Gründen aus. c) 2,3—7; 2,8—3,3 leuchtet nicht ein, weil man nach 2,8—3,3 weitere Ausführungen erwarten darf. So bleibt nur d) 2,8—3,3; 3,4—9 bzw. e) 2,3—7 oder f) 3,4—9.

schon aufgefallen, daß sie jetzt zwar innerhalb des Visionsgeschehens eingebettet sind, sich aber nirgends eine Spur andeutet, die die Annahme einer Abfassung im gleichen Zuge mit der Konzipierung des Visionsberichts nahelegen könnte. Anders liegt der Fall in 2,8–3,3; hier sind unübersehbar Aussageelemente enthalten, die eine enge Verknüpfung oder Einbettung im Rahmen einer Visionsschilderung signalisieren. Dazu kommt, daß eine Weiterführung dieses Abschnitts mit 3,10–14 ohne Einschränkung stimmig wirkt: Auf die in der Audio-Vision erfahrene Wortverleihung (das Essen der Buchrolle) folgt die Sendung zur Gola.

M. E. spricht daher alles dafür, daß 2,8–3,3*; 3,10–15* in dieser Abfolge Textprodukt aus golaorientierter Hand sind. Bevor wir der Frage nachgehen, wie die golaorientierte Einleitung des Visionsberichts (1,3 ff.) gestaltet war, die zu 2,8–3,3* hingeführt haben muß, muß jedoch noch gezeigt werden, ob ausgehend von dem eng aufeinander abgestimmten einheitlichen Beziehungsgeflecht golaorientierter Prägung nun der Werdegang bis zur vorliegenden Endfassung 2,3–3,15 und die dafür zu veranschlagenden redaktionellen Verfahren und Anliegen eher nachvollziehbar und zu erfassen sind als bei Annahme der Möglichkeit a). Läßt sich klären, aus welchen Gründen 2,3–7 und 3,4–9 in das oben postulierte vorgegebene golaorientierte Beziehungsgeflecht[16] eingetragen wurden?

Wir gehen zunächst auf 3,4–9 ein. Daß hier der Sprecher beauftragt wird, Jahwes Wort an »das Haus Israel« auszurichten und zugleich, wie bereits vermerkt, »das ganze Haus Israel« ausnahmslos als verstockt etc. charakterisiert wird (3,7), hat zur Folge, daß das dem Sprecher in der Vision von der Buchrolle einverleibte Jahwewort (2,8–3,3*) nun nicht mehr ausschließlich der ersten Gola vermittelt werden und also nicht mehr nur die erste Gola im Mittelpunkt des Interesses stehen soll. Es geht um ganz Israel. Die erste Gola steht jetzt lediglich als Teilisrael vor Augen; in das Verdikt, daß »ganz Israel« (v. 8) nicht auf Jahwe hören will, ist die erste Gola miteinbezogen.

Somit ist 3,4–9 eindeutig darauf angelegt, die golaorientierte Konzeption aufzubrechen und zu öffnen[17]. Zimmerlis Frage, »ob es mehr als zufällig ist, daß in der Sendung an die Deportierten das 2,5–8; 3,9 bei den Worten der Sendung so hartnäckig wiederholte ›denn sie sind ein Haus Widerspenstigkeit‹ hier bei der Sendung an die Exulanten nicht

---

[16] Mit den Komponenten Golasituation (1,1–3*), Visionsgeschehen ([1,3b ff.]2,8–3,3*), Beauftragung für die Gola (3,11) und Ende der Vision (3,12 ff.*), Golasituation (3,15 f.*).

[17] Wir können auf weitere Einzelheiten verzichten; vermerkt sei jedoch noch, daß die Formulierung l' y'bw lsm' (vgl. dazu auch Perlitt, BZAW 185, S. 139 f.) ... in Ez 20,8 auftaucht. Möglicherweise hängt daher die Einschaltung von 3,4–9 mit Reflexionen zusammen, die auch für die Konzipierung und Einschaltung von Ez 20 ausschlaggebend waren (vgl. dazu oben S. 54 ff).

wiederholt wird«[18], ist so zu beantworten: Die golaorientierte Konzeption hat die erste Gola wegen des in ihren Augen besonderen Stellenwerts niemals so charakterisiert[19]. Durch die nachträgliche Vorschaltung von 3,4—9 (vgl. 2,3—7) wird dieser Stellenwert nivelliert.

2,3—7: Die Schwierigkeit, die Aussageintention dieser Einheit und damit auch ihre Funktion vor 2,8 ff. genau zu erfassen, besteht darin, daß zumindest 2,4—7 einen stark überschüssigen Eindruck macht und somit große Unsicherheit besteht, in welcher ursprünglichen Textfassung dieser Abschnitt vor 2,8 ff. geriet. Nimmt man v. 4a wegen der Wiederholung der Sendungsaussage (v. 3) und unter Berufung auf Lxx als spätere variierende Angleichung an 3,7 heraus, so fallen als Sonderaspekt immerhin der Hinweis auf die »Abtrünnigkeit« etc. der »Väter« (v. 3) auf. Dieses Thema »Abtrünnigkeit und Verschuldung der Väter« steht im Zentrum von Ez 20; auch die Wortfolge *mrd/pšʿ* (v. 3) begegnet Ez 20,38. Der Verweis in v. 5b »sie werden erkennen, daß ein Prophet in ihrer Mitte war« (vgl. Ez 33,33), ganz gleich, ob ursprünglich oder nachgetragen, dürfte im jetzigen Kontext, also hinter dem Verweis auf die Abtrünnigkeit der Väter (v. 3) und vor den Andeutungen über die den Sprecher bedrohenden Momente, so zu erklären sein, daß sich hier eine von späterer deuteronomistischer Prophetentheologie beeinflußte Stimme zu Wort meldet. Anders als in Ez 33,33, wo betont wird, daß kommt, was der Prophet ansagt, sich also das Interesse darauf konzentriert, zu zeigen, daß am Prophetenwort und seiner Erfüllung Jahwes Geschichtsplanen erkennbar ist[20], steht in 2,5b im jetzigen Kontext der Prophet als der die Sündengeschichte Israels begleitende Mahner und Warner vor Augen[21].

b) Fazit

Auch wenn nicht in allen Einzelheiten der literarische Charakter und das Anliegen von 2,3—7 und 3,4—9 erfaßt werden konnten, die bisherigen Beobachtungen sprechen dafür, daß diese Texte nachträglich in das golaorientierte Beziehungsgeflecht eingearbeitet worden sind. Mit dieser Einschätzung geraten wir in die Nähe zu HÖLSCHERS Auffassung, daß in 2,8b—3,3; 3,10—15 der ursprüngliche Kern des gesamten Komplexes

---

[18] Ezechiel 1—24, S. 81 f.

[19] Vgl. HÖLSCHER, der mit Verweis auf Ez 8,1 betont, daß »diese Zuhörer Hesekiels … kein ›Haus der Widerspenstigkeit‹« sind (Hesekiel, S. 50 f.); vgl. auch schon die Ausführungen oben S. 36.

[20] Zu dieser Prophetenauffassung z. B. in den Königsbüchern vgl. WÜRTHWEIN, Könige, S. 496 ff.

[21] Vgl. z. B. II Reg 17,13 f. (dazu WÜRTHWEIN, Könige, S. 396); ferner im Jeremiabuch (dazu STECK, Israel, S. 73).

Ez 1–3 zu finden sei[22]. In geringfügiger Abweichung zu HÖLSCHERS Textabgrenzung halten wir 2,9.10; 3,1aα.bα (ohne Sendungswort).2.3.10a.11 (bis »rede zu ihnen«).14b.15[23] allerdings nicht für den ursprünglichen »Visionsbericht Hesekiels«[24], sondern für einen in buchkonzeptioneller Absicht erstellten Visionsbericht, der in der Funktion einer Einleitung den Sprecher aller folgenden Texte auf die Seite der ersten Gola stellen soll, also die oben sondierte golafavorisierende Ausrichtung des »Buches«[25] gleich eingangs anstrebt.

Da 2,9 ff. ohne vorausgehende Ein- oder Hinführung kaum überzeugt, bleibt noch zu klären, ob und in welcher Weise die jetzige Textfolge 1,3b–1,28; 2,1 f. oder Teile daraus die Darlegungen in 2,9 ff. vorbereitet haben. In der vorliegenden Fassung wirkt der umfangreiche Komplex an sich schon überladen und daraufhin auch als Hinführung zu 2,9 ff. äußerst übergewichtig. Daß hier wegen des literarisch uneinheitlichen Charakters sukzessive Textanreicherungen zu veranschlagen sind, ist in der einschlägigen Forschung überwiegend zugestanden; die schwierige Frage allerdings, wie man sich im einzelnen den Werdegang dieses Textkomplexes vorzustellen hat, wird immer noch kontrovers beantwortet. M. E. hat auch in diesem Punkt HÖLSCHERS Auffassung viel für sich. Er scheidet »auf literarkritischem Wege« die Thronwagenbeschreibung 1,5–27.28aβ«[26] aus und findet den originalen Einsatz in 1,4.28[27]: »Es steht nichts im Wege, 2,8b unmittelbar an 1,28 (bzw. an *wy'mr 'ly* 2,1) anzuschließen«[28]. Für diese Auffassung spricht, daß die so reduzierte Eingangsvision und die Vision in Ez 37*, die u. E. den Abschluß des golaorientiert konzipierten Buches bildet, besser aufeinander abgestimmt und gleichgewichtiger wirken. Vielleicht empfiehlt es sich sogar, von Ez 37* her über HÖLSCHER hinausgehend als Ursprungtext nach den Angaben über Zeit, Ort und Person in 1,1–3a* lediglich die Feststellung »da geriet die Hand Jahwes über mich« zu postulieren, woraufhin die Weiterführung mit »und ich sah« in 2,9 erfolgte[29].

---

[22] Vgl. Hesekiel, S. 53 f.; ähnlich neuerdings LANG, EdF, S. 22 (Ez 2,8–3,3; 3,10–11.14b–15 = »ein Bericht, der vermutlich die Erstberufung des Propheten schildert«).

[23] 2,8 stößt sich mit 3,2, weil hier die Aufforderungen zu früh kommen; der Vers ist im Zusammenhang mit der nachträglichen Vorschaltung von 2,3–7 als literarische Brücke konzipiert; ebenso dient 3,2bβ zur Verklammerung mit 2,3–7. Und 3,11*.12.13.14a sind Bestandteile weiterer Ausmalungen des Visionsgeschehens.

[24] Hesekiel, S. 49; vgl. auch S. 14 f.

[25] Vgl. oben S. 43 ff.

[26] Hesekiel, S. 48.

[27] Ohne »das war die Erscheinung der Herrlichkeit Jahwes«; vgl. Hesekiel, S. 47 f.

[28] Hesekiel, S. 51.

[29] Vgl. 8,1 f.

2. Ez 8—11

a) Analyse

Daß die nächste Vision, Ez 8—11, das Buch im golaorientierten Sinn mitprägt, ist offenkundig. Von 3,15 her gelesen, hält sich »Ezechiel« in seinem Haus im Kreis der Erstexilierten auf (8,1); hier widerfährt ihm eine Vision (8,2 ff.), deren Inhalt er anschließend der »Gola« mitteilt (11,25).

Obwohl Ez 8—11, »wie die Rückkehr des Schlusses zum Anfang zeigt, als zusammenhängendes Visionserlebnis verstanden werden«[30] will, muß man wegen der unübersehbaren »erzählerischen Unausgeglichenheit«[31] mit einer »Nachgeschichte des Textes« rechnen, die den ursprünglichen Inhalt der Vision angereichert und verändert hat. Über die zahlreichen Versuche, diese »Nachgeschichte« bzw. die »Fortschreibungen« und »Redaktionen«[32] aufzuhellen, kann hier nicht referiert werden[33]. Daß man bisher noch nicht zu einem allgemein überzeugenden Ergebnis gelangt ist, hängt offensichtlich damit zusammen, daß man hier voraussetzt, das Ezechielbuch sei teils auf den historischen Propheten, teils auf die Redaktion zurückzuführen. Entsprechend müssen, je nachdem welches Vorverständnis von Prophet und Prophetenwort vorausgesetzt ist und damit die zu rekonstruierende Ausgangsbasis des Fortschreibungsprozesses festgelegt scheint, die Lösungen unterschiedlich ausfallen[34].

---

[30] Zimmerli, Ezechiel 1—24, S. 202.

[31] Zimmerli, ebd.

[32] Vgl. Hossfeld, BEThL, S. 164.

[33] Vgl. die knappe Durchsicht der unterschiedlichen Ergebnisse bei Becker, BEThL, S. 138 f.

[34] Insofern ist Beckers neuerdings vorgebrachte Grundsatzkritik durchaus berechtigt: »In immer neuen Varianten fällt man auf ein sich verabsolutierendes literarkritisches Modell herein, das ... um jeden Preis die prophetische Gestalt und ihre authentische Verkündigung aus dem Gestrüpp der Redaktion herausheben will« (BEThL, S. 139). Allerdings wird man auch gegenüber Beckers eigenem Erklärungsmodell, »das Ezechielbuch als einheitliche und pseudepigraphische Propheteninterpretation« (a. a. O., S. 136) einzustufen, als »Prophetenbuch aus der Retorte« (Erwägungen, S. 138), als »einheitliches Pseudepigraphon« (a. a. O., S. 139), als »eine am Schreibtisch entstandene Propheteninterpretation« (ebd.), als »Ideal eines Prophetenbuches chemisch rein verwirklicht« (a. a. O., S. 146), schwerwiegende Bedenken anmelden; so ist z. B. Hossfeld gerade im Blick auf Beckers Darlegungen zu Ez 8—11 zuzustimmen: Beckers Hypothese »... tendiert vom Ansatz her zum Nachweis einer wohlkonstruierten Fiktion, muß aber zugleich alle Spannungen und Brüche zu Variationen und Beliebigkeiten verharmlosen, damit sie das Modell der Fiktion des ganzen Buches nicht erschüttern« (BEThL, S. 165). Diese Bedenken schließen nicht das Zugeständnis aus, daß Beckers Beobachtungen und Erwägungen zum besonderen Charakter des Ezechielbuches (z. B. der Verweis auf sprachliche und kompositionelle Einheitlichkeit, das Phänomen des lückenlosen Ich-Berichtes, die Führungsvisionen, die

Angesichts der Schwierigkeit, daß einerseits zweifellos beachtliche Textanreicherungen zu veranschlagen sind, andererseits jedoch die Frage der Beurteilungskriterien strittig ist, prüfen wir, ob es möglich ist, die unverzichtbaren Grundelemente eines zu postulierenden ursprünglichen Ausgangstextes zu erfassen. Hier läßt sich anhand folgender Indizien erheben: Alle Textabschnitte oder -einheiten (mit Ausnahme von 11,14—21[35]), die »Ezechiels« Erleben im Jerusalemer Tempel behandeln, setzen einleitende Bemerkungen darüber voraus, daß und wie er überhaupt aus dem fernen Exil nach Jerusalem gelangt sein kann. Während die Textfolge von 8,4 bis 10,22 »Ezechiels« Aufenthalt im Tempel konsequent und durchlaufend als visionäres Erleben darstellt und auch noch 11,1 als der Ein- und Überleitungsvers zu 11,2 ff. entsprechend konzipiert ist, kann dagegen 11,2—13 (14—21) kaum noch als visionärer Erlebnisbericht eingestuft werden[36]. Für 11,2—13* läßt sich unschwer erkennen, daß die hier geschilderten Vorgänge nicht von vornherein auf die Ebene des zuvor berichteten visionären Ablaufs abgestimmt waren und die Art und Weise, wie 11,2—13 hier eingepaßt ist, auf eine Verbindung zweier selbständiger Aussageweisen deutet. Dieser Sachverhalt ist damit zu erklären, daß der Abschnitt 11,2—13, weil die darin geschilderten Abläufe die Anwesenheit des Sprechers in Jerusalem fest voraussetzen, nur auf die vorliegende Weise, d. h. über den Versuch, des Sprechers Erfahrungen in Jerusalem als visionäre Erfahrungen zu deklarieren, auf die golaorientierte Konzeption abzustimmen war. Daraufhin steht man allerdings vor der Frage, ob der Abschnitt 11,2 ff.* nachträglich erst in die golaorientiert konzipierte Vision über Vorgänge im Jerusalemer Tempel verankert worden ist oder ob hier eine Texteinheit aus vorgegebenen Textmaterialien von der golaorientierten Redaktion selbst an die eigene Konzeption angeglichen wurde.

In der Regel rechnet man mit dem ersten Fall und stuft 11,1—13.14—21 als Einschub ein, der entweder von Ezechiel selbst[37] oder »von Schülern des Propheten stammt, die nach 587/6 anläßlich konkreter Ereignisse in Jerusalem der dortigen Führungsschicht das Gericht verkünden und ihre Ankündigung auf der lokalen und sachlichen Nähe zur Grundvision hier«

---

totale Verfasserfiktion, apokalyptisierende Züge) partiell durchaus zutreffen. Nur, folgt daraus zwangsläufig der Schluß, daß das gesamte Buch mit den beobachteten Prägungen keine Vorstufen gehabt haben kann, falls BECKER seine Ausführungen so verstanden wissen will, was leider unklar bleibt?

[35] ZIMMERLI, Ezechiel 1—24, S. 247: »Wort ohne Schau und Handlung«.

[36] Vgl. HOSSFELD, BEThL, S. 154: »dreiteiliges Disputationswort«.

[37] So z. B. ZIMMERLI, Ezechiel 1—24, S. 242, der es für möglich hält, daß Ezechiel hier »eine etwas später erfahrene Schau, die eher als (thematisch verschobene) Parallele denn als Weiterführung der ursprünglichen Vision 8—11 zu bezeichnen ist, mit einer auffallenden Unbekümmertheit um die genaue Einpassung in den Erzählungszusammenhang nachträglich der älteren Visionsschilderung einverleibt« hätte.

unterbringen[38]. Die Einschätzung als späteren Einschub fußt auf der
Annahme, daß in der vorausgehenden Textfolge nach Abzug zahlreicher
sekundär eingestufter Zusätze die Grundstruktur eines Visionsberichts
erkennbar wird, also eine »Grundvision« vorgelegen haben muß. Diese
Annahme ist sicher zutreffend; der Textcharakter von Ez 8 ff. wie auch
der Eingangsvision läßt sich nicht anders erklären, als daß die vorliegenden
Fassungen das Ergebnis intensiver Fortschreibungen eines jeweils zu
postulierenden Grundtextes sind. Wie auch immer man nun im Fall von Ez
8 ff. einen solchen Grundtext rekonstruiert, zur Grundstruktur zugehörig
erweist sich immer, daß mittels der visionären Wahrnehmung die räumliche
Distanz zwischen Golasituation und Jerusalem überwunden ist. Gerade
dieser Punkt ist im Auge zu behalten. Denn dafür, daß in Ez 8 ff. die
räumliche Distanz zwischen dem Exil und Jerusalem ausgeschaltet wird,
damit »Ezechiel«, obwohl im Exil, zugleich doch in Jerusalem etwas
wahrnehmen kann und dazu Stellung nimmt etc., bietet sich nicht nur als
Erklärung an, daß hier eben authentisch über solch eine in der Vision
erfahrene Distanzaufhebung berichtet wird. Die mittels einer Vision be-
werkstelligte Überwindung der Distanz zwischen Golasituation und Jerusalem kann zumindest ebensogut damit zusammenhängen, daß sie als
literarisches Mittel eingesetzt worden ist, und zwar zu dem Zweck, Spannungen auszugleichen, die anders nicht auszugleichen waren. Wir hatten
bereits darauf hingewiesen, daß Ez 11,2—13 über Vorgänge in Jerusalem,
und zwar in Gegenwart »Ezechiels« handelt. In einem golaorientierten
Ezechielbuch, das betont den Propheten im Kreis der ersten Gola vorstellen möchte, war ein solcher Text ein Problem. Entweder mußte man auf
diesen Text verzichten oder die Erfahrungen »Ezechiels« in Jerusalem
einsichtig erklären. Daraufhin bot sich der Verweis auf die ja einem
Propheten zuzutrauende visionäre Erfahrung an.

Die Antwort auf die Frage, welche dieser beiden Möglichkeiten die
Verklammerung von 11,1—21 im jetzigen Kontext des Visionsberichtes
zutreffender erklärt, ergibt sich aus folgendem:

Muß man angesichts offensichtlich späterer Erweiterungen und Übermalungen für Ez 8—11 eine ältere Vorstufe veranschlagen und reduziert
man diese Vorstufe auf die unverzichtbaren Kernelemente, so müssen dazu
gehört haben a) die Grundstruktur eines Visionsberichtes und b) Darlegungen über die »Greuel« (*tw'bwt*) im Jerusalemer Tempel. Diese beiden
Elemente sind unauflösbar miteinander verknüpft. Der Visionsbericht setzt
in jedem Fall ein mit dem Verweis auf »Jahwes Hand«, die über »Ezechiel«
gekommen war (8,1b). Daraufhin erfährt er sich im Jerusalemer Tempel
und nimmt die dortigen »Greuel« wahr, um abschließend zu hören, daß

---

[38] So HOSSFELD, a. a. O., S. 154 f.

diese Greuel der Grund für Jahwes zorniges und mitleidloses Handeln sind (8,18)[39].

Das wichtigste Aussageanliegen ist also zum einen, daß Jerusalemer Zustände, die »Greuel«, ausschlaggebend gewesen sind für Jahwes Zorneshandeln an Jerusalem, und zum andern, daß »Ezechiel«, obwohl fern von Jerusalem im Kreis der ersten Gola lebend, sich selbst von diesen Zuständen überzeugt haben soll.

Zu beachten ist nun, daß das Thema »Greuel« bereits mehrfach im Ez 8 ff. vorausgehenden Kontext angesprochen worden ist[40]. D. h.: Vom vorausgehenden Kontext aus gelesen wirken die Ausführungen über die »Greuel« in 8,1 ff.* wie Zusatzerläuterungen, wie die Ausbreitung von Hintergrundwissen; im Aussageergebnis bringen sie jedoch gar keine neuen Aspekte[41]; das Aussageergebnis von 8,1 ff.* (ohne 11,1—21) ist das gleiche wie die Summe der vorausgehenden Texteinheiten, nämlich: Im Blick auf die »Greuel« wird Jahwe einschreiten und mitleidslos handeln.

So ergibt sich: Die Darlegungen in 8, 1 ff.* malen, was das Grundelement b) betrifft, lediglich ausführlicher und eindringlicher aus, was vorher längst klar ist. Das zeigt, daß hinter Ez 5—7 im Visionsbericht 8,1 ff.* der Schwerpunkt nicht auf den Informationen über die Jerusalemer »Greuel« liegt; dieses Thema ist nicht neu. Neu ist, daß »Ezechiel« diese »Greuel« selbst zu Gesicht bekommt, indem er sich auf visionäre Weise über die Jerusalemer »Unsitten« ein Urteil bilden kann. Der Schwerpunkt des »Visionsberichts« liegt also darauf, »Ezechiels Anwesenheit« in Jerusalem zu zeigen. Anders als in Ez 1 ff., wo es darum geht, gleich zu Beginn des Buches »Ezechiel« in besonderer Weise für seinen Auftrag zu legitimieren, und auch anders als in Ez 37, wo die Zukunft betreffende Heilsperspektiven mit dem Garantiesiegel einer von Jahwe gewährten Schau versehen sind, ist dieser Aspekt, daß die Vision den Propheten und sein Wort besonders auszeichnet, bestenfalls ein Nebeneffekt, jedenfalls von völlig untergeordneter Bedeutung.

Nach diesen Beobachtungen und Abwägungen kommen wir auf die Frage zurück, ob Ez 8,1 ff. im Kern als authentischer Visionsbericht gelten

---

[39] An diesem Grundkonzept ändert sich auch nichts, falls man die jetzt auf 8,18 folgenden Darlegungen 9,1—11 miteinbezieht; denn mit 9,10 führt dieser Abschnitt zu 8,18 zurück, alles sonstige soll weitere Einblicke in Jahwes Hintergrundhandeln vermitteln; die visionäre Wahrnehmungsebene ist auf eine höhere Stufe verlagert; zu weiteren Einzelheiten vgl. noch unten S. 100 f.

[40] Vgl. 5,9 (gehört nach ZIMMERLI, Ezechiel 1—24, S. 132 ff. zum »Grundtext«); in 5,11, wo »die Entweihung des Heiligtums, die in Kap. 8 im Einzelnen vom Propheten geschildert wird, vor Augen« steht (ZIMMERLI, a. a. O., S. 135), taucht der Hinweis auf die »Greuel« auf wie in 8,18 und 9,10 in Verbindung mit der Feststellung, daß Jahwe daraufhin »ungerührt und mitleidlos« handeln wird; so auch in 7,3—4 und 7,8—9; in 7,20 ist von »Bildern ihrer Greuel« die Rede.

[41] Vgl. 8,17 f. und die Aussagen in 5,9; 5,11; 7,3 f.; 7,8—9 (7,20).

kann oder ob der Visionsbericht bereits von Anfang an als literarisches Mittel gedacht und konzipiert war.

Die Möglichkeit eines authentischen Visionsberichtes kann zwar nicht grundsätzlich ausgeschlossen werden; dagegen spricht aber deutlich, daß gerade die Grundstruktur »Visionsbericht« (Element a), s. o.) in erster Linie dazu eingesetzt wird, Erfahrungen »Ezechiels« auch in Jerusalem zu belegen, also dazu, die Distanz Gola — Jerusalem zu überbrücken. Wir haben oben gezeigt, daß die golaorientierte Konzeption zur Durchführung ihres Anliegens, »Ezechiel« als auf Seiten der Gola und folglich auch in deren Reihen wirkend vorzustellen, mehrfach in vorgegebene Texte eingegriffen und die erforderlichen Abstimmungen vorgenommen hat. M. E. hat 8,1 ff.* als Visionsbericht hier eine entsprechende Funktion, nämlich im Blick auf sperriges Textgut die golaorientierte Konzeption durchzuhalten und abzusichern. Dieses sperrige Textgut liegt deutlich in Ez 11,1—13* vor. Die übliche Einstufung als nachträglichen »Einschub«, wofür übrigens wirklich überzeugende Gründe gar nicht beigebracht werden können[42], erfolgt in der Regel unter der nicht hinterfragten Voraussetzung, daß Ez 8—10; 11,22—25 im wesentlichen fertig vorlag und 11,1 ff. dahinein verklammert worden sein müssen, weil sie darin als Fremdkörper wirken. Nun wird in neueren Untersuchungen immer deutlicher erkannt, daß der Visionsbericht Ez 8—11 erst durch sukzessive Übermalungen so geworden ist, wie er jetzt (vgl. ähnlich Ez 1—3) vorliegt[43]. Rechnet man mit Verweis auf Ez 37 konsequenter Weise mit einer am Anfang ganz schlichten visionären Grundstruktur, so liest sich im Anschluß daran 11,1—14* durchaus als Teil der visionären Erfahrungen »Ezechiels« in Jerusalem. Die Spannung, daß 11,1 ff.* den Sprecher und Akteur in dieser Einheit in Jerusalem voraussetzen, der »Ezechiel« der golaorientierten Konzeption sich aber im Kreis der ersten Gola befinden muß, ist auf diesem Wege ausgeglichen. Darum geht es der golaorientierten Redaktion. So liegt es durchaus nahe, hypothetisch die folgende Textfassung als sinnvollen Ursprungstext zu vertreten:

Zu Beginn verweist der Sprecher auf die »Hand Jahwes« (8,1[44]), die ihm visionär Jerusalem vor Augen stellt (8,3: »und brachte mich nach Jerusalem«[45]). Daß daran 8,5—18* anschloß ist zwar möglich; sinnvoll ist jedoch auch die direkte Fortsetzung mit 11,1aβ (*'l š'r byt yhwh* ...) ff., zumal folgendes zu berücksichtigen ist: GARSCHA beobachtet zutreffend, daß die Schilderung 8,5 ff. »mit 8,18a nicht ihr Ziel erreicht haben« kann, »da die

---

[42] Vgl. z. B. oben Anm. 37 ZIMMERLIS Auskunft!

[43] Vgl. neuerdings HOSSFELD, BEThL, S. 155 ff.

[44] Ob mit oder ohne einleitende Datierung, lassen wir offen.

[45] Vgl. zur Abfolge »da kam die Hand Jahwes auf mich und brachte mich ...« z. B. Ez 40,1b; ähnlich 37,1; ursprünglich war in 8,3 *wyb'* zu lesen; das jetzige *wtb'* ist Angleichung an die Ausmalung des Vorgangs.

kurze Drohung, die dieser Vers anfügt, in keinem Verhältnis zu der ausführlichen Darstellung der kultischen Vergehen steht«[46]. Daraus folgt jedoch nicht, wie GARSCHA meint, daß als ursprüngliche Fortsetzung hinter 8,18b nur Kapitel 9 in Frage kommen kann. Daß »Ezechiel« hier die tiefere Einsicht in die Hintergrundsphäre des göttlichen Wirkens gewährt wird, also die Darstellungsebene von 8,5 ff. verlassen ist, spricht eher dagegen. Es liegt viel näher, daß 8,5—18* ursprünglich auf die Fortsetzung mit 11,1 ff.* hin konzipiert worden ist, also diese Einheit voraussetzt. 8,5 ff. ist m. E. die erste ergänzende Erweiterung zu einer ursprünglichen Textfolge 8,1*.3*[47]. Dem Verfasser und Interpolator von 8,5 ff. ging es darum, zusätzlich zu den in 11,1 ff.* angesprochenen Verschuldungen das Thema »kultische Vergehen« in Abstimmung auf den vorausgehenden Kontext Ez 5—7 in den Vordergrund zu rücken.

Die sukzessive Genese von Ez 8—11 wird dann in den Hauptschritten wie folgt nachvollziehbar:

    a) 8,1*.3*; 11,1 ff.*[48]
    b) 8,1*.3*.5—18; 11,1 ff.*
    c) 8,1*.3*.5—18; 9,1—11*; 11,1 ff.*
    d) 8,1—18*; 9,1—11; 10,1—22; 11,1 ff.

Da unser besonderes Interesse der Frage gilt, ob und in welcher Weise golaorientierte Intentionen für die Erstellung des Ursprungstextes von Ez 8—11 im Spiel waren, müssen wir hier darauf verzichten, die eben sondierten Zusatzeinheiten und ihre Abfolge genauer zu analysieren[49]. Wir belassen es bei dem Hinweis, daß in jedem Fall die so von Stufe zu Stufe zunehmenden Übermalungen und Höherstilisierungen der Visionssphären den von uns veranschlagten Werdegang von Ez 8—11 in den Grundzügen stringent erscheinen lassen.

Die oben vorgeschlagene Rekonstruktion der Ursprungsform von Ez 8—11 (Stufe a.) läßt jetzt frappierende Gemeinsamkeiten mit Ez 37,1—14*[50] deutlich werden[51]:

1. Hier wie dort sind die für einen Visionsbericht konstitutiven Elemente äußerst sparsam eingesetzt[52].

[46] Studien, S. 257.

[47] Vgl. oben!

[48] Daß 11,24b.25 den ursprünglichen Schluß gebildet hat, ist möglich, aber nicht sicher; Ez 37* zeigt, daß ein abschließender Vermerk darüber, wie sich »Ezechiel« nach der Vision wieder der Gola zuwendet, fehlen kann.

[49] Auch den Verbindungen, die offenkundig zwischen diesen Zusätzen und denen in Ez 1—3 und Ez 40 ff. bestehen, kann hier nicht nachgegangen werden.

[50] Dazu neuerdings BARTELMUS (ZAW 97).

[51] HÖFFKEN stuft Ez 11 als »Strukturparallele« zu Ez 37 ein (VT XXXI, S. 310; vgl. auch S. 312, Anm. 22 und S. 316).

[52] Verweis jeweils auf »die Hand Jahwes«; Verwendung von *whnh, w'r'h.*

2. Hier wie dort ist alsbald die Form »Visionsbericht« aufgegeben[53], der Text läuft wie in 37,3 ff. so auch in 11,2 ff. nach dem »Prophetenspruchschema« ab[54].

3. Hier wie dort wird anschließend der »Visionsstil« wieder aufgenommen (37,7b.8*; 11,13); »Ezechiel« bekommt Auswirkungen der Realisierung des Redeauftrags zu sehen.

4. Hier wie dort schließen sich daran weitere Ausführungen an, die in Anknüpfung an die vorausgehenden Darlegungen diese interpretieren, bzw. hier zum eigentlich abschließenden (und zwar jeweils golaorientierten) Aussageziel (37,11—14; 11,14—21[55]) führen.

5. Hier wir dort stellt die abschließende Einheit ein Disputationswort dar; als Auslöser fungiert jeweils ein Zitat (vgl. 37,11; 11,15).

6. Hier wie dort geht es darin um das Thema »Rückkehr«.

7. Hier wie dort ist die Verleihung des »Geistes« ein wichtiger Aspekt (37,14; 11,19).

Alle diese Punkte sprechen dafür, daß der hypothetisch erschlossene Ursprungstext von Ez 8—11 sowie Ez 37,1—14* auf ein und denselben golafavorisierenden Verfasser zurückzuführen sind, dem wir außerdem den Ursprungstext der jetzigen Eingangsvision verdanken. Hinsichtlich der Eingangsvision ist offenkundig, daß er diesen Text in buchkonzeptioneller Absicht entworfen und plaziert hat. Daß das auch für Ez 37* gilt, ist eine naheliegende Folgerung. Es spricht demnach alles für die oben geäußerte Vermutung[56], daß Ez 37,1—14* in einem Vorstadium des jetzigen Buches im Anschluß an Ez 34—36,15* als Abschlußtext, und zwar aus golaorientierter Hand fungiert hat. Der für die Visionsberichte (älteste Fassung!) zuständige Autor ist mit dem Autor jener oben in Teil A. I. nachgewiesenen Textanteile identisch, zumindest sind beide ein und demselben Kreis zugehörig. Es geht jeweils darum, die golaorientierte Ausrichtung vorgegebener Texte oder Textsammlungen sicherzustellen und ihre Herleitung aus dem Munde des die erste Gola begleitenden Propheten »Ezechiel« vertretbar und nachvollziehbar zu machen.

Bevor wir den buchkonzeptionellen Stellenwert von Ez 37* genauer umreißen, bleibt noch zu klären, welche Funktion in dieser Richtung Ez 8—11* zugedacht war. Darüber hinaus, daß der Verfasser hier Spannungen zwischen seiner golaorientierten Auffassung (Ezechiel im Kreis der ersten Gola) und Darlegungen eines vorgegebenen Textes (Ez 11,2 ff.* mit deutlich in Jerusalem spielenden Erfahrungen) auszugleichen sucht, ist m. E. zu erwägen, daß er auf diesem Wege generell seinen »Ezechiel« auch

---

[53] 37,3 ff. (vgl. dazu BARTELMUS, a. a. O., S. 377 f.) und 11,2 ff.

[54] Vgl. dazu BARTELMUS, a. a. O., S. 378.

[55] Vgl. dazu jedoch noch unten!

[56] Vgl. dazu die Beobachtungen zu Ez 36,16—23a.bα und die Erwägungen im Blick auf die von Pap. 967 bezeugte Textfolge, S. 86.

für alle sonstigen Texte besser auf die darin vorgegebene Rederichtung »Jerusalem — Juda« einstellen konnte. Das buchkonzeptionelle Anliegen rückt noch deutlicher in den Blick, wenn man erkennt, daß der Ursprungstext von Ez 8—11 geplant gerade hinter Ez 7 und vor Ez 12/13 eingeschaltet wurde:

Ez 12,21—28 handelt über den Stellenwert der prophetischen Schauung (*ḥzwn*). Da 12,1—16 nach unseren bisherigen Erkenntnissen[57] aus dem golaorientierten Profil herausfällt, weil hier der besondere Vorrang der ersten Gola nivelliert wird, ist also ein Textstadium zu postulieren, in dem 12,21—28 im geringen Abstand auf den ursprünglichen Visionsbericht folgte. Daß diese Anordnung nicht von ungefähr zustande gekommen ist, liegt auf der Hand[58]. Das Stichwort *ḥzwn/ḥzh* spielt lediglich noch im Anschluß an 12,21—28 im Kapitel 13 (vgl. 13,6—9.16.23) eine wichtige Rolle; sonst taucht es im gesamten Ezechielbuch nur in 7,13.26 und 21,34; 22,28 auf[59]. Mit diesem Befund ist sichergestellt, daß der ursprüngliche Visionsbericht thematisch orientiert, also durchdacht am jetzigen Ort vor 12,21 ff. verklammert worden ist. Ob Ez 12,21—28; 13,1 ff. bereits in der vorliegenden Fassung vorgegeben war, mag hier offen bleiben. Die Beobachtung, daß sich 12,21—28* deutlich auf Ez 7* zurückbezieht, weil hier wie dort das Stichwort *ḥzwn* eine Rolle spielt (vgl. 7,13.26) und, besonders eindrücklich, hier wie dort die Frage der »Nähe«[60] des Gerichts bedacht wird (vgl. 7,7.8 [*qrwb hywm*] und 12,23 [*qrbw hymym*]), spricht dafür, daß vor Einschaltung des golaorientierten Visionsberichts ursprünglich an Ez 5—7* direkt Ez 12,21 ff.* anschloß; das bedeutet, daß in dieser Abfolge das Profil einer vorgolaorientierten Textfolge greifbar wird. Hinter der die vorausgehenden Worte zusammenfassenden Rede vom kommenden »Ende« Ez 7* und vor dem ursprünglich daran anschließenden Disputationswort Ez 12,21—28, das Einwände im Blick auf die noch ausstehende Erfüllung der prophetischen Schauung zurückweist, verankert also der golaorientierte Redaktor seine Aussagen über das Geschick Jerusalems (11,1—13*) und die Zukunft der ersten Gola (11,14—21*)[61]. Er tut das gerade hier offensichtlich deswegen, weil so, wie in 12,21 ff. die Einwände

---

[57] Vgl. dazu oben S. 36 ff.

[58] Wir können den kurzen Abschnitt 12,17—20 unberücksichtigt lassen; ganz gleich wie dieser Bericht über eine Zeichenhandlung und seine jetzige Stellung vor 12,21 ff. zu beurteilen ist, der enge Bezug zwischen 8—11* und 12,21 ff. bleibt außer Frage.

[59] *r'h* im Sinn von »visionär, prophetisch sehen« außer in Ez 1—2; 8—11 und 40 ff. nur noch in 13,3!

[60] »nahe« sein bezogen auf den prophetisch angesagten Gerichtstermin sonst in Ez nur noch 9,1 und 30,3; vgl. sonst z. B. Jes 13,6.22; Jer 48,16; Joel 1,15; 2,1; 4,14; Ob 15; Zeph 1,7; auf das kommende Heil bezogen z. B. in Jes 46,13; 50,8; 51,5.

[61] Vgl. dazu noch unten!

gegen die baldige Realisierung der Unheilsworte zurückgewiesen werden[62], zugleich Einwände und Bedenken gegen seine Heilsperspektive zurückgewiesen sind. Denn wie der Leser von 12,21 ff. weiß, waren die den Stellenwert der Unheilsworte relativierenden Einwände mit der Katastrophe 587 ja eindeutig widerlegt worden; Jahwe hatte gegen die Disputationsgegner Recht behalten. Daraus mußte sich für 11,14—21 im jetzigen Kontext ergeben, daß Jahwe dann auch seine Heilsabsicht zu Gunsten der ersten Gola trotz aller Zweifel und Einwände realisieren würde.

Ein wichtiger Punkt, der die Einschätzung des ursprünglichen Visionsberichts 8,1*.3*; 11,1 ff.* als golaorientiert tangiert, ist noch nachzutragen:

Zu Ez 11,1—13 und 11,14—21 hat GARSCHA zu Recht festgestellt, daß der zweite Abschnitt »zunächst mit der visionären Schau nichts zu tun hat«[63]. Andererseits »dürften beide Worte aufeinander bezogen sein«[64]. Ähnlich urteilt HOSSFELD, wenn er für 11,14—21 »ursprüngliche Selbständigkeit« postuliert[65], dann aber feststellt: »Ohne Zweifel hat der Abschnitt 11,14—21 Verbindungen zum jetzigen Kontext. Aber er verschiebt die Akzente. Er gibt Antwort auf die Frage von V 13. Der Rest Israels wird nicht vernichtet, sondern überlebt allein in der Gola«[66]. Beide »Einheiten sind sukzessive eingeschoben worden, aber mit überlegten Bezügen untereinander und zur Grundvision«[67].

Für den »zwiespältigen Charakter« von 11,1—21[68] sind nach unseren Einsichten folgende Ursachen ausschlaggebend gewesen:

Wir hatten bereits darauf hingewiesen, daß Ez 11,1—13* jetzt als fester Bestandteil des golaorientierten Visionsberichts einzustufen ist; im Kern handelt es sich um vorgegebene Darlegungen über Jerusalemer Zustände und Fehlhaltungen der dortigen Führung, auf die hin der prophetische Sprecher veranlaßt wird, das Gericht anzusagen; am plötzlichen Tode des Pelatja nimmt er die bereits einsetzende Gerichtswirkung des prophetischen Wortes wahr. Dieser Text, der von der Anwesenheit des

---

[62] Das war allerdings nicht das Primäranliegen der in Ez 5—7*; 12,21 ff.* enthaltenen vorgolaorientierten Textstufe. Die Nachweisbemühungen, daß Jahwe tatsächlich tut, bzw. getan hat, was er sagt (vgl. 12,25), spiegeln bereits eine Theologie nach 587 wider, die auf diesem Wege — mit dem Verweis auf das bestätigte Prophetenwort — Jahwe als den eigentlichen Hintergrundakteur der katastrophalen Entwicklungen zu erfassen sucht und daraufhin Möglichkeiten sieht, trotz der katastrophalen Lage nach 587 Zukunftsperspektiven zu entwerfen und dafür Jahwes Wirken zu veranschlagen; der entsprechende Denkansatz ist in Jer 32 explizit dargelegt (vgl. v. 42).

[63] Studien, S. 258.

[64] Ebd.

[65] BEThL, S. 155.

[66] A. a. O., S. 155 f.

[67] A. a. O., S. 156.

[68] So HOSSFELD, a. a. O., S. 156.

prophetischen Sprechers in Jerusalem ausgeht, widerspiegelt deutlich ein vorgolaorientiertes Textstadium. Wie bereits vermerkt konnte dieser Text, weil er sich gegenüber der golaorientierten Konzeption vom Wirken »Ezechiels« im Kreis der ersten Gola als sperrig erwies, auf diese Konzeption nur abgestimmt werden, indem die Jerusalemer Vorgänge als visionär wahrgenommen gedeutet wurden. Die Gründe, diese Vision hinter Ez 5— 7* und vor Ez 12,21 ff.* einzuschalten, haben wir bereits aufgedeckt. Hinter Ez 7*, der Rede vom »Ende«, war entsprechend dem golaorientierten Anliegen zugleich eine Aussage über den Stellenwert der ersten Gola zwingend erforderlich; denn es galt sicherzustellen, daß die Rede vom »Ende« in Ez 7 nicht die erste Gola tangiert. Aus diesem Grund läßt der golafavorisierende Verfasser im Anschluß an die Notiz über Pelatjas Tod den Propheten die Frage nach dem »Rest« Israels aussprechen. Mit dieser Frage gelingt ihm die Überleitung zu den beabsichtigten Aussagen über den besonderen Stellenwert der Exilierten 11,14 ff.

In der vorliegenden Fassung bereitet dieser Passus allerdings insofern Schwierigkeiten, als die von der golaorientierten Konzeption her zu erwartende Stellungnahme sich gar nicht auf die erste Gola zu konzentrieren scheint. Es ist nicht zu übersehen, daß in 11,16 f. das umfassende Thema »Zerstreuung unter die Völker und in die Länder« angesprochen ist. Dieses Thema ist mit den golaorientierten Anliegen nicht auf einen Nenner zu bringen. Wollte man daraufhin annehmen, daß diese Einheit gar nicht die golaorientierte Konzeption widerspiegelt, so steht dem entgegen, daß 11,15 völlig unbezweifelbar »Ezechiel« als Glied der ersten Gola vor Augen hat und daß sich die Jerusalemer hier ausschließlich zum Geschick der ersten Gola abwertend äußern. Von 11,15 her erwartet man dementsprechend im folgenden eine Aussage, die dezidiert auf die zuvor ausgesprochene Abwertung der ersten Gola reagiert. Die Spannungen innerhalb von 11,14—21 sind m. E. wie folgt zu erklären:

Oben war bereits (A. II.) mehrfach gezeigt worden, daß im Blick auf Israels allgemeine Diasporasituation die golaorientierte Konzeption im Nachherein aufgebrochen und korrigiert worden ist. Als Resultat einer solchen Korrektur liegt jetzt auch Ez 11,14—21 in der vorliegenden Fassung mit seinen »kaum lösbaren Interpretationsproblemen«[69] vor. Die »Beurteilung als redaktionelle Kompilation ..., die vorgegebenem Material angesichts einer gewandelten Problemstellung neuen Sinn abzugewinnen versucht«[70], ist durchaus zutreffend. Das »vorgegebene Material« bestand in Aussagen ausschließlich zu Gunsten der ersten Gola; diesen Aussagen, deren Rekonstruktion im Wortlaut kaum mehr möglich sein dürfte[71],

---

[69] So KRÜGER, Geschichtskonzepte, S. 320.

[70] KRÜGER, a. a. O., S. 321.

[71] Mit einiger Wahrscheinlichkeit läßt sich von 11,15 her folgern, daß darin dem Vorwurf, fern von Jahwe zu sein, Rechnung getragen war (vgl. 11,16bα), und daß der Besitzanspruch der Jerusalemer auf das »Land« abgewiesen wurde (vgl. 11,17Ende); wenn man

mußte man »angesichts einer gewandelten Problemstellung«, nämlich der späteren allgemeinen Diasporasituation, »neuen Sinn abzugewinnen« suchen; die Heilszusagen in der vorgegebenen golaorientierten Engführung wurden entgrenzt und für »Israel unter den Völkern und in den Ländern«, also für die Diaspora generell veranschlagt[72].

b) Fazit

Die vorliegende Fassung von Ez 8–11 mit ihren »erzählerischen Unausgeglichenheiten«[73] wird durchsichtig, wenn man erkennt, daß auch hier, wie bereits zu Ez 1–3 zu beobachten war, beachtliche Textanteile des jetzigen Visionsberichts auf nachträgliche Übermalungen eines ursprünglich von golaorientierter Hand konzipierten Textkerns zurückzuführen sind. An den jetzt breit ausgeführten Visionsinhalten (vgl. besonders Ez 8–10) war dieser golaorientierte Ausgangstext gar nicht interessiert; den Verweisen auf eine visionäre Erfahrung »Ezechiel« kam lediglich die Funktion zu, auf diesem Weg sicherzustellen, daß »Ezechiel«, obwohl im Exil zugleich doch in Jerusalem dortige Vorgänge wahrnehmen und dazu Stellung nehmen konnte[74]. Veranlaßt zu dieser Konstruktion sah sich die golaorientierte Redaktion im Blick auf Ez 11,1–13*. Denn der hier agierende prophetische Sprecher war unzweifelhaft in Jerusalemer Vorgänge verwickelt. Mit Verweis auf visionäre Erfahrungen konnte die golaorientierte Redaktion den im vorgegebenen Textgut enthaltenen Passus Ez 11,1–13*[75] der eigenen Konzeption anpassen.

Die golaorientierte Redaktion hat nicht nur einen älteren, ihr vorgegebenen Text in der gezeigten Weise auf die eigene Konzeption abzustimmen versucht; darüber hinaus lag ihr deutlich daran, hier auch den Stellenwert der ersten Gola hervorzuheben. Das geschieht in Ez 11,14–21*. Während Ez 11,1–13* der Redaktion vorgegeben war, geht 11,14–21 in der ursprünglichen Fassung auf die golaorientierte Redaktion selbst zurück.

Die Verklammerung der beiden Einheiten zwischen Ez 7* und Ez 12* war für den Redaktor deswegen geboten, weil so hinter Ez 7* sichergestellt werden konnte, daß die hier die vorausgehenden Worte bündelnde Rede

---

den locus classicus golaorientierter Theologie Jer 24 mitbedenkt, dürfte entsprechend auch die Verleihung des »neuen Herzens« (vgl. Jer 24,7 und Ez 11,19aα) o. ä. angesprochen worden sein.

[72] Vgl. ähnlich die Korrekturen, die mit Jer 32* (vgl. 32,36 ff.) an der golaorientierten Konzeption von Jer 24 vorgenommen worden sind!

[73] ZIMMERLI, Ezechiel 1–24, S. 202.

[74] Vgl. oben S. 97 ff.

[75] Ez 11,1–13* ist also nicht, wie die überwiegende Mehrzahl der Exegeten annimmt, erst ein nachträglicher Einschub in eine bereits im wesentlichen voll ausgebaute Visionsschilderung (Ez 8–10*; 11,22–25).

vom »Ende« die erste Gola nicht tangierte, und weil Ez 12,21 ff.* dann anschließend den besonderen Stellenwert der prophetischen Schauung (Stichwort *hzwn*) hervorhebt. Da zwischen Ez 12,21 ff. und Ez 7* enge Verbindungslinien nachweisbar sind (Stichwort *qrwb*), die jetzt durch Ez 8—11 unterbrochen wirken, ist davon auszugehen, daß die golaorientierte Redaktion hier eine vorgegebene ältere Textfolge Ez (5)—7*; 12*/13* als Ausgangstext zu berücksichtigen hatte.

Ez 11,14—21 in der jetzigen Fassung läßt die eigentliche Zielaussage der golaorientierten Redaktion nur noch ahnen; sie ist deutlich geprägt durch Eingriffe, die die ursprünglich auf die erste Gola konzentrierten Heilszusagen auf das allgemeine Diasporaisrael ausdehnen.

Für den Werdegang von Ez 8—11 sind abgesehen von den nachträglichen Übermalungen, die sukzessive die Einsichtnahme in die göttliche Sphäre ausweiten (Ez 8—10), im wesentlichen folgende Stufen zu veranschlagen:

1. Vorgolaorientiertes Textstadium (Ez [5]—7*; 12,21 ff.; 13* ... [?]; ferner: 11,1—13* [möglicherweise in ursprünglicher Verbindung mit Ez 24,1 ff*]).
2. Golaorientierte Textstufe (Ez 7*; 8,1*.3*; 11,1—21*; 12,12 ff.*).
3. Diasporaorientierte Textstufe (erkennbar in der vorliegenden Fassung von Ez 11,14—21).

Der Vergleich des oben rekonstruierten golaorientierten Ursprungstextes von Ez 8—11 mit dem Visionsbericht Ez 37,1—14 ergab frappierende Gemeinsamkeiten[76]. Daraufhin ist nicht nur zu folgern, daß auch Ez 37* ein Textprodukt aus golafavorisierender Hand ist; das erhärtet auch die Vermutung, daß diesem Text ebenfalls wie Ez 1—3* und 8—11* in der postulierten golaorientierten Fassung des Ezechielbuches eine wichtige buchkonzeptionelle Position zugedacht war. Da sich nachweisen ließ, daß Ez 36,16—23a.bα zusammen mit Ez 38*/39* erst sekundär an Ez 36,1—15 verklammert worden ist mit dem Ziel, angesichts der Diasporasituation Israels (36,19 ff.) Einblicke in Jahwes weiteres Geschichtsplanen und -wirken zu vermitteln und hier aufzudecken, wie Jahwe durch ein künftiges Gerichtswirken (Gog) seinem Namen unter den Völkern Geltung verschaffen wird[77], ergab sich nach Abzug dieser Textanteile, daß sich Ez 37* also in einem früheren Textstadium direkt an Ez 36,1—15* angeschlossen haben dürfte. In dieser Position bildet Ez 37* m. E. den Schluß jener golaorientierten Buchfassung, die als Ausgangstext für die in Pap. 967 bezeugte Textfolge diente.

Mit den folgenden Darlegungen zu Ez 37 sollen die bisherigen Einsichten vertieft werden.

---

[76] Vgl. oben S. 101 f.
[77] Vgl. so die Textfolge von Pap. 967!

3. Ez 37,1 — 14

a) Beobachtungen zur vorausgehenden Textfolge Ez 34,1 — 36,15

Nachdem der eindeutig golaorientierte Abschnitt Ez 33,21 — 29[78] die von Jahwe beabsichtigte völlige Verwüstung des Landes nach der Katastrophe angezeigt hat und 33,30 — 33 ähnlich wie 12,21 ff. den Stellenwert des prophetisch vermittelten Jahwewortes thematisiert, um klarzustellen, daß es nicht zur Unterhaltung dient, sondern ansagt, was »kommen« wird (v. 33), setzt Ez 34 mit einer Abfolge von Jahweworten ein (34,1 — 24), in denen das Bild vom Hirten und seinen Schafen prägend ist.

34,1 — 6 enthält einen Weheruf Jahwes über die »Hirten Israels«, die wie verantwortungslose Hirten ihre Schafe verkommen lassen. 34,7 — 10 kündigt an, daß Jahwe gegen diese Hirten vorgehen wird und seine Schafe aus ihren Händen retten wird. Nach 34,11 — 16 will jetzt Jahwe selbst die Hirtenfunktion wahrnehmen: Er will sich um seine Schafe kümmern und sie suchen (v. 11 — 12a); v. 12b — 14 spricht von ihrer Errettung »aus allen Orten«, wohin sie »am Tage des Wolkendunkels« zerstreut wurden, von der Herausführung aus den »Völkern und Ländern« und dem Hineinbringen »in ihr Land«; und schließlich werden die Berge Israels als der Zielort angegeben, wo Jahwe selbst die Schafe weidet und sich um sie kümmert (v. 15 f.).

In 34,17 — 22 ist nicht mehr das Verhältnis zwischen Hirten und Herde das Thema, sondern das Verhältnis der Schafe untereinander: Jahwe wird zwischen Schaf und Schaf richten (vgl. schon v. 16bβ), weil die fetten Tiere die schwachen abdrängen etc. Jahwe wird seiner Herde helfen (v. 22). Offensichtlich steht hier nicht das Mißverhältnis vor Augen, wie es nach 34,1 ff. zwischen dem Volk bzw. der Gemeinde und den Führungsinstanzen besteht. 34,17 — 22 denkt an zwei verschiedene Richtungen innerhalb des Volkes. Da betont wird, daß sich Jahwe auf die Seite der Schwachen, Abgedrängten und Benachteiligten stellt und sie zu seiner eigentlichen Herde erklärt (v. 22), sind hier Spannungen im sozialen Gefüge als Hintergrundproblem zu veranschlagen.

34,23 f. kündigen an, daß Jahwe als Hirten einen künftigen Davididen einsetzt. In 34,25 — 31 ist die bisher durchgehaltene Metaphorik »Hirten — Herde« aufgegeben. Nur im Schlußvers (v. 31) wird sie noch einmal kurz aufgegriffen. Das eigentliche Thema ist hier die künftig heilvolle Situation im Lande, das wieder seinen Ertrag bringen wird, in dem man sicher wohnen kann, ohne den Völkern, ihrer Unterdrückung und ihren Schmähungen ausgeliefert zu sein.

Das Kapitel ist mit Sicherheit nicht in einem Wurf konzipiert worden. Auf Fragen, wie man sich im Einzelnen die Entstehungsgeschichte von

---

[78] Vgl. dazu oben S. 21 ff.

Ez 34 vorzustellen hat[79] oder wie die unleugbaren Beziehungen zu Jer 23,1—8 zu werten sind, können wir nicht eingehen. Unabhängig davon, wie man sie beantwortet, läßt sich feststellen, daß die vorliegende Fassung zum einen Probleme und Aspekte der Diasporasituation Israels reflektiert[80], und zum andern »die enttäuschende Wirklichkeit der nachexilischen Gemeinde« spiegelt[81]. Ez 34 fällt damit aus dem golaorientierten Profil heraus.

In Ez 35 setzt mit der Jahwewort-Ergehensformel (v. 1) und dem Handlungsauftrag (v. 2) eine völlig neue Aussageeinheit ein. Sie enthält Unheilsansagen für das »Gebirge Seir« (v. 2.3.7), bzw. »Edom« (v. 15). War hier das Unheil über Edom angesagt worden, weil es Besitzansprüche auf Israels Land angemeldet hatte (vgl. 35,10), ja, über die »Berge Israels« gesagt hatte: »sie sind verwüstet« (35,12) etc., so greift Ez 36 jetzt diesen Punkt auf und knüpft an die schon in Ez 35,10.12 ablesbare Vorstellung an, daß das verwüstete Land (vgl. Ez 36,4) speziell in Edoms Besitz übergegangen war (36,2—5; vgl. besonders v. 5) und stellt damit klar, daß das Land nach der Katastrophe völlig leer und verwüstet war. Ob diese Aussage allerdings ursprünglich und von vornherein hier beabsichtigt war, ist zu überprüfen.

Nachdem 36,6.7 zunächst eine begründete Unheilsansage für die Völker ausspricht — weil das Land und die Berge Israels den Schimpf der Völker tragen mußten, sollen sie nun selbst ihren Schimpf tragen — richtet sich 36,8 direkt an die »Berge Israels«: Sie sollen Frucht (vgl. 34,27; 36,30!) tragen für Jahwes Volk; »denn sie kommen bald«. Jahwe will sich ihnen zuwenden und sie sollen bearbeitet und besät werden (v. 9). Jahwe wird auf ihnen Menschen mehren, die Städte werden bewohnt werden, die Trümmerstätten sollen aufgebaut werden (v. 10). Diese Aussage wird in 36,11.12 leicht variiert wiederholt, wobei bereits v. 12Ende als Überleitungsvers zu 36,13—15 fungiert (Stichwort »kinderlos«). 36,13—15 stellt schließlich fest, daß das Land Schimpf und Schmach der Völker nicht mehr vernehmen wird und bezieht sich damit zurück auf 36,6.7[82].

---

[79] Vgl. z. B. dazu GARSCHA, Studien, S. 200 ff.; HOSSFELD, Untersuchungen, S. 230 ff.; LEVIN, Verheißung, S. 218 ff.

[80] Vgl. zu 34,13 z. B. LUST, BEThL LIV, S. 140: »The Jews of the Diaspora in the Greek period must have felt themselves to be adressed by this formula. It was probably intended for them«; zu 34,25—30 vgl. LEVIN (Verheißung, S. 222): Hier »dürften es nicht so sehr die Bewohner des Landes als vielmehr die Diasporajuden gewesen sein, deren Befürchtungen getroffen sind. Wir können vermuten, daß sie sich vielfach schwer getan haben, der Sammlungsverheißung nach dem Beispiel Abrahams Folge zu leisten und das gesicherte Dasein in der Diaspora aufzugeben, um im Verheißungsland ein frommes Hungerleidertum zu riskieren ...«; ähnlich FUHS (Ezechiel 25—48, S. 195).

[81] So FUHS, Ezechiel 25—48, S. 193, zu Ez 34,17—22.

[82] Zu 36,16—38 vgl. bereits oben S. 77 ff.

Die jetzige Textfolge Ez 35,1—36,15 läuft also darauf hinaus, daß das künftige Heil einem Land zugesprochen wird, das von seinen ehemaligen Besitzern verlassen, von den Nachbarvölkern an sich gerissen und völlig verwüstet ist. Und dieses Heil bricht an mit der Rückführung der Exilierten (36,8b). Die bisherigen Beobachtungen erhellen jetzt auch die Funktion der in Ez 35 vorliegenden begründeten Unheilsworte an Edom, die ja innerhalb der Sammlung der Heilsworte auffallen, zumal das Thema »Unheil über Edom« auch in Ez 25,12—14 verhandelt ist. Hier ist deswegen noch einmal davon die Rede, weil so die totale Verwüstung des Landes zu belegen ist; Edoms Spottreden und Besitzansprüche auf das Land dienen als Beweis. Ez 35 stützt also in Verbindung mit 36,1—5 die Auffassung, daß sich im Lande nach 587 Israel betreffend nichts mehr abgespielt hatte. Damit liegt 35,1—15*; 36,1 ff. jetzt deutlich auf der in 33,23—29 von der golaorientierten Redaktion eingeschlagenen Linie[83].

Nach Abzug all jener Textbestandteile, die jetzt im Anschluß an Ez 35 die völlige Verwüstung der »Berge Israels« suggerieren (vgl. 36,4.10.12) und entsprechend den Eindruck erwecken, daß hier jetzt von einer Neubesiedlung der bis dahin völlig seiner Bewohner entblößten Berge gehandelt wird, stößt man möglicherweise auf einen älteren Kern in Ez 36,1—15[84], in dem sich Heilserwartungen aus der Sicht der im Lande Verbliebenen artikulieren, die darauf hinauslaufen, daß die natürliche Lebensbasis[85] des Volkes wiederhergestellt wird (vgl. z. B. Jer 30,19; 31,27; 42,2 ff.).

b) Ez 37 — Analyse

In Ez 37,1 beginnt deutlich eine neue Texteinheit. Während die vorausgehenden Worte als Auditionen gekennzeichnet sind (vgl. die Wortereignisformel in 34,1; 35,1), bietet Ez 37,1 mit »da kam die Hand Jahwes über mich …«[86] den im Ezechielbuch charakteristischen Einsatz eines Visionsberichtes.

Nachdem in v. 1.2 Visionsvorgang und Visionsinhalt vorgestellt sind, wird in v. 3 ähnlich wie in Amos 7,8; 8,2[87]; Jer 1,11.13; 24,3 der Visionär von dem, der die Vision gewährt, angesprochen. Seine Antwort setzt implizit voraus, daß, wie in den eben genannten Visionstexten der Seher jeweils auf Jahwes Frage hin die Wahrnehmung des Geschauten bestätigt,

---

[83] Vgl. auch das Stichwort *mwrśh/yrś* in 33,24 ff. und 35,10; 36,2 f..5; ferner *ḥrbwt* in 33,27 und 36,4.

[84] Vgl. hier auch die Erwägungen GARSCHAS, Studien, S. 211 ff.

[85] Das Thema »Fruchtbarkeit des Landes« taucht dreimal im Ezechielbuch auf; vgl. noch 34,25 ff. und 36,29b.30, hier jeweils in Textzusammenhängen, in denen die Diasporasituation im Mittelpunkt steht.

[86] Vgl. Ez 1,3b; 8,1; 40,1b.

[87] Anders in Amos 7,1—3; 7,4—6.

»Ezechiel« hier ebenfalls den Visionsinhalt erfaßt hat. Ez 37,4 weicht nun jedoch von den erwähnten Visionsberichten insofern ab, als anders als dort, wo anschließend allein Jahwe das Handlungssubjekt ist, der bis dahin passiv dastehende »Ezechiel« jetzt selbst aktiviert wird: Er erhält den Auftrag, innerhalb des Visionsgeschehens als Prophet zu wirken und den visionär geschauten Gebeinen das Wort Jahwes zu vermitteln. Damit steht man vor einem recht eigenartigen Sachverhalt: Innerhalb eines Visionsgeschehens (v. 1—3) findet zugleich eine Prophetenbeauftragung (v. 4) statt; der Inhalt des prophetisch auszurichtenden Wortes (v. 5—6) wird mitgeteilt, die Ausführung des Auftrags festgestellt (v. 7a), anschließend werden die Auswirkungen beschrieben (v. 8); darauf erfolgt eine erneute Aufforderung zum Prophezeien verbunden mit der Einführung einer neuen, neben Jahwe agierenden Größe, dem »Geist«, der anblasen soll (v. 9), und schließlich in v. 10a der Durchführungsvermerk. Wie BARTELMUS jüngst überzeugend nachgewiesen hat, erklärt sich »der Eindruck, daß die Perikope in der uns vorliegenden Form keine ursprüngliche Einheit darstellt«[88], so, daß v. 7a.8b—10a einen »Einschub aus der Makkabäerzeit«[89] bilden. Dem zuständigen Bearbeiter geht »es nicht mehr um die Restitution Israels, sondern um die Auferstehung der Toten«[90]. Zwar bleibt auch nach Streichung der späteren Interpretamente der Einsatz des Visionärs in der Vision als ein Mittel Jahwes, das Visionsgeschehen in Bewegung zu bringen und voranzutreiben, auffällig. Denn dient die Vision per se nur dazu, in die sonst verborgenen Absichten etc. Jahwes einzuweihen, also das »Offenbarungsfenster« zu öffnen (vgl. Jer und Amos), damit das hinter allem stehende Wirken Jahwes erkennbar ist, so bedeutet die Einbeziehung des Visionärs hier ja merkwürdigerweise, daß das Wirken Jahwes ohne die Mitwirkung des Visionärs nicht vollzogen werden kann. Aber vielleicht ist das gerade die wichtige Intention des Abschnitts: Die von Jahwe beabsichtigte Verlebendigung, so erfährt der Visionär, will und wird Jahwe gerade durch sein prophetisches Wirken erreichen oder erreicht haben[91]. D. h.: Die Visionen im Ezechielbuch sollen nicht nur belegen, daß Jahwe auch im Exil gegenwärtig ist und sich seinem Propheten mitteilt; Ez 37,1—10 will darüber hinaus zeigen, daß Jahwe gerade auch durch seinen Propheten und sein Wort im Exil seinen Leben schaffenden Geist an den Exilierten wirksam werden läßt[92].

[88] ZAW 97, 1985, S. 384.
[89] A. a. O., S. 389.
[90] A. a. O., S. 388.
[91] Ähnlich urteilt HÖFFKEN: »Hier geht es also weniger um die Rolle des Propheten, als darum, dass dem Propheten die Gewißheit des Erfolgs seiner Bemühungen vor Augen gestellt wird. Der Text versichert: Gott macht das Unmögliche durch seinen Boten möglich« (vgl. VT XXXI, 1981, S. 309).
[92] Vgl. analog Ez 11, wo »Ezechiel« ebenfalls im Rahmen einer Vision erfährt, wie das von ihm hier im Auftrag Jahwes ausgerichtete Unheilswort wirksam wurde.

Ez 37,11—14: v. 11a stellt Jahwe klar, daß »diese Gebeine« (Rückbezug auf 37,1—10) das ganze Haus Israel abbilden. Diese Gleichsetzung wird belegt mit dem Zitat eines Wortes, indem das Haus Israel selbst seine Gebeine als vertrocknet bezeichnet und sich als völlig ohne Hoffnung zu erkennen gibt (v. 11b). Die Weiterführung in v. 12 zeigt nun, daß jetzt der Rahmen der Vision verlassen ist; denn das angeführte Zitat begründet den in v. 12 folgenden konkreten Redeauftrag (vgl. vorher v. 4) im Namen Jahwes (Botenformel) an das Haus Israel. Das auszurichtende Jahwewort läuft darauf hinaus, daß das Haus Israel, angeredet in der 2. pers. pl., von Jahwe aus seinen Gräbern herausgeführt und ins Land Israel gebracht werden soll (v. 12). Daraufhin sollen sie Jahwe erkennen (v. 13a); das soll geschehen, so wird noch einmal hervorgehoben, weil Jahwe sie aus den Gräbern herausführt (v. 13b). V. 14 weiß von einem weiteren Handeln Jahwes; er wird seinen Geist in sie geben, so daß sie leben (*whyytm*)[93] und in ihrem Lande sein werden[94]. Daraufhin werden sie, so wird abschließend nun noch einmal (vgl. v. 13) betont, erkennen, daß Jahwe es gesagt hat und tut.[95]

Abgesehen davon, daß Ez 37,11—14 genauer daraufhin zu überprüfen ist, ob dieser Abschnitt angesichts der Doppelungen und Wiederholungen aus einem Guß ist, stellt sich auch die Frage, ob die Textfolge 37,1—10. 11—14 in der jetzigen Verklammerung von vornherein so angelegt und geplant war. Es läßt sich ja nicht übersehen, daß das Bild von den in der Ebene zerstreuten Gebeinen (37,1—10) keineswegs auf das folgende Bild von den Gräbern, aus denen Jahwe herausführt, abgestimmt ist. Zwar meint ZIMMERLI: »Daß in der Verkündigung an das Volk das Bild der

---

[93] Vgl. Ez 37,5 f.

[94] zu *whnhty* vgl. unten S. 116.

[95] In Ez 37,15 setzt mit der Jahwewort-Ergehensformel eine neue Textfolge ein; zahlreiche Doppelungen und Spannungen signalisieren, daß 37,15—28 nicht in einem Zuge konzipiert worden sein kann. ZIMMERLI rechnet mit »drei Einheiten 15—19.20—23 (24a) und 24b—28« (Ezechiel 25—48, S. 907). Die Textfolge als ganze wie in ihren Teilen fällt deutlich aus dem bisher sondierten Profil der golaorientierten Redaktion heraus: Die erste Gola dürfte andere Sorgen gehabt haben, als sich — so Ez 37,15—19 — über die Frage »der Wiedervereinigung der getrennten Israelstaaten« (ZIMMERLI, Ezechiel 25— 48, S. 908) Gedanken zu machen; 37,21 f. konzentriert sich auf das Thema »Israel in der Diaspora« und verbindet diesen Punkt mit dem Wiedervereinigungsgedanken unter einem König; die Schlußverse kulminieren in v. 26—28 in der Ankündigung, daß Jahwe Israel durch sein Heiligtum mitten unter ihnen vor den Völkern heiligt. Das vorgestellte Israelkonzept wie auch die Betonung, daß Israel mit dem Tempel seine zentrale Mitte wiedergewinnt, korrespondieren deutlich mit Auffassungen, wie sie sich in der jetzt vorliegenden Fassung von Ez 40—48 artikulieren; vgl. dazu LUST, CBQ 43, S. 530: »The end of chapter 37 offers a good introduction to chaps. 40—48«; nach LUST fungierte Ez 37,1—28 hinter Ez 36,1—23a; Ez 38—39 als Einleitung zu Ez 40—48 (so die Textfolge von Pap. 967; vgl. dazu bereits oben S. 86, Anm. 162).

Totengebeine durch das von den Gräbern verdrängt wird, darf auf keinen
Fall zur Zerreißung der beiden Teile verleiten; ... 11 beginnt mit einem
Zitat der Worte des Volkes, auf das in 12—14 die göttliche Antwort folgt,
die unbekümmert in einem neuen Bild redet ... 11 erfüllt somit eine
doppelte Funktion: 1) Er deutet das Bild der Vision und ist darin nach
rückwärts bezogen. Gleichzeitig leitet er 2) die Form des Disputationswortes 11—14 ein, in welchem Gott, ganz so wie etwa in 33,16 ff., gegen die
Resignation des Volkes die Gegenaussage seines verheißenden Wortes
setzt«[96]. Mit diesen Überlegungen ist jedoch m. E. keineswegs die ursprüngliche Zusammengehörigkeit von 37,1—10 und 11—14 sichergestellt.
Denn daß in 37,11 ff. eben »unbekümmert in einem neuen Bild« geredet
wird, bleibt eben gerade der kritische Punkt.

Für GARSCHA, der[97] mit ZIMMERLI davon ausgeht, daß von 37,11
»her die ganze Einheit bestimmt ist«[98], resultiert die Differenz zwischen
beiden Teileinheiten (unterschiedliche Bilder: »Ebene« und »Gräber«) »aus
den unterschiedlichen Formen und Absichten der beiden Einheiten«[99].
»Für die Vision war wohl ›die Ebene‹ als der Ort der Visionserfahrung
vorgegeben (vgl. 3,22 [8,4]). Da es in der Vision nun offensichtlich darauf
ankommt, den vom Propheten ›gesehenen‹ Vorgang der Neuschöpfung
und Wiederbelebung vieler vertrockneter Gebeine darzustellen, müssen
die vom Propheten vorgefundenen Knochen deutlich sichtbar und nicht in
Gräbern versteckt beschrieben werden. Die Form der Visionsschilderung
zwingt also in 37,1—10 dazu, das Bild einer mit Knochen übersäten Ebene
zu entwerfen. Andererseits läuft die Heilszusage in V 12 darauf hinaus,
den Verbannten die Rückkehr in das Land Israel zu versprechen (V 12b
vgl. 14). Nun verlangt die Rede von der Hineinführung in das Land
geradezu danach, anzugeben, von wo Jahwe das Volk herausführt. Durch
das im Ausspruch und in der Vision (37,1—10) vorgegebene Motiv von
dem Totengebein lag es nun nahe, diesen ›Ort‹ als die Gräber des Volkes
zu bezeichnen, um so allgemein die Völker, unter die Israel sich zerstreut
fand, anzudeuten«[100]. M. E. ist jedoch auch mit diesen Erwägungen keineswegs sichergestellt, daß beide Einheiten von vornherein zusammen und
aufeinander bezogen entworfen wurden. Denn es darf nicht einfach vorausgesetzt werden, daß die in v. 12 f. begegnende Rede von der Hineinführung
ins Land Israel zum ursprünglichen Text gehört. Aber selbst wenn man
das tut, ist zu fragen, ob es naheliegend war, jenen Ort, von dem Jahwe
sein Volk herausführt, als »Gräber« des Volkes zu beschreiben. Wäre
es nicht genauso gut möglich gewesen, in v. 12 die Herausführung als

---

[96] Ezechiel 25—48, S. 888.
[97] Vgl. Studien, S. 221.
[98] ZIMMERLI, Ezechiel 25—48, S. 891.
[99] Studien, S. 220.
[100] Studien, S. 220 f.

Herausführung aus der zuvor erwähnten Ebene anzusagen, und damit deutlicher den Zusammenhang mit der Visionsschilderung 37,1–10 zu wahren? Bildhafte Rede liegt ja in jedem Fall in v. 11–14 vor, warum also ein neues Bild?

Deswegen erscheint es angebracht, nicht von vornherein die literarische Zusammengehörigkeit beider Einheiten in dem Sinn zu unterstellen, daß sie in einem Wurf von Anfang an aufeinander bezogen konzipiert wurden, sondern den Ursachen der erkannten Spannungen genauer nachzugehen.

Wir setzen ein mit Ez 37,11, weil dieser Vers jetzt gleichsam als Brückentext zwischen den beiden Einheiten 37,1–10 und 11–14 fungiert.

Ez 37,11–14

Vers 11 setzt offensichtlich als Sprecher ein Subjekt voraus, das bereits bekannt ist; damit knüpft dieser Vers an eine vorausgehende Texteinheit an. Aus dem Verweis auf »diese Gebeine« (v. 11a) ist zu entnehmen, daß hier die Verbindung zu Ez 37,1–10 hergestellt werden soll. Diese Verbindung scheint auch das in v. 11b vorliegende Zitat zu belegen[101]. Allerdings ist nicht zu übersehen, daß die in 37,1–10 gebotene Situationsbeschreibung der Gebeine im Vergleich zu 37,11b ihren Negativzustand umfassender charakterisiert: Sie liegen hier verstreut und völlig vertrocknet in der Ebene herum. Es ist evident, daß hier in 37,1–10 im Voraus die Aussagen in v. 11b illustriert und auf die Spitze getrieben werden sollen. In v. 11b handelt es sich, wie bereits erwähnt, um ein Zitat von Äußerungen des Hauses Israel, aus dem hervorgeht, daß man sich in einer Situation ohne Handlungsspielraum und Hoffnung befindet. Die vorausgehenden Darlegungen über die »Gebeine« bewirken jetzt, daß die in v. 11 angedeutete Ausweglosigkeit, wie sie die Betroffenen selbst sehen, auch von außen betrachtet, gleichsam verobjektiviert festgeschrieben ist. Sieht man vom vorausgehenden Kontext ab, so liegt in Ez 37,11b ff. im Blick auf das hier angewandte Verfahren, die Redeweise einer anderen vor Augen stehenden Gruppe zu zitieren und im Anschluß daran eine Gegenrede anzufügen, ein Disputationswort vor[102]. Das Zitat in 37,11b ist »nach seiner Sprachgestalt ... in Wort- und Bildgut der Psalm ... -sprache gehalten«[103]. Es liegt nahe, an ein Zitat aus einer Volksklage zu denken, in der sich die

---

[101] Zu Ez 37,11 und der Diskussion über die jetzige Verbindung der beiden Vershälften vgl. BARTELMUS, BN 25, S. 55–64.

[102] Vgl. ZIMMERLI, Ezechiel 25–48, S. 888; sonst im Ezechielbuch 8,12; 9,9 (dazu Jes 49,14!); 11,3.15; 12,22.27; 13,10; 18,1.2.19.25.29; 20,32; 21,5; 26,2; 28,9; 33,10.17.20.24; 35,12; 36,2.13.

[103] ZIMMERLI, Ezechiel 25–48, S. 897; vgl. z. B. Ps 22,15.16; 31,11; 88,6(!); Thr 3,54; 4,8; Hiob 7,15; Jes 53,8.

Verzweiflung nach den Ereignissen um 587 ausdrückte[104]. Die Berücksichtigung solcher Klageelemente im Zusammenhang von Heilsankündigungen ist auch sonst belegt[105]. Mit diesen Hinweisen ist sichergestellt, daß die Einheit 37,11b—14* auch ohne die Verknüpfung mit 37,1—10 im Zusammenhang von Heilsworten konzipiert und tradiert worden sein kann. D. h.: Die durch 37,11a bewirkte Verknüpfung mit dem Vorausgehenden ist nicht die Voraussetzung für das richtige Verständnis von 37,11b—14*; und die jetzt vorliegende Verknüpfung zwingt keineswegs zu dem Schluß, daß beide Abschnitte von vornherein eng aufeinander bezogen in einem Guß entworfen wurden.

Wenn ZIMMERLI u. a. also feststellen, »der eigentliche Entstehungsort des ... Bildes (1—10) liegt ganz offensichtlich in dem Wort, das der Prophet nach 11 aus dem Munde des Volkes zitiert«[106], und aus diesem Bild »springt ihn (Ezechiel) in einem Vorgang dramatischer Realisierung seines Gehaltes das Visionsbild an«[107], so ist das nur bedingt richtig. Der Vorgang »dramatischer Realisierung« könnte ebensogut einem redaktionellen Anliegen zugeschrieben werden. Im Blick auf ein vorgegebenes, wichtiges Disputationswort könnte der Visionsbericht im Nachherein als weiterführende Interpretation erst eingebracht worden sein. Bevor hier ein abschließendes Urteil möglich ist, sind die weiteren Aussagen in v. 12—14 noch zu berücksichtigen. Auf die hier vorliegenden Spannungen war bereits hingewiesen worden. ZIMMERLI meint zwar, am jetzigen Text als ursprünglich festhalten zu können. Die Wiederholungen erklärt er so, daß das »Instrumentarium der ezechielischen Formmöglichkeiten ... hier mit einem gewissen Prunk gehandhabt« ist[108]. FOHRER, GARSCHA u. a. rechnen dagegen mit Nachträgen. So faßt GARSCHA v. 13b—14 als spätere Erweiterung auf. V. 13b rekapituliere nur v. 12. V. 14 mit der Hervorhebung des Geistes als »meinen Geist« (*rwḥy*) meine nicht nur den wiedergeschenkten Lebensgeist (v. 6.9), sondern knüpfe auch an die Zusage des Gottesgeistes wie etwa in Ez 36,27 (39,39) an[109]. FOHRER hält 37,12aβb.13 für einen variierenden Nachtrag, dessen Autor »nicht vom Bild des Schlachtfeldes, sondern des Friedhofs mit seinen Gräbern aus«gehe[110].

Auch wenn man nicht von 37,1—10 herkommend mit dem Bilderwechsel argumentiert, bleiben merkwürdige Doppelungen und Spannungen. So wirkt v. 14aα nach v. 12b verspätet; denn der Zusage, daß Jahwe die Angesprochenen ins Land bringt (v. 12b) müßte doch die Geistverlei-

[104] Vgl. Ps 79; 102; ferner Ps 44,26; 116,3.
[105] Vgl. Jer 31,15—17; 31,29; Jes 40,27(!); 49,14 (vgl. Jes 14,9); 58,3.
[106] ZIMMERLI, Ezechiel 25—48, S. 890.
[107] Ebd.
[108] ZIMMERLI, Ezechiel 25—48, S. 889.
[109] Studien, S. 222.
[110] Ezechiel, S. 210.

hung zum Leben vorausgehen. Außerdem stößt sich v. 12b mit v. 14aβ; und daß v. 13 als Wiederholung von v. 12aβ äußerst verdächtig ist, war schon angedeutet worden. Ferner ist zu fragen, mit welchen Motiven überhaupt die Aussagen in v. 12aβ zusammenhängen? Dieser Punkt bleibt bei FOHRER ungeklärt, indem er nur darauf verweist, daß der »variierende Nachtrag ... nicht vom Bild des Schlachtfeldes, sondern des Friedhofs mit seinen Gräbern aus«gehe[111], aber offen läßt, warum so verfahren wurde.

M. E. muß man, um die Genese von 37,11—14 nachvollziehen zu können, mit der Beobachtung einsetzen, daß v. 14a hervorragend der Aussage in v. 11b korrespondiert. Diese Sicht schließt jedoch nicht aus, daß auch die Rede vom Öffnen der Gräber ursprünglich ist[112]. Sie wäre nur störend, wenn 37,11—14* von vornherein als Folgetext zu Ez 37,1—10 konzipiert worden wäre. Sieht man von dieser Möglichkeit ab und erkennt man umgekehrt in 37,1—10 eine Vorschaltung zu 37,11—14*, so sind innerhalb der Einheit 37,11—14 an sich nur v. 12b (als Vorwegnahme von v. 14a) und v. 13 (als Wiederholung von v. 12a) auffällig. Nimmt man diese Teile heraus, so erhält man eine durchaus sinnvolle, in sich geschlossene Texteinheit:

37,11 »Sie sagen: ›Vertrocknet sind unsere Gebeine, zunichte ist unsere Hoffnung, wir sind abgeschnitten‹. (12) Darum weissage und sprich zu ihnen: So hat Jahwe gesprochen: Siehe, ich öffne eure Gräber und führe euch aus euren Gräbern heraus ... (14) Und ich gebe meinen Geist in euch, auf daß ihr leben werdet, und ich ...«.

Bleibt zu klären, warum die Erweiterungen in v. 12b und v. 13 vorgenommen wurden. Warum war die Aussage in v. 12b »und ich bringe euch ins Land Israel« im jetzigen Kontext an dieser Stelle wichtig, obgleich doch wenig später in v. 14 ein Jahwehandeln in dieser Richtung erwähnt zu werden scheint? Oder steht gar nicht der gleiche Sachverhalt vor Augen und muß man *whnḥty* anders als üblich[113] übersetzen und in dem Sinn auffassen, wie es in Jer 27,11 verwendet[114] wird, also übersetzen: »und ich belasse euch, lasse euch bleiben auf/in eurem Lande«? M. E. eröffnet gerade die in Jer 27,11 sicher belegte Verwendung von *nwḥ* hi. im Sinne von »belassen«, »da lassen« die Möglichkeit, die ursprüngliche Funktion und die Tendenz von v. 12b wirklich zu erfassen. Genau diesen Punkt, die Rückführung erst einmal ins Land Israel, vermißte eben derjenige, der v. 12b einschaltete. Daß die Aussagen von v. 12a jetzt in v. 13 noch einmal auftauchen, ist auf die Einschaltung von v. 12b zurückzuführen, weil

---

[111] Ezechiel, S. 210.
[112] Vgl. zum Bild des »Grabes« z. B. Ps 88,6; s. a. Ps 22,15 f.; ähnlich Ps 30,4.
[113] ZIMMERLI, Ezechiel 25—48, z. St.: »und ich setze euch in euer Land«; FOHRER, Ezechiel, z. St.: »ich versetze euch in euer Land«.
[114] »und ich belasse es (das Volk) (*whnḥtyw*) auf seinem Lande (*'dmtw*)«.

v. 12b auf diese Weise nach dem Prinzip der Wiederaufnahme verklammert wurde[115].

Fazit: Die in Ez 37,11—14 veranschlagten Spannungen werden hinfällig, wenn man diesen Passus nicht von 37,1—10 herkommend liest und erkennt, daß die ursprüngliche Texteinheit ein selbständiges und dem Autor von 37,1—10 bereits vorgegebenes Disputationswort darstellt.

Solche als Jahwerede gestaltete Disputationsworte, die mit dem Hinweis auf bestimmte bei den Disputationsgegnern umlaufende Thesen oder Parolen einsetzen, um dann anschließend die Stellungnahme bzw. Reaktion Jahwes dazu mitzuteilen, begegnen, wie bereits erwähnt, nicht nur im Ezechielbuch, sondern auch im Jeremiabuch und bei Deuterojesaja[116]. Im vorliegenden Fall spiegelt das Zitat offensichtlich die Gefühlslage jener wider, die sich in einer ausweglosen Situation wissen und darüber klagen. Haben wir den ursprünglichen Textbestand der Einheit 37,11—14 richtig erkannt, so dürfte die Situation in Juda vor Augen stehen[117]. Der Sprecher oder Autor weiß dann nicht mehr, aber auch nicht weniger, als daß Jahwes Leben schaffender Schöpfergeist[118] wieder oder weiter wirksam sein wird und daß daraufhin wieder das Leben garantiert ist. Fragt man nach dem theologischen Ansatzpunkt desjenigen, der hier seine Hoffnung artikuliert, so ist der Bezugnahme auf die *rwḥ* Jahwes als seiner schöpferischen, lebenswirkenden Macht zu entnehmen, daß ihm als sicheres Fundament Jahwes Wirken in der Natur vor Augen schwebt[119] und daß Jahwe für ihn ein Gott ist, der, weil er der Schöpfer ist, das Leben will,[120] »der die Himmel geschaffen und ausgespannt, der die Erde gegründet und was aus ihr sproßt, der Atem gibt dem Volk auf ihr und Lebensgeist denen, die darauf wandeln ...« (Jes 42,5).[121]

---

[115] Zur sogenannten Erkenntnisformel mit folgendem inf.c.*b* vgl. z. B. Ez 6,13 (Zusatz?); 12,15; 15,7 (deutlich Nachtrag); 20,42.44; 25,17 (Zusatz); 28,22.28; 30,8.25 (Zusatz); 32,15 (Zusatz); 33,29 (Zusatz); 34,27; 39,28.

[116] Vgl. Jer 31,15—17.18—20.29ff.; 33,10ff.; 33,23ff.; Jes 40,27ff.; 49,14ff.; vgl. auch 58,3; Ez 11,3ff.; 11,15ff.; 12,21ff.; 12,26ff.; 18,1ff.; 20,32f.; 33,10ff.

[117] Der Stimmungslage vergleichbar erscheinen Worte wie Thr 1,13; 3,4ff.; 3,42ff.; 5,1ff.; Ez 33,10; Jes 59,10; Ps 85,7; s. a. Jer 42,1ff. (vgl. 42,10); vgl. auch Jer 38,2 (das »Leben« an sich als Gewinn).

[118] Vgl. anders Ez 36,27, wo Jahwe seinen »Geist« gibt mit der Folge, daß man nun seine Satzungen tut und in seinen Rechten wandelt; in 36,26 und 11,19 ist wieder anders vom »neuen Geist etc.« die Rede, den Jahwe gibt etc.

[119] Vgl. dazu Jes 42,5ff.: »So spricht der Herr Jahwe, ... (v. 6) Ich, Jahwe, rufe dich in Gerechtigkeit und fasse dich bei der Hand. Ich bilde dich und mache dich ...« (Übersetzung nach WESTERMANN, Jesaja 40—66, S. 81; vgl. auch Jes 44,1—4!; Ps 104,29.30.

[120] Vgl. Jes 45,18.

[121] Jes 57,16: Gott kann nicht ewiglich zürnen, sonst würde der *rwḥ* oder Lebensodem der Betroffenen verschmachten, den er selbst doch geschaffen hat.

Die oben rekonstruierte Textfassung ist dann später aus jener Sicht überarbeitet worden, nach der die Neuschaffung oder Neugestaltung Israels durch Jahwe sich im Exil und aus dem Exil heraus vollzieht. Die in 37,11b vorgestellte Stimmung wird daher als die Situation der Exilierten interpretiert (37,1 − 10).

Offen ist noch die Frage, in welchem literarischen Zusammenhang Ez 37,11 − 14 in der ältesten Fassung eingebettet war. Der Aussageintention entsprechend müßte man einen Komplex von Heilsworten postulieren, die sich auf die Situation im Lande konzentrieren, also aus der Sicht derer, die im Lande verblieben waren, entstanden waren. Bevor dieser Frage weiter nachzugehen ist[122], ist allerdings noch genauer zu sondieren, aus welchen Gründen Ez 37,1 − 10 erstellt wurde, um schließlich Ez 37,11 − 14* vorgeschaltet zu werden.

Warum wird dieses Bild auf die erste Gola angewendet und zu welchem Zweck soll gezeigt werden, daß diese Gola im Grund tot ist, aber dennoch wieder zum Leben gebracht wird? Der Verfasser greift zunächst einmal die Fragen und Zweifel auf, die sich in der Exilssituation den Betroffenen am brennendsten aufdrängen mußten. Die Frage der Rückkehr ist hier offensichtlich cura posterior. Sein Anliegen ist in erster Linie, den Gedanken abzuwehren, daß die Erstexilierten in der Jahweferne untergehen und sich aufgeben können. Das gelingt mit dem Verweis darauf, daß das Leben schaffende Wirken Jahwes durch seinen Propheten im Exil selbst wirksam wird. Also nicht erst im Lande passiert hier das Entscheidende, sondern bereits im Exil wurden die Weichen von Jahwe grundsätzlich umgestellt.

Damit erhält 37,1 − 10 auch literarisch-kompositionell eine wichtige Bedeutung. Während Ez 36,1 − 15 mit seiner Heilsperspektive noch weitgehend Zukunftsmusik anklingen läßt, muß der Leser oder Hörer von 37,1 − 10 her ja einsehen, daß diese Vision wahr geworden ist: die Exilsgemeinde ist ja existent. Sie hat diese Existenz bereits dem Wirken Jahwes zu verdanken. Die Vision, wie schließlich durch Mitwirkung des Propheten ein *ḥyl gdwl m'd m'd* (Ez 37,10) entstehen konnte, hat sich ja erfüllt. Von daher müssen zugleich alle vorausgehenden über die Exilssituation hinausgreifenden Heilsworte entsprechend zuverlässig erscheinen[123].

So wird wie am Anfang des Buches noch einmal am Ende das Wirken Jahwes am Propheten unter den Exilierten und damit an den Exilierten besonders hervorgehoben. Zugleich wird auf diesem Wege, daß »Ezechiel« im Exil unter den Exilierten solche einzigartigen Jahwevisionen widerfuhren, die Ortung Jahwes eben gerade im Exil behauptet und der in Ez

---

[122] Vgl. GARSCHA, Studien, S. 218, der vermutet, daß in Ez 36,1 − 15 solche Worte enthalten sind!

[123] Daß über die Glaubwürdigkeit von Zukunfts- und Heilsworten reflektiert wurde, zeigt Ez 33,30 ff. (vgl. 12,21 ff. 26 ff.).

11,15 erhobene Vorwurf des Ferneseins von Jahwe widerlegt. Damit wird die erste Gola gerade als Exilsgemeinde besonders aufgewertet; ist diese Einschätzung zutreffend, so folgt darauf, daß der zuständige Verfasser selbst im Exil und als Angehöriger dieser Elitegola wirkt.

c) Fazit

Ez 37,1—14 ist in der vorliegenden Fassung ein Textprodukt der die erste Gola favorisierenden Redaktion. Für diese Einschätzung sprach bereits, daß der oben rekonstruierte ursprüngliche Visionsbericht Ez 8—11* und Ez 37,1—14 als »Strukturparallelen«[124] aufgefallen waren. Außerdem konnte gezeigt werden, daß der für Ez 37,1—14 zuständige Verfasser ebenfalls wie in Ez 11* einen bereits vorgegebenen Text, nämlich das in 37,11—14 enthaltene ältere Disputationswort, aufgriff und für sein Aussageanliegen überarbeitete. Das ursprüngliche Disputationswort[125], das nach einer entsprechenden Einleitung mit dem Zitat in 37,11b als Auslöser einsetzte und in v. 12a.14 in eine als Gegenthese zum Zitatinhalt formulierte Heilszusage (Ermöglichung des Lebens im Lande) ausmündete, wurde durch den Zusatz der Rückkehrzusage[126] als Heilswort an die Exilierten interpretiert. Zugleich benutzte der Verfasser das Zitat in v. 11b, das hier »uneigentlich verstandene Bildwort«[127] von den vertrockneten Gebeinen, als Ausgangspunkt für die Konzipierung eines Visionsberichts (Ez 37,1—10*)[128]. Die sogenannte »Totenfeldvision« stellt nicht nur sicher, daß sich Jahwe wie lange Jahre vor der endgültigen Katastrophe Jerusalems auch nachher noch »Ezechiel« als seinem Propheten visionär mitteilt; der Prophet wird hier zugleich auch die Instanz, über die Jahwes Leben schaffender Geist an der ersten Gola zur Wirkung kommt[129].

---

[124] Vgl. oben Anm. 51.

[125] Bevor dieses Wort im Zuge der golaorientierten Redaktion aufgegriffen wurde, folgte es m. E. ursprünglich direkt im Anschluß an Ez 36,1—15*. Dieser Abschnitt ist jetzt zwar golaorientiert konzipiert; in einem früheren Textstadium dürfte darin jedoch in positiver Korrespondenz zu Ez 6* (Unheilswort an die »Berge Israels«) aus der Sicht des Landes die Konsolidierung der äußeren Lebensbedingungen ausgesprochen worden sein. Als Weiterführung würde dieses Wort gut passen, das nun auch die innere Gefühlslage der im Lande Verbliebenen berücksichtigt.

[126] Verklammerung durch die Wiederaufnahme von v. 12a in v. 13!

[127] ZIMMERLI, Ezechiel 25—48, S. 890.

[128] Ohne die späteren Zusätze aus der Makkabäerzeit 37,7aα.8(wr'yty).8b.9.10a; vgl. dazu oben Anm. 89.

[129] Vgl. zu Ez 1—3; 8—11 und 37 zusammenfassend unten S. 129 ff.

IV. Strukturierungen im Ezechielbuch —
Zusammenfassung und Folgerungen

1. Die golaorientierte Redaktion und ihr Ezechielbuch

a) Strukturierungen und Textanteile

Daß im vorliegenden Ezechielbuch deutlich golafavorisierende Tendenzen eine Rolle spielen, ist ein nicht zu bestreitender Sachverhalt. Ebensowenig läßt sich bezweifeln, daß diese Tendenzen einer sich über das gesamte Buch erstreckenden redaktionellen Bearbeitungsschicht zuzuschreiben sind. Allerdings hat die bisherige Forschung kaum wahrgenommen, daß die betreffende Golafavorisierung nicht allgemein Israel im Exil und in der Zerstreuung gilt.

Das Grundanliegen dieser Redaktion ist anders als bisher gesehen, die Sonderstellung der ersten Gola hervorzuheben. Ezechiel ist für diese Redaktion nicht der Prophet der Exilierten allgemein; er und sein Wort werden exklusiv für die erste Gola in Anspruch genommen[1].

Der Sonderstatus der ersten Gola ist damit sichergestellt, daß nach Ez 33,21—29 die nach der Katastrophe im Lande noch Übriggebliebenen weiterhin dem Gerichtswirken Jahwes ausgeliefert sind, das schließlich darauf hinausläuft, daß das Land zur Wüstung wird. Darauf abgestimmt legt Ez 14,21—23 im Verbund mit Ez 15,6—8 klar, daß auch solche Gruppierungen, die nach 587 noch ins Exil mußten, für Jahwes Zukunftspläne keinen Stellenwert mehr haben[2].

In Ez 17,22—24 rückt die Redaktion in den Blick: Indem Jahwe ein völlig neues Kapitel aufschlagen wird und in der Weise, wie er neu einsetzen wird, wird das erste Golageschehen Voraussetzung und Ausgangspunkt für Jahwes künftiges Heilshandeln überhaupt. Entsprechend bleibt für Jerusalem solange jeglicher Stellenwert ausgeschlossen, bis Jahwe im Rückgriff auf das Potential der ersten Gola aus Babel Jerusalems Stellenwert neu definiert.

Obwohl sich einerseits in der vorliegenden Fassung des Ezechielbuches geradezu ein Netz von miteinander verknüpften golaorientierten

---

[1] Anders z. B. noch KRÜGER, Geschichtskonzepte, S. 339, der die golafavorisierenden Tendenzen auf Kreise zurückführt, die »sich aus der 597 und 587 nach Babylonien deportierten Oberschicht« rekrutieren.

[2] Das korrespondiert jenem redaktionellen Programm im Jeremiabuch, das hier vorgegebene, ältere Jeremiatraditionen in einer Weise umpolt, daß sie dem Exklusivanspruch der ersten Gola nicht mehr entgegenstehen (vgl. besonders Jer 24,9).

Textpassagen und Aussagen nachweisen läßt (Ez 1,1−3*; 3,10−16*; 8−11*; 14,21−23; 15,6−8; 17,19−24; 24,25−27*; 33,21−29), ist andererseits nicht zu übersehen, daß das jetzige Buch mehrfach die auf den besonderen Status der ersten Gola abzielende Engführung aufgegeben hat[3]. Bei einem Versuch, die zu postulierende, im golaorientierten Sinne erstellte frühere Fassung des Ezechielbuches zu rekonstruieren, ist also in Rechnung zu stellen, daß im Verlauf der weiteren Genese des Ezechielbuches bis zur Endfassung zahlreiche Spuren, die entsprechende Rückschlüsse ermöglichen könnten, verwischt worden sind. Die Gefahr falscher Textzuweisungen kann daher nur vermieden werden, wenn strikt beachtet wird, daß die golaorientierte Redaktion exklusiv die Sonderstellung der ersten Gola im Auge hat.

Aus dem golaorientierten Profil fallen dann zumindest all jene Textpassagen heraus, die offensichtlich eine Korrektur der golaorientierten Konzeption bezwecken. Das trifft eindeutig zu für Texte wie z. B. Ez 20 und 36,16 ff. Denn hier ist nicht zu übersehen, daß die für diese Texte maßgeblichen Auffassungen mit dem golaorientierten Standpunkt kollidieren. Die Sonderstellung der ersten Gola ist nivelliert, weil hier über »Israel in der Diaspora« reflektiert wird. Golaorientierung in dem Sinne, daß der ersten Gola eine exklusive Sonderstellung zubemessen wird, und Diasporaorientierung in dem Sinne, daß man sich auf die »Zerstreuung unter die Völker und in die Länder«, die entsprechenden Hintergründe sowie die künftigen Entwicklungen konzentriert, sind also streng voneinander zu unterscheiden; nur so kann es gelingen, dem Werdegang des Ezechielbuches und damit den dahinter stehenden theologischen Reflexionsprozessen der exilisch-nachexilischen Zeit auf die Spur zu kommen.

Abgesehen von solchen später eingearbeiteten, diasporaorientierten Textpassagen hat auch die Aufnahme weiterer Texteinheiten über Ezechiel als »Wächter« und das entsprechend aufgebaute Beziehungsgeflecht[4] das literarische Profil der golaorientierten Redaktion durchbrochen, weil damit ebenfalls gegen die golaorientierte Engführung Stellung bezogen wird.

Da golaorientierte Textanteile unzweifelhaft im Zusammenhang mit den Visionsberichten am Anfang des Buches (vgl. 1,1−3; 3,11 ff.) und in 8−11 (vgl. 8,1 ff.; 11,25) sowie am Ende des ersten Buchteils (vgl. 24,25−27) und zu Beginn der Heilsworte (vgl. 33,21 ff.) zu sondieren sind, kann daraufhin ein buchkonzeptionelles Interesse der golaorientierten Redaktion unterstellt werden. Zur Frage, ob und in welcher Weise auch der Schluß des Buches mitgeprägt war, ergeben sich neue Einsichten, sobald man wahrnimmt, daß die jetzige Textfolge Ez 34−39 die Handschrift einer oder auch einer mehrfachen redaktionellen Bearbeitung bezeugt, der es darum geht, hier die Zweifel an Jahwes Geschichtswirken und -planen

---

[3] Vgl. so z. B. Ez 36,16 ff; 37,15 ff.; 38; 39.
[4] Vgl. dazu oben S. 21 ff.

aufzugreifen, die sich angesichts des »Israel in den Ländern und unter den Völkern«, also der Diasporasituation, einstellen mußten.

Da sich zeigen läßt, daß Ez 36,16—23a.bα zusammen mit den Darlegungen über Jahwes Gericht an Gog etc. (38/39*) erst nachträglich hinter 36,1—15 angefügt worden sind und da sich außerdem nachweisen läßt, daß 36,23bβ—38 als noch jüngeres Sonderstück einzustufen ist, so folgt nach Abzug der genannten Texte Ez 37 direkt im Anschluß an 36,1—15. Hier hat Ez 37,1—14*, bestens auf die übrigen, buchkonzeptionell angelegten Anteile der golaorientierten Redaktion abgestimmt, als Schlußkapitel ihrer Buchfassung fungiert.

Nimmt man an, daß es in der Tat diese Textfolge gegeben hat, so ist zugleich durchsichtig, wie die von Pap. 967 bezeugte Textanordnung (36,1—23a; 38; 39; 37; 40 ff.) zustande kam: Mit der Einschaltung von Ez 36,16—23a.bα; 38/39 wurde Ez 37 von seinem ursprünglichen Ort verdrängt, um schließlich nach den Erweiterungen in 37,15 ff. als Ein- bzw. Überleitung zu Ez 40—48 zu dienen.

Allen drei Visionsberichten (Ez 1—3; 8—11; 37,1—14) kam in ihrer ursprünglichen golaorientierten Fassung die Aufgabe zu, an jeweils buchkonzeptionell wichtigen Stellen, Aufgabe und Wirken »Ezechiels« im Kreis der ersten Gola herauszustellen.

1. Ez 1—3*: Die Komponenten Golasituation (1,1—3*), Visionsgeschehen (1,3b ff.), Beauftragung für die Gola (3,11) und Ende der Vision (3,12 ff.), Golasituation (3,15 f.) bilden ein eng aufeinander abgestimmtes einheitliches Beziehungsgeflecht golaorientierter Prägung. In dieses Geflecht sind 2,3—7 und 3,4—9 nachträglich eingepaßt. Nach Abzug der ebenfalls eingearbeiteten Thronwagenbeschreibung 1,4—28 sowie von 2,1—2 kristallisiert sich nach den Angaben über Zeit, Ort und Person und der Feststellung »da geriet die Hand Jahwes über mich« in 1,1—3a* als ursprünglicher Visionsbericht 2,9.10; 3,1aα.bα(ohne Sendungswort). 2.3.10a.11 (bis »rede zu ihnen«).14b.15 heraus. Es handelt sich allerdings nicht um den ursprünglichen authentischen Visionsbericht Ezechiels, sondern um einen in buchkonzeptioneller Absicht erstellten Visionsbericht, der in der Funktion einer Prophetenbucheinleitung den Sprecher aller folgenden Texte als den visionär begabten Propheten im Kreise der ersten Gola vorstellen soll, also die anderweitig sondierte golafavorisierende Ausrichtung des »Buches«[5] gleich eingangs anstrebt.

2. Ez 8—11*: Die vorliegende erzählerisch unausgeglichene Fassung von Ez 8—11 wird durchsichtig, wenn man erkennt, daß auch hier beachtliche Textanteile des jetzigen Visionsberichts auf nachträgliche Übermalungen eines ursprünglich von golaorientierter Hand konzipierten Textkerns zurückzuführen sind. An den jetzt breit ausgeführten Visionsinhalten

---

[5] Vgl. oben S. 43 ff.

war der golaorientierte Ausgangstext gar nicht interessiert; den ursprünglich knappen Verweisen auf eine visionäre Erfahrung »Ezechiels« kam lediglich die Funktion zu, auf diesem Weg sicherzustellen, daß »Ezechiel«, obwohl im Exil, zugleich doch in Jerusalem dortige Vorgänge wahrnehmen und dazu Stellung nehmen konnte[6]. Veranlaßt zu dieser Konstruktion sah sich die golaorientierte Redaktion im Blick auf Ez 11,1—13*. Denn der hier agierende prophetische Sprecher war unzweifelhaft in Jerusalemer Vorgänge verwickelt. Mit Verweis auf visionäre Erfahrungen konnte die golaorientierte Redaktion den im vorgegebenen Textgut enthaltenen Passus Ez 11,1—13* auf die eigene Konzeption abstimmen. Darüber hinaus waren auch buchkonzeptionelle Gründe ausschlaggebend. Hinter Ez 7*, der Rede vom »Ende«, war entsprechend dem golaorientierten Anliegen zugleich eine Aussage über den Stellenwert der ersten Gola zwingend erforderlich; denn es galt sicherzustellen, daß die Rede vom »Ende« in Ez 7 nicht die erste Gola tangiert. Aus diesem Grund läßt der golafavorisierende Verfasser im Anschluß an die Notiz über Pelatjas Tod den Propheten die Frage nach dem »Rest« Israels aussprechen. Mit dieser Frage gelingt ihm die Überleitung zu den beabsichtigten Aussagen über den besonderen Stellenwert der Exilierten 11,14 ff.*[7].

3. Ez 37,1—14: Die golaorientierte Texteinheit 37,1—14 (Strukturparallele zu Ez 11,1—21*) ist, wie sich das auch sonst für die golaorientierte Redaktion als charakteristisch erwies, im Rückgriff auf bereits vorgegebenes Textgut konzipiert worden[8]. Vorgegeben war ein älteres selbständiges Disputationswort (37,11—14*), das der Redaktor für sein Aussageanliegen überarbeitet und als Heilswort an die Exilierten interpretierte. Zugleich benutzte er das Zitat in v. 11b als Ausgangspunkt für die Konzipierung eines Visionsberichts (Ez 37,1—10*). Diese sogenannte »Totenfeldvision« stellt sicher, daß sich Jahwe wie lange Jahre vor der endgültigen Katastrophe Jerusalems auch nachher noch »Ezechiel« als seinem Propheten visionär mitteilt; erstes Anliegen ist jedoch, den Gedanken abzuwehren, daß die Erstexilierten in der Jahweferne untergehen und sich aufgeben. Das gelingt mit dem Verweis auf den Propheten als die Instanz, über die Jahwes Leben schaffender Geist an der ersten Gola zur Wirkung kommt, so daß sie schließlich als ein *ḥyl gdwl mʿd mʿd* (Ez 37,10) dasteht.

Damit erhält 37,1—10 auch literarisch-kompositionell eine wichtige Bedeutung. Während Ez 36,1—15 mit seiner Heilsperspektive noch weitgehend Zukunftsmusik anklingen läßt, muß der Leser von 37,1—10 her ja einsehen, daß die Vision wahr geworden ist: die Exilsgemeinde ist ja existent. Sie hat diese Existenz bereits dem Wirken Jahwes zu verdanken.

---

[6] Vgl. oben S. 98 ff.

[7] Vgl. dazu oben S. 104 f.

[8] Vgl. so Ez 11,1—21*; 14,21 — 15,8; 17,19—24; 24.

Von daher müssen zugleich alle vorausgehenden über die Exilssituation hinausgreifenden Heilsworte entsprechend zuverlässig erscheinen.

So wird wie am Anfang des Buches noch einmal am Ende das Wirken Jahwes am Propheten unter den Exilierten und damit an den Exilierten besonders hervorgehoben. Zugleich wird auf diesem Wege, daß »Ezechiel« im Exil unter den Exilierten solche einzigartigen Jahwevisionen widerfuhren, die Ortung Jahwes eben gerade im Exil behauptet und der in Ez 11,15 aufgenommene Vorwurf des Ferneseins von Jahwe widerlegt. Damit wird die erste Gola gerade als Exilsgemeinde besonders aufgewertet; ist diese Einschätzung zutreffend, so folgt daraus, daß der zuständige Verfasser selbst als Angehöriger dieser Elitegola wirkt.

Die bisherigen Erkenntnisse bedeuten in jedem Fall, daß sich ein Versuch, die Frage nach dem Ursprungs- und Herkunftsort einzelner Aussageeinheiten zu beantworten, nicht von den Informationen beeinflussen lassen darf, die die golaorientierte Redaktion in tendenziöser Absicht über Zeit, Ort und Herkunft der Texte vorgibt. Das heißt konkret: Die Vorstellung vom Wirken eines Ezechiel unter den Erstexilierten ist keine sichere Ausgangsbasis exegetischer Bemühungen im Ezechielbuch. Denn erkennbar ist an der Arbeit der golaorientierten Redaktion zunächst ja nichts anderes als das Interesse, von dieser Vorstellung aus das Buch zu strukturieren. Eine interessengeleitete Vorstellung enthält aber nur eingeschränkt historischen Informationswert. Ob die Vorstellung selbst aus ältesten und älteren Texten und Textzusammenhängen entnommen wurde, ist an den einzelnen Texteinheiten selbst zu überprüfen.

b) Zur Frage nach älteren vorgegebenen Texten

Wie bereits vermerkt, hat abgesehen von später eingearbeiteten, diasporaorientierten Textpassagen[9] auch die Aufnahme weiterer Texteinheiten über Ezechiel als Wächter und das entsprechend aufgebaute Beziehungsgeflecht[10], weil es sich ebenfalls gegen die golaorientierte Engführung richtet, das literarische Profil der golaorientierten Redaktion durchbrochen. Dieser Sachverhalt erschwert naturgemäß einen Versuch, sich ein genaueres Bild von jedem Textgut zu machen, das der golaorientierten Redaktion vorgegeben war, und zu klären, welche Texte in welcher Abfolge und mit welchem Aussageanliegen dazu gehörten. Mit diesen Vorgaben und demzufolge unter Vorbehalt sind nach den bisherigen Erkenntnissen folgende Rückschlüsse auf das der golaorientierten Redaktion vorgegebene Textgut möglich.

Die Vorlage der golaorientierten Redaktion hat nicht nur zahlreiche Unheilsworte und Berichte über Zeichenhandlungen enthalten, die bevor-

---

[9] Vgl. dazu oben S. 46 ff.
[10] Vgl. dazu oben S. 24 ff.

stehendes Unheil thematisieren. Es gibt auch deutliche Indizien dafür, daß diese Texte schon kompositionell geordnet vorgelegen haben müssen.

1. So hatte Ez 24* die Funktion, den Weissagungs- und Erfüllungscharakter vorausgehender Unheils- und folgender Heilsworte hervorzuheben und zu verstärken[11].

2. Die Beobachtung, daß sich 12,21—28* deutlich auf Ez 7* zurückbezieht, weil hier wie dort das Stichwort *ḥzwn* eine Rolle spielt (vgl. 7,13.26) und, besonders eindrücklich, hier wie dort die Frage der »Nähe« des Gerichts bedacht wird (vgl. 7,7 f. [*qrwb hywm*] und 12,23 [*qrbw hymym*]), spricht dafür, daß vor Einschaltung des golaorientierten Visionsberichts ursprünglich an Ez 4—7* direkt Ez 12,21 ff.*[12] anschloß; das bedeutet, daß in dieser Abfolge das Profil einer vorgolaorientierten Textfolge greifbar wird. Hier wird, nachdem Ez 7* mit der Rede vom Ende für letzte Klarheit über den Umfang des drohenden Unheils gesorgt hat, in Ez 12,21 ff. betont daraufhingewiesen, daß Zweifel am Eintreffen von Schauung und Jahwewort alsbald widerlegt werden. Mit 24,1, dem Datum des Belagerungsbeginns, wird gezeigt, wie unberechtigt solche Zweifel waren.

Daraus folgert: Das der golaorientierten Redaktion vorgegebene Textgut lag als »Prophetenbuch« konzipiert vor[13]. Die darin enthaltenen Texteinheiten waren so arrangiert, daß die Entwicklungen im Zeitraum vor und um 587 nach dem Schema »Ansage — Erfüllung« abgelaufen erschienen. Das weist auf ein Bestreben, eine größere Zeiträume übergreifende Metaebene hinter den Ereignissen der Vergangenheit anzudeuten. Die zugrunde liegende theologische Konzeption beinhaltet ein Jahweverständnis, nach dem Jahwe die angesprochenen Unheilsereignisse selbst geplant und gesteuert hat, also auch für die Zukunft weiterhin plant und steuert.

---

[11] Vgl. die Datumsangabe in v. 1, die »aufdeckt«, daß diejenigen Unheilsworte bereits eingetroffen sind, die zuvor das Ereignis der Belagerung (vgl. z. B. die Symbolhandlung in Ez 4,1—3, mit der jetzt nach der golaorientierten Eingangsvision die Unheilsworte einsetzen) oder Bedrohung durch die Babylonier (vgl. z. B. 7,24; 16,37; 17,17; 23,22 ff.), besonders aber die Vorbereitungen dazu (vgl. Ez 21,23—27; 23,22 ff.) ansprechen; die Datumsangabe in Ez 24,1 impliziert zugleich, daß die vorausgehende Textfolge der einzelnen Ansageeinheiten den tatsächlichen Gang der Ereignisse bis zu diesem Datum vorwegnahm, also entsprechend arrangiert war.

[12] 12,1—16 fällt aus dem golaorientierten Profil heraus, weil hier der besondere Vorrang der ersten Gola nivelliert wird; vgl. dazu oben S. 36 ff.

[13] So bereits GARSCHA, Studien, vgl. besonders S. 288 ff.; seiner These ist grundsätzlich zuzustimmen; sie ist allerdings in zahlreichen Punkten zu modifizieren und zu korrigieren (vgl. zu 3,25—27; 24,25—27; 37,15—22; 38/39); die Datierungsfrage ist deswegen schwer zu beantworten, weil das Prophetenbuch bis zur golaorientierten Überarbeitung gar nicht in reiner Form erhalten geblieben ist (vgl. dazu unten); es dürfte seinen Stellenwert über einen länger währenden Zeitraum besessen haben; eine genauere Antwort hängt davon ab, ob es gelingt das im Buch verarbeitete älteste Textgut zu sondieren und »theologiegeschichtlich« einzuordnen; vgl. dazu unten Teil B.

Hier bemüht sich bereits eine geschichtsperspektivische, das Prophetenwort[14] reflektierende Überzeugungsarbeit, die darauf abzielt, gerade im
Blick auf die Ereignisse der Vergangenheit, weil sie Jahwes Plan dokumentierten, Hoffnung auf eine in diesem Plan schon längst vorgesehene Wende
zu bewirken[15].

Über diese grundsätzlichen Einsichten hinausgehend läßt sich anhand
von Beobachtungen zu einzelnen Texteinheiten, die die golaorientierte
Redaktion voraussetzt und in ihrem Sinn überarbeitet, folgendes erheben:

1. Ez 11,1−13* ist jetzt zwar als fester Bestandteil des golaorientierten Visionsberichts einzustufen; im Kern handelt es sich jedoch um vorgegebene Darlegungen über Jerusalemer Zustände und Fehlhaltungen der
dortigen Führung, auf die hin der prophetische Sprecher veranlaßt wird,
das Gericht anzusagen; am plötzlichen Tode des Pelatja nimmt er die bereits
einsetzende Gerichtswirkung des prophetischen Wortes wahr. Dieser Text,
der von der Anwesenheit des prophetischen Sprechers in Jerusalem ausgeht, widerspiegelt deutlich ein vorgolaorientiertes Textstadium. Wie bereits vermerkt konnte dieser Text, weil er sich gegenüber der golaorientierten Konzeption vom Wirken »Ezechiels« im Kreis der ersten Gola als
sperrig erwies, auf diese Konzeption nur abgestimmt werden, indem
die Jerusalemer Vorgänge als visionär wahrgenommen gedeutet wurden.
Ursprünglich dürfte Ez 11* in näherer Verbindung mit Ez 24,1−14*
gestanden haben (vgl. 11,3)[16].

2. Aus der aus golaorientierter Hand stammenden Abfolge Ez
14,21−15,8 und der Einbindung in den jetzigen Kontext ist zu entnehmen,
daß im vorgolaorientierten Textstadium bereits Ez 14,1−20* enthalten
war; denn Ez 14,21−23 setzt die sakralrechtlich unterweisenden Passagen
14,4−11.12−20 voraus und reagiert darauf[17]; hier liegt somit ein Indiz
dafür vor, daß das vorgolaorientierte »Prophetenbuch« schließlich benutzt
wurde, auch Reflexionen über anderweitige Fragestellungen einzutragen[18].

Außerdem läßt sich zeigen, daß die Redaktion das Bildwort vom
unnützen Rebholz Ez 15,1−4 seinem ursprünglichen literarischen Zusammenhang (hinter Ez 19,10−14 und vor Ez 21,1−5*) entrissen hat; Ez
15,1−4 war ihr in der Textfolge Ez 19*; 15,1−4; 21,1−5* vorgegeben[19].

---

[14] Zwar handelt es sich bei den einzelnen Texteinheiten um jeweils einzelne prophetische
oder als prophetisch eingestufte Worte; dennoch kann von einer bloßen Sammlung keine
Rede sein; der Nachweis erfüllter Prophetie und die Art, wie er geführt wird, spricht
für einen durchdachten literarischen Gesamtentwurf.

[15] Vgl. oben zu Ez 24,25−27*.

[16] Vgl. die Beobachtungen Fuhs', BEThL, S. 272 f.

[17] Vgl. dazu oben S. 7 ff.

[18] Vgl. auch Ez 18, worauf der golaorientierte Autor von Ez 3,17−21 zurückgreift; vgl.
dazu oben S. 32, Anm. 114.

[19] Zur Abfolge Ez 19,10−14; 15,1−4 vgl. unten S. 173 f.; zur Stichwortanbindung von
21,1 ff.* an 15,1−4 vgl. oben S. 55, Anm. 49.

Während in 19*; 15,1—4* ältestes im Ezechielbuch greifbares Textgut erhalten ist[20], dürfte 21,1—5* in der ursprünglichen Fassung im Rückgriff auf das Bildmaterial in 15,1—4 konzipiert worden sein. Das neue Bild vom nun von Jahwe veranlaßten Waldbrand wird als prophetische Ansage eingeführt; hier wird die literarische Weitergestaltung und Übertragung vorgegebener nichtprophetischer Rede auf die Aussageebene eines Prophetenbuchs greifbar.

3. Da sich ergeben hat, daß der Verfasser von 17,22—24 diesen Passus in enger Anlehnung an das vorgegebene Bildwort 17,3 ff. geschaffen hat, ist auch dieses Bildwort (17,1—10) zusammen mit der anschließenden Erläuterung (17,11—18*) bereits Bestandteil des vorgolaorientierten Prophetenbuches gewesen[21].

4. Ez 37,11—14: Die ursprüngliche Texteinheit erwies sich als ein selbständiges und dem Autor von 37,1—10 bereits vorgegebenes Disputationswort. Das Zitat 11b spiegelt offensichtlich die Gefühlslage jener wider, die sich in einer ausweglosen Situation wissen und darüber klagen; im vorgolaorientierten Textstadium dürfte die Situation in Juda vor Augen stehen[22]. Der Sprecher oder Autor weiß dann nicht mehr, aber auch nicht weniger, als daß Jahwes Leben schaffender Schöpfergeist wieder oder weiter wirksam sein wird und daß daraufhin wieder das Leben garantiert ist. Fragt man nach dem theologischen Ansatzpunkt desjenigen, der hier seine Hoffnung artikuliert, so ist der Bezugnahme auf die *rwḥ* Jahwes als seiner schöpferischen, lebenswirkenden Macht zu entnehmen, daß ihm als sicheres Fundament Jahwes Wirken in der Natur vor Augen schwebt und daß Jahwe für ihn ein Gott ist, der, weil er der Schöpfer ist[23], das Leben will. Allerdings darf nicht übersehen werden, daß er sich der lebenswirkenden Macht Jahwes über die prophetisch erfolgte Ansage vergewissert, nachdem zuvor das sichere Eintreffen der prophetischen Ansagen demonstriert worden war[24].

Offen ist noch die Frage, in welchem literarischen Zusammenhang Ez 37,11—14 in der ältesten Fassung eingebettet war. Der Aussageintention entsprechend ist an Heilszusagen zu denken, die sich auf die Situation im Lande konzentrierten und ähnlich vorsichtig wie 37,11—14 die Verbesserung der Lebensumstände auf Jahwes Wirken zurückführen (vgl. 36,1—15*).

---

[20] Vgl. dazu unten Teil B.

[21] Zu den Verbindungslinien, die zwischen Ez 17,1 ff. und Ez 19,10 ff. bestehen, vgl. bereits POHLMANN, Zur Frage nach ältesten Texten im Ezechielbuch; ferner unten S. 174 f.

[22] Vgl. ähnlich Thr 1,13; 3,4 ff.; 3,42 ff.; 5,1 ff.; Ez 33,10; Jes 59,10; Ps 85,7; s. a. Jer 42,1 ff. (vgl. 42,10); vgl. auch Jer 38,2 (das »Leben« an sich als Gewinn).

[23] Vgl. Jes 45,18; ferner 42,5.

[24] War das die Lösung, während der desolaten Situation in den ersten Jahrzehnten nach 587 Jahwe zu erkennen und sich seiner zu vergewissern, nachdem der Weg kultischer Vergewisserung ausgeschieden war?

Der Frage, ob und in welchem Umfang Fremdvölkerworte bereits im Prophetenbuch verarbeitet waren, kann im Rahmen dieser Untersuchung nicht nachgegangen werden, obwohl zu vermuten ist, daß das, wenn auch nicht in einem sehr frühen Überlieferungsstadium, so doch im weiteren Verlauf der vorgolaorientierten Überlieferungsgeschichte der Fall war[25].

Auch wenn bedingt durch die komplizierten Textverhältnisse zahlreiche Fragen offen bleiben müssen, bzw. der Klärung durch weitere Untersuchungen bedürfen[26], so ist doch aufgrund der vorstehenden Erhebungen zum vorgolaorientierten Textgut folgende Gesamtcharakteristik möglich:

Das vorgegebene Textgut war als »Prophetenbuch« entworfen, und zwar in der Weise, daß für die als totale Krise erfahrenen Ereignisse vor und um 587 eine Metaebene veranschlagt und verdeutlicht wurde. Mit dem Nachweis der Erfüllung des prophetischen Jahwewortes, den entsprechenden Textentwürfen und Textarrangierungen gelang es, hinter den Ereignissen selbst das Planen und Wirken Jahwes aufzudecken[27].

Daß die Strukturen eines planmäßig ausgebauten Prophetenbuches erkennbar sind, wirft die Frage auf nach der Vorgeschichte und den Entstehungsvoraussetzungen eines solchen Buches. Bisher deutet alles daraufhin, daß der Ursprungsort des Buches im Lande war[28]. Das bestätigen auch die Erweiterungen zum eigentlichen Prophetenbuch, die im Verlauf der Überlieferungsgeschichte noch vor der grundlegenden Überarbeitung durch die golaorientierte Redaktion vorgenommen worden sein müssen[29] und deutlich aus der Sicht des Landes konzipiert sind.

Unsere Erkenntnisse über das vorgolaorientierte Textgut berühren sich in manchen Punkten mit den Einschätzungen jener Forscher, die im Ezechielbuch »ein Verwobensein von palästinischen und exilischen Elementen«[30] konstatieren und daraufhin mit einem wenigstens zeitweili-

---

[25] Beobachtungen zu redaktionstechnischen Verfahrensweisen der die erste Gola favorisierenden Redaktion oben S. 45, Anm. 174.

[26] Vgl. dazu noch unten Teil B.

[27] Die genaue Abfolge der Texte ist nur noch teilweise zu erschließen: Ez 24* bildete den Abschluß des ersten Hauptteils, der sich wahrscheinlich in zwei Unterabschnitte aufgliederte (4,1—3; ... 7*; 12,21* — 24*); in einem zweiten, wesentlich kürzeren Hauptteil dürften sich Heilsworte angeschlossen haben (36,1—15*; 37,11—14*). Gewisse Indizien deuten daraufhin, daß in den Unheilsbegründungen zunächst der Schwerpunkt auf sozialen Verfehlungen lag und dann in einem fortgeschrittenen Textstadium immer mehr kultische Vergehen in den Blick gerückt wurden (vgl. unten S. 219 ff. zu Ez 18).

[28] Vgl. oben zu Ez 11,1—13*; Ez 24*; 37,11—14*.

[29] Vgl. z. B. zu Ez 14,1—11* oben S. 7 ff.; zu Ez 18 unten S. 219 ff.; Ez 13,1—16* (im Rückgriff auf Ez 22,28 ff. entstanden).

[30] Vgl. Horst, VT 3, 1953, S. 359.

gen Auftreten des Propheten in Palästina rechnen[31]. Es dürfte allerdings deutlich geworden sein, daß von dieser Erkenntnis »palästinische Elemente im Ezechielbuch« noch ein weiter Weg zu gehen ist bis zur Klärung der Frage, wer der in Ez 1,1−3 vorgestellte »Ezechiel« (vgl. noch 24,24) wirklich war, in welchem Zeitraum, wo jeweils wie lange, mit welchem Anspruch etc. er auftrat. Die Beantwortung dieser Fragen ist, wenn überhaupt, nur möglich, wenn die Vorgeschichte des von uns sondierten Prophetenbuches durchsichtiger gemacht werden kann. Das Buch selbst vermittelt zunächst nichts anderes als ein Prophetenbild aus der Rückschau. Daß direkte Informationen über einen historischen Ezechiel und auch ipsissima verba darin enthalten sind, ist zwar möglich, aber keinesfalls von vornherein sicher.

c) Die golaorientierte Redaktion − Anliegen und Theologie

Das golaorientierte Ezechielbuch setzt ein mit dem Bericht über die visionär erfahrene Übergabe des bereits in einer Buchrolle gefaßten Jahweworts und der Beauftragung und Sendung des Visionärs an die erste Gola. Zum Inhalt der Rolle wird mitgeteilt, daß er »Klage, Seufzen und Wehe« bedeutet (2,10). »Das Wort Jahwes ist hier … Buch«. Zum »Vorgegebenen gehört ohne Zweifel schon die Kenntnis buchgewordenen Prophetenworts«[32].

Für den Leser soll Ez 1−3* somit belegen: Der Sprecher aller folgenden Worte war zwar fern von Jahwes Land im Exil; dennoch erfuhr

---

[31] Vgl. z. B. HERNTRICH, Ezechielprobleme, 1932; BERTHOLET, Hesekiel, 1936; MESSEL; Ezechielfragen, 1945; weitere Vertreter [bis 1949] bei FOHRER, Hauptprobleme, 1952, S. 8 ff.; später z. B. KUHL, ThZ 8, 1952; S. HERRMANN, Heilserwartungen, 1965, S. 283, der dafür plädiert, daß »die Frage einer Herkunft aus Palästina ernsthafter erwogen werden« sollte; ACKROYD, Exile, 1968, S. 106, Anm. 20; BROWNLEE, Ezekiel, 1971; GARSCHA, Studien 1974; weitere Vertreter bis 1980 bei LANG, EdF 153, S. 8 ff.; vgl. neuerdings FUHS, BEThL LXXIV, S. 273 zu Ez 24,1−14, der gegen LANG, EdF 153, S. 30 [»Der ›Jerusalemer Ezechiel‹ ist ein Irrweg der Forschung«; eine solche Annahme sei »endgültig zu verabschieden«.] die Annahme für wahrscheinlich hält, »daß die Worte in Jerusalem verkündet wurden« und »die Frage nach dem Ort der Wirksamkeit Ezechiels keineswegs (für) erledigt« ansieht; vgl. auch ders. in »Ezechiel 1−24«, S. 13.

[32] So ZIMMERLI, Ezechiel 1−24, S. 79, der allerdings meint, diese Kenntnis sei bereits Ezechiel vorgegeben. Die Frage, ob »von dem geschichtlichen Vorgang der Buchwerdung des Prophetenwortes noch etwas zu erkennen« sei, beantwortet er mit dem Verweis auf Jer 36. Er hält es für denkbar, daß sich Ezechiel als »dem jungen Zuschauer damals das Bild des Prophetenwortes als einer Rolle, ›beschrieben mit Klagen, Seufzen und Wehe‹, so unauslöschlich eingebrannt hätte, daß es in der Stunde des eigenen Berührtwerdens durch den göttlichen Ruf« (Ez 1,3 ff.) eben in »dieser Gestalt als anschaubarer Erlebnisgehalt vor ihm stand« (ebd.). Die obigen Darlegungen zum golaorientierten Redaktion vorgegebenen Textgut bieten die naheliegendere Erklärung an, daß 2,9 ff. einen Reflex der Redaktion auf ihre Vorlage bietet.

er, daß Jahwes Hand über ihn kam und er im Auftrag Jahwes agieren sollte. Damit ist sichergestellt, daß die erste Gola zum Zuständigkeitsbereich Jahwes gehört. Ferner ist nach dieser Einführung sicher, daß die folgenden Worte und Aktionen des im Exil wirkenden Propheten es waren, die sich mit der Katastrophe von 587 erfüllt hatten.

Der entscheidende Punkt ist hier nicht nur, daß »Ezechiel« als wahrer Prophet anerkannt werden muß, weil Jahwe seine Worte in seinen Mund gegeben hatte (vgl. Dtn 18,18) und weil seine Unheilsansage eingetroffen waren (vgl. Dtn 18,21), sondern auch, daß dieser wahre Prophet der ersten Gola zugewiesen wird. Damit erreicht die Redaktion, daß sich die erste Gola als das eigentliche Planungs-und Wirkungszentrum Jahwes verstehen kann. Ihr war über den Propheten Einsicht in den weiteren Verlauf der Dinge gewährt worden; aus ihrem Bereich heraus steuert das Wort Jahwes die Abläufe in der fernen Heimat (vgl. Ez 11*; 24).

Die golaorientierte Konzeption will zudem im Rückgriff auf das vorgegebene Prophetenbuch den Beweis für Jahwes Geschichtsplanen so führen, daß gerade die erste Gola sich dieser Einsicht nicht verschließen kann. Da die in ihrer Mitte ausgesprochenen Unheilsworte Wirklichkeit geworden sind, ist damit gewährleistet, daß das auch für die anderen Worte zutrifft, die wieder Heil für die erste Gola in Aussicht stellen. Der Schlußvision Ez 37* soll bereits entnommen werden, daß sie sich bereits erfüllt hat[33]. Die Existenz der ersten Gola ist so, wie Ez 37* angelegt ist, ein Beweis für die Glaubwürdigkeit des prophetischen Wortes, und damit des Wirkens Jahwe in der Geschichte überhaupt[34].

Hier zeichnet sich der theologische Reflexionsstand der Redaktion ab: Es genügt offensichtlich nicht der bloße Hinweis darauf, daß die erste Gola nicht untergegangen ist, sondern existiert, um von daher das Wirken von Jahwes Leben schaffendem Geist zu veranschlagen. Mit dieser Art von »natürlicher Theologie« ist es für die Redaktion nicht getan. Daß die merkwürdige Konstruktion von Ez 37* ja gerade darauf hinzielt, darzulegen, wie hier innerhalb der Vision die vom Propheten ausgeführte Ansage sich erfüllt, die ja auch realiter als erfüllt betrachtet werden mußte, das zeigt, daß es hier um den Belegpunkt geht, mit dessen Hilfe ein Ereignis, ein Ablauf, ein Gewordensein als Wirkung Jahwes zu fassen ist. Der Glaube an die Schöpfungsmächtigkeit Jahwes wird hier also wie in dtrjes. Texten verstärkt oder abgesichert mit dem Verweis auf das in der Geschichte planvolle Handeln Jahwes, das die durch Propheten vermittelten Jahweworte bei ihrer Erfüllung bezeugen.

In diesem Reflexionshorizont ist Ez 17,22–24 zu sehen. Die Realisierung dieser Ansage ist von Ez 37* her sichergestellt; wie sich die Vision

---

[33] Das bedeutet für 17,22–24, daß die hier für die Zukunft in Aussicht gestellten Heilswirkungen Jahwes ebenfalls eintreten werden.

[34] Diese Konzeption war bereits im Prophetenbuch vorgegeben.

bereits erfüllt hat, wird sich auch Jahwes Ansage, daß er den Zedernsprößling auf dem hohen Berge Israels pflanzen wird, erfüllen. Zugleich wird hier das Zentralanliegen der golaorientierten Redaktion greifbar: Die Neuinstallierung des Königtums aus dem Geschlecht des Davididen Jojachin.

Die Annullierung der nach 587 in Juda verbliebenen Bevölkerung und ihrer Ansprüche, die Herausstellung des Exklusivanspruchs der ersten Gola, die Inaussichtnahme der Wiedererrichtung des davidischen Königtums, jedenfalls die Inanspruchnahme von Israels hohem Berg für einen Nachkommen Jojachins, all dieses weist auf Trägergruppen im Kreis der ersten Gola, die schließlich unter der Führung Serubabels die Rückkehr wagen und zugleich den Anspruch auf die religiöse und politische Führungsrolle erhoben. Wie und zu welchem Zeitpunkt das vorgegebene Prophetenbuch in ihre Hände geriet, darüber läßt sich nur spekulieren[35].

2. *»Die Sammlung der Zerstreuten« — Zum Anliegen der Diasporatheologie*

Die von der golaorientierten Redaktion vorgenommene Strukturierung der Texte ist weitgehend erhalten geblieben; denn das Aussagegefälle der Textfolgen insgesamt zielt auch in der vorliegenden Endfassung des Ezechielbuches immer noch darauf ab, den Nachweis zu erbringen, daß 587 für Jerusalem und das Land das totale Aus bedeutete; deutlich erkennbar ist außerdem immer noch, daß der ersten Gola ein besonderer Stellenwert zugemessen wurde und daß sie in Jahwes Plänen für die Zeit nach der Katastrophe eine Sonderrolle spielen sollte.

Auf der anderen Seite ließ sich nicht übersehen, daß mehr oder weniger massive Einblendungen die golaorientierten Auffassungen nivellieren. Das Sondergeschehen »erste Gola« wird dadurch relativiert, daß mehrfach ganz allgemein und umfassend die Zerstreuung Israels[36] und in Korrespondenz dazu die Sammlung Israels[37] »aus den Ländern und Völkern« angesprochen wird. Das ist besonders in Ez 20 der Fall. In der hier vorgetragenen, weit ausholenden und umgreifenden Geschichtsreflexion geht es darum, eine allgemeine, keineswegs auf die Zeit kurz nach 587 beschränkte Diasporasituation und das damit aufgeworfene Problem der Identität »Israels« theologisch aufzuarbeiten und zu bewältigen.

Die Gedankenführung ist konzeptionell so angelegt, daß sie die jetzt in 20,1 — 3.30 f. berücksichtigte Situation der ersten Gola und Ezechiels

---

[35] Für die erzählenden Partien des Jeremiabuchs in der vorgolaorientierten Fassung, die ebenfalls eine golafavorisierende Überarbeitung erfuhren, bemerkt SEITZ (Conflict, S. 286) lapidar: »Through whatever agency, the Chronicle made its way to Babylon ...«.

[36] Vgl. Ez 4,13; 6,8—10; 11,16; 12,11.15 f.; 20,23; 22,15 f.; 36,19.

[37] Vgl. 20,34.41; 28,25; 34,13; 36,24; 39,25 ff.

an sich nicht als Ausgangspunkt braucht. Denn das leitende Interesse der Geschichtsreflexion von Ez 20,5−29 zielt in erster Linie darauf, für das »Israel« der »Zerstreuung unter die Völker und in die Länder« (v. 23), also für die Diaspora allgemein, den Nachweis zu bringen, daß dieses Israel »Israel« ist und Objekt des Handelns Jahwes war und bleibt. Die entsprechenden Darlegungen in Ez 20, wie auch immer die Genese des gesamten Kapitels im Einzelnen verlaufen sein mag, waren im vorgegebenen golaorientierten Ezechielbuch allerdings nur unterzubringen, indem der darin verankerten Favorisierung der ersten Gola Rechnung getragen wurde. Daraus ergab sich gleichsam zwangsläufig die jetzt im Rahmen des Kapitels (20,1−3 und 20,30 f.) festgeschriebene Nivellierung des bisherigen Stellenwertes der ersten Gola: Ez 20,1−3 im Verbund mit 20,30 f. nach den Darlegungen über die »Väter« (20,[4].5−23.[24−29]?) stellt einen »Ezechiel« im Kreise der ersten Gola vor Augen, der seinen Schicksalgefährten klarmachen muß, daß sie völlig in der Tradition der Väter stehen, die von Anfang an durch die gesamte Geschichte hindurch bis in die Gegenwart das Beziehungsgefüge zu Jahwe verdorben haben. Jeglicher Versuch einer differenzierenden Betrachtung und Bewertung hinsichtlich der ersten Gola und des übrigen Israel ist damit abgewiesen; die vorgegebene golafavorisierende Konzeption ist damit überholt. Die in Ez 20,5−24 vorgetragene Sicht von der Gesamtgeschichte der »Widerspenstigkeit« Israels seit den Anfängen kann aus konzeptionellen Gründen keine Ausnahmen zulassen. Im Gesamtzusammenhang des für Israel insgesamt längst geplanten (v. 23) Zerstreuungsgerichts Jahwes fungiert für den Verfasser von Ez 20 die erste Gola als die Adressatin (20,1−3.30 f.) dieser Ausführungen in 20,5− 29 lediglich als pars pro toto. Das, was nach den Textabfolgen des Ezechielbuches Israel insgesamt noch bevorsteht, ist hier partiell schon eingetroffen. Die erste Gola gerät auf diese Weise zum Paradigma des künftigen Diaspora-Israel generell. Insofern hat sie für den Verfasser von Ez 20,1−31* keinerlei Vorzugsstellung.

Seine Darlegungen wie auch die folgenden Ausblicke in 20,32−44 widerspiegeln theologische Bemühungen der nachexilischen Zeit um den Nachweis, daß das Israel »unter den Völkern und in den Ländern« nicht aus dem Zuständigkeitsbereich Jahwes herausgefallen ist und daß ihm die Rückkehr ins Land nicht versagt sein kann.

Die von der golaorientierten Konzeption vorgegebene Einschätzung der Katastrophe von 587 und ihren Auswirkungen wird relativiert; denn nach seinen Darlegungen (vgl. besonders Ez 20,23) läuft nun das Gerichtswirken Jahwes nicht mehr lediglich auf diese nach der Textanordnung des vorgegebenen Ezechielbuches im Zentrum stehende Katastrophe (vgl. Ez 24/33) und damit auf das Ende der im Lande Verbliebenen hinaus; Jahwes Geschichtswirken ist vielmehr von Anfang an auf eine die Katastrophe überholende Initiative ausgerichtet. Denn die »Zerstreuung unter die Völker und in die Länder« war von Jahwe längst, bereits in der Frühzeit

(v. 22 f.), planvoll ins Auge gefaßt worden. Sie ist das Resultat einer Geschichtslenkung, deren einzelne aufeinander folgende Schritte zwar jeweils den Verschuldungen Israels Rechnung tragen, aber doch zugleich von der Option bestimmt sind, danach wieder zielgerichtet aktiv zu werden. Nicht der Vernichtungszorn Jahwes über die Verschuldungen Israels hat die vergangene und gegenwärtige Geschichte bestimmt, sondern die eben diesen Zorn überholende Besinnung Jahwes darauf, daß er der Gott ist, der seit je mit Rücksicht auf den Stellenwert seines Namens in den Augen der Völker seine Zusagen und Ankündigungen zum Ziel bringt. Aus dieser Konzeption ergibt sich für die Diasporasituation, daß sie im Plan Jahwes ein Durchgangsstadium auf dem Weg Israels zu seiner eigentlichen Bestimmung ist, daß Israel als »Diaspora-Israel« also nicht dem Zuständigkeitsbereich Jahwes entglitten ist. Und diese eigentliche Bestimmung Israels ist der Dienst für Jahwe auf seinem heiligen Berg, der eben in der Diaspora nicht gelingen kann.

Daß das Kapitel insgesamt als ein Produkt nachexilischer Reflexionen anzusehen ist, konnten die Beobachtungen und Überlegungen zum theologiegeschichtlichen Ort (Nähe zu priesterschriftlichen Auffassungen, enge Berührungen mit einer in Jes 48 greifbaren nachdeuterojesajanischen »Schultheologie«) voll bestätigen.

Im Vergleich zu Ez 20 ließ sich in Ez 36,16—23a.bα ein früheres Stadium theologischer Reflexionen angesichts der Diasporaproblematik sondieren. In Ez 36,18 f. wird das Zerstreuungshandeln Jahwes (v. 19) vorweg (v. 18) noch als Folge dessen interpretiert, daß Jahwe seinen Zorn nun über Israel ausgießt. Dazu kommt, daß 36,16 ff. der Grund für Jahwes Zorn darin gesehen wird, daß Israel durch seinen Wandel und seine Taten das Land »verunreinigt« hat. Anders als in 20,7.18.30.31.43 fehlt hier also der Gedanke, daß Israel sich selbst durch seinen Wandel und seine Taten »verunreinigt«. Außerdem erläutert 36,19b die Auswirkungen des ausgegossenen Jahwezorns dahingehend, daß die Zerstreuung »unter die Völker und in die Länder« das Gericht über Israel »nach seinem Wandel und seinen Taten«[38] bedeutet. Das gerade versucht Ez 20 auszuschließen[39].

Das die Geschichte steuernde Planen Jahwes, wie es sich dem Verfasser von Ez 20 im Rückblick auf Jahwes Handeln in der Vergangenheit erschließt, hat der Verf. von 36,16—23a.bα noch nicht vor Augen; ihm kann Jahwes Handeln in der Vergangenheit, sein Zorneswirken als Reaktion auf Israels Wandel und Taten, zwar die Situation der Gegenwart begründen; aber eine Perspektive für die Zukunft ist für ihn aus diesem früheren Handeln noch nicht ablesbar. Der Abschnitt 36,16—23a.bα läuft in v. 23a.bα darauf hinaus, daß Jahwes Name künftig seinen ihm zustehenden Stellenwert für die Völker bekommen wird. An welche Ereignisse

---

[38] Vgl. Ez 24,14.
[39] Vgl. 20,44.

gedacht ist, die die Erkenntnis Jahwes unter den Völkern bewirken werden, bleibt hier offen. Damit erweist sich Ez 36,16—23a.bα als fortsetzungsbedürftig; es ist aber keineswegs so, daß die geforderte Weiterführung in 36,23bβ—32 vorliegt. Vielmehr ist die für Ez 36,16—23a.bα zu fordernde Fortsetzung in Ez 38/39* zu suchen.

Mit dem Verweis auf ein bevorstehendes, letztes Eingreifen Jahwes soll in dieser Abfolge dargelegt werden, auf welche Weise Jahwe seinem bisher unter den Völkern verkannten Namen universale Anerkennung verschaffen wird; damit will der Verfasser Anfragen und Zweifel im Blick auf Jahwes geschichtsmächtiges Planen und Lenken zugunsten Israels im Bereich der Völkerwelt entgegentreten. Diese Bearbeitung und die dahinter stehenden Reflexionen berühren sich mit den Darlegungen in Ez 20; doch sind in Ez 20 die Akzente insofern anders als in 36,16—23a.bα; 38/39 gesetzt, als nicht mehr erst eine letzte Entscheidung mit der Vernichtung eines Israel bedrohenden Feindes erfolgen muß; Jahwes planvolles Handeln kommt in Ez 20 mit der Sammlung der Diaspora und ihrem Dienst auf Jahwes heiligem Berg (20,40) zum Ziel.

Die These einer ursprünglichen Textfolge Ez 36,16—23a.bα; 38/39* stützt das Textzeugnis des vorhexaplarischen Pap. 967, der bekanntlich Ez 38/39 direkt im Anschluß an 36,16—23a.bα bietet, also die Darlegungen über Gog etc. als die Lösung kennt, auf die hin die in 36,16—23a.bα verhandelte Problemstellung angelegt ist. Ein weiteres Stadium einer die Diasporasituation reflektierenden Bearbeitung ist in Ez 36,23b ff. erkennbar. Hier wird die in Ez 20 eingeschlagene Linie aufgenommen. Die in 36,16—23a.bα; 38/39* eschatologisch ausgerichtete Konzeption, die ein die Völkerwelt tangierendes endgültiges Gerichtshandeln postuliert, scheint hier aufgegeben.

Damit zeichnet sich deutlich ab, daß die die golaorientierte Engführung aufbrechenden Textanteile zum Thema »Israel in der Diaspora« aus sukzessiver Weiterarbeit resultieren. Weitere Eingriffe, die zeigen, daß das Ezechielbuch auf Fragestellungen der Diasporasituation hin aktualisiert worden ist, sind z. B. in 4,13; 6,8—10; 11,14—21*; 12,1—16; 22,15; 34,13 deutlich erkennbar[40].

---

[40] Vgl. noch zu Ez 3,22—27 und 33,1—20 oben S. 21 ff.; 32, Anm. 114.

B. Zur Frage nach den ältesten Texten im Ezechielbuch

I. Das Problem

Das jetzige Ezechielbuch ist als ein durch und durch kompositionell erstellter Gesamtentwurf einzustufen, der zudem, wie aus den vorstehenden Untersuchungen hervorgeht, noch zeitlich vorausgehende Teil- oder Unterentwürfe enthielt[1]. Trotz dieser schwierigen Ausgangslage[2] kann sich die Ezechielforschung nicht der Aufgabe entziehen, jene Texte aufzuspüren und genauer zu sondieren, die möglicherweise zum ältesten Bestand des Buches gehören und die demzufolge als Ausgangsbasis aller weiteren literarischen Ausgestaltungen gelten können.

Nur so kann es gelingen, die »Voraussetzungen dieses Literaturwerkes«[3] aufzuhellen, das Buch als Ganzes ebenso wie seine Teile besser zu verstehen und tiefere und genauere Einsichten in jene geistig-religiöse Umbruchsituation zu gewinnen, in die »Israel« durch die katastrophalen Ereignisse von 597 und 587 geraten war.

Allerdings ergibt sich bei Versuchen in dieser Richtung folgendes grundsätzliche Problem: Wie kann man angesichts der Textverhältnisse im Ezechielbuch auf der Suche nach den ältesten Texten überhaupt sicher unterscheiden zwischen Texteinheiten oder -abfolgen, die tatsächlich aus der Zeit um 587 v.Chr. stammen, und solchen, in denen verschriftete Ergebnisse späterer, exilischer und nachexilischer Theologie vorliegen?

Die erste Aufgabe muß folglich darin bestehen, sichere Ausgangskriterien zu gewinnen. Nur wenn das gelingt, kann die Ezechielforschung die Gefahr vermeiden, daß sie zu falschen Schlüssen auf das Alter und die zeitliche Abfolge der Texte verleitet wird. Ein Weg zu solchen Ausgangskriterien eröffnet sich über vergleichende Gegenüberstellungen von thema-

---

[1] Gegen BECKERS These von »einem Prophetenbuch aus der Retorte, das von vornherein und ausschließlich den Exilspropheten Ezechiel zeichnen will« (Erwägungen, S. 138).

[2] Vgl. z.B. R. RENDTORFF, Einführung, S. 226: »Die vielschichtige und kunstvolle Komposition des Buches Ezechiel macht es so gut wie unmöglich, über die Person des Propheten Genaueres zu erfahren«; man wird »angesichts der Komposition des Buches auf die Rekonstruktion einer ›ursprünglichen‹ Verkündigung des Propheten selbst verzichten müssen«; vgl. auch schon HERRMANN, Heilserwartungen, S. 281 f.: »Ezechiel steht uns in seinem Buch wechselweise ebenso nahe und ebenso fern wie der historische Jesus im Johannes-Evangelium ... Wenn es so ist, daß im Buch Ezechiel ebenso wie im Johannes-Evangelium, ausgehend von einer Überlieferung über die Prophetenpersönlichkeit, eine theologisch vereinheitlichende Buchschöpfung unter dem Namen Ezechiel vorliegt, dann ist zuerst nach den Voraussetzungen dieses Literaturwerkes, erst in zweiter Linie nach den Schicksalen des Propheten zu fragen«.

[3] Vgl. HERRMANNS Feststellung in der obigen Anmerkung!

tisch verwandten Einzeltexten (formal als eigenständig ausgewiesene und als solche erkennbare Einheiten). Von solchen Gegenüberstellungen darf erwartet werden, daß dem Vergleichsmaterial Anhaltspunkte dafür zu entnehmen sind, in welchem zeitlichen oder sachlichen Neben- bzw. Nacheinander solche Einzeltexte stehen[4]. Solches Vergleichsmaterial bietet sich besonders in Ez 15; 17 und 19 an. Daß sich die in Ez 17,5−10 dargelegte »Geschichte« von einem Weinstock in mehreren Punkten mit der in Ez 19,10−14 vorliegenden Klage (vgl. v. 14 *qynh*) über das tragische Geschick eines Weinstocks berührt,[5] ist offenkundig. Da das Thema »Weinstock« (*gpn*) auch in Ez 15 verhandelt wird, ist auch dieses Kapitel in die Untersuchung einzubeziehen.

---

[4] Zu methodischen Fragen und Problemen der »Prophetenexegese« vgl. besonders SCHOTTROFF, ZThK 67, besonders S. 293 f.!

[5] M. GREENBERG, Ezekiel 1−20, S. 359; »... the two (sc. Ez 17 und 19) are indeed similar«; zu Einzelheiten vgl. unten S. 174 ff.

II. Textanalysen

1. Ez 19,1–14

a) Zum jetzigen Kontext

Das Kapitel setzt ein mit einer Aufforderung an eine in der 2. pers. singl. masc. angeredete Person, ein Klagelied (*qynh*) über die »Fürsten«[1] Israels anzustimmen. Der jetzige Abschlußvers 14 nimmt das Stichwort *qynh* wieder auf, indem hier festgestellt wird, daß die vorausgehenden Verse ein Klagelied sind und zum Klagelied geworden sind. Das gesamte Kapitel ist also jetzt als eine durch Einleitungs- und Schlußvers zusammengehaltene Texteinheit gekennzeichnet. Ob man sich diese so abgegrenzte Texteinheit als aus einem Guß entstanden vorstellen muß, bleibt allerdings noch zu überprüfen.

Unübersehbar ist, daß sich Ez 19,10–14 sehr eng mit Ez 17,1–10 berührt. Beide Texte verwenden in poetischer Redeform das Bild vom Weinstock. Damit stellt sich die Frage, ob und wie das für einen ursprünglichen literarischen Zusammenhang zwischen diesen beiden Kapitel gewertet werden kann.

Da sich jetzt Ez 18 zwischen beide Stücke schiebt, ist außerdem zu klären, welche Hintergründe und Anliegen für die Erstellung dieser Kapitelfolge Ez 17–19 ausschlaggebend gewesen sein können[2]. Eine Beantwortung dieser Frage hängt weithin davon ab, wie der literarische Charakter von Ez 18 zu beurteilen ist. Im Blick auf die in diesem Kapitel in den Versen 21–32 im Vergleich zum Vorausgehenden spezifische Problematik ist nicht auszuschließen, daß Ez 18 zunächst gar nicht in toto in vorliegender Gestalt hier untergebracht worden ist. Darüber hinaus, daß Ez 18,21–32 möglicherweise als eine nachträgliche Erweiterung eines älteren vorgegebenen Stückes 18,1–20 einzustufen ist[3], müßte auch für Ez 18,1–20 überprüft werden, ob diese Texteinheit eventuell einen noch

---

[1] Lxx: »den Fürsten«.

[2] Nach ZIMMERLI zerreißt Kap. 18 »den älteren Zusammenhang von 17 und 19 ... Die Bildrede 17 und die in Bildrede gehaltene *qynh* von 19 sind offensichtlich schon in einer früheren Phase der ›Redaktion‹ zusammengestellt worden« (Ezechiel 1–24, S. 110*).

[3] Vgl. dazu SCHULZ, Todesrecht, S. 178; ferner S. 184: Nach SCHULZ ist 18,21 ff. wie 14,21 ff.; 22,23 ff.; 33,21 ff. an eine sogenannte deutero-ezechielische Grundschicht (vgl. z. B. Ez 14,1–20; 18,1–20; 22,1–16; 33,1–20) angefügt worden. — Zu Ez 18 vgl. ferner GARSCHA, Studien, S. 304.

älteren Kern enthält, also in einem Vorstadium besser als die jetzt ange-
wachsene Textfassung von Ez 18 zwischen Ez 17 und 19 eingepaßt war[4].
    Nicht minder schwierig als die Erhellung der Hintergründe für die
Verknüpfung von Ez 19 mit dem vorausgehenden Kontext ist es, die
Beweggründe zu erfassen, die für die Fortsetzung dieses Kapitels mit
Ez 20 eine Rolle gespielt haben müssen. Auch hier ist in Rechnung zu
stellen, daß Ez 20 in der jetzigen Gestalt möglicherweise gar nicht aus
einer Hand stammt[5], bzw. erst nachträglich zwischen Ez 19 und Ez 21
eingeschaltet worden ist[6]. Eine genaue Beurteilung der jetzigen Stellung
von Ez 19 im Kontext und der dafür zu veranschlagenden kompositionel-
len bzw. redaktionellen Vorgänge setzt umfassende Textanalysen zu den
Kontexteinheiten, zunächst aber zu Ez 19 selbst voraus.
    Die sich vom Kontext klar abgrenzende und durch Einleitungs- und
Schlußvers zusammengehaltene Texteinheit gliedert sich deutlich in zwei
Abschnitte: 19,1−9 und 19,10−14. Der Abschnitt 19,10−14 liegt zwar
thematisch mit den vorausgehenden Versen auf einer Linie, er hebt sich
jedoch andererseits deutlich durch die Verwendung neuen Bildmaterials
von ihnen ab. Wir setzen ein mit einer Untersuchung von 19,1−9.

b) Ez 19,1−9 Analyse

    V. 1 enthält eine Aufforderung an ein männliches Individuum (*w'th*),
eine Klage (*qynh*) über die »Fürsten« Israels (*nśy'y yśr'l*) anzustimmen[7]. Der
Inhalt der Klage wird nach einer zusätzlichen Redebeauftragung (v. 2aα
w'mrt) dem Sprecher anschließend mitgeteilt. Nach v. 1.2aα in Verbindung
mit dem vorausgehenden Kontext (Jahwerede; vgl. Ez 18,1) ist folglich
der in 19,2aβ−9 (ebenso 19,10−14) wiedergebene Wortlaut der *qynh*[8] als
von Jahwe offenbart gedacht.
    V. 2 führt eine »Mutter«[9] ein, die als Löwin dargestellt ist, die ihre
Jungen großzieht. Eines ihrer Jungen »erhöht« sie (v. 3), es wird zum

---

    [4] Vgl zu Ez 18 unten S. 219 ff.
    [5] Vgl. Ez 20,27−29 bzw. 20,27−31; dazu GARSCHA Studien, S. 115; ZIMMERLI (Ezechiel
       1−24, S. 450 f.) hält Ez 20,32−44 für eine Weiterführung des in 20,1−31 [ohne 27−
       29.31*] vorliegenden Grundtextes; HÖLSCHER (Hesekiel, z. St.) beurteilt das Kapitel als
       einheitlich.
    [6] Vgl. dazu die Beobachtungen oben in Teil A., S. 54 ff.
    [7] *nśy'*/*nśy'ym* im näheren Kontext zu Ez 19 vgl. 21,17.30; 22,6.25(LXX); im Ezechielbuch
       generell: 7,27; 12,10.12; 26,16; 27,31; 30,13; 32,29; 34,24; 37,25; 38,2.3; 39,1.18; 44,3;
       45,7.8.9.16.18; 48,21.22.
    [8] *qynh* in Ez sonst noch 2,10; 26,17; 27,2.32; 28,12; 32,2.16.
    [9] Zum Stichwort »Mutter« vgl. Ez 16,3.44.45; 23,2 = »Jerusalem«; Jes 50,1 = Israel oder
       Zion/Jerusalem; II Sam 20,19 = eine Stadt; Jer 50,12 = Babel; Hos 2,4 = »Volk« (?).
       Fragt man, ob schon der Verweis auf »deine Mutter« erkennen läßt, von wem im
       folgenden die Rede ist, so könnten Ez 16,3.44.45; 23,2 sowie der dem Komplex Ez 17−

Junglöwen, lernt zu rauben und Menschen zu fressen. Daraufhin (v. 4) werden Völker gegen ihn aufgeboten, er wird in einer Grube gefangen und an Haken nach Ägypten geführt.

Rückte v. 3b.4 das Geschick des Löwenjungen in den Blick, so konzentriert sich v. 5 wieder auf die Löwenmutter: Da sie sehen muß, daß ihre Hoffnung zerschlagen ist[10], nimmt sie ein anderes ihrer Jungen und bestimmt es zum Junglöwen. Auch dieser Junglöwe (v. 6) lernt wieder (vgl. v. 3b) zu rauben etc. Nach v. 7b[11] erschauert das Land vor seinem Gebrüll. Man bietet wieder (v. 8; vgl. v. 4) Völker gegen ihn auf, wirft das Netz über ihn, er wird in einer Grube gefangen; mit einem Halsband oder Halsblock (aus Holz) bringt man ihn zum König von Babel (v. 9a), so daß man seine Stimme nicht mehr hört auf den Bergen Israels (v. 9b).

Die jetzige Einheit 19,1—9 besteht folglich aus einer einleitenden Redeaufforderung in 19,1.2aα1, die zugleich den folgenden Redeinhalt als Qina definiert[12], und dem überwiegend im Qina-Metrum[13] gefaßten Redeinhalt. Der Redeinhalt gliedert sich in die eingangs in 19,2aα2 aufgeworfene Frage (*mh 'mk*) nach dem Geschick oder Stellenwert einer »Mutter« und die sich daran anschließende Antwort (bis v. 9). Angesprochen ist eine 2. pers. singl. masc. Die Antwort selbst fällt zweigliedrig aus: a) 19,2—4; b) 19,5—9. Die einführende Information in 19,2aβ.b über eine Löwin stellt die Klammer dar, die beide Glieder zusammenhält. Ein weiteres Bindeglied ist 19,5a, indem hier gleichsam zu 19,2—4 ein Fazit gezogen und zugleich zu 19,5b—9 übergeleitet wird.

---

[10] vorausgehende Kontext, in dem Jerusalem das zentrale Thema zu sein scheint (vgl. Ez 14,21 ff. [die diesem Abschnitt vorausgehenden Texteinheiten konzentrieren sich in der Regel auf »das Haus Israel« oder »das Land Israel«; vgl. schon 7,1 ff.; 12,21 ff.; u. ö.]; 15,6; 16,1 ff.) darauf hindeuten, daß eine Gleichsetzung der »Mutter« mit Jerusalem intendiert ist.

[10] *ky nwḥlh* ist nicht eindeutig; ZIMMERLI (Ezechiel 1—24; z. St.) liest: *nw'lh* = »als Tor dastehen, zuschanden werden«.

[11] Das Aussageziel von v. 7a ist unklar; M: »Und er erkannte seine Witwen und verödete ihre Städte«; BHS App. schlägt vor: »Und er zerbrach (= *wyr'* [*r''* II]) ihre Paläste (*'rmnwtyhm* für *'lmnwtyw*) …«; über die bisherigen zahlreichen Lösungsvorschläge vgl. den forschungsgeschichtlichen Überblick bei BEGG, EThL LXV, 4 S. 370—380; vgl. demnächst auch I. KOTTSIEPERS Abhandlung über Ez 19,1—9, die mir im Entwurf freundlicherweise zugänglich gemacht wurde (geplant für ZAW Bd. 103[f.?]). Nach KOTTSIEPER ist v. 7a »als eine Glosse zu verstehen«, »die auf die Zerstörung Jerusalems zurückblickt. Sie entspricht dabei bes. II Chr 36,19: Dort wird berichtet, daß neben dem Tempel auch *kl 'rmnwtyh* zerstört wurden … Der Glossator zeigt sich … vom Chronisten abhängig«.

[12] Da in der vorliegenden Textanordnung auf 19,2—9 mit 19,10—14 eine neue, selbständige Redeeinheit ohne spezielle Einleitung folgt, deckt 19,1 jetzt das gesamte Kapitel ab (vgl. auch die Wiederaufnahme von *qynh* in v. 14).

[13] Vgl. dazu z. B. JAHNOW, Leichenlied, S. 201; ferner demnächst KOTTSIEPERS Abhandlung über Ez 19,1—9 (s. o. Anm. 11).

Zwischen beiden Aussagegliedern bestehen neben inhaltlichen auch sehr auffällige formale Korrespondenzen: 19,3a entspricht fast wörtlich 19,5b, 19,3b wörtlich 19,6b, 19,4 taucht zum großen Teil in den ausführlicher gefaßten Schlußversen (19,8.9) auf. Beide Teile schließen jeweils mit Verweisen auf geographisch/historische Größen (v. 4 »Land Ägypten«; v. 9 »König von Babel«; »Berge Israels«).

Andererseits ist nicht zu übersehen, daß der zweite Teil im Vergleich zum ersten die dargestellten Vorgänge umfassender gestaltet. So fehlt im ersten Teil zu den Aussagen in 19,6a.7b[14].8bα.9b jeweils das Pendant.

Diese Beobachtungen legen einerseits die Vermutung nahe, daß die Zweigliedrigkeit ebenso wie die Korrespondenzen zwischen beiden Teilen auf planvolle Gestaltung ein und desselben Autors zurückgehen. Andererseits bleibt zu prüfen, ob die beobachtbaren Divergenzen damit zusammenhängen, daß die jetzt durchkonzipierte Texteinheit eine Vorgeschichte hat, hier also vorgegebenes Textmaterial verarbeitet worden ist.

Wir setzen mit der Frage ein, aus welchen Gründen und auf welcher Reflexionsebene die jetzige Texteinheit zweiteilig konzipiert worden ist. Hier hilft die Beobachtung weiter, daß den Hinweisen auf die geographischen und historischen Größen »Ägypten« (v. 4b), »Babel« (v. 9a) und »Israel« (v.9b) für das jetzige Aussageanliegen ein besonderer Stellenwert zukommt.

Deutlich ist in jedem Fall, daß 19,4b.9 über den Horizont einer bloßen »Löwengeschichte« hinausweisen sollen. Denn hier wird das Geschick der Tiere mit ganz konkreten historischen Gegebenheiten verknüpft. Die entsprechenden Angaben gehen über die Feststellung hinaus, daß der jeweilige Junglöwe gefangen etc. wird. Die Verweise auf die Verschleppung nach Ägypten bzw. Babel und die Lokalisierung des Geschehens in Israel machen dem Hörer bzw. Leser deutlich, daß diese Geschichte über den Vordersinn eines Löwengeschicks hinaus einen Hintersinn enthält, der im Zusammenhang steht mit den historischen Größen »Ägypten« und »Babel«.[15]

D. h.: Die vorliegende Abfolge ist mit v.4b.9a. offensichtlich im Blick auf bestimmte historisch/politische Konstellationen konstruiert worden:

---

[14] Zu v. 7a vgl. oben Anm. 11.

[15] Für die Tiererzählung bedeutet diese Verknüpfung mit historischen Gegebenheiten, daß das angesprochene Geschehen nun eine Bildebene und eine Sachebene erhält. Es geht also nicht bloß darum, dem Hörer oder Leser darzulegen, daß eine Löwenmutter mit ihren Versuchen, ihrer Eigenart und Bestimmung gerecht zu werden, scheitern kann oder muß; dazu hätte es genügt, die Gefangennahme allgemein oder gar die Tötung durch die »Völker« anschließend zu konstatieren, also jeweils mit v. 4a und v. 9aα ohne die folgenden Details zu enden. Das Aussageziel wäre in diesem Fall dann lediglich gewesen: Da, wo Löwen gefangen werden können, haben sie keine Zukunft und Chance mehr; oder: die belegbare Tatsache, daß man gefährliche Löwen schließlich fangen kann, zeigt, daß ihre Gefährlichkeit begrenzt ist oder sogar völlig beseitigt werden kann.

Zunächst ist Ägypten der besondere »löwenzwingende« Machtfaktor, dann ist es Babel. Es sind also die »Fänger«-Mächte Ägypten und Babel, mit denen die Löwenmutter und ihre Junglöwen kollidieren.

Zum vollen Hintersinn des Textes führen weitere Einzelaspekte, die die historische Konstellation, von der das Verhalten und das Geschick der Löwenmutter und ihrer Junglöwen tangiert sind, konkretisieren. Stellt sich dem Hörer oder Leser von Anfang an im Blick auf die Anrede »deine Mutter« nicht nur die Frage, wer eigentlich angesprochen ist, sondern auch, woraufhin denn die Rede von der Löwenmutter und ihren Jungen zielt, so wird seine Spannung zunächst bis v. 4a offen gehalten. Dann erfährt er in v. 4b, daß es sich um eine Löwenmutter handelt, die ihren Junglöwen durch Verschleppung nach Ägypten verliert. Diesem ersten Hinweis auf eine historisch-politisch identifizierbare Größe folgt in v. 9aβ ein zweiter (Babel). Mit diesen beiden »Daten« in dieser Reihenfolge sind dem Hörer zwei Fixpunkte vorgegeben, die ihm den Hintersinn der Löwengeschichte aufschließen. Ägypten und Babel sind für den israelitischen Hörer emotional stark besetzte politische Größen. Vorgänge, die mit diesen politischen Größen zu tun haben und den eigenen Bereich tangieren, sind ihm vertraut. Fällt somit die Feststellung einer Verschleppung nach Ägypten bzw. Babel, und noch dazu in dieser Abfolge, so braucht er nicht lange zu rätseln, worauf diese Löwengeschichte anspielen will. Vor Augen stehen müssen ihm die Vorgänge um den nach Ägypten verschleppten König Joahas (vgl. II Reg 23,33 f.) sowie um den nach Babel ins Exil geführten König Jojachin oder Zedekia[16]. Der Hintersinn dieser Löwengeschichte zielt also auf Grund der historisierenden Züge auf den Stellenwert und das Schicksal des judäischen Königtums, bzw. seiner Könige, und zwar im Blick auf die politischen Umwälzungen und Entwicklungen im ausgehenden 7. und zu Beginn des 6. Jahrhunderts.

Nach zweimaliger Gefangennahme eines Davididen und anschließender Verschleppung erkennt der für Ez 19,1—9 zuständige Autor die grundsätzliche Beschränkung der Entfaltungsmöglichkeiten des davidischen Königtums[17] und damit Jerusalems[18] als des Trägers dieses König-

---

[16] Beide Auffassungen werden vertreten; daß neben Zedekia (vgl. z. B. Fohrer, Ezechiel, z. St.) auch Jojachin in Frage kommt, wird man nicht nur deswegen erwägen, weil es nicht einleuchtet, daß gerade im Ezechielbuch dieses Geschick übergangen wird; hier ist auch zu beachten, daß die Sichtweise von Ez 19,3 und 5 (Initiative jeweils der Löwenmutter!) stimmiger bleibt, wenn die Junglöwen mit Joahas und Jojachin identisch sind; denn Zedekia galt ja schon als König von Babels Gnaden (vgl. II Reg 24,15 ff.; so ausführlich Ez 17,5!).

[17] Vgl. auch die Reaktion auf diese Vorgänge in Jer 22,10 und 22,28!

[18] Vgl. dazu oben Anm. 9; offen bleiben kann die schwierige Frage, ob in der Löwenmutter das davidische Königtum oder Juda bzw. Jerusalem insgesamt zu sehen ist. Es ist jedenfalls die Größe oder Institution gemeint, mit der das Königtum und die judäischen Könige aufs engste verbunden sind.

tums, weil nun unübersehbar die Lebenskraft des Königtums gebrochen erscheint. Diese Einsicht geht der Abfassung von Ez 19,1—9 voraus, und diese Einsicht sucht der zuständige Autor zu vermitteln.

Folglich liegt die Annahme nahe, daß derjenige, der die einschneidenden Ereignisse der Gefangennahme etc. zweier judäischer Könige thematisiert, hinsichtlich der Zweigliedrigkeit des Löwengedichts nicht von einem wie auch immer gefaßten vorgegebenen Text über eine Löwin und ihre Jungen beeinflußt ist, sondern selbst die vorliegende Doppelung bewerkstelligt hat.

Der Sinn der vor Augen stehenden Ereignisse und ihr Stellenwert soll mit Hilfe eines Vergleichs erschlossen und dargelegt werden. Zum Vergleich geeignet erscheint der mächtige, stolze Löwe, der trotz seiner Macht gefangen wird. Daß gerade dieser Vergleich gesucht wird, dürfte kein Zufall sein; denn in Gen 49,9 (vgl. Num 23,24; 24,9) im Zusammenhang mit dem sogenannten Jakobssegen wird »an hervorragender Stelle das Bild des königlichen Löwen für den Königsstamm Juda«[19] verwendet[20]. Beide Stellen enthalten sehr altes Aussagematerial. Der in Gen 49,9 vorliegende Tiervergleich »als solcher und in seiner Entfaltung sagt das Lob für den Stamm Juda ausreichend aus ... Der Löwe gilt als das mächtigste, stärkste und kühnste Raubtier; ebendies sagt der Vergleich von dem Stamm Juda«[21]. Die Berührungen zwischen unserer Stelle und Gen 49,9 sind auffällig und sicher beabsichtigt[22]. Der Hörer soll somit in Ez 19,2 ff. auf eine Vorstellung und Überzeugung hin angesprochen werden, die in Juda für sein Selbstwertgefühl prägend war und einen deutlichen Stolz ausdrückte. Diesem Selbstwertgefühl wird Rechnung getragen und nicht widersprochen. Die Gedankenführung läßt keinerlei kritisierende Züge[23] erkennen[24].

Ist demzufolge davon auszugehen, daß dem Verfasser das traditionell hoch besetzte Bild des Löwen vorgegeben war, so ist allerdings immer noch offen, ob es sich ihm schon in einer ausgeführten Redeform anbot oder ob er es lediglich — möglicherweise in loser Anspielung auf Gen 49,9 — aufgegriffen hat und dementsprechend ohne Rücksichtnahme auf eine vorgeprägte Redeform die für die eigene Aussageabsicht geplante Redeeinheit 19,1—9 eigenständig konzipierte.

Letzteres ist m. E. deswegen weniger wahrscheinlich, weil in diesem Fall doch wohl die oben vermerkten Divergenzen und das jetzige Überge-

---

[19] ZIMMERLI, Ezechiel 1—24, S. 424.

[20] Zum Bild des Löwen vgl. auch Num 23,24; ferner Nah 2,12 ff.; Dtn 33,20.

[21] Vgl. WESTERMANN, Genesis, S. 260. — Zum Vergleich mit einem Löwen siehe auch II Sam 1,23 und I Makk 3,4!

[22] Vgl. *lby'*, *rbṣ*, *gwr*, *ṭrp*.

[23] Zu Ez 19,7a vgl. oben Anm. 11.

[24] »Daß ein Löwe Beute macht, Menschen frißt und laut brüllt, wird im antiken Sinne zum Preise des Helden gesagt« (so JAHNOW, Leichenlied, S. 205 zu I Makk 3,4).

wicht der zweiten Aussagehälfte zu vermeiden gewesen wären. Außerdem verwundert, daß der Verfasser bei völlig eigenständiger Konzipierung die Form der Qina wählt, obgleich die Textfolge »einen ganz epischen Charakter«[25] trägt und er »den Untergang eines ganzen Herrscherge-schlechtes als das Ergebnis einer folgerichtigen Entwicklung mit epischer Ruhe darstellen kann«[26]. Daß Ez 19,2—9 über das Versmaß hinaus noch weitere Charakteristika der Qina enthält, nämlich in v. 2aα (*mh* '*mk̲*) »die direkte Anrede des ›Toten‹ am Anfang«, die »zwingend zum Stil des Leichenliedes zu gehören« scheint[27], ferner die ebenfalls der Qina eigenar-tige Negation des Normalen[28] in v. 9 (vgl. die Korrespondenz zu v. 7b), der Gegensatz von Einst und Jetzt[29], daß der Verfasser auf der anderen Seite mit der gesamten Aussageeinheit deutlich den Rahmen einer reinen Klage überschreitet, weil er über einen längeren Zeitraum sich erstreckende geschichtliche Entwicklungen eindrucksvoll vor Augen stellt, diese Ambi-valenz erklärt sich m. E. am besten, wenn der Verfasser sein Aussageanlie-gen unter Einfluß einer vorgegebenen Qina formuliert. Fohrers Erwä-gung, daß der Verfasser »ein profanes Volkslied oder -gedicht … verwer-ten« konnte, und daß das »ursprüngliche Lied … von einem einzigen Löwen erzählt« habe, »den die Löwin aufgezogen hat, … und der Schaden anrichtet und Schrecken verbreitet, bis der Mensch ihn … zu überwältigen weiß (ursprüngliche Gedanken vielleicht in 2.6—9).«[30], ist dann dahinge-hend zu modifizieren, daß »die kürzere Vorlage, die zweimal abgewandelt wird«[31], eine eingliedrige Qina gewesen ist.

Da der oben erwähnte, für die Qina charakteristische Gegensatz von Einst und Jetzt besonders deutlich im zweiten Teil von 19,1—9, also in den Versen 5b—9, erkennbar ist, obwohl dieser Gegensatz (vgl. v. 7b und v. 9b) für das Aussagegefälle der jetzigen Gesamteinheit funktionslos ist, liegt die Vermutung nahe, daß hier die vorgegebene, eingliedrige Qina

[25] So Jahnow, Leichenlied, S. 201.

[26] Jahnow, Leichenlied, S. 202; vgl. auch Krieg, Todesbilder, S. 456, der für Ez 19,2—9 »ein episches Gefüge« konstatiert, das »die poetischen Bauformen narrativ zu sprengen droht«.

[27] Jahnow, Leichenlied, S. 206, mit der Begründung: »denn in eine solche Erzählung, die durchgehend in der dritten Person gehalten ist, paßt sie eigentlich nicht«, ebd.; zur Anrede des Toten vgl. z. B. II Sam 1,26; 3,34; Jer 38,22.

[28] Vgl. Jahnow, Leichenlied, S. 206, ferner S. 131.

[29] Vgl. dazu Jahnow, Leichenlied, S. 202 u. ö; ferner Krieg, Todesbilder, S. 455: »Die Qinaelemente stellen die einstmals hochragende Macht und Pracht neben den jetzt offenkundigen Untergang«; vgl. auch S. 451 und S. 458.

[30] Vgl. Fohrer, Ezechiel, S. 104; Kottsieper (s. o. Anm. 11) denkt an ein Lied über eine erfolgreiche Löwenjagd.

[31] Fohrer, ebd.

erhalten geblieben ist[32]. Ihr ursprünglicher Einsatz war die jetzt eingangs in 19,2aα in der direkten Anrede aufgeworfene Frage *mh 'mk* und der anschließende Verweis auf die Löwin (2aβ.b). Als originale Textfolge läßt sich erschließen: 19,2a[33].b.5b.6.7b.8*.9*[34]. Sie besteht aus zwei Teilen: a) 19,2aα = Eingangsfrage; b) 19,2aβ.b.5b.6.7b.8.9 = Antwort. Die Antwort ist zweigliedrig; 19,2aβ.b.5b.6.7b schildern den von einer Löwin initiierten Aufstieg und die Größe ihres Junglöwen, 19,8*.9* seinen Untergang. Unter Vorbehalt[35] läßt sich folgender Inhalt rekonstruieren:

> 19,2 Was ist mit deiner Mutter?[36]
> Eine Löwin zwischen Löwen,
> lagerte unter Junglöwen ... (?)
> 19,5b Und sie nahm eines von ihren Kleinen,
> zum Junglöwen macht sie es.
> 19,6 Und er stolzierte inmitten der Löwen,
> war ein Junglöwe;
> und er lernte Raub zu rauben,
> Menschen fraß er.
> 19,7b Und das Land und seine Fülle erschauerte
> *vor dem Lärm (qwl) seines Gebrülls.*
>
> 19,8 Da bot man gegen ihn Völker auf,
> von ringsumher ... (?)
> und sie warfen das Netz über ihn,
> in ihrer Grube wurde er gefangen.
> 19,9 Und sie gaben ihn in den Käfig an Haken,
> und brachten ihn fort,
> *auf daß man seine Stimme (qwl) nicht mehr höre ... (?)*

---

[32] Daß die Überschrift in v. 1 ursprünglich von einer Qina über einen Fürsten (vgl. Lxx; JAHNOW, Leichenlied, S. 204, hält den Singular für »ursprünglich«, »da eine nachträgliche Änderung des viel besser in den Zusammenhang passenden Plural in den Singular unwahrscheinlich ist«.) ausgeht, ist möglicherweise ein Indiz dafür, daß sie zunächst nur für eine eingliedrige Qina konzipiert war.

[33] Ohne die Redeaufforderung.

[34] Der Hinweis auf die Verschleppung zum König von Babel stammt erst vom für 19,1– 9 insgesamt verantwortlichen Autor; ob auch der Hinweis auf »die Berge Israels« erst später angebracht worden ist, ist schwer zu entscheiden.

[35] Vgl. HÖLSCHERS (Hesekiel, S. 90) Betonung zu seiner Übersetzung der »Gedichte Hesekiels«, »daß diese Übersetzungen nicht den Anspruch exakter wissenschaftlicher Wiedergabe machen können. Nicht nur, weil die Herausschälung des echten Bestandes dieser Gedichte und die Feststellung des Urtextes notwendigerweise in vielen Einzelpunkten ganz unsicher bleibt und bleiben wird, sondern auch, weil wir im Punkte der hebräischen Metrik noch weit davon entfernt sind, sichere Gesetze aufstellen zu können. Die Übersetzungen sollen nur dazu dienen, dem Leser die Ergebnisse der Analyse in groben Umrissen ein wenig zu veranschaulichen«; zu den Problemen einer hebräischen Metrik vgl. z. B. KAISER, Einleitung[5], S. 326 ff.

[36] Oder: Was ist deine Mutter?

Es handelt sich um einen wirklichen Klagetext. Der Klageanlaß ist den Hörern vertraut; im Bild vom Verlust und Untergang des einst prächtigen Junglöwen, der Gegenüberstellung von Einst und Jetzt, wird dieser Klageanlaß als eine bestürzende Verlusterfahrung angesprochen. Während das klassische Leichenlied naturgemäß auf einen tatsächlichen Todesfall zurückblickt, ist allerdings das hier verhandelte beklagenswerte Geschick, wie dem Bild von der Gefangennahme und Verschleppung des Junglöwen zu entnehmen ist, nicht im eigentlichen Sinne ein Todesgeschick. Berücksichtigt man, daß der Löwenvergleich bevorzugt auf Fürsten und Könige Verwendung fand[37], so liegt die Vermutung nahe, daß diese Klage auf ein dem Bild entsprechendes besonders beklagenswertes Geschick eines judäischen Königs reagiert, also nicht den Tod, sondern die Gefangennahme und Verschleppung eines Königs widerspiegelt.

Das bedeutet, daß diese Klage nicht als Totenklage im ursprünglichen Sinne fungiert. Daß sie in einen über das normale Einzelgeschick hinausreichenden Klagehorizont gehört, ist zudem dem Verweis auf die eingangs vorgestellte »Mutter« zu entnehmen. Damit wird deutlich, daß nicht allein das Geschick des von der Gefangennahme betroffenen Königs im Blickpunkt steht, sondern das gesamte weitere Umfeld, das durch jenes Geschick tangiert und bedroht ist[38]. Mit dieser »Mutter« als Löwenmutter dürfte Jerusalem als Königssitz, bzw. das Jerusalemer Königtum, vor Augen stehen[39]. Im Blick auf den konkreten Klageanlaß, die Gefangennahme eines Jerusalemer Königs, bezieht diese Klage somit zugleich die gegenwärtige Gesamtsituation des Jerusalemer Königtums mit ein. Das beklagenswerte Geschick eines Königs erscheint also in einem umfassenderen Horizont, nämlich als die beklagenswerte Situation des Königtums überhaupt, und das deswegen, weil dieses Geschick in seinem Sondercharakter die Wertstellung und den Anspruch der »Löwin« grundsätzlich in Frage gestellt hat.

Die Frage, welchen König konkret die Klage im Blick hat, ist schwer zu beantworten; denn es ist keineswegs sicher, daß angesichts der Nähe des Ereignisses, auf das die Totenklage reagiert, eine besondere Information über den Zielort der Verschleppung erforderlich war. So kommen theoretisch drei Könige in Betracht: Joahas, Jojachin und Zedekia. Auf diesen Punkt ist später noch einmal einzugehen. Unabhängig von weiteren Einsichten dazu kann hier schon als besonders bemerkenswert festgehalten

---

[37] Vgl. Saul und Jonathan in II Sam 1,23; Ez 32,2 der ägyptische König; vgl. auch I Makk 3,4.

[38] Vgl. ähnlich den Einsatz des David zugeschriebenen Leichenliedes auf Saul und Jonathan in II Sam 1,19.

[39] Vgl. oben S. 140 Anm. 9; vgl. so auch KRIEG, Todesbilder, S. 452f.: »Die Löwin als Mutter der Jungleuen trägt keine individuellen Züge, sondern bescheibt die Dynastie in ihrem Anspruch«.

werden, daß trotz der außerordentlichen Bedeutung des angesprochenen
Geschehens nirgends ein Hinweis auf tieferliegende Hintergründe und ein
Hintergrundwirken Jahwes erfolgt. Das ist zwar innerhalb dieser Klage
insofern stimmig, als sie so konsequent auf der Ebene einer Totenklage
bleibt. Auffällig ist jedoch, daß eben anstelle einer Reaktion im Rahmen
des religiösen Denkhorizontes gerade diese Reaktion auf der Ebene der
Totenklage erfolgt. Das legt die Vermutung nahe, daß der Verfasser unserer
Klage deswegen die Denkebene der Totenklage wählt, weil er die Ortung
des Geschehens nicht mehr auf der ihm bislang geläufigen religiösen
Metaebene vornehmen konnte. Er sieht sich und seine Adressaten in einer
Situation, in der ein zu Jahwe hingewandtes Reden und kultisches Handeln
nicht mehr möglich erscheint: Es bleibt nur noch die Totenklage[40].

Der für die Gesamteinheit 19,1−9 zuständige Autor hält diese in der
ihm vorgegebenen Klage eingeschlagene Linie durch; denn auch seine
erweiterte »Neuauflage« spielt nirgends auf ein Hintergrundwirken Jahwes
an. Im Rückblick auf die Vergangenheit erkennt er zu dem in der vorgegebenen Klage angesprochenen Vorgang einen weiteren Parallelfall. Da er
die Analogie der noch weiter zurückliegenden Verschleppung Joahas'
berücksichtigt wissen will, formuliert er analog zur vorgegebenen Klage
und schaltet die so konzipierten Verse 3−4 vor. Die Verkürzungen[41]
erklären sich so, daß der Autor auf die Hervorhebung des Gegensatzes
von Einst und Jetzt keinen Wert legt. Daß das Geschick Joahas' vor
Augen steht, stellt der historisierende Hinweis auf Ägypten (v. 4bβ) sicher.
Außerdem stammt von ihm v. 5a als notwendiges Bindeglied zu v. 5b ff.
Während in der vorgegebenen Klage mit dem Verweis auf die Löwenmutter lediglich implizit angezeigt war, daß das Untergangsgeschick des Löwenjungen nicht isoliert zu gewichten war, allerdings ohne daß weitere
Wertungen und Folgerungen damit einhergingen, wertet v. 5a explizit,
was bereits in diesem vorausgehenden Fall der Verlust des Löwenjungen
bedeutete: die Löwenmutter sah ihre Hoffnung zerstört[42]. Mit dieser der
Löwenmutter unterstellten Selbsteinschätzung[43] artikuliert der Autor die
Einsicht, daß die Löwenmutter, und d. h. das Jerusalemer Königtum,
bereits durch das Geschick des Joahas in eine grundsätzliche Krise geraten
war. Daß er zu dieser Einsicht im Blick zurück in die vergangene Geschichte gelangt ist, zeigt eine gewisse Distanz zu dem in der vorgegebenen
Klage angesprochenen Geschehen und zugleich zur Klagehaltung selbst

---

[40] Zur Aussonderung des Todesbereiches aus dem Zuständigkeitsbereich Jahwes vgl. z. B.
Ps 88,11 ff.; Ps 115,17 f. u. ö.; vgl. ferner JAHNOW, Leichenlied, S. 55 f.: Die »Leichenklage« war »durchaus profan, sie gehört keineswegs etwa der religiösen Lyrik an«.

[41] Vgl. dazu oben!

[42] Zu ’bdh tqwth vgl. Ez 37,11!

[43] Daß hier die Löwenmutter mit typisch menschlichen Zügen dargestellt ist, ist sonst ein
Charakteristikum von Tierfabeln.

an; das wird daran deutlich, daß die Vorschaltung der Anspielung auf das Geschick Joahas' den Sonderfall in der ursprünglichen Klage gleichsam »einebnet«. Die bloße Klageposition, die direkte Betroffenheit, die sich in der Klage mit Hilfe des Bildvergleichs Ausdruck zu schaffen versucht, hat der Verfasser der gesamten Einheit also bereits damit hinter sich gelassen, daß er geschichtliche Abfolgen beobachtet und Zusammenhänge zweier einander entsprechender Geschehnisse erkennt und gewichtet.

Wie bereits vermerkt, läßt der Verfasser ganz auf der Linie der vorgegebenen Qina kein Wort darüber verlauten, wie die vor Augen stehenden Entwicklungen zu erklären sind. Man vermißt jegliche Begründung der gleichsam unausweichlichen Unheilssituationen, da Hinweise auf ein Fehlverhalten der Könige[44] oder Verschuldungen des Volkes etc. fehlen. Außerdem ist nirgends eine Andeutung auf ein im Hintergrund der Ereignisse erkennbares göttliches Handeln enthalten; der Jahwename taucht in diesem Text überhaupt nicht auf. GARSCHA meint auf Grund dieses Befundes, das »Klagelied über den politischen Niedergang des Königtums« nicht »als originale Verkündigung eines Propheten« auffassen zu müssen. Er denkt an einen Verfasser, »der den politischen Niedergang des Königtums in Juda beklagt. Ihm stellt sich nicht die Frage nach dem göttlichen Walten, das hinter diesem Geschehen erkannt werden könnte. Er trauert schlicht um seine Könige, deren er mit unverhohlenem Stolz in Form einer Fabel gedenkt«[45]. Dieses nicht-prophetische Textgut wäre dann erst von einem späteren, dem Verfasser des ursprünglichen (eines ersten) Ezechielbuches, bei der Konzipierung des Prophetenbuches mitverarbeitet worden[46]. Unzutreffend ist mit Sicherheit die Feststellung, daß der Autor von 19,1—9 hier nur »schlicht um seine Könige« trauert[47]. Wir meinten vielmehr beobachten zu können, daß er bereits über die bloße Klageposition der vorgegebenen Qina hinausgelangt ist[48] und Einsicht in die umfassenden Konsequenzen der zurückliegenden Klageanlässe zu vermitteln sucht, nämlich, daß dem Jerusalemer Königtum schon längst sein bisheriger Stellenwert genommen ist.

Zu modifizieren ist auch die Behauptung, daß in diesem Text »die Frage nach dem göttlichen Walten, das hinter diesem Geschehen erkannt

---

[44] Ez 19,7a ist mit KOTTSIEPER (s. o. Anm. 11) eindeutig als nachexilisches Interpretament einzustufen!

[45] Studien, S. 285.

[46] Zu GARSCHAS Thesen im einzelnen vgl. Studien, S. 284 ff. und S. 288 ff.

[47] In diesem Sinne ist eher die von uns rekonstruierte vorgegebene Klage 19,2.5b.6.7b.8*.9* aufzufassen; vgl. auch II Sam 1,17—27, das Klagelied über Saul und Jonathan.

[48] Ähnlich das Urteil JAHNOWS, Leichenlied, S. 202: »Die Wirkung des alten Leichenliedes beruhte auf dem unvermittelten Gegensatz von Einst und Jetzt und auf der Stimmung der Wehmut, die dieser Gegensatz auslöste. Von dieser Stimmung weiß ... Ezechiel nichts; er kann deshalb den Untergang eines ganzen Herrschergeschlechtes als das Ergebnis einer folgerichtigen Entwicklung mit epischer Ruhe darstellen«.

werden könnte«, keine Rolle gespielt hat. In den Augen der Jerusalemer
und wohl bislang auch unseres Autors war die bisherige Ordnung der
Eigenwelt Jerusalems sicherlich eine von Jahwe gesetzte Ordnung, die
auch in ihrem Bestand als von Jahwe garantiert galt. Diese Ordnung
konnte als gesichert angesehen werden, solange sich die »Löwen« frei
entfalten konnten, solange jedenfalls nicht die Realitäten der Außenwelt
dem Gefühl von eigener Macht und Größe grundsätzlich entgegenwirkten.
Hat nun unser Autor erkannt, daß in den Ereignissen der jüngsten Vergangenheit völlig neue Mächte in bisher nicht gekanntem Vorgehen auf dem
Plan sind und daraufhin die Jerusalemer Ordnung hinfällig geworden ist,
so muß das Fehlen des Jahwenamens wie überhaupt von Andeutungen
eines göttlichen Hintergrundwirkens nicht daraus resultieren, daß sich
dem Autor die Fragen in dieser Richtung überhaupt nicht gestellt haben.
Aus dem Text geht zunächst ja nur hervor, daß er keine Auskünfte über
ein göttliches Hintergrundwirken enthält. Das kann aber schlicht damit
zusammenhängen, daß der Autor sich zu solchen Auskünften nicht in der
Lage weiß, und das deswegen, weil die Ereignisse, wie er sie gewichtet,
die bisherigen Vorstellungen von Jahwe und seinem Hintergrundwirken
in Frage gestellt hatten.

Daß der Autor nirgends auf Verschuldungen oder Verfehlungen zu
sprechen kommt, die als Erklärung für die das Königtum gefährdenden
Entwicklungen gelten könnten, deutet in die gleiche Richtung: Die vor
Augen stehenden Vorgänge waren nicht mehr mit seinen bisherigen Vorstellungen von einem seitens Jahwe garantierten Ordnungshorizont des
Jerusalemer Königtums in Einklang zu bringen. Daher gelingt vorerst
nicht mehr als die fatalistische Einsicht in den Lauf der Dinge.

Fazit: In der vorliegenden Fassung 19,1 — 9 zielt der zuständige Autor
mit dem Verweis auf die Löwenmutter, die ihre Löwenjungen großzieht,
aber mitansehen muß, daß ihre Bemühungen letztlich scheitern und umsonst sind, auf die Zurkenntnisnahme oder Anerkenntnis beklagenswerter
Abläufe und Entwicklungen. Vor Augen gestellt wird somit die hoffnungs-
lose Situation einer Löwenmutter[49], die keine Perspektive mehr hat, weil
neue Entwicklungen — gleichsam neue Umweltfaktoren — die bisher freie
Löwenexistenz nicht mehr zulassen. Die Löwin, und d. h. das Jerusalemer
Königtum, so die fatalistisch-resignative Schlußfolgerung, ist am Ende.

Daß die Löwenmutter »die eigentlich Leidtragende«[50] ist, geht schon
aus der Einleitung (v. 2) hervor, aber auch besonders aus v. 5a, wo im

---

[49] Vgl. Hiob 4,10 f.: Sogar die gefährlichen und mächtigen Löwen sind verletzlich und zu
zähmen.

[50] So Zimmerli, Ezechiel 1 — 24, S. 423.

Blick auf das Schicksal des ersten Löwenjungen vom Scheitern ihrer Hoffnung (*'bdh tqwth*) die Rede ist, eine Feststellung, die nach v. 9 dann auch nicht noch mal wiederholt zu werden braucht, da das Geschick des zweiten Löwenjungen das gleiche Ergebnis wie im ersten Fall impliziert.

Bei einem Versuch, die Frage nach Zeit, Ort und Adressaten des Autors zu beantworten, steht man vor fast unüberwindlichen Schwierigkeiten. Sicher ist nur, daß der Autor auf zwei Verschleppungen judäischer Könige zurückblickt. Im ersten Fall ist der Sachverhalt eindeutig; es handelt sich um Joahas' Exilierung nach Ägypten. Im zweiten Fall steht entweder das Geschick Jojachins oder das Zedekias vor Augen[51]. Selbst wenn man klären könnte, welcher König in der ursprünglichen, dem Autor vorgegebenen Qina[52] angesprochen ist, wäre damit noch nichts gewonnen; denn im Nachherein konnte dieser Klagetext sowohl auf das Geschick Jojachins als auch auf das Zedekias bezogen werden.

Der Beantwortung der Frage, ob der Autor die jetzige Redeeinheit 19,1—9 vor 587, also im Rückblick auf Jojachin als den zweiten Löwen, oder nach 587 im Rückblick auf Zedekia als den zweiten Löwen konzipiert hat, ist allein näher zu kommen, wenn es gelingt, mehr Klarheit über den historischen Ursprungsort der oben rekonstruierten Qina[53] zu erzielen. Ganz gleich, auf welchen König sie den Blick fixiert, ob auf Jojachin oder Zedekia — ist sie erst nach der Katastrophe von 587 entstanden, so kann auch der von dieser Qina abhängige Autor erst nach 587 gewirkt haben.

Da aus der vorgegebenen Qina für sich genommen keinerlei Erkenntnisse über ihren historischen Ursprungsort zu gewinnen sind, ist zu prüfen, ob hier nicht mit Hilfe von Analogieschlüssen weiterzukommen ist. Dazu wäre es erforderlich, vergleichbare oder gleich strukturierte Klagen heranzuziehen und deren historischen Ort zu bestimmen. Eine solche erste Möglichkeit eröffnet sich im Blick auf die folgende Redeeinheit 19,10—14.

c) Ez 19,10—14

Dieser zweite Abschnitt des Kapitels ist jetzt durch den einleitenden Verweis auf »deine Mutter« mit der vorausgehenden Einheit (v. 1—9) verklammert[54]. Beide Texteinheiten sollen jetzt im Zusammenhang gehört oder gelesen werden. Die Frage, wie die jetzige Abfolge zustande gekommen ist, läßt sich erst nach einer genauen Analyse von 19,10—14 beantworten.

---

[51] Über weitere Identifikationsmöglichkeiten und -versuche informiert Begg, Identity.
[52] Vgl. oben S. 146.
[53] Vgl. S. 146.
[54] Vgl. »deine Mutter« in v. 2.

Zum Aufbau

Das Gedicht im Qina-Metrum[55] handelt von einer »Mutter«[56], die im folgenden mit einem Weinstock verglichen[57] wird.

Der Weinstock wird positiv als fruchtbringend vorgestellt; dabei wird betont, daß seine Fruchtbarkeit mit seinem Standort zusammenhängt[58]. Die positive Kennzeichnung wird in v. 11 noch gesteigert mit der Feststellung, daß der Weinstock mehrere »machtvolle Zweige«[59] hervorbringt, die anschließend als »Herrscherstäbe«[60] bezeichnet werden (v. 11aα2; v. 14)[61].

V. 12 verweist nun auf die dem Weinstock widerfahrenen Geschehnisse (Herausreißen im Zorn, Verdorren durch den Ostwind, Feuer), die zur Folge haben, daß aus dem bisherigen üppigen, fruchtbaren, an reichen Wassern gepflanzten Weinstock ein welker, auf trockenem Wüstensand gepflanzter Weinstock wird (v. 13), so daß er keinen machtvollen Zweig (*mṭh ʿz*) mehr haben wird (v. 14aβ).

Demnach besteht Ez 19,10—14 wie die oben rekonstruierte, dem Verfasser von 19,1—9 vorgegebene Qina aus zwei einander korrespondierenden Teilen; im ersten Teil wird dargestellt, wie ein Weinstock einst unter besten Bedingungen gute Ergebnisse bringt; im zweiten, wie durch eine Wendung dieser Bedingungen zum Schlechten gute Ergebnisse hinfällig geworden und künftig nicht mehr möglich sind.

Das Grundmuster des Textes dürfte damit in seinen Grundzügen erfaßt sein. Es ist das Grundmuster einer Qina. 19,10—14 ist entsprechend dem für die Qina charakteristischen Gegensatz von Einst und Jetzt konzipiert. Besonders eindrücklich wird dieser Gegensatz am Schluß (v. 14aβ) mit der Feststellung, daß kein »machtvoller Zweig« mehr bleibt, in negativer Korrespondenz zu v. 11aα »und es wurden ihm machtvolle Zweige« herausgestellt. In diesem Punkt berührt sich der Text aufs engste mit der ursprünglichen Qina[62] in 19,2.5.b.6.7b.8—9*, wo dem Hinweis »und es erschauerte das Land und seine Fülle vor dem Lärm (*qwl*) seines Gebrülls« im Einst-Teil in v. 7b dann im Jetzt-Teil der abschließende Vermerk in

---

[55] Vgl. dazu z. B. ZIMMERLI, Ezechiel 1—24, S. 429.

[56] Vgl. dazu oben Anm. 9 zu Ez 19,2.

[57] Für das merkwürdige *bdmk* in v. 10 empfiehlt sich mit ZIMMERLI, Ezechiel 1—24, S. 419, die Herleitung von *dmh*; vgl. Thr 2,13 die Frage, womit Jerusalem in seinem Geschick zu vergleichen (*dmh*) ist; s. a. Jer 6,2, dazu RUDOLPH, Jeremia, z. St., ferner Ez 27,32; 31,2; 32,2.

[58] Vgl. zweimal *mym* in v. 10; zu »gepflanzt an Wassern ...« vgl. Ps 1,3; Jer 17,6 f.

[59] So M; Lxx hat singl.; vgl. *mṭh ʿz* ... auch in v. 12 und 14. — LANG (Aufstand, S. 109) konstatiert einen hier beabsichtigten »Doppelsinn«: Der »Hauptast ..., der herrschende Ast soll gleichzeitig als Zepter den König Judas verbildlichen«.

[60] Lxx hat singl.

[61] Zu *šbṭ mšlym* s. a. Jes 14,5.

[62] Vgl. oben S. 146.

v. 9b »auf daß man nicht mehr höre seine Stimme (*qwl*) ...« entspricht. In beiden Fällen wird jeweils zum Beschluß der Schilderung des einstigen besonderen Stellenwertes eine Konkretion angebracht. Darauf nimmt dann jeweils wieder der Abschlußvers Bezug, um so den Verlust des einstigen Stellenwertes und seine Auswirkungen an einem konkreten Einzelzug vor Augen zu stellen[63].

Ist auf Grund dieser Beobachtungen für 19,10—14 das Grundmuster einer Qina zu veranschlagen, so erweisen sich zugleich folgende Textanteile als gattungsfremd und somit nachträglich eingebracht: In v. 11 spezifizieren die Teile aβb das Wachstum des Weinstocks unter Verwendung von Formulierungen aus Ez 31,3; die bis dahin (v. 11aα) positive Charakterisierung des Weinstocks wird eingeschränkt, indem dem Weinstock der Ruch des Überheblichen[64] angehängt wird; damit ist das anschließend dargestellte Geschick des Weinstocks als Folge eines Fehlverhaltens erklärt. Ez 19,11aβb kann deswegen nicht zur ursprünglichen Klage gehört haben, weil hier eine solchen Klagen (*qynh*) unangemessene »moralische« Abqualifizierung erfolgt mit dem Ziel, das Geschick des Weinstocks als selbstverschuldet zu erklären.

Nach v. 12aα wäre der Weinstock »ausgerissen im Zorn, auf die Erde geworfen«[65]; daß diese Aussagen zusatzverdächtig sind, folgert daraus, daß nun das in negativer Korrespondenz zu v. 11aα in v. 14aβ vorliegende und damit zum Grundbestand zu rechnende Fazit überholt erscheint. Außerdem setzt die Rede vom »Zorn« voraus, daß dieser ansonsten prächtige und fruchtbare Weinstock selbst zum Zorn Anlaß gegeben hat; das Moment der Selbstverschuldung des Geschicks kann jedoch in der eigentlichen Qina gar nicht auftauchen; Reflexionen über Fehlverhalten und Selbstverschuldung relativieren die Intensität der Betroffenheit; weil damit zugleich der Klageanlaß relativiert wird, kann es gar nicht erst zur echten Klage kommen. V. 12aα wertet auf der gleichen Reflexionsebene wie v. 11aβb.

Ferner ist der zweimalige Hinweis auf eine Vernichtung durch Feuer (v. 12b und 14,aα) nicht mit der Rede von der Verderbnis durch den Ostwind in Einklang zu bringen. Diese Diskrepanzen dürften darauf

---

[63] Die gleiche Korrespondenz läßt sich in Ez 31,2—13 beobachten, wo »in der Weise der Totenklage (allerdings ohne das Metrum der *qynh* ...)« (vgl. ZIMMERLI, Ezechiel 25—48, S. 745) im Bild von Größe und Fall des Zedernbaums jetzt über den Untergang des ägyptischen Pharao gehandelt wird (daß in Ez 31* ursprünglich das Geschick des Jerusalemer Königtums vor Augen steht, wird unten S. 184 ff. gezeigt): Ez 31,6aα »in ihren Zweigen nisteten allerlei Vögel des Himmels« — Ez 31,13a »auf seinem gefällten Stamm verweilten alle Vögel des Himmels«.

[64] »11aβ—b is unmistakably pejorative ...« (GREENBERG, Ezekiel 1—20, S. 358).

[65] Vgl. ähnlich Jer 22,28 im Blick auf Jojachin!

zurückzuführen sein, daß v. 12bβ und 14aα von Ez 15,4 ff. her, wo die Redewendung angemessen ist[66] nachgetragen wurden.

V. 13 korrespondiert zwar das Jetzt »gepflanzt in der Wüste, auf trockenem Land« dem Einst »gepflanzt am Wasser« in v. 10aβ; doch setzt diese Aussage deutlich die bereits als Zusatz erkannte Feststellung voraus, daß der Weinstock »im Zorn« ausgerissen und auf die Erde geworfen wurde (v. 12).[67]

Folglich bestand die ursprüngliche Klage aus 19,10.11a/12aβ. bα*.14b. Unter Vorbehalt läßt sich folgender Inhalt rekonstruieren:

> 19,10 »Deine Mutter, wie eine Weinrebe ...
> an Wassern gepflanzt;
> fruchtbringend und voller Zweige war sie,
> wegen des vielen Wassers.
> 19,11a *Und es wurden ihr kräftige Äste*[68]
> *zu Herrscherstäben*[69].
>
> 19,12aβ Aber der Ostwind[70] dörrte aus ihre Frucht,
> 19,12b ›es verdorrte ihr kräftiger Ast‹.
> 19,14b *Und es blieb nicht an ihr ein kräftiger Ast,*
> *ein Stab zum Herrschen.*«

Schon die Bildwahl »Weinrebe« deutet darauf hin, daß der Dichter dieser Klage hier an das Jerusalemer Königtum denkt[71]. Daß das tatsächlich der Fall ist, geht aus den Hinweisen auf den »machtvollen Ast« (*mṭh ʿẓ*) in v. 11aα und 14aβ klar hervor; denn die Wortkombination *mṭh ʿẓ* (bzw. pl.) begegnet auch in Ps 110,2[72], hier in einem Vers, in dem der Jerusalemer König angeredet ist: »Dein machtvolles Zepter (*mṭh ʿẓk*) möge ausrecken Jahwe vom Zion! Herrsche inmitten deiner Feinde!«[73].

---

[66] Vgl. zu Ez 15 unten S. 159 ff.

[67] Eine deutlichere Klassifizierung der diversen Zusätze ist schwierig; zu weiteren Einzelheiten vgl. unten S. 197 ff.

[68] Oder singl.?

[69] Oder singl.?

[70] Zum verderblichen Ostwind, der sogar Brunnen und Quellen zum Versiegen bringt, vgl. Hos 13,15!

[71] Zum Vergleich »Israels« bzw. des Königtums mit einem Weinstock vgl. z. B. Jer 2,21; 6,9; Ps 80,9 ff; nach Jdc 9,12 f. zählt der Weinstock zu den des Königtums würdigen Edelgewächsen; in Ez 17,5 ff. wird auf das Königtum Zedekias angespielt. — Vgl. auch Herodot, Historien, I, 108 die Gleichsetzung des Kyros mit einem Weinstock: »Ihm (Astyages) träumte, aus dem Schoße seiner Tochter wachse ein Weinstock, und dieser Weinstock bedecke ganz Asien ...«.

[72] Vgl. noch Jer 48,17.

[73] Dazu KRAUS, Psalmen 2, S. 758: »Der Sänger wünscht, daß Jahwe ›vom Zion aus‹ den Macht- und Einflußbereich des Regenten ausweitet ...«.

Der Einst-Teil der Klage legt daher zunächst dar (v. 10 f.), wie unter günstigen Bedingungen die gesunde und gesicherte Stellung dieses Königtums gewährleistet war. Die zweite Texthälfte soll dann im Kontrast dazu vor Augen stellen, daß die ursprünglich gesunde und gesicherte Position des Königtums zerstört wurde. Der Dichter hat hier also Ereignisse vor Augen, die die an sich garantierte günstige Position des Jerusalemer Königtums katastrophal verändert haben.

Die bislang strittige Frage, ob der Dichter solche katastrophal verändernden Ereignisse bereits hinter sich weiß[74], oder ob er sie als noch bevorstehend befürchtet[75], ist im Blick auf die bisherigen Ergebnisse eindeutig zu beantworten: Diese Klage blickt auf die endgültige Katastrophe von 587 zurück.

Fazit: Daß der Dichter in dieser Klage das herrliche »Einst« (der prächtige Weinstock) und das elende »Jetzt« (der zerstörte und verkümmerte Weinstock) gegenüberstellt[76], nämlich, wie ein üppiger, weil an reichen Wassern wachsender Weinstock, der gleichsam naturgemäß Früchte und machtvolle Triebe hervorbringen muß, dennoch zum verkümmernden Weinstock gemacht wird, weil ihm seine Lebensbasis auf Grund äußerer Einwirkungen zerstört wird, ist Ausdruck der Wehmut über den unerwarteten tragischen und unverwindbaren Verlust. Vor Augen steht die beklagenswerte Situation Jerusalems, bzw. der den bisherigen Vorstellungshorizont (vgl. Thr 4,12!) völlig sprengende Verlust des Jerusalemer Königtums.

---

[74] Vgl. z. B. Zimmerli, der Ez 19,10—14 für ein Leichenlied hält, »das ... den völligen Untergang des Königshauses beklagt«, »den völligen Zusammenbruch ... voraus(setzt)«, »also nach 587 verfaßt« ist (Ezechiel 1—24; S. 429); nach Eichrodt ist »dieses Gleichnis im Unterschied von der vorhergehenden Parabel nicht als Weissagung, sondern als Schilderung der göttlichen Verwirklichung seiner Drohung aufzufassen ...«. Die »Unterschrift in V. 14« stelle »in tiefer Ergriffenheit fest ..., daß der prophetische Gebrauch des Leichenliedes im Dienst seiner Gerichtsansage sich durch den Gang der Dinge in eine wirkliche Klage über wirklich vollzogenes Sterben und Vergehen verwandelt habe ...« (ATD 22,1, S. 165.).

[75] Vgl. z. B. Fohrer: Das Lied stamme »aus der Zeit vor 587, vor dem beklagten Ereignis selbst«. Ezechiel habe hier Überlieferungen allgemeiner Lebensweisheit (ein profanes Lied) »zu einem Klagelied auf den künftigen Untergang Zedekias« gestaltet (Ezechiel, S. 107); Greenberg meint, »that the depiction of the final ruin of the kingdom as already accomplished is no ground for assigning its composition to past-fall times.« (Ezekiel 1—20, S. 359). Für Lang (Aufstand, S. 158) ist Ezechiel »ein prophetischer Politiker«: »Wenn der Prophet dem König in einer doppelten Leichenklage vorführt, daß ihm der Tod im Aufstandsfalle sicher ist, dann sind die Schwächen der unpolitischen Exegese vermieden; man muß weder eine unpolitische rückwärtsgewandte Prophetie noch eine Art zukunftsbestimmender Magie postulieren. Der Prophet warnt den König, um ihn vom Aufstandsplan abzubringen. Durch die Totenklage sagt er ihm, daß es um Tod oder Leben geht« (a. a. O., S. 114).

[76] Vgl. die Gegenüberstellung von »Einst« und »Jetzt« in der Totenklage sowie in Thr!

Das besonders Auffällige an Ez 19,10−14* ist, daß hier ebenfalls wie in der Löwengeschichte 19,2−9 nirgends auf Jahwe Bezug genommen wird. Hier wie dort fehlt jeglicher Verweis auf eine Metaebene (kein göttliches Wirken, keine Verschuldung). Der Fall liegt in Ez 19,10−14 somit völlig anders als in Ps 80,9 ff., wo ebenfalls das Bild vom Weinstock begegnet (hier ganz deutlich im Rückblick auf das widerfahrene Unheil). Hier gilt Jahwe als derjenige, der einst den Weinstock (das Volk Israel) gepflanzt hatte[77]. Da er zugleich auch derjenige ist, der die Zerstörungen selber in Gang gebracht hatte (vgl. v. 13), wird er hier als die hinter der gesamten Geschichte stehende Ordnungsinstanz verstanden. Deswegen ist hier die Klage auch auf Jahwe ausgerichtet, während die Klagemomente in Ez 19 orientierungslos sind.

Diese Beobachtungen zwingen m. E. zu der Folgerung, daß der Autor von Ez 19,10−14 − und darin erweist er sich mit dem Autor der oben rekonstruierten Qina 19,2.5b.6.7b.8−9* verwandt, wenn er nicht sogar mit ihm identisch ist − derart irritiert ist, daß er zunächst einmal nicht in der Lage ist, das Geschick des Weinstocks mit einem Wirken Jahwes in Verbindung zu bringen[78]. Angesichts der eingetretenen Irritationen und Infragestellungen sämtlicher bislang geltender Ordnungsvorstellungen bleibt ihm nur der Rückgriff auf das vorgegebene Muster der Totentrauer, die analog zur reinen Totenklage orientierungslose Untergangsklage. Für die Totentrauer wird allgemein vorausgesetzt, daß sie wie der Bereich des

---

[77] Vgl. Ps 80,9 ff.; vgl. auch Jer 2,21; ferner Joel 1,7 »mein (= Jahwes) Weinstock«.

[78] Vergleichbare Schwierigkeiten scheinen im babylonischen Erra-Gedicht (vgl. dazu auch unten S. 193 f.) eine Rolle zu spielen: Hier deuten die Konzeption des gesamten Handlungsablaufs ebenso wie die Darstellung und Einschätzung der Gottheiten Marduk und Erra auf das Anliegen, die tieferen Zusammenhänge vor Augen zu stellen, die für die Katastrophe der Zerstörung Babylons ausschlaggebend gewesen sind. Da die bisherigen Ordnungsvorstellungen, zumal im Blick auf Marduk als dem Garanten der babylonischen Heilsordnung, infolge der Zerstörung Babylons in die Krise geraten waren, weil es offensichtlich unvorstellbar und unerklärbar schien, daß und warum Marduk die Zerstörung Babylons hatte zulassen oder gar selbst durchführen können, solange er noch wirklich im Regimente saß, bemüht sich der Verfasser des Erra-Gedichts offensichtlich darum, einen neuen Ordnungshorizont zu konstruieren (vgl. von SODEN, Reflektierte und konstruierte Mythen in Babylonien und Assyrien): Da das Geschick Babylons nicht mit dem Wirken Marduks in Verbindung zu bringen war, weil »der Stadtgott mit seinem Heiligtum eine so innige Symbiose eingeht, daß eine feindliche Haltung des Gottes gegenüber seiner Stadt und ihren Bewohnern undenkbar ist« (vgl. so GÖSSMANN, Era-Epos, S. 78), hat sich in den Augen des Verfassers der Stellenwert Marduks verändert, bzw. kann er selbst zur Zeit der Unheilsereignisse nicht die Verantwortung, bzw. das Regiment gehabt haben (vgl. weiter CAGNI The Poem of Erra, 1977, S. 19), ja, wird er − so die Auffassung des Dichters − für die weitere Zukunft Erra als der neuen Ordnungs- und Heilsinstanz der Stadt weichen müssen (vgl. dazu CAGNI, a. a. O., S. 16 und besonders S. 19).

Todes selbst nicht mehr zu jener Sphäre gehört, für die Jahwe zuständig ist. So liegt der Schluß nahe, daß in den uns interessierenden Klagen der Bezug auf Jahwe deswegen fehlt, weil es hier Phänomene zu bewältigen galt, für die man analog zum Phänomen »Tod« keine Möglichkeit mehr sah, sie mit Jahwe in Verbindung zu bringen und entsprechend an Jahwe klagend zu appellieren. In der Notlage, das erfahrene Unheil und die gegenwärtige Unheilssituation bewältigen und verarbeiten zu müssen, sah man sich offensichtlich außerstande, vom bisher geltenden Kompentenzbereich Jahwes auszugehen und in diesem Rahmen kultisch[79] zu reagieren[80].

d) Zusammenfassung

Bisher hat sich also ergeben, daß der in Ez 19,1—14 jetzt vorliegenden Komposition zwei einander strukturell eng verwandte ursprüngliche Klagetexte vorausgehen; für beide Klagen ist außerdem charakteristisch, daß hier offensichtlich keine religiöse Metaebene veranschlagt werden kann, auf der der jeweils vor Augen stehende Klageanlaß Sinn machen könnte.

Für die das Bild vom Weinstock verwendende Klage 19,10—14* steht eindeutig fest, daß sie auf die endgültige Katastrophe des Jerusalemer Königtums (587) zurückblickt.

Die ursprüngliche Löwenklage spielt auf die Verschleppung eines Jerusalemer Königs an. Ob dabei an Joahas, Jojachin oder Zedekia gedacht ist, geht aus der Klage selbst nicht hervor. Eine Entscheidung dieser Frage wäre deswegen wichtig, weil daraufhin die Abfassungszeit der jetzigen Textfolge 19,1—9 erschlossen werden könnte: Der Verfasser von 19,1—9 setzt die ursprüngliche Löwenklage voraus; stammt diese wie 19,10—14*

---

[79] Gegen GERSTENBERGER (Der klagende Mensch), der pauschal behauptet: »Alle Klage Israels sucht, ausgesprochen oder unausgesprochen, den Gott, der sich mit Israel eingelassen ... hat ... Alle Klage Israels hofft auf einen Durchbruch ... setzt gegen allen Augenschein auf die Hilfe Jahwes« (a. a. O., S. 72).

[80] In den Klageliedern Thr 1 und 2 liegt der Fall offensichtlich schon anders. Hier gilt mit HARDMEIER (Texttheorie, S. 333): »Gegenüber der elementaren Untergangstrauer angesichts einer Zerstörungskatastrophe und darin integrierten reinen Untergangsliedern ..., die sich analog zur Leichenklage wohl auf die klagende Feststellung der Vernichtung mehr oder weniger beschränkt haben dürften, liegt in den Threni ... bereits kultische Verarbeitung der Untergangstrauer vor«. »Diese Untergangsklagen stellen bereits eine gottesdienstliche Verarbeitung des elementaren Zerstörungsleides dar. Man wird darum unterscheiden müssen einerseits zwischen der elementaren, nicht adressierten Untergangstrauer ... angesichts der manifesten Zerstörung und als unmittelbare Leidpräsentation ohne Bezug auf Gott und andererseits der kultischen Begehung einer Zerstörungskatastrophe, in der das Untergangsklagelied mit seinem Gebetscharakter zum Tragen kommt. Das Untergangsklagelied blickt in der Trauerschilderung bereits auf die Untergangstrauer zurück, während das Untergangslied als Trauerlied zusammen mit dem Vollzug anderer Trauerriten unmittelbarer und elementarer Ausdruck dieser Trauer ist« (a. a. O., S. 345).

aus der Zeit nach der Katastrophe, so muß 19,1−9 noch später konzipiert worden sein; stammt sie aus der Zeit noch vor 587, kann 19,1−9 sowohl ebenfalls vor 587, als auch nach diesem Zeitpunkt entstanden sein.

Bezieht man 19,10−14* in diese Überlegungen zur Frage nach der Entstehungszeit der vorausgehenden Einheit 19,1−9 ein, so sind folgende Schlüsse möglich: Die Klage 19,10−14* bleibt strikt auf den konkreten Klageanlaß, den Untergang des Jerusalemer Königtums, konzentriert. Der Verfasser dagegen der »erweiterten Neuauflage« zu 19,2.5b.6.7b.8−9*, der bereits in der Lage ist, seinen Blick weiter zurück in die »Vorgeschichte« der Katastrophe zu lenken, zeigt schon eine gewisse Distanz zu dem in der vorgegebenen Klage angesprochenen Geschehen und zugleich zur Klagehaltung selbst an. Die bloße Klageposition, die direkte Betroffenheit, die sich in der Klage mit Hilfe des Bildvergleichs Ausdruck zu schaffen versucht, hat der Verfasser der gesamten Einheit bereits damit hinter sich gelassen, daß er geschichtliche Abfolgen beobachtet und Zusammenhänge zweier einander entsprechender Geschehnisse erkennt und gewichtet.

Aus dieser Gegenüberstellung darf man, wenn auch nicht mit absoluter Sicherheit, so doch mit großer Wahrscheinlichkeit folgern: Bezeugt 19,10−14*, daß direkt im Rückblick auf die Katastrophe zunächst nur die Reaktion der orientierungslosen Untergangsklage blieb, so wird man den Bemühungen des Verfassers von 19,1−9, im Rückgriff wiederum auf eben eine solche vorgegebene Untergangsklage nun geschichtliche Abfolgen zu erkennen und Zusammenhänge herzustellen, entnehmen können, daß solche Bemühungen dann auf Grund der damit bereits einsetzenden »Ursachenforschung« grundsätzlich nicht schon vor solchen Klagen und damit auch nicht vor dem eigentlichen Klageanlaß 587 ansetzten.

Möglicherweise hat dem Verfasser von 19,1−9 zudem neben der ursprünglichen Löwenklage auch schon 19,10−14* vorgelegen. Beide Texte, in welcher Abfolge auch immer, konnten im Nachherein, obwohl sie sich an sich gar nicht auf verschiedene Klageanlässe bezogen haben müssen, als Klagetexte zu Ereignissen in Abfolge gewertet werden, woraufhin sich der Blick weiter in die Vorgeschichte zurück nahelegen mochte, weil bereits in der Abfolge zweier Klagetexte Ordnungsmomente vermutet wurden.

Wir müssen es in diesem Stadium der Untersuchung vorerst bei diesen Überlegungen und Hinweisen belassen[81].

Da das in Ez 19,10−14 verhandelte Bild des Rebstocks auch in Ez 15 und 17 eine wichtige Rolle spielt, liegt es nahe, zu überprüfen, ob und welche primären oder sekundären Verbindungen zwischen Ez 15 und Ez 19

---

[81] Zu weiteren Möglichkeiten, näheren Aufschluß über Zeit, Ort und Adressaten des Autors der Gesamteinheit zu erreichen, vgl. unten nach der Auswertung von Ez 17.

(vgl. auch Ez 17) bestehen, und diese Texte zwecks weiterer Einsichten zum Werdegang und theologiegeschichtlichen Ort von Ez 19 auszuwerten. Wir setzen ein mit der Untersuchung von Ez 15.

2. Ez 15[82]

a) Analyse

»Schon der naive Leser des Hesekielbuches empfindet, wenn er zu Kap. 15 kommt, das neue und andersartige, das hier einsetzt. Aus der Welt der prosaischen Rhetorik tritt er ein in die Hallen der Dichtung«[83]. In der Tat lassen sich in diesem Stück metrisch geformte Teile erkennen, so besonders in v. 2 und 3[84].

Betrachtet man das Kapitel in der vorliegenden Textgestaltung, so besteht es jetzt deutlich aus zwei Teilen. Die Verse 1—5, eingeleitet durch die Jahwewort-Ergehensformel, enthalten eine Bildrede, die anschließenden durch *lkn* und die Botenformel eingeführten Verse 6—8 deren Deutung. HÖLSCHER meinte, in der zweiten Hälfte auf Grund prosaischer Diktion einen Anhang erkennen zu können, mit dem der Redaktor das vorgegebene Gleichnis ausdeutete[85]. ZIMMERLI wendet gegen diese Aufteilung ein, daß sich eine straffe rhythmische Gliederung nur mit stärkeren Eingriffen erreichen lasse, und verzichtet auf eine Aufteilung in eine poetische und eine prosaische Hälfte; er betrachtet also den gesamten Text als ursprüngliche Einheit.

Im Blick auf den Übergang vom Gleichnis zur Deutung fällt zunächst auf, daß das die Deutung einleitende *lkn* (v. 6) völlig ungewöhnlich verwendet wird. Es begegnet sonst nur in Zusammenhängen, die ein Strafhandeln Jahwes ansagen, nachdem zuvor[86] oder direkt anschließend[87] die Straf- oder Unheilsbegründung[88] zu lesen ist. Von einer solchen Begründung wird aber in Ez 15 abgesehen[89].

Im jetzigen Deutungstext 15,6—8 bezieht sich v. 6 zunächst auf 15,1—4a. Es erscheint allerdings merkwürdig, daß das in v. 6aβ aus v. 2 aufgenommene Bild »wie das Holz der Rebe unter dem Holz des Waldes« mit Rückgriff auf v. 4a und somit längst Gesagtes wiederholend (= nutzloses Holz taugt nur zum Verbrennen) derart gewendet wird, daß es

---

[82] Zur Stellung im jetzigen Kontext sei auf die Beobachtungen oben S. 6 f. verwiesen.

[83] HÖLSCHER, Hesekiel, S. 89.

[84] Vgl. dazu z. B. GREENBERG, Ezekiel 1—20, S. 266.

[85] HÖLSCHER, Hesekiel, S. 92.

[86] Vgl. Ez 25,13.16; 26,3; 28,6; 29,8.

[87] Vgl. Ez 5,11; 21,29; 22,19; 23,35; 31,10; 34,20; 36,6.

[88] Mit *y'n* eingeleitet; *lkn* ohne *y'n* Ez 5,7.8.10.11; 13,13.20; 24,6; 29,19; 30,22.

[89] Das *y'n* in v. 8 hinkt deutlich hinterher.

jetzt Jahwe selbst sein soll, der das Rebholz dem Feuer übergibt. Hier
findet eine Vermischung statt, insofern die Deutung in die Bildhälfte
eingreift und nachträglich für die Bildhälfte neue Akzente setzt. Eine sich
nicht in die Bildhälfte drängende Ausdeutung des Gleichnisses müßte
lauten: »Wie nutzloses Rebholz ins Feuer geworfen wird, so wird Jahwe
Jerusalem (o. ä.) ins Feuer werfen«. Normalerweise wissen unserem Text
vergleichbare Gleichnisse[90] Bild und Deutung streng auseinanderzuhal-
ten.[91]

        Außerdem verwundert die Weiterführung von v. 6 mit *mh'š yṣ'w* in
v. 7aα; denn die Folge davon, daß Jahwe die Jerusalemer wie das Rebstockholz dem Feuer übergibt (v. 6), ist nun wider Erwarten, daß die Betroffenen zunächst einmal »aus dem Feuer« herauskommen«[92] (v. 7aα). Diese
Aussage bezieht sich offensichtlich auf das im Gleichnis angesprochene
Verkohlen des Rebstockholzes (v. 4b.5). Da anschließend der Hinweis auf
eine weitere Vernichtung durch Feuer erfolgt (7aβ: »und das Feuer wird
sie verzehren«), ist hier an ein wiederholtes Verbrennen gedacht. Nimmt
man dagegen die Verse 15,2−5 so, wie sie sind, für sich, so ist ihr
Aussageziel am Ende lediglich, daß das nutzlose Rebholz ins Feuer gehört;
noch weniger taugt es zu etwas, wenn es dann schließlich halb verbrannt
ist (v. 4 und 5). Das wirft die Frage auf, ob und inwiefern die Deutung
des Bildwortes dessen Aussagehorizont überschreitet.

        Welchen Standpunkt vertritt der für die Deutung zuständige Verfas-
ser? HÖLSCHER meint: »Der Feuerbrand, von dem das Gericht redet, wird
nun als die erste Katastrophe von 597 verstanden, aus der man noch
glücklich entkommen ist; aber es wird nun ein zweiter Feuerbrand ange-
droht, der die Jerusalemer verzehren wird, also das Unglück von 587«[93].
Ähnlich äußert sich ZIMMERLI: »Das erste Verbrennen meint die Katastrophe unter Jojachin ... Ganz konkret wird nun ein neues Gericht angesagt«[94].

        M. E. ist im Blick auf den vorausgehenden Kontext (Ez 14,21−23)[95]
allein folgende Auffassung möglich: V. 6Ende bezieht das Gleichnis auf
die Jerusalemer. Diese sind aber nicht diejenigen, für die die Deutung des
Gleichnisses bestimmt ist. Die Deutung spricht die Exilierten (erste Gola)
an. Denn Ez 15,7bα kann mit der sogenannten Erkenntnisformel (Anrede
in der 2. pers. pl. masc.) nur diesen Kreis vor Augen haben[96] und nicht
die Jerusalemer, um deren Geschick es hier geht. Dem korrespondiert,

---

[90] Vgl. z. B. Jer 24,4.8; Ez 22,20; Ez 34,12; Am 3,12.
[91] Vgl. auch Jes 5,1−6; v. 7; bzw. Jes 5,1−2.
[92] Vgl. Lxx (fut.).
[93] Hesekiel, S. 92.
[94] Ezechiel 1−24, S. 329; vgl. auch FOHRER, Ezechiel, S. 83.
[95] Vgl. dazu die Beobachtungen oben S. 6 f.
[96] Vgl. Ez 14,21−23!

daß auch Ez 15,6.7a sich nicht an die von den Unheilsansagen eigentlich Betroffenen richten, da von diesen hier in der 3. Person die Rede ist, also über sie verhandelt wird[97]. D. h.: Der ersten Gola wird hier dargelegt, was die Jerusalemer nun für die weitere Zukunft erwartet: Gegen sie wird sich Jahwes Antlitz richten, sie geraten ins Feuer etc. Für diese Auffassung spricht auch, daß das Bild vom Feuer auf die Jerusalemer Situation von 597 gar nicht zutreffend anzuwenden war.

Ez 15,6—7 reflektiert demnach hier mit Hilfe des vorgegebenen Gleichnisses die gleiche Situation, auf die in Ez 14 die Verse 21—23[98] eingingen. Ez 15,6 f. behauptet also: Jerusalem nach 597 ist wie ein nutzloses Rebholz, daß Jahwe dem Feuer zum Fraß gibt (v. 6aγb). Es werden zwar einige aus dem Feuer herauskommen (v. 7aα), aber das Feuer wird sie doch verzehren (v. 7aβ). Ist Ez 15,6 f. so zu verstehen, so liegt die Weiterführung mit v. 8 dann auf der gleichen Linie: Angekündigt wird die Katastrophe von 587, angekündigt wird, daß es einige geben wird, die entrinnen werden (vgl. Ez 14,22), die aber dennoch schließlich dem Feuer nicht entgehen[99], angekündigt wird die totale Verwüstung des Landes.

Ez 15,6—8 ist folglich in der Zeit nach der Katastrophe von 587 konzipiert worden. Denn erst jene historische Tatsache, daß Jerusalem verbrannt und zerstört wurde, es aber trotz der Katastrophe zahlreiche Überlebende gab, ist die Voraussetzung dafür, daß man sich mit dem Geschick und dem Stellenwert der Entronnenen auseinandersetzen konnte, ja auseinandersetzen mußte. Daß die Akzente so gesetzt sind, die der Katastrophe von 587 entronnenen Gruppierungen — seien es die im Lande Verbliebenen, seien es die ins Exil Verschleppten — aus Jahwes Plan mit seinem Volk herauszunehmen, kann nicht das Selbstverständnis jener Gruppierungen selbst widerspiegeln; hier wird aus golaorientierter Sicht[100] formuliert[101].

Die Frage, ob nach den bisherigen Beobachtungen zu Ez 15,6—8 für das gesamte Kapitel noch ein und derselbe Autor zu veranschlagen ist, ist vorerst noch zurückzustellen. Wir müssen uns im folgenden zunächst über den ursprünglichen Umfang des Gleichnisses und sein Aussageanliegen Klarheit verschaffen.

Das »Gleichnis« Ez 15,2—5

Ez 15,2 ist in der masoretischen Fassung nicht unproblematisch; denn die entsprechende Übersetzung müßte lauten: »Mensch, was hat das Holz

---

[97] Vgl. Ez 11,15; Ez 12,19.
[98] Vgl. hier auch das Stichwort yṣ' in v. 22.
[99] Vgl. so auch COOKE, Ezekiel, S. 158.
[100] Siehe dazu bereits oben S. 10 f.
[101] Vgl. ähnlich die golaorientierte Redaktion im Jeremiabuch, besonders Jer 24; dazu POHLMANN, Studien; vgl. auch LEVIN, Verheißung, S. 165 ff.

des Weinstocks allem Holz voraus, das Rankengewächs, das unter den Bäumen des Waldes ist?« Anstößig ist in diesem Fall, daß *hyh* (3. pers. masc. singl.) nicht auf das feminine *zmwrh* abgestimmt ist. Es liegt daher nahe, entweder *zmwrh* als nicht ursprünglich anzusehen[102] oder die Worte von *zmwrh* bis *b'sy* insgesamt als nachgetragene Glosse für das eigentliche Gleichnis unberücksichtigt[103] zu lassen. Das Motiv für diese Glossierung wäre gewesen, auf Grund des Eindrucks, daß in diesem Gleichnis Unvergleichbares miteinander verglichen wird (ein Rankengewächs mit wirklichen Bäumen, also Zedern o. ä.), eine vermeintliche Unlogik des Vergleichs zu beseitigen.

Während in v. 3 Inhalt und Form in Ordnung sind, wird man die zweite Vershälfte von v. 4 als eine Texterweiterung einstufen müssen. Dafür spricht einmal, daß zum Schluß (v. 4bγ) die im Gleichnis entscheidende Frage von v. 3a (*hyqh mmnw 's l'śwt lml'kh*) leicht variiert noch einmal wiederholt wird (*hyslh lml'kh*); zum anderen ist nicht zu übersehen, daß diese Wiederholung durch die in 4bαβ vorangehende Feststellung »seine beiden Enden fraß das Feuer und seine Mitte verkohlte« veranlaßt ist. Da mit dieser Feststellung ein neuer Sachverhalt zum bisherigen Vergleichspunkt (Holz ist nicht gleich Holz) zusätzlich ins Auge gefaßt wird, ist das ursprüngliche Gleichnis hiermit in seinem ursprünglichen Beziehungsgefüge gesprengt; denn indem darin lediglich Holz vom Weinstock mit Baumholz verglichen wird, kommt dabei heraus, daß das Rebholz nicht einmal zur Herstellung eines schlichten Pflocks, eines Wandnagels taugt (3b), während man aus dem Baumholz nützliche Gegenstände herstellen kann[104]. Die damit implizit aufgeworfene Frage, was man dann mit Rebholz überhaupt anfangen kann, beantwortet v. 4a: Feuer machen. Fazit: Jedes andere Holz ist somit nützlicher als Rebholz. Indem nun Ez 15,4b mit dem Verbrannt- oder Verkohltsein von Rebholz ein weiteres Vergleichsmoment einführt, bekommt damit das Gleichnis eine zweite Spitze. Zugleich wird die ursprüngliche Stringenz des Gleichnisses gefährdet; denn das, was über verbranntes Rebholz zu sagen ist, gilt natürlich auch für verbranntes oder verkohltes Holz von Bäumen des Waldes. Folglich ist in Ez 15,4b das schlichte, zunächst eingipflige Gleichnis nachträglich ausgebaut worden.

Will das Gleichnis ursprünglich mit seiner Aussage über den Stellenwert des Rebholzes lediglich den Stellenwert einer entsprechenden Größe beleuchten, so geht aus den nachgetragenen Einzelheiten in v. 4b deutlich hervor, daß jetzt nicht mehr ausschließlich und gezielt der Stellenwert des Rebholzes an sich von Interesse ist, sondern das, was mit einem solchen

---

[102] Vgl. Lxx-Lesarten.

[103] V. 6 scheint mit *'s hgpn b's hy'r* das *hzmwrh* ... etc. in v. 2 noch nicht vorauszusetzen.

[104] Nach Jes 44,14 ff. sogar Götzenbilder.

Rebholz geschieht; wichtig ist das Geschick des Rebholzes, bzw. das Geschick der dem Rebholz entsprechenden Größe. Diesem Interesse am weiteren Geschick des Rebholzes entspricht die sprachliche Form von v. 4b: Es wird über das weitere Geschick des Rebholzes berichtet. Dem korrespondiert inhaltlich, daß auffälligerweise nicht vom restlosen Verbrennen des Rebholzes erzählt wird. Indem das nicht geschieht, sondern vielmehr Wert auf die Feststellung gelegt wird, daß das Rebholz im Feuer zunächst angekohlt wurde, soll offensichtlich betont werden, daß das Rebholz über seinen niedrigen Stellenwert im Vergleich zu wirklichen Hölzern hinaus noch eine »Wertminderung« erfahren hat. Das kann nur damit zusammenhängen, daß der Bearbeiter hier das Moment einer »Wertminderung« berücksichtigt haben will, das in einer anderweitigen, ihm wichtigen Geschichte eine Rolle spielt. Die Übertragung auf das Rebholz soll dann die Bedeutung dieser »Wertminderung« ins richtige Licht rücken und klarstellen, daß, wie die Wertminderung des Rebholzes total war, so auch die Wertminderung in jenem Vorgang keine Zukunftsperspektive gestattet.

Im Blick auf die im Gleichnis verhandelte und beantwortete Frage nach dem Stellenwert des Rebholzes kommt jedoch mit der Erweiterung in v. 4b kein neuer Aspekt oder Akzent hinzu. Das Ergebnis bleibt auch nach v. 4b.5 dasselbe wie beim Abschluß des Gleichnisses in v. 4a: Das Rebholz taugt zu nichts (vgl. v. 5Ende); eigentlich wäre auch hier wie in v. 4a noch fortzufahren: Es taugt nur zum Feuern.

Somit gehören der in Vers 4b nachgetragene Vergleichspunkt zusammen mit Vers 5 und entsprechend die darauf folgende Deutung in v. 6—8 nicht zum ursprünglichen Gleichnis.

Als ältester Grundbestand des Kapitels ist Ez 15,2*.—4a[105] anzusehen[106]:

Ez 15,2—4*

> 15,2 »... was soll das Holz des Weinstocks
> vor allem Holz des Waldes?
> 15,3 Nimmt man von ihm Holz,
> um ein Werkstück zu machen,
> oder nimmt man von ihm einen Pflock,
> daran allerlei Gerät aufzuhängen?
> 15,4 Siehe, dem Feuer wirds zum Fraß vorgeworfen ...«

---

[105] Ob v. 4a nicht auch schon ein aus v. 3Ende nachträglich gezogenes Fazit darstellt, kann man immerhin fragen.

[106] Zur Form vgl. ähnlich Jes 10,8—11; 10,15; 28,23—29; 49,24; Jer 13,1 ff; 23,28; Am 3,3 ff.; 5,18—20; Hiob 8,11—13 u. ö.

Bei einem Versuch, die Frage zu klären, wo diese kurze Redeeinheit[107] von wem mit welcher Zielrichtung ursprünglich gesprochen worden sein kann, fällt die nachgetragene Deutung als Orientierungshilfe aus.

Zu beachten ist, daß das Gleichnis in der Frageform gehalten ist. Die Frage ist eine rhetorische. Die Antwort steht von vornherein fest, so daß an sich jeder dieser in einer rhetorischen Frage enthaltenen These, daß Rebholz als Holz nutzlos ist, zustimmen kann. Eine solche Feststellung ist evident und nirgends strittig. Da 15,2*−4a als Disputationswort einzustufen ist, mit dessen Hilfe der Standpunkt einer Gegenmeinung in Frage gestellt, bestritten oder gar ad absurdum geführt werden soll, kann die Stoßrichtung der Frage nicht darin bestehen, daß bei der gegnerischen Seite das Zugeständnis bewirkt wird, Rebholz sei in der Tat nutzlos. Was aber ist dann zwischen dem Verfasser des Gleichnisses und den Adressaten strittig? Worin unterscheidet sich der Standpunkt dessen, der von der gegnerischen Position die Zustimmung zu seiner eigenen Sichtweise erreichen will, von dieser gegnerischen Position? Anders gefragt: Worin besteht die Korrektur, die mit Hilfe dieser im Gleichnis enthaltenen Frage angebracht werden soll?

Wenn die Antwort auf die Frage, welchen Nutzen das Rebholz hat, nicht strittig sein kann, dann muß diese Sichtweise selbst, die eine uns noch unbekannte Größe mit dem Rebholz gleichsetzen kann, die Korrektur an der gegnerischen Sichtweise sein; dann ist darin der neue Standpunkt enthalten gegenüber einem bisher üblichen auf der Gegenseite. Diese neue Sichtweise besteht also darin, die uns noch unbekannte Größe lediglich als Rebholz qualifizieren zu können. Um das Neue an dieser Sichtweise zu erfassen, empfiehlt es sich, all das Material zu sammeln und zu sichten, das ebenfalls in gleichnishafter Rede Weinrebe, Rebholz o. ä. thematisiert und mit einer bestimmten Größe identifiziert, um so erheben zu können, ob und worin sich unsere Verse von bisherigen Redeweisen unterscheiden.

Wie in Jes 16,6 ff. die Bevölkerung Moabs mit einem Weinstock verglichen werden kann[108], so kann auch Israel als Weinstock (*gpn*) bezeichnet werden:

Jer 2,21 heißt es in einer Jahwerede: »Ich aber hatte dich gepflanzt als einen edelen Weinstock, ein echtes Gewächs. Wie bist du geworden zu einem schlechten, wilden Weinstock?«

Hos 10,1 formuliert: »Israel ist ein üppig rankender Weinstock, der seine Frucht trägt«[109].

Jer 6,9 liest man: »Halte Nachlese am Rest Israels wie am Weinstock; strecke deine Hand aus immer wieder wie ein Winzer nach den Reben«.

---

[107] Vgl. ähnlich kurze Texteinheiten in Jer 22,6−7; 22,10; 22,28; Am 3,12.

[108] Vgl. auch Jer 48,32.

[109] Vgl. auch Hos 9,13: »... gepflanzt wie Tyros«; Hos 9,16: »... seine Wurzel verdorrt, so daß sie keine Frucht mehr bringen ...«.

Joel 1,6 ist von einem Volk die Rede, das gegen Jahwes Land zieht und von dem Jahwe feststellt (Joel 1,7): »Meinen Weinstock hat es verwüstet ...«.

Ps 80,9 ff. spricht davon, wie Jahwe einen Weinstock aus Ägypten geholt hat und ihn eingepflanzt hat: »Du hast vor ihm Raum gemacht und hast ihn einwurzeln lassen, daß er das Land erfüllt hat. Berge sind mit seinem Schatten bedeckt und mit seinen Reben die Zedern Gottes. Du hast seine Ranken ausgebreitet bis an das Meer und seine Zweige bis an den Strom«. Anschließend ist dann davon die Rede, daß es Jahwe zugelassen hat, daß seine Mauer zerbrochen wurde, seine Früchte abgerissen wurden, die Tiere ihn abweiden, woraufhin die Bitte erfolgt: »Nimm dich dieses Weinstocks an, schütze doch, was deine Rechte gepflanzt hat«.

Dieser Überblick ergibt, daß das Bild vom Weinstock seit Hosea bis in die Spätzeit auf Jahwes Volk bezogen Verwendung gefunden hat. Israel ist der von Jahwe gepflanzte Weinstock, also (nach Jdc 9,12 f.) ein Edelgewächs, das zur Frucht bestimmt ist. Zugleich geht aus dieser Durchsicht hervor, daß an keiner Stelle der Wert des Rebstock holzes thematisiert wird.

Sofern auf ein Geschick des Rebstocks angespielt wird, kann hervorgehoben werden, daß der Rebstock ursprünglich einen anderen Standort gehabt hat[110]. Außerdem können Fehlwuchs genannt werden (Jer 2,21) oder Fehlentwicklungen, die sich aus dem Wachstum ergeben haben (Hos 10,1 f.). Es kann konstatiert werden, daß der Weinstock zerstört worden ist oder, daß seine Vernichtung bevorsteht[111].

Während die bisher genannten Stellen Israel als Gesamtgröße vor Augen haben und man sich das mit der Bildrede vom Weinstock angedeutete Geschick Israels in seinem Lande vorstellen muß (vgl. auch Jes 5,1 ff.), können Ez 17,6 ff. und Ez 19,10 ff. die Bildrede vom Weinstock auf eine Teilgröße innerhalb Israels, auf das Königtum anwenden. Hier entspricht also das Königtum, bzw. ein einzelner bestimmter König (Ez 17,9 f.) einem Weinstock,[112] der ausgerissen zu werden droht oder ausgerissen ist und verdorren wird. Auch an diesen Stellen ist jeweils lediglich vom Stellenwert und Geschick des Rebstocks die Rede. Über den Stellenwert des Rebstock holzes wird nicht reflektiert.

Das bedeutet für unsere Textstelle, daß die Bildrede vom Weinstock in der Anwendung auf die Nützlich- bzw. Nutzlosigkeit des Weinstock hol-

---

[110] Vgl. Ps 80,9 ff. der Weinstock aus Ägypten; Jer 2,21 ohne Herkunftsangabe, aber implizit ist mit dem Verweis auf das Eingepflanztsein durch Jahwe ein ursprünglich anderer Standort mitbedacht.

[111] Vgl. Jes 16,8 f.; Ps 80,13 f.; Joel 1,7.

[112] Vgl. auch Herodot, Historien, I, 108 die Gleichsetzung des Kyros mit einem Weinstock: »Ihm (Astyages) träumte, aus dem Schoße seiner Tochter wachse ein Weinstock, und dieser Weinstock bedecke ganz Asien ...«.

z e s einen zusätzlichen, bisher nicht verhandelten Aspekt aufgegriffen hat.
Die traditionelle Bildrede vom Weinstock wird hiermit also offensichtlich
weiter ausgebaut. Diese Beobachtung ist nun für die oben geäußerte
Vermutung auszuwerten, daß mit Ez 15,2*—4 eine neue Sichtweise, ein
neuer Standpunkt gegenüber einem sonst üblichen vertreten wird.

Wichtig für das richtige Verständnis des Gleichnisses ist zunächst
noch die Beantwortung der Frage, ob die Rede vom nutzlosen Rebholz
noch den eingepflanzten Rebstock vor Augen hat und so unter Absehung
aller sonstigen Vorzüge eines Rebstocks sich auf den Stellenwert seines
Holzes konzentrieren möchte, oder ob der Nützlichkeitsaspekt dieses
Holzes gleichsam unter Voraussetzung der Entwurzelung des Rebstocks
angesprochen wird. Letzteres scheint schon deswegen naheliegender, weil
im ersten Fall der lebendige, mit dem Boden verwurzelte Rebstock zunächst einmal zu nichts anderem provoziert haben dürfte, als die Wertigkeit
von Wuchs und Ertrag an Früchten zu behandeln. Erst wenn diese
Möglichkeit des Vergleichs nicht mehr besteht, wenn Wachstum und
Fruchtbarkeit kein Thema mehr sein können, liegt die darüber hinausge-
hende Frage nahe, was denn, weil eben Wachstum und Fruchtbarkeit des
Rebstocks endgültig nicht mehr zu erwarten sind, am Rest, am bloßen
Holz noch »dran« sein kann.

Aus der im Gleichnis aufgeworfenen Frage nach den Wert des Rebstockholzes ist daher implizit zu entnehmen, daß der Rebstock hier nicht
mehr als lebendiger Weinstock betrachtet ist, für ihn also das ihn seiner
eigentlichen Wertigkeit beraubende Vernichtungsgeschick vorausgesetzt
wird.

Ähnliche Bildreden im AT, in denen das Geschick von Bäumen oder
Pflanzen derart durchgespielt wird, daß sie am Ende abgehauen und
entwurzelt daliegen, bestätigen diese Auffassung. Bei einer Durchsicht
dieser Bildreden gewinnen wir zugleich gewisse Anhaltspunkte dafür, wie
das für den Rebstock vorauszusetzende Vernichtungsgeschick einzuordnen
ist.

Jes 10,16—19 wird in einem Unheilswort Assur angekündigt, daß
schließlich die Herrlichkeit seiner Wälder und Gärten zunichte werden
soll, daß die Bäume seiner Wälder, die übrig bleiben, gezählt werden
können, und ein Knabe sie aufschreiben kann.

Jes 10,33 f. spricht davon, daß Jahwe die Äste mit Macht abhauen
wird, daß der dichte Wald mit Eisen umgehauen wird und der Libanon
fallen wird. In Jes 11,1 ergibt sich aus $gz^{\,\prime}$ und $\check{s}r\check{s}$ eindeutig, daß hier die
Vorstellung von einem abgehauenen Baum zu Grunde liegt, das davidische
Königtum also mit einem Baum verglichen wird, aus dessen verbliebenem
Stumpf und Wurzeln es neu sprossen soll.

In Jes 37,24 heißt es in einem Zitat der Rede des Königs von Assur
»Ich bin mit der Menge meiner Wagen heraufgezogen ... auf den Libanon
und habe seine hohen Zedern abgehauen samt seinen auserwählten Zypressen ...«.

Wird so ein Kriegszug des Assyrerkönigs umschrieben, so in Sach 11,1 f. die Vernichtung einer unbekannten Macht (vorher ist von Assur und Ägypten die Rede, vgl. 10,10 f.): »Tu deine Türen auf, Libanon, daß das Feuer deine Zedern verzehre. Heulet, ihr Zypressen: denn die Zedern sind gefallen ... Heulet, ihr Eichen Basans, denn der feste Wald ist umgehauen«.

Jer 46,22 ff. beschreibt den Untergang Ägyptens mit folgendem Bild: »... ja, sie kommen mit Heeresmacht und bringen Äxte über sie wie die Holzhauer. Die werden ihren Wald umhauen, spricht Jahwe, denn sie sind nicht zu zählen ... Die Tochter Ägyptens wird zuschanden; denn sie sind dem Volk aus dem Norden in die Hände gegeben«.

Ebenfalls Ägypten, speziell den Pharao, hat Ez 31,1—14 im Blick. Zunächst wird dargelegt, daß der Pharao einem prächtigen Zedernbaum gleich ist[113], der aber von Fremden abgehauen wurde (Ez 31,12): »Seine Äste fielen auf die Berge und in alle Täler, und seine Zweige lagen zerbrochen in allen Bächen im Lande«; das hat zur Folge, daß man sich hinweg begibt und ihn liegen läßt, »weil er keinen Schatten mehr gab«[114].

All diesen Texten, die ein Unheilsgeschehen an einem Volk oder König (Ez 31,1 ff. = Pharao) vor Augen haben und mit der Vernichtung eines Baumes oder Waldes umschreiben, ist gemeinsam, daß diese Vernichtung mit dem Abholzen, Entwurzeln oder Verdorren des jeweiligen Baumes ans Ziel gekommen und damit abgeschlossen und endgültig ist[115].

Wir folgern daraus für unser Gleichnis: Wenn in Ez 15,2*—4 die sonst im Blick auf die Wertigkeit des Rebstocks unübliche Rede vom Holz des Rebstocks vorliegt und nach dem Nutzen des Holzes gefragt wird, so deswegen, weil hier das Bild eines herausgerissenen oder umgehauenen Rebstocks vor Augen schwebt. Der Autor des Gleichnisses hat demzufolge ein der Zerstörung des Rebstocks adäquates Ereignis, also ein bereits zurückliegendes Unheilsgeschehen im Sinn. Dabei muß es sich um ein Unheilsgeschehen gehandelt haben, das das Volk oder das Königtum, bzw. einen König getroffen hatte. Zugleich gibt der Autor von Ez 15,2*—4 deutlich zu erkennen, daß nach diesem Unheilsgeschehen die betroffene Größe in seinen Augen keine weitere Zukunft mehr hat.

Über welches Unheilsgeschehen handelt der Autor? Die sekundär als prophetische Ansage nachgetragene Interpretation[116] denkt an das Unheilsgeschehen von 587 und interpretiert dieses Ereignis gegen die Auffassung des vorgegebenen Textes als eine Katastrophe, die eine Ergänzung erfahren wird, bis das ganze Land »zur Wüste« wird. Die dem

---

[113] Vgl. dazu aber unten S. 185 ff.

[114] Vgl. noch Jes 16,8 ff.; Ez 17,24: »Jahwe erniedrigt den hohen Baum, ... läßt den grünen Baum verdorren«.

[115] Vgl. noch Jer 11,16.

[116] Zu Ez 15,5 ff. vgl. oben S. 159 ff.

Rebstock adäquate Größe ist hier Jerusalem im Blick auf die Katastrophe von 587.[117]

Gehen wir aus den oben veranschlagten Gründen davon aus, daß der Autor von Ez 15,2*−4 in der dem Rebstock adäquaten Größe entweder das eigene Volk (oder auch Jerusalem) oder das Königtum (oder auch einen bestimmten König) vor Augen gehabt hat[118], so ist angesichts des Sachverhalts, daß die Nachinterpretation eine Korrektur am vorgegebenen Bild vorgenommen hat, zu fragen, ob nicht auch schon die Gleichsetzung des Rebstockholzes mit den Jerusalemern eine Korrektur ist, die die Nachinterpretation hier gegen die ursprüngliche Aussageabsicht des Gleichnisses eingebracht hat. Nimmt man den ursprünglichen Kern für sich, so wäre als die dem Rebstockholz adäquate Größe ebensogut wie Jerusalem das Jerusalemer Königtum (bzw. ein bestimmter König) denkbar. Eine Entscheidung darüber, wer hier dem Autor von Ez 15,2*−4 vor Augen steht, muß in jedem Fall unabhängig von der Nachinterpretation gefällt werden.

Gilt es zwischen beiden Möglichkeiten einer Gleichsetzung, nämlich Rebstockholz = Jerusalem, bzw. Rebstockholz = Königtum/König zu entscheiden, so lassen sich zunächst folgende Erwägungen anstellen: Sollte Jerusalem bzw. »Israel« das Rebstockholz sein, dann blickt der Autor, weil nicht mehr vom lebendigen Rebstock die Rede ist, auf ein Unheilsgeschehen zurück, das Jerusalem bzw. »Israel« bereits getroffen hat. Dieses Unheil muß in den Augen des Autors das endgültige »Aus« bedeutet haben. Da das Gleichnis deutlich eine bestimmte Position im Rahmen eines Diskussionsvorgangs widerspiegelt, muß die gegenteilige Auffassung, gegen die sich der Autor mit diesem Gleichnis wendet, darin bestanden haben, daß hier das zurückliegende Unheilsgeschehen nicht als endgültiges »Aus« interpretiert wurde.

Auf Jerusalem bezogen könnte das betreffende Unheilsgeschehen nur die Katastrophe von 587 gewesen sein. Die Ereignisse um 597 kommen deswegen nicht in Frage, da die Redeweise des Gleichnisses diesen Vorgängen durchaus noch nicht angemessen gewesen wäre; denn zu diesem

---

[117] Erwägen kann man, ob nicht zuvor schon mit v. 6 (ohne den Relativsatz »das ich dem Feuer zum Fraß gab«, der auffällig in die Bildhälfte hineininterpretiert [vgl. dazu schon oben S. 159 ff.]) das ursprüngliche Gleichnis als Aussage über Jerusalem interpretiert, also zu einer prophetischen Unheilsansage umfunktioniert worden war. Der für die jetzige Textfassung 15,1−8 im Verbund mit 14,21−23 verantwortliche Redaktor hätte in diesem Fall aus seiner golafavorisierenden Sicht nur noch zusätzlich klargestellt, daß hier nicht nur die Katastrophe Jerusalems (587) angesagt ist, sondern auch der endgültige Untergang derjenigen, die dieser Katastrophe zunächst entkommen waren (vgl. oben S. 160 f.). Die Eingangsbeobachtung, daß 15,6−8 durchaus nicht spannungsfrei konzipiert erscheint, fände so eine einleuchtende Erklärung.

[118] Das ergab sich aus der Durchsicht ähnlicher Bildreden.

Zeitpunkt war ja Jerusalem in seinen sämtlichen Institutionen erhalten geblieben. Als Diskussionshintergrund ist demnach allein die Situation Jerusalems nach 587 zu postulieren. In diesem Sinn hatte ja auch die Nachinterpretation das Gleichnis aufgegriffen. Da das Gleichnis in diesem Fall Jerusalem und damit auch den im Lande Verbliebenen jeglichen Wert und Nutzen nach 587 bestreitet, müßte sich darin die golaorientierte Sichtweise nach 587 artikulieren; denn die Selbsteinschätzung der im Lande Verbliebenen sah anders aus[119].

Daß ein golaorientierter Autor mit diesem Gleichnis auf den nichtigen Stellenwert Jerusalems nach 587 hinaus möchte, ist also möglich. Das bedeutet jedoch nicht, daß damit die andere Möglichkeit ausgeschlossen ist, nämlich, daß der Autor, und möglicherweise von einem ganz anderen Standort aus, mit dem Rebstockholz auf das Jerusalemer Königtum, bzw. einen bestimmten König anspielt. Auch diese Möglichkeit wäre zunächst durchzuspielen.

Als Belegstellen für eine Identifizierung des Weinstocks mit dem Königtum bzw. einem König hatten wir schon Ez 17,6 ff. und Ez 19,10– 14 genannt. Der Vergleich »König — Gewächs« ist also keineswegs ungewöhnlich[120]. Im Blick auf das Jerusalemer Königtum bzw. einen bestimmten König wäre es dann ein schon zurückliegendes Geschehen gewesen, dem der Autor mit seinem Gleichnis vom Rebstockholz Rechnung tragen wollte. Das Königtum oder ein bestimmter König hätten ein Geschick erfahren, das dem Entwurzelt- oder Abgehauenwerden eines Rebstocks gleichkam. Denjenigen, die dennoch deren Stellenwert weiterhin verteidigen zu können meinten, hält der Verfasser von Ez 15,2*–4 entgegen, daß entsprechend von einem nicht mehr lebendigen Rebstock nur noch das Holz von Nutzen und Wert sein könnte, Rebstockholz jedoch anerkanntermaßen keinerlei Nutzwert habe, sondern nur noch als Brennholz tauge. Damit ergibt sich aus der Sicht des Autors für den Stellenwert des Königtums, bzw. eines bestimmten Königs: Völlig nutzlos!

Auf welches Ereignis könnten bei dieser Sichtweise beide Parteien, der Autor des Gleichnisses und seine Adressaten, zurückgeblickt haben? Die einschneidendsten Folgen für das Jerusalemer Königtum bzw. einen Jerusalemer König waren bekanntlich mit den Ereignissen von 597 und 587 verbunden gewesen. 597 hatte Jojachin vor den Babyloniern kapituliert und anschließend mit der Elite seines Hofes (II Reg 24,15 ff.) das Geschick des Exils im fernen Babylon auf sich nehmen müssen. Wir wissen aus biblischen und babylonischen Quellen, daß Jojachin mindestens bis 562 in Babylon gelebt hat, ja daß er schließlich von den Babyloniern insofern

[119] Vgl. z. B. Ez 11,14 ff.; 33,21–23; ferner Jer 42,10 (dazu POHLMANN, Studien, S. 129 ff.; vgl. auch S. 198 ff.) und Jer 32,15.

[120] Vgl. auch Ez 31 die Gleichsetzung des ägyptischen Pharao mit einer Zeder; ferner die Gleichsetzung des Kyros mit einem Weinstock, vgl. dazu oben Anm. 112!

in einem gewissen Maße wieder aufgewertet wurde, als ihm an der königlichen Tafel ein Platz zugestanden wurde. Dagegen trifft den letzten regierenden Davididen Zedekia ein wesentlich härteres Geschick. Er geriet 587 in die Hände der erfolgreichen Belagerer und wurde von Nebukadnezar grausam bestraft. Zedekia mußte mit eigenen Augen die Hinrichtung seiner Söhne mitansehen, anschließend wurde er geblendet und in Ketten nach Babel verschleppt. Von seinem weiteren Schicksal erfahren wir nichts (vgl. II Reg 25,1—7). Zedekia verschwindet aus der Geschichte. Wir haben keinerlei Hinweise, weder in biblischen noch außerbiblischen Quellen, daß dieser König noch irgendeinen Anlaß bot, über seinen Stellenwert oder seine Funktion zu reflektieren.

Das ist im Falle Jojachins offensichtlich anders. Auffälligerweise und sicher auf Grund einer positiven Einschätzung dieses Königs selbst noch im Exil enthält das gesamte Ezechielbuch zahlreiche Datierungen nach der Ära Jojachins. In Ez 1,2 wird ihm ausdrücklich der Königstitel zugestanden[121]. Aus Jer 22,24—30 ist zu entnehmen, daß Jojachins Bedeutung auch nach seiner Exilierung noch diskutiert wurde. Zwar könnte Jer 22,24 noch aus der Zeit vor seiner Exilierung stammen; die anschließenden Verse Jer 22,25—27 gehen jedoch schon auf seine Exilssituation ein und konstatieren, daß Jojachin — der Königstitel fehlt — im fremden Land sterben wird und keine Chancen hat, jemals in seine Heimat zurückzukehren. Damit richtet sich dieses Wort offensichtlich gegen Erwartungen, wie sie Hananja in seinem Heilswort (Jer 28,4), dem Kontext nach noch während der Regierungszeit Zedekias, ausdrückt, der anders als Jeremia eine Restituierung Jojachins angekündigt haben soll.

In Jer 22,28 wird die Frage aufgeworfen: »Ist denn Konjahu ein verachtetes Gefäß, daß man zerschlägt, oder ein Gerät, an dem nichts liegt? Warum sind er und seine Nachkommen fortgeschleudert und hingeworfen in ein Land, das sie nicht kennen?«. Die folgenden Verse, wahrscheinlich nicht vom gleichen Autor, konstatieren dann noch, daß keinerlei Aussicht besteht, daß Jojachins Nachkommen wieder einmal auf dem Thron Davids sitzen werden und über Juda herrschen. Solche Äußerungen und ihre schriftliche Fixierung deuten daraufhin, daß man in gewissen Kreisen an Jojachin und seinen Nachkommen interessiert war und daß es Stimmen gegeben haben muß, die über den Stellenwert dieses Königs und seiner Abkömmlinge nachdachten, ja, an Jojachin und seine Söhne Hoffnungen für die Zukunft knüpften[122].

Somit dürfte deutlich sein, daß das Diskussionswort Ez 15,2*—4, falls die dem Rebholz adäquate Größe mit dem Königtum oder einem König gleichzusetzen ist, in die Auseinandersetzung um den Stellenwert

[121] Anders in Jer 27,20 [Lxx]; Jer 22,28.
[122] Vgl. auch die Rolle, die Jojachins Enkel Zerubabel in Hag und Sach spielen; vgl. ferner II Chr 3,17 ff.

des exilierten Königs Jojachin hineinpaßt und — im übrigen ähnlich wie Jer 22,24.28 — die Nutz- und Wertlosigkeit dieses Zweiges der davidischen Dynastie gegen eine gegenteilige Ansicht vertreten könnte. Daß eine solche Auffassung zumindest genauso naheliegend ist wie die Identifizierung der im Gleichnis gemeinten Größe mit Jerusalem nach 587, bestätigt Ez 19,10—14, wo der Weinstock ganz eindeutig das Jerusalemer Königtum repräsentiert[123].

Wir können nach allem festhalten, daß das Gleichnis Ez 15,2*—4 zumindest ebensogut wie auf Jerusalem nach 587 auch auf das davidische Königtum, speziell auf König Jojachin, angewendet worden sein kann.

Will man eine Entscheidung zwischen diesen beiden Interpretationsmöglichkeiten herbeiführen, so ist das nur möglich, wenn sich zusätzliche Indizien beibringen lassen, mit deren Hilfe das jeweilige Für und Wider der einen oder anderen Auffassung mehr Gewicht erhält.

Der m. W. in der einschlägigen Forschung bisher kaum ausgewertete Sachverhalt, daß im Gleichnis vom Rebstockholz ein weiteres Bild verwendet worden ist, also ein Bild im Bild auftaucht, kann m. E. als ein solches für eine Entscheidung hilfreiches Indiz gewertet werden. In Ez 15,3b wird die negativ zu beantwortende Frage nach dem Nutzen des Rebstockholzes spezifiziert, indem zusätzlich gefragt wird: »... oder nimmt man davon einen Pflock, um daran allerlei Gerät/Geschirr aufzuhängen?« Dem Autor schwebt hier deutlich ein Wandpflock vor Augen. Warum ist dieses Bild hier eingebracht? Geht man allen Textstellen nach, in denen ein Pflock (*ytd*) eine Rolle spielt, so ergibt sich folgendes:

In Jes 22,20—25 wird einem gewissen Eljakim zugesagt (v. 20—22), daß er von Jahwe eine herrschaftliche Funktion zugewiesen bekommt. Da uns nur das anschließend auf ihn bezogene Bild interessiert, kann hier darauf verzichtet werden, auf weitere Auslegungsfragen einzugehen. V. 23 heißt es von diesem Eljakim: »Und ich schlage ihn als Pflock (*ytd*) an einen festen Ort und er wird zum Ehrensitz für sein Vaterhaus«. In der nachträglichen Erweiterung (v. 24 f.) wandelt sich das Bild: »Aber die ganze Bürde seines Vaterhauses wird sich an ihn hängen (*tlh*), die Sprößlinge und die Blätter, alles kleine Geschirr (*kly*), von den Schalen bis zu sämtlichen Krügen. (v. 25) An jenem Tage, lautet der Ausspruch Jahwes Zebaoth, wird der an einer haltbaren Stelle eingeschlagene Pflock rutschen, brechen und fallen, so daß die Last, die an ihm hängt, zerbricht; denn Jahwe hat es gesagt« (vgl. KAISER, Jesaja 13—39, z. St.).

Die Berührungen zwischen diesem Text und Ez 15,3b sind deutlich. Es ist von einem Pflock die Rede, an dem man etwas aufhängen kann[124], also von einem Wandpflock. Festzuhalten bleibt ferner, daß Jes 22,24 f.

---

[123] Vgl. dazu oben S. 151 ff.; siehe ferner Ez 17,5—10.
[124] Vgl. Ez 27,11 »an einer Mauer etwas aufhängen«, vgl. auch Cant 4,4.

das Bild vom Wandpflock auf eine Person anwendet, die in einer Funktion gesehen wird, für andere einen Halt zu bieten.

Die andere Verwendungsmöglichkeit eines *ytd* bezieht sich auf das Zelt[125]. In diesem Zusammenhang ist der *ytd* der für das Spannen der Seile erforderliche Zeltpflock. Da nun in zahlreichen Texten Jerusalem mit einem Zelt verglichen werden kann[126], es in Jes 33,20 z. B. heißen kann: »Schaue auf Zion, die Stadt unserer Feste! Deine Augen werden Jerusalem sehen, die sichere Trift, das Zelt, das nicht wandert, dessen Pflöcke man niemals herausreißt und dessen Stricke man nicht löst ...«, ist es doch sehr verwunderlich, daß, unterstellt man jetzt einmal die mögliche Gleichsetzung des Rebstockholzes mit Jerusalem, die gerade dann doch naheliegende Assoziierung von *ytd* im Sinne von »Zeltpflock« hier nicht auftaucht. Die vorgeführten Bedeutungszusammenhänge, in denen *ytd* verwendet wird, sprechen m. E. eindeutig dafür, daß der Autor von 15,2*−4 hier nicht mit dem Stellenwert Jerusalems beschäftigt ist.

Fazit: Nach allem, was bisher über die beiden Möglichkeiten der Gleichsetzung des Rebstockholzes ausgeführt worden ist, ist davon auszugehen, daß unser Text in einen Diskussionsvorgang hineingehört, in dem über den Stellenwert des in der Verbannung weilenden Davididen Jojachin gestritten wurde: Während die eine Seite ihre Hoffnungen auf Jojachin setzt, wendet die andere Seite ein, daß dieser entwurzelte König in Analogie zum bloßen Rebstockholz zu nichts mehr taugt und keine Zukunftsperspektive mehr hat. Daß Spuren einer solchen Diskussion und einer ähnlich negativen Einschätzung Jojachins in Jer 22,24−30 enthalten sind, sei noch einmal in Erinnerung gerufen.

Fragt man nun nach dem Trägerkreis und dem Entstehungsort eines solchen, König Jojachin betreffenden Wortes, so spricht m. E. vieles für die nach 587 in Juda verbliebene Restbevölkerung, die sich bei ihren Konsolidierungsbemühungen unter und nach Gedalja (vgl. Jer 40−42*) auch mit dem Sachverhalt zu befassen hatte, daß, wenn auch fern der Heimat und in Gefangenschaft, immer noch ein Davidide existierte (vgl. Thr 2,9).

Unter den nach 587 im Lande Verbliebenen muß es Gruppierungen gegeben haben, für die die Nachkommen Davids weiterhin einen hohen Stellenwert besaßen. Nach Jer 41,1 ff. entführt Ismael, selber aus königlichem Geschlecht, nach der Ermordung Gedaljas die in Mizpa unter Gedaljas Obhut verbliebenen Königstöchter. Dieser Vorgang deutet daraufhin, daß die Auseinandersetzungen im Lande, die schließlich auch zur Ermordung Gedaljas führten (Jer 41,1 ff.), auch mit Bewegungen zusammenhingen, für die die Frage nach dem Stellenwert des davidischen

---

[125] Vgl. die Angaben über die Anfertigung der Stiftshütte in Ex 27,19; 35,18; 38,20; 39,40; Num 3,37; 4,32.

[126] Vgl. z. B. Ps 15,1; 27,5.6; 61,5; Thr 2,4.6; Jes 54,2.

Königtums mit dem Ende Zedekias und seiner Söhne keineswegs endgültig erledigt war und in deren Kreisen sich gewisse Hoffnungen für die Zukunft auf den im Exil lebenden Davididen Jojachin konzentrieren mochten[127].

b) Ergebnisse

Als ursprünglicher Kern von Ez 15 ist das Bildwort vom nutzlosen Rebstockholz zu veranschlagen (15,2*−4). Es stammt aus einer in Juda nach 587[128] geführten Diskussion über den weiteren Stellenwert des exilierten Davididen Jojachin. Der zuständige Autor hält es gegen die Auffassung der Adressaten seines Gleichnisses für aussichtslos und unangebracht, an Jojachin weiterhin irgendwelche Hoffnungen für die Zukunft festmachen zu wollen. In diesem Punkt berührt er sich eng mit Äußerungen, wie sie uns in Jer 22,24−30* erhalten sind.

Versucht man nun, die Frage nach dem ursprünglichen literarischen Ort von Ez 15,2*−4 zu beantworten, so deuten schon die bildhaften Berührungen (Rebstock) zwischen Ez 15,2*−4 und Ez 19,10−14 auf zwischen diesen beiden Texteinheiten bestehende Zusammenhänge.

Für den ursprünglichen Ort von Ez 15,2*−4 hinter Ez 19,10−14 läßt sich noch ins Feld führen, daß Ez 19,10−14, da hier in der zurückblickenden Klage das Ende des Jerusalemer Königtums (587) konstatiert wird, geradezu die Frage nach dem Stellenwert des im Exil weilenden Davididen Jojachin provoziert. Für eine enge Verbindung mit Ez 19,10−14 spricht auch, daß sich hier die Nachträge zum Stichwort »Feuer« in 19,12bβ.14 (ʾš mit ʾkl) am besten so erklären, daß dieses Stichwort im einstigen Anschlußtext 15,1−4 vorgegeben war. Da sich oben[129] zeigen ließ, daß Ez 20 erst nachträglich in eine ältere Textfolge Ez 19/21 f. eingeschaltet worden ist, weil hier (19,1) wie dort (21,17.30) der »Fürst«, bzw. die »Fürsten« Israels im Blickpunkt stehen, wird ferner durchsichtig, warum 21,1 ff mit dem Bild vom Waldbrand, vom fressenden Feuer etc. einsetzt. Das lag deswegen nahe, weil dieser Text direkt an die Textfolge 19,10−14; 15,1−4* anschloß.

Malte die Klage Ez 19,10−14 vor Augen, daß dem Jerusalemer Weinstock mit seinen Königstrieben seine Wachstumsbasis und damit jegliche Zukunft genommen worden war, so bleibt Ez 15,2*−4 daran

---

[127] Vgl. auch die Erwartungen, die Hananjas Heilswort in Jer 28,4 anspricht; vgl. ferner II Reg 25,27−30.

[128] Eine Datierung vor 587 ist nicht grundsätzlich auszuschließen. M. E. hat jedoch die Herleitung des Wortes aus der Zeit nach 587 deswegen mehr für sich, weil die Diskussion über den Exilskönig und seine Zukunft erst nach dem Untergang Zedekias und seiner Söhne aufgebrochen sein dürfte.

[129] Vgl. S. 54 ff.

anschließend im Bilde und macht am Beispiel vom wertlosen Rebstockholz deutlich, daß auch jener »Königstrieb« in Babel, Jojachin, keine Zukunft hat und somit kein Anlaß für irgendwelche Hoffnungen sein kann.

Wir hätten also in der Abfolge Ez 19,10—14; 15,2*—4 einen thematisch und bildhaft zusammenhängenden Textkomplex rekonstruiert[130]. Diese Textfolge ist sukzessive entstanden; Ez 15,2*—4 setzt Ez 19,10—14 bereits voraus und stammt ebenfalls aus der Zeit nach 587, und zwar mit großer Wahrscheinlichkeit aus Kreisen der im Lande Verbliebenen. 15,2*—4 hat mit 19,10—14[131] gemeinsam, daß auch in diesem Text nichts über ein Walten und Wirken Jahwes verlautet; ebensowenig scheinen für die im Hintergrund gesehenen Unheilsabläufe moralische Begründungen veranschlagt zu werden[132].

Seinen jetzigen Ort im Ezechielbuch verdankt unser Text der redaktionellen Hand, die für die Erweiterungen durch die Verse 4b—8 zuständig ist. Der betreffende Bearbeiter, der das ursprünglich auf Jojachin bezogene Wort als Unheilswort für Jerusalem (bzw. Juda) in Anspruch nahm[133] und entsprechend ausdeutete und erweiterte, war auch derjenige, der die oben aufgezeigte[134] Verklammerung von Ez 15 mit Ez 14 (vgl. besonders 14,21 ff.) vornahm. Er vertritt, wie wir gesehen haben, einen golafavorisierenden Standpunkt[135].

Da auch in Ez 17 das Bild vom Rebstock eine wichtige Rolle spielt, überprüfen wir im folgenden, ob und welche primären oder sekundären Verbindungen zwischen Ez 17 und Ez 19/15* bestehen.

3. Ez 17

In der so merkwürdigen »Rätselrede« in Ez 17,1—10[136] berührt sich die darin vorgetragene »Geschichte« von einem Weinstock (Ez 17,5—10) in mehreren Punkten deutlich mit der in Ez 19,10—14 vorliegenden Klage (vgl. v. 14 *qynh*) über das tragische Geschick eines Weinstocks[137]. Dieser

---

[130] Vergleichbar wäre dieser Zusammenstellung von Worten über das Königtum die Sammlung von Worten über die Könige in Jer 21,11 ff. (bzw. 22,6—29).

[131] Vgl. auch 19,1—9 und die oben rekonstruierte Vorstufe (vgl. S. 146).

[132] Auch in Jer 22,24—30 fehlt jeglicher Hinweis auf eine Korrespondenz zwischen Ergehen und Tun.

[133] Vgl. hier noch die Erwägungen oben Anm. 117.

[134] Vgl. oben S. 6 ff.

[135] Zu Verfahrensweisen und Anliegen der in Ez 15,6—8 greifbaren Redaktion vgl. oben S. 6 ff.45, Anm. 174.

[136] Zu Ez 17,11 ff. vgl. unten S. 176 f.201 ff.

[137] M. Greenberg, Ezekiel 1—20, S. 359; »… the two (sc. Ez 17 und 19) are indeed similar«; im einzelnen vgl. Ez 17,5 *'l mym rbym* und Ez 17,8 *'l mym rbym hy' štwlh* mit Ez 19,10 *'l mym štwlh … mmym rbym*; *mym rbym* ferner Ez 31,5.7.(15); vergleichbar noch Num 24,7. —

Sachverhalt bietet die Chance, der Frage nachzugehen, ob und welch ein Abhängigkeitsverhältnis zwischen Ez 19,10—14 und Ez 17,1 ff. (besonders 17,5—10) besteht[138], und zu klären, in welchem zeitlichen und sachlichen Neben- bzw. Nacheinander diese Texte entstanden sind.

a) Zum Kontext

Das vorausgehende Kapitel Ez 16 vergleicht Jerusalem mit einer untreuen Frau. Da Ez 15 im Anschluß an das Bild vom unbrauchbaren Rebholz lediglich eine sehr knappe Begründung für das in Aussicht gestellte Geschick der Stadt (vgl. Ez 15,8) enthält, erscheinen die Darlegungen in Ez 16 wie der Versuch, dazu prinzipiell und ausführlicher Stellung zu beziehen. Im Blick auf die auch zwischen Ez 15 und Ez 17 (vgl. besonders 17,5—10) erkennbaren thematischen Berührungen (Thema »Rebstock«) wirkt die Bildrede von der untreuen Frau in Ez 16 zugleich so, als ob ein ursprünglicher Textzusammenhang Ez 15/17 vorgegeben war und durch Einschaltung von Ez 16 gestört worden ist. Gegen die Annahme einer originalen Textfolge 15*/17* spricht jedoch schon, wie bereits ausgeführt, daß Ez 15, bevor die erkannten Erweiterungen (Ez 15,4b ff.) vorgenommen wurden, ursprünglich hinter Ez 19,10—14 verankert war. Außerdem ist es viel naheliegender, daß Ez 17,5—10 wegen des gesamten Handlungsablaufs und den in v. 9—10 aufgeworfenen Fragen nach dem weiteren Geschick des Rebstocks solchen Worten vorausging, vielleicht sogar im Vorausblick auf solche Worte konzipiert ist, die nachher wie 19,12—14 und 15,2—4 das totale Ende des Rebstocks, sein Verdorren und seinen »Nutzwert« als Feuermaterial ansprechen.

Die Frage, wie im einzelnen die jetzige Textfolge Ez 15/16 vor Ez 17 zustande kam, muß vorerst offen bleiben[139].

Die Wendung »gepflanzt an Wassern …« (Ez 19,10.13 und Ez 17,8.10) ist nur noch Jer 17,8; Ps 1,3 belegt. — Der »Ostwind« (rwḥ hqdym: Ez 17,10 und Ez 19,12) mit seiner versengenden Wirkung (ybš hi. Ez 19,12), bzw. Wirkung des Verdorrens (Ez 17,10 ybš) begegnet ähnlich nur noch Hos 13,15; Jon 4,8 (jeweils: rwḥ qdym). — ʿnp im Ezechielbuch außer 17,8.23 und 19,10 (ʿnph) nur noch 31,3 und 36,8 (im AT sonst nur noch Mal 3,19; Lev 23,40; in Ps 80,11 in Verbindung mit gpn!). — Ferner sind deutliche Entsprechungen hinsichtlich des »dramaturgischen« Aufbaus zu verzeichnen: Einem ersten Teil mit der Beschreibung der vorzüglichen Standorts- und Wachstumsbedingungen sowie des prächtigen Gedeihens des Weinstocks (Ez 17,5—6 und Ez 19,10.11aα) korrespondiert jeweils nach Hinweisen auf eine kritische Verhaltens- bzw. Wachstumsphase des Weinstocks (Ez 17,7[8] und Ez 19,11aβb) abschließend, daß nun der Weinstock seine günstigen Standortvorteile aufs Spiel gesetzt (Ez 17,9—10) und damit seine Vernichtung provoziert hat, bzw. bereits vernichtet ist (Ez 19,12—14).

[138] Vgl. auch W. ZIMMERLI, Ezechiel 1—24, S. 383: »ist 10 (scil. Ez 17,10) von 19,12 her bestimmt?«

[139] Hier sind verschiedene Möglichkeiten durchzuspielen. Entweder wurde zunächst Ez 15* mit den erforderlichen Erweiterungen für sich vor Ez 17 eingearbeitet und anschließend

Im Blick auf die an Ez 17 anschließende Textfolge Ez 18/19 ist lediglich zu erheben, daß sich zwischen Ez 17,5—10 und Ez 19,10—14 eindeutige Verbindungslinien ziehen lassen. Da zwischen Ez 17 und Ez 18 in der jetzigen Fassung solche Verbindungslinien oder Verknüpfungselemente nicht nachweisbar sind, könnte man den Eindruck gewinnen, daß Ez 18 eine vorgegebene Textfolge Ez 17/19 im Nachhinein sprengt. Genauere Einsichten sind allerdings erst mittels einer ausführlichen Analyse von Ez 18 zu gewinnen[140].

b) Zum Verhältnis Bildrede (17,1—10) — Deutung (17,11 ff.)

Nach der Jahwewort-Ergehensformel und der Aufforderung, ein Gleichniswort (bzw. Rätselspruch) an das Haus Israel gerichtet auszusprechen, wird dieses Wort mit »so hat Jahwe gesprochen« in den Versen 3aα—10 mitgeteilt. V. 11 leitet mit einer erneuten Jahwewort-Ergehensformel einen neuen Textabschnitt ein, der sich, obwohl kaum in sich geschlossen[141], bis zum Ende des Kapitels erstreckt. So kann zunächst Ez 17,1—10 gesondert vorgestellt werden.

V. 1 kennzeichnet mit der sogenannten Wortereignisformel alles folgende als Jahwerede. Diese setzt in v. 2 ein mit einer Anrede und der Aufforderung, dem »Haus Israel« einen »Rätselspruch«, bzw. ein »Gleichniswort« vorzutragen. V. 3aα mit Redeauftrag und Botenformel stellt noch einmal klar, daß alles weitere als göttliche Botschaft gilt.

V. 3aβ.4 setzt damit ein, daß ein großer, prächtiger Adler zum Libanon kommt, den Wipfel einer Zeder abbricht, ihn ins Krämerland bringt (v. 4) und ihn dort in die Händlerstadt setzt.

Nach v. 5 nimmt der Adler anschließend vom Samen des Landes und setzt ihn in ein Saatfeld, an reichliches Wasser (*'l mym rbym*[142]), damit er aufgehe und zu einem üppigen Weinstock von niedrigem Wuchs werde und seine Ranken sich zu ihm (dem Adler) kehren und seine Wurzeln unter ihm bleiben. Das Ergebnis (v. 6b): Er wird zu einem Weinstock und bekommt Zweige und Triebe.

V. 7 leitet mit dem Verweis auf einen anderen großen Adler eine neue Sinneinheit ein. Dieser Adler wird nur kurz vorgestellt; von einem aktiven Verhalten wird nichts mitgeteilt. Die Handlungsinitiative geht jetzt von

---

Ez 16 aufgenommen, oder Ez 15* wurde zugleich mit der in Ez 16 vorliegenden Bildrede von der untreuen Frau vorgeschaltet, oder Ez 16 war bereits, allerdings in einer ursprünglicheren Fassung, vorgegeben, möglicherweise in der Abfolge Ez 16*/17, so daß Ez 15 noch später eingetragen wurde.

[140] Vgl. zu Ez 18 unten S. 219 ff.

[141] In v. 22 klingt ein neues Thema an, aber auch die Verse 19—21 heben sich schon durch die Botenformel und eine weitere Jahweschwurformel (vgl. schon v. 16) vom bisherigen Kontext ab (vgl. dazu oben S. 34 ff.).

[142] Vgl. dazu Ez 19,10 und 31,5.7.

dem vorher beschriebenen Weinstock (*hgpn hz't*) aus. Der Weinstock wendet sich nun mit seinen Wurzeln und Trieben diesem zweiten Adler zu, damit dieser ihn tränke, und zwar besser als das Beet seiner Pflanzung. V. 8 erinnert (vgl. schon v. 5) daran, daß er auf gutes Feld und an reichlichen Wassern gepflanzt war, Zweige zu treiben, Frucht zu bringen und ein prächtiger Weinstock zu werden. Offensichtlich soll so noch einmal verdeutlicht werden, wie unverständlich und unklug sich der Weinstock verhält.

War mit v. 3aα betont worden, daß das sich von v. 8 erstreckende Bildwort als Jahwerede fungiert, so hat die in v. 9 erneut auftauchende Botenformel die Aufgabe, sicherzustellen, daß es jetzt ebenfalls Jahwe selbst ist, der das Fazit aus dem zuvor dargestellten Geschehensablauf zieht, bzw. diesen Geschehensablauf bewertet. Diese Bewertung steckt in der Frage »Wird das glücken? Wird er (d. h. der erste Adler) seine Wurzeln nicht ausreißen, so daß er verdorrt? Wird er nicht, sobald der Ostwind ihn trifft (v. 10), völlig vertrocknen auf dem Beet, da er sproßte?«

Dieses Wort[143] von den beiden Adlern, dem Zederwipfel und dem Weinstock enthält einerseits charakteristische Züge einer Fabel, ist jedoch auch mit Hinweisen auf historische Gegebenheiten durchsetzt. Die Erwähnung des »Krämerlandes« und der »Händlerstadt« spielt auf Babel an (vgl. Ez 16,29). Ist an dieser Stelle die verschlüsselte Redeweise noch aufzuhellen, so gelingt das für die anderen Bildelemente und ihr Verhältnis zueinander nicht ohne weiteres. Mit Recht beurteilt man Ez 17,1—10 als eine Allegorie[144], also »als geheimnisvolle und phantastisch spielende Verkleidung eines Sachverhalts, die der Weissagung wie auch anderen Zwecken dienen kann«[145].

Ob die an 17,1—10 anschließende, mit der Wortereignisformel eingeleitete Deutung der Allegorie (17,11 ff.) mit der Allegorie selbst gleichzeitig entstanden ist, ist nicht sicher[146].

Läßt man hier die ebenfalls an zahlreichen Stellen angebrachten Erweiterungen zunächst bei Seite[147], so müßte dieser Deutung entsprechend die Allegorie wie folgt verstanden werden: Der erste Adler ist der König von Babel, der nach Jerusalem (= Libanon) kommt und den Jerusalemer König und seine Fürsten (= den Zedernwipfel und die

---

[143] Die eben vorgenommene Paraphrase übergeht offenkundig nachträgliche Erweiterungen; dazu ZIMMERLI, Ezechiel 1—24, z. St.

[144] Vgl. so FOHRER, Ezechiel, S. 94.

[145] So BULTMANN (Die Geschichte der synoptischen Tradition, S. 214) zur Eigenart der Allegorie.

[146] Vgl. ZIMMERLI, Ezechiel 1—24, S. 384, der meint, daß sie »in einem gewissen zeitlichen Abstand (scil. zu 17,1—10) formuliert worden« ist.

[147] GARSCHA z. B. rechnet mit Zusätzen in Ez 17,13aβ.bα.14b.15b.18—19.20b (Studien, S. 33); vgl. dazu unten S. 201 ff.

obersten Sprossen) nimmt und nach Babel (= Händlerstadt) bringt (vgl.
12). Darauf (v. 13) nimmt er vom königlichen Samen (= vom Samen des
Landes; vgl. v. 5) mit dem Ziel (v. 14), daß daraus ein niedriges Königtum
(vgl. v. 6) wird. Aber (v. 15) der entsprechende König wird abtrünnig und
setzt sich mit der Bitte um militärischen Beistand mit Ägypten (= der
zweite Adler, vgl. v. 7) in Verbindung.

Indem der weitere Text (v. 17) konstatiert, daß der ägyptische Pharao
jedoch während der Belagerungssituation keine Hilfe sein wird, geht hier
der Deutungstext über die Aussagen der Allegorie selbst hinaus, und zwar
insofern, als hier die in der Allegorie aufgeworfene, aber offengelassene
Frage nach dem Ausgang beantwortet wird, hier also der weitere Gang
der Dinge mitgeteilt ist. ZIMMERLI stellt dazu mit Recht fest, daß hier die
Deutung die Ereignisse von 587 als »schon geschehen«[148] hinter sich weiß.
Zu fragen ist aber, ob man das auch für die Allegorie selbst veranschlagen
darf. Wenn darin am Schluß die Frage aufgeworfen wird, ob der Weinstock
nicht verdorren muß (v. 10), dann ist zwar klar, — und nicht erst auf
Grund der folgenden Ausdeutungen — daß diese rhetorisch gestellte Frage
auf das Katastrophengeschehen von 587 zielt; es ist aber keineswegs
eindeutig, ob sich der für 17,1—10 zuständige Verfasser im Vorausblick
auf die sich in seinen Augen anbahnende Katastrophe[149] zu Wort meldet
und ob er ex eventu im Rückblick dazu Stellung nimmt.

Wir halten vorerst lediglich fest, daß der Autor von Ez 17,1—10
eine ganz bestimmte Ereignisabfolge (die Geschicke Jerusalems oder der
Jerusalemer Könige in den Jahren 597—587) vor Augen hat und diese
Ereignisfolge in bildhafter Weise thematisiert.

Da von 17,11 ff. her die Beantwortung der Frage nach der historischen
Standortbestimmung des Verfassers von 17,1—10 unsicher bleiben muß,
konzentrieren wir uns im folgenden ausschließlich auf 17,1—10 und versuchen zunächst in einem erneuten Durchgang — ohne die folgende Deutung
zu berücksichtigen[150] — den vollen Sinn dieser Allegorie zu erfassen.

c) Ez 17,1—10 — Analyse

Der Text besteht aus den Einheiten 1) 17,3aβ—4; 2) 17,5—6; 3) 17,7(8);
4) 17,9—10.

Einen Anhaltspunkt für den historischen Vorgang, auf den angespielt
wird, bietet — wie bereits vermerkt — zunächst die erste Einheit (v. 3aβ—
4). Mit dem Land Kanaan = Händlerland (Ez 16,29) steht Babel vor
Augen. Die vom Adler abgepflückte Zedernspitze wird demnach nach
Babel gebracht. Damit kann nur auf die Situation von 597 angespielt sein,

---

[148] Ezechiel 1—24, S. 384.
[149] So z. B. ZIMMERLI, Ezechiel 1—24, z. St.
[150] Zu Ez 17,11 ff. vgl. unten S. 201 ff.

wie aus der Fortführung der Rede im zweiten Teil (v. 5—6) hervorgeht. Zugleich erfährt dieser Vorgang der damaligen Exilierung hier eine Bewertung. Im Rückblick auf v. 3aβ—4 kann die hier angedeutete Aktion des Adlers nur ausdrücken wollen, daß der für die erste Exilierung der Prominenz aus Jerusalem und Juda verantwortliche Adler (= Nebukadnezar) im Lande nun die Verhältnisse regelt und das Königtum Zedekias installiert. Der Weinstock, zwar immer noch ein Edelgewächs, aber hier jetzt von niedrigem Wuchs und daher von geringerem Ansehen als die Zeder (v. 6), wird vom Adler auf gutem Boden eingepflanzt.

Die vor Augen stehende Einsetzung Zedekias zum König wird also als ein positiver Akt dargestellt; es wird betont, daß akzeptable Bedingungen gewährleistet waren. Dieses Königtum konnte gedeihen und Gestalt annehmen, wenn auch unter der Oberherrschaft des babylonischen Königs (v. 6aβ). Damit legt der Verfasser offensichtlich großen Wert darauf, vollkommen abzusichern, daß von Seiten des Babyloniers alles zum Besten bestellt worden war[151].

Im dritten Teil der Texteinheit (v. 7—8) wird eine weitere Größe, ein anderer großer Adler, eingeführt. Die Beschreibung charakterisiert ihn im Vergleich zum ersten Adler als weniger prächtig (vgl. v. 3). Ferner wird nur auf die Existenz eines solchen Adlers verwiesen; von irgendeiner Initiative dieses Adlers ist nichts gesagt. Hervorgehoben wird vielmehr, daß es der Weinstock ist, der jetzt die Initiative ergreift. Er schickt nach dem zweiten Adler, damit er ihn besser tränke als das bisherige Beet seiner Pflanzung (v. 7b). Diese Verhaltensweise soll offensichtlich mit der sich auf v. 5b.6 zurückbeziehenden Feststellung kritisiert werden, daß der Weinstock doch schon alles hatte, was er zum prächtigen Gedeihen brauchte. Damit wird das Verhalten des mit dem Weinstock identischen Zedekia als äußerst unklug, als ein Affront gegen den ersten Adler (Nebukadnezar) gekennzeichnet, und zwar nicht nur deswegen, weil der erste Adler ja schon für beste Lebensbedingungen, einen Platz an reichlichen Wassern, gesorgt hatte; auch deswegen, weil dieses Verhalten die gegenüber dem zweiten Adler deutlich überlegene Macht des ersten Adlers (vgl. v. 3 mit v. 7) außer Acht läßt.

Die im vierten Teil (v. 9—10*) die gesamte Texteinheit abschließende Frage, ob der Weinstock Erfolg haben wird und sein Vorhaben gelingen kann, ob das Geschick des Weinstocks, daß ihn der erste Adler ausreißen wird, vermeidbar ist, kann sich der Hörer bzw. Leser daraufhin selbst beantworten. Sie nimmt das Ergebnis vorweg.

Welches Ziel verfolgt diese Art der Darstellung geschichtlicher Gegebenheiten und Abläufe im Blick auf die Ansprechpartner des Autors? Ohne Frage sollen bestimmte, dem Verfasser dieses Stückes sichere Ein-

---

[151] Vgl. auch v. 8, wo dieser Aspekt noch einmal wiederholt und betont wird.

sichten und Wertungen weiter vermittelt werden. Diese Einsichten und Wertungen resultieren aus einem Rückblick auf die Ereignisse von 597 und auf die weiteren Entwicklungen. Sie sind daran erkennbar, wie er diese Ereignisse und Entwicklungen interpretiert und gewichtet.

Daß der Verfasser am Geschick Jojachins interessiert ist und ihm im Vergleich zu seinem Nachfolger Zedekia einen besonderen Stellenwert zuerkennen möchte, ist deutlich. Mit Ez 17,1—4, dem Bild vom Zedernwipfel, erreicht er, daß der Leser in Jojachins Verbannung[152], einen tieferen Sinn erahnen kann. Es findet sich nirgends ein Hinweis auf ein negativ zu bewertendes Ende[153]; das weitere Geschick der »Zedernspitze« wird somit zumindest offen gehalten.[154]

Der Autor interpretiert ferner die Einsetzung Zedekias zum König und gewichtet den Stellenwert seines Königtums (Weinstock von niedrigem Wuchs, v. 6). Er wertet und gewichtet ferner die Machtverhältnisse im Vorderen Orient kurz vor 587 (ein großer prächtiger Adler v. 3 = Babel; ein anderer großer, dennoch weniger prächtiger Adler v. 7 = Ägypten). Er beurteilt den Abfall Zedekias vom König von Babel im Blick auf die angedeuteten Machtverhältnisse als unklug und das Verhalten Zedekias im Blick auf die von Nebukadnezar zugestandenen Bedingungen (reichliches Wasser etc. v. 5.8) als undankbar.

Zu klären bleibt, tut er das alles, um seinen Hörern damit einsichtig zu machen, daß Zedekias Vorgehen in die Katastrophe führen w i r d?[155]. Lenkt er also den Blick zurück in die Geschichte und wählt er seine merkwürdigen Bilder (Adler — Zedernwipfel — Weinstock — zweiter Adler), um verstehbar zu machen, was k o m m t? Oder geht es darum, verstehbar zu machen und zu werten, was gekommen ist und warum es so gekommen ist? Soll auf diese Weise die bereits zurückliegende Katastrophe von 587 erklärt werden und vor Augen gestellt werden, welchen Stellenwert dieses Ereignis hat?

Wir versuchen eine Antwort auf diese Fragen, indem wir weiter sondieren, warum der Autor hier überhaupt die Redeweise solcher Allegorie gewählt hat. Warum, so ist zu fragen, redet der Autor nicht klar und deutlich, ohne »Rätsel« und »Gleichnis«? FOHRER meint, »daß Ez ein altes

---

[152] Der angesprochene Vorgang, die Versetzung des Zedernwipfels, wird nicht begründet.

[153] Von einer Gefahr des »Vertrocknens« o. ä., wie später im Blick auf das Geschick des Weinstocks, ist nichts angedeutet; erst in Ez 17,22—24 wird auf den Zedernwipfel wieder (positiv!) Bezug genommen.

[154] Vgl. die ähnlich positive Bewertung der Exilierung Jojachins in Jer 24 mit dem Bild von den guten Feigen.

[155] So ZIMMERLI, der meint, daß die Allegorie warnend auf die Katastrophe von 587 vorausweist: »Die Fragen am Schluß, in welche die Fabel ausläuft, drängen den Hörern die Einsicht auf, daß die Treulosigkeit Zedekias sich gegen diesen selber wenden wird« (Ezechiel 1—24, S. 383); vgl. auch LANG, Aufstand, S. 28 ff.

Volkslied oder -gedicht aufgegriffen und verwendet hat, das lehren will,
daß alles nur unter bestimmten Lebensbedingungen gedeihen kann«[156].
Ähnlich postuliert GARSCHA[157] eine Textgrundlage, die von einem Weinstock handelte, der an reichlichen Wassern gepflanzt war, um Frucht zu
bringen. »Dieser Weinstock wendet sich vom guten Wurzelboden ab. Wie
nun eine Pflanze, die nicht mehr am Wasser wurzelt, verdorrt, wenn der
heiße Wind bläßt (sic!), soll wohl die Bildrede gleichnishaft demjenigen
das Verderben androhen, der sich in gleicher Weise verhält«[158].

Im Vergleich zu FOHRERs Sicht wäre damit jedoch das ursprüngliche
»Volkslied« hier schon weiterentwickelt worden. Denn daß ein Weinstock
sich vom Wasser abwendet etc., ist mit Sicherheit ein zusätzlicher Gedanke,
der ein Fehlverhalten des Weinstocks ins Spiel bringt und damit auf
moralische Aspekte abzielt: Ein Weinstock am wasserreichen Platz bringt
Frucht; das ist eine feststehende Ordnung, das entspricht den natürlichen
Gegebenheiten. Daß ein Weinstock sich von einem wasserreichen Platz
abwendet, ist nicht normal, also unklug und undankbar. Solche Kategorien
klug/unklug, dankbar/undankbar o. ä. innerhalb eines Textes (nach GAR-
SCHA also innerhalb der Vorstufe der jetzigen Texteinheit), der mit Verweis
auf Vorgänge im Bereich der Natur belehren will, weisen diesen Text
dann schon als eine erfundene, konstruierte Geschichte aus, die, mit
unnatürlichen, märchenhaften oder fabelhaften Zügen ausgestattet, zeigen
soll, wohin es führt, unklug oder undankbar o. ä. zu sein.

Da die gesamte Texteinheit Ez 17,1–10 jedoch märchen- oder fabel-
hafte Züge trägt, leuchtet nicht ein, daß GARSCHA eine Vorstufe von Ez
17,1–10 zu rekonstruieren sucht, die ebenfalls schon ein Moment des
Unnatürlichen, Fabelhaften enthält. Was GARSCHA erreichen möchte, ist
klar: Er sucht für die unübersehbaren Berührungen oder Abhängigkeiten
zwischen Ez 17,1–10 und Ez 19,10–14[159] eine Erklärung. Als Brücke
zwischen beiden Texteinheiten kommt nach GARSCHA eine Vorstufe von
Ez 17,1–10 in Frage[160]. GARSCHA meint also, daß die Berührungen

---

[156] Ezechiel, S. 94.
[157] Studien, S. 30.40 f.
[158] Studien, S. 41.
[159] Vgl. oben Anm. 137.
[160] Auch FOHRER sieht, daß die Verwendung gleichen Bildmaterials in Ez 17 und Ez 19,10–
14 und Ez 15 auf Abhängigkeiten dieser Texte untereinander hindeutet. Er möchte den
Sachverhalt, daß hier enge Berührungen gegeben sind, darauf zurückführen, daß wie im
Fall von Ez 17,1–10 ebenfalls für Ez 19,10–14 ein »profanes Lied« aufgegriffen wurde,
»das der Prophet … abgewandelt und umgedeutet hat … Es dürfte eine allgemeine
Lebensweisheit behandelt haben: Das reichliche Wasser nutzt dem Weinstock nur, solange
er an ihm wächst; wird er herausgerissen, so muß er verdorren« (Ezechiel, S. 107). Die
Berührungen zwischen Ez 17,1–10 und Ez 19,10–14 erklären sich also für FOHRER so,
daß jeweils ein profanes Lied oder Gedicht über die Wachstumsbedingungen des Weinstocks zugrunde liegt.

zwischen beiden Texten damit zusammenhängen, »daß dem Verfasser von Ez 19,10—14 die (von GARSCHA) vermutete Vorstufe der Allegorie (also von Ez 17,1—10) noch vorlag«[161]. Nach seiner Auffassung ist Ez 19,10—14 etwas jünger als die postulierte Grundlage von Ez 17,1—10, für die GARSCHA die Abfolge Ez 17,5.6b.7bαγ.8.10 rekonstruiert[162].

Stellt man diese Textfolge jedoch Ez 19,10—14 gegenüber, so ergibt sich merkwürdigerweise, daß sich die in ihr vorgenommene Charakterisierung des Weinstocks (17,7bαγ) in Ez 19,10—14 überhaupt nicht widerspiegelt. Während nämlich in dieser Textfolge (17,5.6b.7bαγ.8.10) über das natürliche Verhalten eines Weinstocks hinaus ein zusätzlicher Aspekt (vgl. v. 7bαγ) in den Blick gerückt worden wäre, indem sie nach GARSCHA »die Abwendung von Wurzeln und Trieben eines Weinstocks ... vom guten und reichlich bewässerten Boden schildert ...«[163], ist in Ez 19,10—14 von einem solchen übernatürlichen (unklugen) Verhalten des Weinstocks ursprünglich nirgends die Rede.[164] Hier wird zunächst hervorgehoben (v. 10.11aα), daß der Weinstock einen guten Platz hat, an dem er entsprechend gedeiht. Aber, und darauf liegt der Akzent, dennoch konnte die vermeintlich so sichere Stellung nicht die Existenz des Weinstocks garantieren.

Dem Qina-Charakter von Ez 19,10—14 muß man entnehmen, daß diese Texteinheit auf ein katastrophales Ereignis (wahrscheinlich 587) zurückblickt und ebenso wie die Ez 19,1—9 vorausgehende, ursprüngliche »Löwenklage«[165] aus der Retrospektive formuliert ist. Analog zur Totenklage spricht sich der Verfasser auf diese Weise klagend und resignativ über den Verlust des Jerusalemer Königtums aus. Es geht in 19,10—14 also nur darum, klagend daraufhinzuweisen, daß natürliche, normalerweise feststehende Ordnungen umgeworfen werden können. Besondere Hintergründe dafür können nicht aufgedeckt werden; auf irgendein Fehlverhalten des »Weinstocks« selbst deutet nichts. Sein Geschick hing ab von Außeneinwirkungen, auf die er selbst keinen Einfluß nehmen konnte[166]. Darin gerade besteht der Klageanlaß.

In Ez 17,5—10 dagegen ist die Ursache für die Störung bzw. Gefährdung des Weinstocks, daß er sich selbst falsch verhalten hat (vgl. v. 7 und v. 10). Hier wird also aufgedeckt, daß der Weinstock seinen Untergang

---

[161] Studien, S. 40 f.

[162] Studien, S. 44.

[163] A. a.O., S. 44.

[164] Ez 19,11aβb (= »und sein Wuchs ragte hoch empor bis zu den Wolken ...«) gehört nicht zur ursprünglichen Klage, da hier eine solchen Klagen unangemessene »moralische« Abqualifizierung nachgetragen ist (auffälligerweise im Rückgriff auf Ez 31,3, vgl. dazu Ez 31,9) mit dem Ziel, das Geschick des Weinstocks als selbstverschuldet zu erklären; vgl. so auch ZIMMERLI, Ezechiel 1—24, S. 430; siehe bereits oben S. 153.

[165] Vgl. dazu oben S. 146.

[166] Zu weiteren Einzelheiten vgl. oben zu Ez 19.

selbst provoziert hat. Vor Augen steht offensichtlich die Politik Zedekias, der sich nach Meinung des Verfassers Nebukadnezar gegenüber unklug, wenn nicht undankbar gezeigt hat.

Erhellt somit die Art und Weise, wie das Bild vom Weinstock in Ez 17,5—10 eingesetzt wird, daß hier im Vergleich zu Ez 19,10—14 zusätzliche Aspekte in das Bild hineingetragen worden sind, dann braucht für die Beantwortung der Frage, wie sich die engen Berührungen zwischen beiden Texteinheiten erklären, keine gemeinsame Textvorstufe mehr postuliert zu werden, die als Ausgangstext sowohl für Ez 19,10—14 als auch für Ez 17,5—10 Verwendung gefunden hätte, wie das GARSCHA tut; denn dann sind die zahlreichen Berührungen schlicht darauf zurückzuführen, daß der Verfasser von Ez 17,5—10 die Klage Ez 19,10—14 vor Augen hatte. Die hier vorgegebene Bildrede hat er bewußt aufgenommen und verarbeitet, weil es ihm darum ging, daß der Leser diesen Text (Ez 19) nun von Ez 17,1—10 herkommend in seinem Sinn »richtig« verstand. Das erklärt auch, warum die neue Texteinheit eine so merkwürdig wirkende Bildkombination darstellt: Der Verfasser von Ez 17,1—10 mußte bei seinem Anliegen »im Bild« von Ez 19,10—14 bleiben; folglich war seine eigene Aussageabsicht auch wieder nur bildhaft (vgl. das Bild vom Adler [= Nebukadnezar], der sich als Weingärtner betätigt) einzubringen, er mußte sie in das vorgegebene Bild integrieren.

d) Ergebnis I

Die engen Berührungen zwischen Ez 17,5—10 und 19,10—14[167] sind eindeutig darauf zurückzuführen, daß der Verfasser von 17,1—10 hier auf die in 19,10—14 vorliegende Klage über den Untergang des Jerusalemer Königtums Bezug nimmt. Die darin angedeuteten Vorgänge, das Geschick des Jerusalemer Königtums, meint er im Blick auf die nach seiner Ansicht tatsächlichen Hintergründe mit seiner Bildrede klarer vor Augen stellen und zugleich zutreffender bewerten zu können. Damit steht zugleich fest, daß er seine Bildrede dann ebenfalls nach 587 konzipiert hat.

e) Zum Verhältnis Ez 17,1—10 — Ez 31*
Fragestellung

Offen ist noch die Frage, was den Autor bewogen hat, im Eingangsteil Ez 17,1—4 vom Geschick des Zedernwipfels und seiner Versetzung durch den prächtigen Adler nach Babel zu handeln,[168] um auf diese Weise auf das Geschick Jojachins und seinen Stellenwert anzuspielen. Aus welchem

---

[167] Vgl. dazu oben Anm. 137.
[168] Man fragt: Was ist mit der Zeder selbst? Warum kann der Verfasser, wenn er schon das Bild der Zeder einführt, im folgenden den Zedernbaum völlig unberücksichtigt lassen?

Grund verfällt der für Ez 17* zuständige Verfasser hinsichtlich seiner Interpretation der Exilierung Jojachins gerade auf das Bild von der Zedernspitze (vgl. Ez 17,1−4)?

Diesem Problem ist man bisher in der Forschung kaum nachgegangen. Man hat bisher bestenfalls notiert, daß sich das Bild von der Zedernspitze in Ez 17,1−4 und das Zederngedicht in Ez 31 deutlich aufeinander beziehen[169], und gefragt, »wie die Bilder von Ez 17 und Ez 31 literarisch zusammenhängen«[170]. Darüber hinaus hat man jedoch m. W. nicht versucht, die Hintergründe der deutlich erkennbaren Berührungen[171] aufzuhellen. Es ist daher zu überprüfen, ob es auf diesem Wege möglich ist, die literarischen Verfahrensweisen und Anliegen des Verfassers von Ez 17,1−4.5−10 besser zu erfassen.

Wie sind diese Berührungen zu bewerten und zu erklären? Wie läßt sich nachvollziehen, daß der Verfasser von Ez 17,1 ff. für sein Aussageanliegen Bildmaterial verwendet, das teilweise auch in einem Gedicht (Ez 31) auftaucht, dessen Thema das Geschick des ägyptischen Pharao ist? Oder ist diese Frage schon falsch gestellt, weil sie, so formuliert, von falschen Voraussetzungen ausgeht?

Wir erinnern zunächst noch einmal daran, was wir über seine Anliegen und Verfahrensweisen bisher festgestellt haben: Er reagiert auf einen vorgegebenen Text (Ez 19,10−14) und sucht dessen Aussagen dem Leser in seinem Sinne zu verdeutlichen. Zu diesem Zweck knüpft er an das hier vorgegebene Bildmaterial an. So erklären sich Berührungen und Verbindungslinien zwischen Ez 17,1−10 und Ez 19*. Von daher könnte man folgern, daß er auch in Ez 17,1−4 auf einen vorgegebenen Text reagiert, hier seine eigene Auffassung dazu anzubringen sucht und demzufolge daraus Bildmaterial aufgegriffen hat. Die Berührungen zwischen Ez 17,1−4 und Ez 31 lassen sich so jedoch nicht begründen. Denn das Gedicht von der Libanonzeder in Ez 31 konzentriert sich im jetzigen Kontext und in der jetzigen Fassung auf das Geschick des ägyptischen Pharao. Darauf kommt jedoch der Verfasser von Ez 17,1−4 nirgends zu sprechen. Somit bliebe als recht unbefriedigende Erklärung für die Berührungen zwischen Ez 17,1−4 und Ez 31, daß der Verfasser von Ez 17,1 ff. aus Ez 31 das Bild von der Libanonzeder lediglich aufnimmt, um mit seiner Hilfe sein eigenes Aussageanliegen bildhaft auszudrücken.

---

[169] SIMIAN−YOFRE (Ez 17,1−10) verweist auf Ez 31,2−9, »que presenta numerosos contactos en su vocabulario con Ez 17,1−10 ...« (S. 36); zu Ez 17,22−24 vgl. GARSCHA (Studien, S. 33): »Wahrscheinlich orientiert sich 17,22−24 ... an der Schilderung des Prachtbaumes, wie sie in Ez 31 vorliegt. Darauf dürfte der uns in v. 23 begegnende Gedanke, daß alle Vögel in den Zweigen und im Schatten des Baumes wohnen werden, hinweisen, vgl. 31,6.«

[170] Vgl. SCHWEIZER, Katastrophe, S. 105, Anm. 20.

[171] Vgl. Ez 31,3 ... 'rz blbnwn ... hyth ṣmrtw und 17,3 ... lbnwn wyqḥ 't ṣmrt h'rẓ; ṣmrt im AT nur Ez 17,3.22 und Ez 31,3.10.14.

Macht man sich zudem klar, daß es im alttestamentlichen Schrifttum durchaus nicht unüblich war, im Bild der Libanonzeder auf das Königtum oder auf Jerusalem als Sitz des Königtums anzuspielen,[172] so erscheint es um so merkwürdiger, daß der Verfasser von Ez 17 einen Text wie Ez 31 (auf den ägyptischen Pharao bezogen) überhaupt berücksichtigt und von dort Anregungen zu seiner Bildwahl erhalten hat.[173]

Einleuchtend und durchsichtig wäre ein Rückgriff auf das Zederngedicht in Ez 31 allerdings, wenn man analog zum oben erhobenen Verhältnis zwischen Ez 17 und Ez 19 annehmen dürfte, daß sich auch Ez 31 ursprünglich auf Jerusalem oder das Jerusalemer Königtum bezogen hat und erst sekundär zu einem Klagelied über Ägyptens Pharao, wie es jetzt verstanden werden will, »umfunktioniert« worden ist[174].

Daß solches »Umfunktionieren« von Worten, die zunächst auf Jerusalem o. ä. zielten, in der prophetischen Literatur praktiziert worden ist, läßt sich mehrfach belegen. So hat z. B. Jer 6,22 f. Jerusalem vor Augen; in Jer 50,41−43 sind dieselben Aussagen fast wörtlich auf Babel bezogen. Das Gleiche ist der Fall in Jer 10,12−16 und Jer 51,15−19 (vgl. auch Jer 49,19−21 und Jer 50,44−46).

Ob mit dem hier angepeilten Erklärungsmodell den tatsächlichen Textentwicklungen im Ezechielbuch auf die Spur zu kommen ist, hängt zunächst von den Ergebnissen einer genaueren Analyse von Ez 31 ab.

4. Ez 31

a) Analyse

Daß die vorliegende Fassung von Ez 31 erst das Ergebnis eines komplizierten literarischen Gestaltungsprozesses ist, ist unübersehbar. ZIMMERLI[175] gliedert das gesamte Kapitel in die Versgruppen Ez 31,2b−9; 10−14; 15−18. Den Grundbestand findet er in Ez 31,3−8[176]. Es handelt

---

[172] Vgl. z. B. Jer 22,6 f.; ferner Jer 22,20−23, bes. v. 23; siehe ferner Jes 10,34 (dazu die Fortsetzung mit Jes 11,1 ff.); Sach 11,1−3; siehe auch GREENBERG, Ezekiel 1−20, S. 310: »In biblical literature, Lebanon's cedars symbolized (royal) majesty«.

[173] Die Möglichkeit, die Berührungen zwischen beiden Texten darauf zurückzuführen, daß der Verfasser von Ez 31 aus Ez 17,1−4 schöpfte, scheidet m. E. von vornherein aus.

[174] Im Blick auf unsere bisherigen Beobachtungen und Erwägungen ist interessant, daß schon ZIMMERLI zu Ez 31 feststellen konnte: »Wer allein die Beschreibung des Baumes vor Augen hat, könnte nicht darauf kommen, daß mit diesem Bild der Pharao ... gemeint sein müßte ... Man fühlt sich an die Analogie ... der qynh von Ez 19 erinnert« (Ezechiel 25−48, S. 753).

[175] Ezechiel 25−48, S. 751.

[176] Ez 31,5 wird als Einschub eingestuft; in v. 8 wäre nur zu lesen: »Die Zedern kamen nicht heran im Garten Gottes, kein Baum kam ihr gleich in ihrer Schönheit«; ebd.

sich um reine »Strichzeichnung, in der Beschreibungssatz zeichnend neben den anderen Beschreibungssatz tritt«[177].

Die Weiterführung des in Ez 31,3—8 vermuteten Grundbestandes[178] in den folgenden Abschnitten ist »wenig durchsichtig«[179]. Sie kann nur in Ez 31,10—14 vorliegen, da sich Ez 31,15—18 mit dem hier eingebrachten Motiv der Höllenfahrt unzweifelhaft als Nachtrag zu erkennen gibt. Da auch v. 14 »durch seine allgemeinmenschliche Ausweitung des ganzen Geschehens« ... »nachträgliche Ausweitung« ist[180] und ferner v. 11b hier nicht ursprünglich sein kann[181], bleibt für ZIMMERLI als ursprüngliche Fortsetzung von Ez 31,3—8 ein Text (Ez 31.10.11a.12.13), der mit Ausnahme von v. 13 (vgl. v. 6a!) in Prosa gehalten ist und als »Gerichtsankündigung«[182] eingestuft wird. Die so erhobene Textfolge ist allerdings insofern nicht unproblematisch, wie auch ZIMMERLI erkennt[183], als nun das in Ez 31 in der uns überlieferten Fassung enthaltene Formproblem weiter bestehen bleibt, jetzt »in der Verbindung einer metrisch gebauten Darstellung eines Bildes mit einer prosaischen, nur gelegentlich mit einem metrisch strukturierten Element versetzten Weiterführung«[184]. ZIMMERLI meint jedoch mit Verweis auf »einen ähnlichen Form-Tatbestand« in Ez 17 die in der 1. pers. singl. (vgl. v. 11a) gehaltene Ankündigung des Jahwehandelns trotz ihrer Spruchprosa dem ursprünglichen Text und damit Ezechiel zuweisen zu können.

Für GARSCHA stellt sich die Genese von Ez 31 wie folgt dar: Er meint ähnlich wie ZIMMERLI für den ersten Teil den ältesten Text in Ez 31,2a.3.4.6.7.8aα1.b zu erkennen[185], findet aber dessen ursprüngliche Fortsetzung in Ez 31,12 f. GARSCHA denkt an »ein nicht mehr vollständig erhaltenes Gedicht über einen herrlichen Baum im Gottesgarten«, der »aus einem nicht näher genannten Grund fallen mußte«[186]. Er meint, »daß die Begründung des Falls in V 10 und seine Schilderung (31,11—12) in ihrer jetzigen Form nicht von Anfang an zum Gedicht gehört haben können«[187]. Dieses Gedicht sei »durch Zusätze besonders in v. 10 ff. zur allegorischen

---

[177] A. a. O., S. 751.

[178] Vgl. so z. B. auch HÖLSCHER, Hesekiel, S. 155; GARSCHA, Studien, S. 182 ff., vgl. dazu unten S. 188.

[179] ZIMMERLI, a. a. O., S. 753.

[180] ZIMMERLI sieht eine Parallele in Ez 23,46—49; a. a. O., S. 753.

[181] Vgl. ZIMMERLI, a. a. O., S. 749.

[182] A. a. O., S. 753.

[183] Vgl. a. a. O., S. 754.

[184] A. a. O., S. 754.

[185] Studien, S. 182 ff.; vgl. S. 184.

[186] Studien, S. 184.

[187] Studien, S. 184; das ergibt sich für GARSCHA daraus, daß die Begründung für das Strafgericht (= »Hochmut und Überheblichkeit«) übersieht, »daß im Bilde vom hochragenden Baum die Größe und Pracht keineswegs negativ verstanden wird« (S. 183).

Darstellung des Untergangs eines Mächtigen« wegen seines Hochmuts geworden, der durch die Nennung des Adressaten (v. 2) als Pharao vorgestellt ist[188]. In Ez 31,14a und Ez 31,5.8aα.9 wäre auf einer noch späteren Bearbeitungsstufe eine allgemeine Warnung vor Hochmut eingebracht worden. Ez 31,14b—18 sei die letzte Stufe der Textentwicklung, die sich mit Ez 26,19 ff. und 32,17 ff berühre.

Diese Erkenntnisse über die Textausweitungen, die die ursprüngliche Textgrundlage der jetzigen Textfassung von Ez 31 erfahren hat, dürften in die richtige Richtung gehen. GARSCHA hat über ZIMMERLI hinausgehend zutreffend erkannt, daß die Begründung des Falles der Zeder im Verweis auf Hochmut und Überheblichkeit (v. 10 f.) nicht zum ältesten Textbestand des Gedichts gehörte. Allerdings ist zu fragen, ob die daraufhin geäußerte Vermutung zutrifft, daß die »Grundlage zu Kp. 31«, »Fragmente eines ursprünglichen ›Bildwortes‹ von einer Zypresse oder Zeder, die durch die Urflut groß gemacht wurde und die fallen mußte« (= Ez 31,(2a.)3.4.6.7.8aα1.b.12.13), als ein »mythologisches ›Gedicht‹ vom Weltenbaum« einzustufen ist, dessen »Sitz im Leben ... in der Kultdichtung zu finden« sei[189].

Erkennt man mit HÖLSCHER[190], daß die in Ez 31,8 und 9 jetzt vorliegenden mythologischen Redemomente erst nachträglich herangetragen worden sind[191] und haben nach FOHRER[192] die »Motive vom Weltenbaum und Gottesgarten offensichtlich nur dazu gedient, den eigentlichen Überlieferungsstoff auszuschmücken und den Prachtbaum gewaltiger erscheinen zu lassen«, so bleibt somit nur noch die »Urflut« in v. 4aβ als ein mögliches Indiz dafür, daß bei der Schilderung des prächtigen Zedernbaumes auch mythologische Vorstellungen im Hintergrund stehen. Aber dieses »Indiz« dürfte kaum ein hinreichendes Argument sein, als ursprüngliche Grundlage von Ez 31 ein ehemals »mythologisches ›Gedicht‹« aus dem Bereich der Kultdichtung zu veranschlagen[193].

Die Darstellung der Zeder und ihrer »Umweltsituation« resultiert daher durchweg aus einer Betrachtungsweise, die sich auf die Wahrnehmung von Naturgegebenheiten und Vorgängen im Naturbereich konzentriert. Als Grundmuster der ursprünglichen Bildwortdichtung ist deutlich wahrzunehmen, daß es in ihrem ersten Teil zunächst um die Beschreibung eines prächtigen Zedernbaumes ging, der ähnlich wie der Weinstock in

---

[188] A. a. O., S. 184.

[189] Studien, S. 285.

[190] Hesekiel, S. 155.

[191] Für HÖLSCHER gehört lediglich Ez 31,8aα1.b (ohne »Garten Gottes«) zum Grundbestand!

[192] Ezechiel, S. 176.

[193] Nach WESTERMANN (vgl. ThHAT Bd. II, Sp. 1028) zählt Ez 31,4 zu den Textstellen im AT, wo von *thwm* »neutral als von einem Naturphänomen geredet« wird.

Ez 19,10 seinen Wuchs und seine Pracht den guten Standortbedingungen (Ez 31,4a; vgl. v. 7b) verdankt.

Wie in Ez 19,10−14 die Verse 12 ff. nach der Schilderung des prächtigen Weinstocks anschließend das Geschick, ja eine Geschichte des Weinstocks vor Augen rückt, indem gezeigt wird, wie die bisherige sichere Eigenwelt des Weinstocks von außen gestört, bzw. zerstört wird, so zeigt das »Gedicht« in der Grundform seines zweiten Teils ebenfalls − so auch jetzt noch deutlich in Ez 31,12−13* erkennbar − wie die auf Grund der günstigen Standort- und Versorgungsbedingungen an sich gesicherte Existenz des Zedernbaums durch Außeneinwirkungen gestört bzw. zerstört wurde.

Die älteste Fassung jenes Gedichts, das als Kern der vorliegenden Textgestalt von Ez 31 anzunehmen ist, kann man sich, wenn auch nur hypothetisch und entsprechend unter Vorbehalt, wie folgt vorstellen:

> Ez 31*   (v. 2b: Wem bist du gleich[194] geworden in deiner Größe?)[195]
> v. 3:   Siehe eine Zypresse[196],
>   eine Zeder auf dem Libanon,
>   mit schönem Gezweig ... und von hohem Wuchs,
>   und bis in die Wolken ragte ihr Wipfel.
> v. 4a: Wasser machten sie groß,
>   Wasserflut zog sie hoch.
> v. 6aα: *In ihren Ästen nisteten allerlei Vögel des Himmels.*
>
> v. 12abα: Da haben Fremde ... sie umgehauen
>   und sie niedergeworfen[197] [auf die Berge,
>   und in alle Täler fielen ihre Zweige](?).
> v. 13a: *Auf ihrem Stamm*[198] *verweilten alle Vögel des Himmels.*[199]

In dieser Fassung erledigt sich auch das von ZIMMERLI gesehene Formproblem. War von ZIMMERLI im Anschluß an FOHRER u. a. zur

---

[194] Vgl. ähnlich Ez 19,10, wenn ZIMMERLIS Erwägung (Ezechiel 1−24, S. 419) zutrifft, daß hier für *bdmk* besser »ein pt. *ndmh* ... oder ein perf. *ndmth* zu lesen ist.

[195] Der Versuch eines Vergleichs (oft in Frageform) ist häufiges Element von (Toten)Klagen (vgl. zu weiteren Einzelheiten POHLMANN, »Unheilsahnung und Unheilsklage. Ein Versuch zur Frage nach den Anfängen der Jeremiatradition«, in: »Die Ferne Gottes«, S. 113−213, besonders S. 144.150 f.) und paßt somit sehr gut als Einleitung zum folgenden Wort, das mit der Darstellung der prächtigen Zeder und ihres Untergangs Trauer und Bestürzung des Hörers anspricht.

[196] Unsicher!

[197] Vgl. die Wiederaufnahme von *wytšhw* in v. 12Ende!

[198] D. h. »auf dem gefällten Stamm«.

[199] Ob v. 13b und entsprechend v.6aβ zum ältesten Kern zu rechnen sind, läßt sich kaum mehr sicher entscheiden. Möglicherweise liegen hier schon Aussageelemente vor, mit deren Hilfe die natürliche Größe »Zeder« zum Weltenbaum hochstilisiert wird.

Erklärung der Ez 31 beherrschenden »perf. Struktur« festgestellt worden, daß hier analog dem Geschick des Zedernbaumes ein kommendes Katastrophenereignis »in der Weise der Totenklage (allerdings ohne das Metrum der *qynh* ...) ... schon vorweg betrauert« werde[200], so wirkt der rekonstruierte Text mit den verbliebenen perf. Formen durchaus wie eine tatsächliche Totenklage (bzw. Untergangsklage), eine Klage also, die rückblickend ein dem Fall der Zeder analoges Katastrophengeschehen anspricht und den Klagen in Ez 19[201] weithin korrespondiert.

Die folgenden Beobachtungen können den eben vorgenommenen Rekonstruktionsversuch weiterhin absichern.

1. Es wird in Ez 19,2.5b.6.7b.8 − 9*; Ez 19,10 − 14 und Ez 31* jeweils vor Augen geführt, wie ein Objekt besonderer Bewunderung seinen einstigen Stellenwert verliert (Ez 19,1 − 9 stolze, wilde Löwen − von Löwenfängern gefangen an Haken abgeführt; Ez 19,10 − 14 fruchtbarer Weinstock − vom sengenden Ostwind verdorrt; Ez 31* prächtiger Zedernbaum − von Fremden abgehauen).

2. Zum Beschluß der Schilderung des besonderen Stellenwertes wird jeweils eine Konkretion angebracht: Ez 19,7b »das Land ... erschauert vor der Stimme seines Gebrülls«; Ez 19,11 »es wuchsen ihm kräftige Triebe geeignet zu Herrscherstäben«; Ez 31,6aα »in ihren Zweigen nisteten allerlei Vögel des Himmels«. Darauf nimmt dann jeweils der Abschlußvers in den einzelnen Worten Bezug, um damit den Verlust des einstigen Stellenwertes entsprechend konkret vor Augen zu stellen: Ez 19,9 »daß seine Stimme nicht mehr gehört werde auf den Bergen Israels«; Ez 19,14 »und nicht blieb ihm ein kräftiger Trieb geeignet zum Herrscherstab«; Ez 31,13a[202] »auf seinem gefällten Stamm verweilten alle Vögel des Himmels«.

Dieser Befund läßt sich nur damit erklären, daß hier die Konturen eines Grundmusters erfaßt sind, das Ez 31 und den Worten Ez 19,2.5b.6.7b.8 − 9* und 19,10 − 14* gemeinsam ist.

b) Fazit

Die bisherigen Beobachtungen und Überlegungen zu Ez 31 haben ergeben, daß der ursprüngliche Kern dieses Kapitels analog zur Klage

---

[200] Ezechiel 25 − 48, S. 754 f.

[201] Vgl. oben S. 140 ff. und S. 151 ff.

[202] Die betonte Korrespondenz zwischen Ez 31,13 und Ez 31,6 ist schon für HAAG (Ez 31, S. 175) ein deutliches Indiz dafür, daß Vers 13 »ein genuiner Bestandteil der Bildrede von der Libanonzeder zu sein« (S. 175) scheint. SCHWEIZER (Katastrophe, S. 97; vgl. auch schon ThQ 165, S. 206) meint dagegen, daß die Entsprechungen nicht auf die dichterische Absicht ein und desselben Autors zurückzuführen sind. Demzufolge besteht der von SCHWEIZER (Katastrophe S. 90) rekonstruierte Grundtext nur aus v. 3b.3c.3d.4a.4b.4c.4d.6a.6b.6c (= »Hymne auf Assur«; vgl. Katastrophe S. 92; bzw. »= ursprünglich assyrische Hymne?«; vgl. ThQ 1985, S. 212). Aber: Liegt überhaupt hymnischer Stil vor? Vgl. dazu bereits die Erwägungen ZIMMERLIS, Ezechiel 25 − 48, S. 754.

über den Weinstock Ez 19,10—14 und ebenso zur ursprünglichen Löwenklage Ez 19,2.5b.6.7b.8—9* aus einer Klage über den Fall des Zedernbaums bestand. Daß in all diesen Klagetexten ein gemeinsames Grundmuster vorliegt und daß die Zeder in Ez 31 ebenso wie der Löwe und der
Weinstock in Ez 19 traditionellerweise den besonderen Stellenwert des
Jerusalemer Königtums kennzeichnen[203], daß ferner in Ez 31* ebenso wie
in den Klagen in Ez 19* jeglicher Hinweis auf ein Hintergrundwirken
Jahwes fehlt, all das deutet auf eine äußerst enge Verwandtschaft dieser
Texte untereinander.

5. Zur Frage nach den ältesten Texten:
Ergebnisse — Folgerungen— Ausblicke

a) Ez 19* — Ez 31* — Ez 15*

Unsere Sondierungen laufen nach allem darauf hinaus, daß diese
Klagetexte nicht nur den gleichen historischen Ursprung haben, sondern
auch gemeinsam und in enger Abfolge[204] überliefert worden sind. Für

---

[203] Zum Bild der Zeder vgl. z. B. Jer 22,6 f.; ferner Jer 22,20—23, bes. v. 23; siehe ferner
Jes 10,34 (dazu die Fortsetzung mit Jes 11,1 ff.); Sach 11,1—3; siehe auch GREENBERG,
Ezekiel 1—20, S. 310: »In biblical literature, Lebanon's cedars symbolized (royal) maje-
sty«. — Zum Löwen vgl. Gen 49,9, wo im Zusammenhang mit dem sogenannten
Jakobssegen »an hervorragender Stelle das Bild des königlichen Löwen für den Königsstamm Juda« verwendet ist (ZIMMERLI, Ezechiel 1—24, S. 424.), siehe ferner Num 24,9;
vgl. auch Num 23,24; vgl. ferner die Anwendung des Bildes auf Saul und Jonathan in
II Sam 1,23, auf den ägyptischen König in Ez 32,2; in I Makk 3,4 wird noch Judas
Makkabäus mit einem Löwen verglichen: »Er glich einem Löwen in seinen Taten und
einem jungen Löwen, der nach Raub brüllt« (Übersetzung nach KAUTZSCH, Apokryphen);
vgl. ferner KEEL, Bildsymbolik, S. 76: »Könige werden in einer kühnen Metapher nicht
selten als Löwen dargestellt«; vgl. auch a. a. O., S. 281. — Zum Weinstock: nach Jdc
9,12 f. zählt der Weinstock zu den des Königtums würdigen Edelgewächsen; in Ez 17,5 ff.
wird auf das Königtum Zedekias angespielt. — Vgl. auch Herodot, Historien, I, 108 die
Gleichsetzung des Kyros mit einem Weinstock: »Ihm (Astyages) träumte, aus dem Schoße
seiner Tochter wachse ein Weinstock, und dieser Weinstock bedecke ganz Asien ...«.

[204] Der Verfasser von Ez 17,1—10 dürfte die beiden Klagen über die Zeder und den
Weinstock in der Abfolge Ez 31*; Ez 19,10—14 gelesen haben. Er interpretiert das
Weinstockwort so, als stehe darin das im Vergleich zum früheren Königtum nun niedri-
gere Königtum Zedekias vor Augen (vgl. Ez 17,1—4.5—10). Diese Einschätzung des
Weinstocks (= niedriges Königtum) war für ihn dann umso naheliegender, wenn direkt
zuvor das Wort von der Libanonzeder zu lesen stand; die Beseitigung der Zeder bezog
er auf den Verlust der hervorragenden Stellung Jerusalems, bzw. auf die Depravierung
des Jerusalemer Königtums 597 v. Chr. Die Reihenfolge Ez 31*; 19,10—14 erklärt auch
die nachträgliche Angleichung von Ez 19,11aβ an 31,3. — Fragt man nach den Beweg-
gründen, die dazu geführt haben, das Zedernwort aus seinem von uns erschlossenen

diese Annahme spricht auch, daß in diesem Fall die Berührungen, die erwiesenermaßen zwischen Ez 17,1 — 10 und Ez 19 und merkwürdigerweise zugleich zu Ez 31 bestehen, verständlicher sind. Der Autor von Ez 17,1 — 10 hat zugleich Ez 19,10 — 14 und Ez 31* vor Augen.

Ob außerdem noch weitere Klagestücke ähnlicher Art im Ezechielbuch nachzuweisen sind, bleibt zu überprüfen.[205] Da unter den zahlreichen Worten über Tyros besonders Ez 27,3b — 9.26 — 34(36), das Wort über den Untergang des herrlichen Schiffes, in deutlicher Nähe zu den bisher behandelten Dichtungen zu stehen scheint, ist ferner der Frage nachzugehen, ob nicht an jene Texte, die das Unheilsgeschick Jerusalems bzw. seines Königtums thematisieren, zugleich auch noch Worte angehängt waren, die das Augenmerk auf das gleiche Geschick anderer lenken[206] wollten.[207] Möglicherweise besaß auch das nunmehr kaum noch in seiner Urfassung zu erschließende Wort vom kostbaren Siegelring in Ez 28,12 — 19 (nach v. 12aα Qina über den König von Tyros) eine ähnliche Struktur, wie sie für Ez 19,1 — 9*, Ez 19,10 — 14 und 31* noch deutlich erkennbar ist: Analog zur Gefangennahme der mutigen Löwen, zum Verdorren des edlen Weinstocks, zum Fall der prächtigen Zeder — Vorgänge, die illustrieren sollen, wie der hervorragende Stellenwert dieser Größen zunichte wird — läßt sich vermuten, daß hier die Herabwürdigung eines

---

ursprünglichen Kontext zu entfernen und unter die Ägyptenworte zu versetzen, um hier die Zeder mit dem ägyptischen Pharao zu identifizieren, so erhält man weitere Hinweise, die zusätzliche Rückschlüsse auf Abfolge und Umfang der Klagetexte nahelegen: Die jetzige Textfolge Ez 19,1 — 9 spielt in v. 4 auf Ägypten an, in v. 9 tritt Babel an Ägyptens Stelle als Löwenfänger. Folgten im Anschluß daran das Zedernwort (Ez 31*) und dann das Weinstockwort (Ez 19,10 — 14), so lag es in diesem Stadium der Textentwicklung (zur Verdoppelung der ursprünglichen Löwenklage 19,2.5b.6.7b.8*.9* zur jetzigen Textfolge 19,1 — 9 vgl. oben S. 141 ff.148 ff.) nahe, in dieser Reihung auch den Niedergang Ägyptens angesprochen zu sehen (Ägypten war von Babel abgelöst worden) und Ez 31* hinter 19,1 — 9 auf den Niedergang des ägyptischen Pharao zu beziehen, zumal im auf Ez 31* folgenden Weinstockwort eindeutig der Untergang des Jerusalemer Königtums angesprochen war. Auf Grund dieser Überlegungen läßt sich der Werdegang der ursprünglichen Klagen bis zur vorliegenden Fassung von Ez 19 wie folgt vermuten: a) einzelne Klagetexte; b) Sammlung von Klagetexten, Reihung unsicher; c) Klagetexte in der Abfolge Ez 19,2.5b.6.7b.8*.9*; Ez 31*; Ez 19,10 — 14; d) Ez 19,1 — 9; Ez 31*; Ez 19,10 — 14.

[205] Vgl. ZIMMERLI (Ezechiel, 25 — 48, S. 676) anläßlich der Beobachtung, »daß im Buche Ez an keiner anderen Stelle so reine metrische Gebilde erkennbar waren wie bei den *qynh*-Formulierungen«: »Offenbar hat die frühere Exilszeit, was durch die *qynh*-Sammlung der Thr weiter bestätigt wird, diese Form metrischer Dichtung besonders gepflegt. Das ist sachlich von der in Israel einmaligen Klagesituation des völligen Zerbrechens seiner Staatlichkeit her auch von innen her wohl zu begreifen.«; vgl. ferner KRIEG, Todesbilder, S. 454.

[206] Vgl. die Erwägungen KRIEGS, Todesbilder, S. 454.

[207] Ähnliche Worte scheinen in Jer 48,31 — 33* (vgl. Jes 16,8 — 10); Jes 14,12(?) überliefert.

kostbaren Siegelrings angesprochen wurde.[208] Es ist durchaus zu erwägen, ob nicht auch der Vergleich mit einem kostbaren Siegelring ursprünglich auf den besonderen Stellenwert Jerusalems bzw. seines Königtums zielte.

Wir halten fest, daß eine Sammlung älterer Klagetexte, wahrscheinlich
in folgender Anordnung, existiert hat:

19,2 Was ist mit deiner Mutter?[209]
Eine Löwin zwischen Löwen,
    lagerte unter Junglöwen ...(?)
19,5b Und sie nahm eines von ihren Kleinen
    zum Junglöwen machte sie es.
19,6 Und er stolzierte inmitten der Löwen,
    war ein Junglöwe;
und er lernte Raub zu rauben,
    Menschen fraß er.
19,7b Und das Land und seine Fülle erschauerte
    vor dem Lärm (qwl) seines Gebrülls.

19,8 Da bot man gegen ihn Völker auf,
    von ringsumher ...(?)
und sie warfen das Netz über ihn,
    in ihrer Grube wurde er gefangen.
19,9 Und sie gaben ihn in den Käfig an Haken,
    und brachten ihn fort;
auf daß man seine Stimme (qwl) nicht mehr höre ...(?)

*

31,2[210] [Wem warst du gleich in deiner Größe?]
31,3 Siehe, eine Zypresse(?), eine Zeder auf dem Libanon,
    mit schönem Gezweig ... und von hohem Wuchs,
    und bis in die Wolken ragte ihr Wipfel.
31,4a Wasser machten sie groß,
    Wasserflut zog sie hoch.
31.6aα *In ihren Ästen nisteten allerlei Vögel des Himmels.*

---

[208] Vgl. Ez 28,17 »zur Erde geworfen«; v. 18 »zu Staub auf der Erde«; das Bild vom auf die
Erde geworfenen Siegelring wird in Jer 22,24—28 auf Jojachin angewendet(!); vgl. zu
Ez 28,1—19 neuerdings auch Wilson (The Death of the King of Tyre), der in den
Versen 11—19 typisch israelitische Anspielungen wiederfindet und zu der Ansicht gelangt,
daß in Vers 13 die Liste der Edelsteine auf den Hohenpriester und der Garten Gottes
auf den Jerusalemer Tempel zu beziehen seien.

[209] Oder: Was ist deine Mutter?

[210] Zum ursprünglichen und jetzigen Ort von Ez 31 vgl. Anm. 204.

31,12abα Da haben Fremde ... sie umgehauen
und sie niedergeworfen [auf die Berge, und in alle Täler fielen
ihre Zweige](?).
31,13a *Auf ihrem Stamm verweilten alle Vögel des Himmels.*

*

19,10 Deine Mutter, wie eine Weinrebe ...
an Wassern gepflanzt;
fruchtbringend und voller Zweige war sie,
wegen des vielen Wassers.
19,11a *Und es wurden ihr kräftige Äste[211]*
zu Herrscherstäben[212].

19,12aβ Aber der Ostwind[213] dörrte aus ihre Frucht,
19,12b ›es verdorrte ihr kräftiger Ast‹.
19,14b *Und es blieb nicht an ihr ein kräftiger Ast,*
ein Stab zum Herrschen.

An diese Sammlung wurde an das abschließende Weinstockwort das Wort
vom unnützen Rebholz Ez 15,2—4* angehängt.

15,2 »... was soll das Holz des Weinstocks
vor allem Holz des Waldes?
15,3 Nimmt man von ihm Holz,
um ein Werkstück zu machen,
oder nimmt man von ihm einen Pflock,
daran allerlei Gerät aufzuhängen?
15,4 Siehe, dem Feuer wirds zum Fraß vorgeworfen ...«

Auf eine vergleichbare Parallele zu der oben rekonstruierten Sammlung von Klagen (noch ohne Ez 15,2—4a) stößt man in der Aufreihung
hervorragender und bewundernswerter Größen im Klagelied Marduks im
Erra-Gedicht (IV, 40—44):

»Weh Babylon, dessen Wipfel ich prächtig gemacht habe wie eine
Dattelpalme, aber der Wind hat ihn ausgetrocknet.
Weh Babylon, das ich ausgefüllt habe mit Getreide wie ein Föhren-
zapfen, aber ich habe mich nicht gesättigt an ihrer Üppigkeit.
Weh Babylon, das ich gepflanzt habe wie einen Garten der Fruchtbar-
keit, aber ich habe ihre Frucht nicht gegessen.
Weh Babylon, das ich wie ein Siegel aus Bernstein Anum an den Hals
gehängt habe ...«.[214]

---

211 Oder singl.?
212 Oder singl.?
213 Zum verderblichen Ostwind, der sogar Brunnen und Quellen zum Versiegen bringt, vgl.
Hos 13,15!
214 Übersetzung nach MAARSINGH, BEThL LXXIV; zur Übersetzung vgl. ferner CAGNI,
(The Poem of Erra, S. 50) sowie GÖSSMANN (Das Era-Epos, S. 28).

Es ist deutlich, daß hier ähnlich wie in den Ezechieltexten anhand von Bildvergleichen der außergewöhnliche Stellenwert Babylons vor der Zerstörung und die entsprechende Depravierung nach der Zerstörung (hier in den Augen Marduks) illustriert werden soll, um so die Klage über den erlittenen Verlust zu verstärken.

Hervorzuheben ist ferner, daß die im Erra-Gedicht[215] vor Augen stehenden Katastrophen auf Erras zorniges Toben zurückgeführt werden, daß das Austoben seines Zornes jedoch nur möglich erscheint, weil Marduk seinen Thron verlassen hat. M. a. W.: Die schlimmen Zeiten, das allgemeine Chaos,[216] worauf das Erra-Gedicht anspielt, sind demnach nur denkbar, weil oder solange Marduk seinen Thronsessel verläßt, bzw. das eingetretene Chaos ist ein Indiz dafür, daß Marduk als der Garant der Ordnung derzeit sein Amt nicht wahrnimmt. Wenn sich nach von Soden[217] »der so eigenartige und ungewöhnliche Gedanke, dass der Götterkönig zeitweilig einem anderen die Herrschaft überliess, ... sonst nirgends ...« findet, so könnte das damit zusammenhängen, daß im Blick auf die tatsächliche Zerstörung Babylons die nun unausweichliche Frage nach dem Stellenwert Marduks und seiner Verantwortung für die schrecklichen Wirren nur so beantwortet werden konnte. Es liegt offensichtlich im Erra-Gedicht außerhalb des Vorstellungshorizontes, daß Marduk selbst für die Katastrophe seiner Stadt verantwortlich zeichnet.

Daß in den uns interessierenden Bildworten im Ezechielbuch auffälligerweise jeglicher Hinweis auf ein Hintergrundwirken Jahwes fehlt, dürfte analog damit zusammenhängen, daß das vor Augen stehende Chaos nicht mehr mit der Vorstellung eines ordnenden Handeln Jahwes in Einklang zu bringen war.[218] Daß der bisher geltende Ordnungshorizont grundsätzlich in Zweifel geraten war, läßt sich auch daraus folgern, daß in den fraglichen Texten jeglicher Hinweis auf ein Vergehen oder Verschulden überhaupt fehlt. Offensichtlich empfand man die Diskrepanz zwischen Ergehen und Tun als so groß, daß eine beides umgreifende Ordnungswelt, wie man sie vor der Katastrophe voraussetzen durfte, nicht mehr vorstellbar erschien.[219]

---

[215] Vgl. dazu oben Anm. 78.

[216] Zur Datierung des Erra-Gedichts vgl. Cagni, a. a. O., S. 20 f.

[217] Reflektierte und konstruierte Mythen in Babylonien und Assyrien, vgl. S. 152.

[218] Während es innerhalb des religiösen Vorstellungshorizontes des Erra-Gedichts (polytheistisch) möglich war, für das hereingebrochene Chaos den Gott Erra in Anspruch zu nehmen und auf diesem Wege nun doch wieder hinter allem eine gewisse Ordnung anzudeuten, bestand diese Möglichkeit im Horizont einer exklusiv auf Jahwe konzentrierten Religion nicht.

[219] Zu Ez 19,1—9 und 10—14 bemerkt Garscha, Studien S. 285: Dem Verfasser »stellt sich nicht die Frage nach dem göttlichen Walten ...«; Zimmerli, Ezechiel 1—24, S. 425, stellt fest: Die Schilderung entbehrt »jedes moralischen oder gar religiösen Akzentes einer ›gerechten Vergeltung‹« (vgl. auch S. 426).

In den klageähnlichen Gedichten (vgl. die Deklarierung als Totenklage in Ez 19) ging es ursprünglich wohl zunächst um nichts anderes als
darum, Artikulationsmöglichkeiten zu schaffen für diejenigen, die im
Lande die Katastrophe und damit die totale Dezentrierung ihrer bisherigen
Lebensmitte erlebt hatten. Anders als in einigen Klagetexten im Jeremiabuch (vgl. Jer 8,18—23; Jer 9,16—21),[220] obwohl ebenfalls im Rückgriff
auf das vorgegebene Muster der Totentrauer, dient der Verweis auf höchst
uneinsichtige, weil widersinnige Untergangsgeschicke, wie sie auch sonst
im Horizont aufmerksamer Weltbetrachtung zu beobachten waren, dazu,
die den bisherigen Vorstellungshorizont sprengenden Katastrophen »unterzubringen« und überhaupt nachvollziehbar zu machen.

Die traditionell vorgegebenen Vergleiche der Könige mit den Löwen,[221] Jerusalems oder des judäischen Königtums mit einem Weinstock[222]
und mit einer Zeder[223] legten es nahe, entsprechend Vorgänge vor Augen
zu malen, die auf natürliche, wenn auch unerwartete, widersinnige Weise,
zum Untergang dieser Größen führen konnten. So verstanden könnte man
die fraglichen Texte durchaus mit »weisheitlichen« Denkbemühungen in
Verbindung bringen, mit Bemühungen, das Undurchschaubare dennoch zu
durchschauen. Allerdings ist nicht zu übersehen, daß das, was hier »begreifbar« und nachvollziehbar gemacht werden soll, nicht über die pessimistisch-
resignative Einsicht in widersinnige und dennoch irreversible Untergangsgeschicke hinausführt. Daß sich der Dichter dessen bewußt ist, läßt sich
noch daraus folgern, daß er sich in der Form der Totenklage äußert. Denn
für die alttestamentliche Totenklage ist charakteristisch, daß sie ohne Adresse
nur noch das Leid, den Kummer über den Tod einer nahestehenden Größe,
in Worte fassen kann, daß sie nur noch einmal erinnern kann, und daß sie
da, wo ein Todesgeschick völlig widersinnig und uneinsichtig ist, diese Uneinsichtigkeit ausdrückt (vgl. z. B. II Sam 3,31—34).

Kurz: Diese Klagetexte geben zu erkennen, daß es kein theologisches
Denkmuster[224] gab, mit dessen Hilfe Jahwe als zuständige Instanz einsichtig
zu machen war und daraufhin ansprechbar wurde. Mit den bis dahin geltenden theologischen Vorstellungen konnte die erfahrene »Horizonterweite-
rung« nicht bewältigt werden. Im Blick auf die durch das Unheilsgeschehen
völlig zerstörte Ordnung fühlte man sich wie im Bereich des Todes aus dem
von Jahwe verantworteten Ordnungsbereich herausgefallen.

---

[220] Zu diesen und weiteren Texten im Jeremiabuch, die ebenfalls ohne irgendeine Bezugnahme auf Jahwe Unheil von offensichtlich zuvor nicht gekanntem Ausmaß thematisieren, und dies zudem auf eine Weise, daß dabei nirgends ein Zusammenhang zwischen
diesem Unheil und menschlicher Schuld auch nur angedeutet erscheint, vgl. meine Studie
»Unheilsahnung und Unheilsklage«, in »Die Ferne Gottes«, S. 113—213.

[221] Vgl. oben Anm. 203.

[222] Vgl. oben Anm. 203.

[223] Vgl. oben Anm. 203.

[224] Vgl. dagegen Hos 6,1—3!

b) Ez 19, Ez 31* und Ez 15,2—4a im Verhältnis zu Ez 17

Nach den bisherigen Beobachtungen ist davon auszugehen, daß der Verfasser von Ez 17,1—10 die Klagetexte Ez 31* und Ez 19,10—14 in dieser Abfolge voraussetzt und mit seinem eigenen Bildwort gleichsam dazu Stellung nehmen will: Der jetzt nur noch zu erschließenden ursprünglichen Textabfolge, in der diese Worte vom Weinstock und der Zeder noch vereint waren[225], wollte der Verfasser von Ez 17 eine Vorausinterpretation vorschalten. Darin ging es zum einen um die Hervorhebung des besonderen Stellenwertes Jojachins mit dem Ziel, dem davidischen Königtum trotz der beiden Katastrophen eine Chance für die Zukunft sicherzustellen. Zum andern sollte, anders als das aus den vorgegebenen Texten hervorging, deutlich werden, daß der Untergang Jerusalems mit eigenen Verschuldungen zusammenhing: Die politische Unklugheit Zedekias (Schaukelpolitik) und seine Undankbarkeit gegenüber Babylon hatten die Katastrophe von 587 provoziert. Mit dieser Klarstellung war sicherlich zugleich eine Warnung vor ähnlichen Fehleinschätzungen in der eigenen Gegenwart nach 587 beabsichtigt.[226]

Daraus ergeben sich weitere Anhaltspunkte, die Rückschlüsse auf den genaueren historischen Standort des Autors von 17,1—10 erlauben.

Wir erinnern noch einmal: Der Verfasser will offensichtlich Jojachin einen besonderen Stellenwert zuerkennen. Mit Ez 17,1—4, dem Bild vom Zedernwipfel, erreicht er, daß der Leser hier hinter der Aktion des großen Adlers, also betreffs der Exilierung Jojachins, eine besondere Absicht ahnt. Denn es bleibt offen, zu welchem Zweck die Zedernspitze nach Babel versetzt worden ist, da sich nirgends ein Hinweis auf ein negativ zu bewertendes Ende findet.

Positiv ist auch die Charakterisierung des ersten Adlers, also Babels oder Nebukadnezars Vorgehen. Negativ gewertet ist das Verhalten des wohlversorgten Weinstocks, weil er sich dem ersten Adler gegenüber als unklug und undankbar zeigt. Die in Ez 17,9 f. artikulierte Befürchtung, daß der Adler den Weinstock vernichten wird, erscheint daraufhin dem Leser ebenso verständlich wie die in Aussicht genommene Reaktion des Adlers selbst.

Diese Haltung des Autors Babel gegenüber erinnert an Textpassagen im Jeremiabuch[227], in denen die Unterwerfung unter Babels Oberherrschaft

---

[225] Ob der Verfasser von 17,1—10 die Klagen 19,10—14 und 31* im Verbund mit 19,1—10, bzw. mit der ursprünglichen Löwenklage (vgl. oben Anm. 204) vor sich hatte, muß dahingestellt bleiben.

[226] In diesem ältesten Textstadium von Ez 17 (= 17,1—10) fehlt noch der Gedanke, daß es Verschuldungen kultisch-religiöser Art (Thema »Eidbruch«) gewesen waren, mit denen Zedekia den Untergang provoziert haben könnte; vgl. dagegen Ez 17,13aβbα.14b. 15bβ.16.(17).18 sowie Ez 17,19—21; siehe dazu auch unten S. 201 ff.

[227] Zielt Ez 17 deutlich darauf ab, daß es angebracht gewesen wäre, sich mit der neuen Ordnung zu arrangieren und sie als eine Ordnung zu akzeptieren, in der es sich der

als die einzig vernüftige Einstellung und Politik propagiert wird[228]. Danach gab es in Jerusalem schon vor 587 eine Partei, auf die sich nach der Katastrophe dann auch Gedalja stützen konnte, die die babylonische Oberherrschaft akzeptierte[229]. Zugleich enthalten diese Texte deutliche Warnungen, sich mit Ägypten in Verbindung zu setzen (vgl. Jer 42,13 ff.). Diese Einstellung wird bekanntlich von »nationalistischen« Kreisen, nach 587 an der Spitze Ismael ben Netanja aus königlichem Geschlecht, befehdet. In deren Augen waren die Babylon gegenüber positiv oder realistisch eingestellten Gruppierungen Verräter[230], zu denen auch Jeremia gerechnet wurde[231]. Im Blick auf diese Nachricht ist zu erwägen, ob Ez 17,1—10 nicht aus den Reihen solcher »probabylonischer« Gruppen stammt, ist doch hier wie dort die gleiche Einstellung erkennbar.

In jedem Fall ist es ein explizites Anliegen des Verfassers, am Geschick des Weinstocks aufzuzeigen, daß es eine Fehleinschätzung der Konstellation vor 587 war, wenn man sich damals gegen die babylonische Oberherrschaft zu sperren versuchte. Damit war sicherlich zugleich eine Warnung vor weiteren gegen Babylon gerichteten Experimenten beabsichtigt.

6. *Ez 17 Analyse II*

a) 17,1—10

Ist nach allem bisher deutlich, daß man Ez 17,1—10 als jüngere Reflexion zu Ez (19,1—9*) 31*; 19,10—14 (15,2*—4) aufzufassen hat, die das Ziel verfolgt, die hier vorgegebenen Vorgänge in ein neues Licht zu rücken, so bleibt weiterhin zu klären, ob sich Anhaltspunkte dafür finden lassen, daß der für 17,1—10 zuständige Autor hier anders, als das in den vorgegebenen Klagetexten der Fall ist, hinter den angesprochenen Ereignissen eine höhere Ordnung erkennt. Oder sollte es ihm nur darum gehen, im Rückverweis auf die Vergangenheit vor politischer Unklugheit zu warnen?

Da sowohl in Ez 31 (vgl. v. 5) als auch in Ez 19,10—14 (vgl. v. 11aβb) Spuren späterer Bearbeitung erkennbar sind, die das Motiv des Hochmuts und der Überheblichkeit eintragen und damit ebenfalls Hintergründe der Katastrophe andeuten wollen, ist der Frage nachzugehen, in welchem

---

Oberherrschaft Babels zu unterwerfen galt, so erinnert das an Jer 27, wo Jerusalem und die Nachbarstaaten (hier im Auftrag Jahwes) aufgefordert sind, sich dem Joch Babels zu beugen und damit ihre Existenz zu retten.

[228] Vgl. Jer 27,12 f.; 38,2.17—20; ferner 40,9 ff.
[229] Vgl. hierzu auch ACKROYD, Exile, S. 56 f.
[230] Vgl. Jer 41,1 ff. die Ermordung Gedaljas!
[231] Vgl. Jer 37,13; 38,3 ff.; 38,24 ff.

Verhältnis die in Ez 17,1–10 greifbare Interpretationsweise zu jenen nachträglichen Anmerkungen zu Hochmut und Überheblichkeit steht. Ist es ein und derselbe Autor, der mit den Motiven »Hochmut« und »Schaukelpolitik« zugleich argumentiert oder können diese Motive als Indizien für zwei jeweils unterschiedliche Interpretationsstandpunkte gewertet werden?

Für die Beantwortung dieser Fragen erscheinen mir folgende Beobachtungen wichtig:

Ist aus den oben dargelegten Gründen mit einer Art Sammlung von Klagegedichten zum Thema »Untergang« zu rechnen,[232] so kann man sich vorstellen, daß diese Texte und ihre Abfolge schließlich in den Augen späterer so wirken mußten, als ginge es darin um eine Aufreihung stolzer und erhabener Größen, mit der belegt werden sollte, wie geradezu gesetzmäßig alles Stolze und Erhabene mit besonderem Stellenwert zu Fall kommen muß. Darin immerhin war nun eine Ordnung zu erkennen, analog zu der Ordnung, die weisheitlichen Denkbemühungen vertraut ist, sofern sie sich auf die Strukturierung der Eigenwelt konzentrieren und zeigen wollen, daß innerhalb der Eigenwelt ein Hang zum Stolzen und Hohen, zum Erhabenen und Überheblichen das Funktionieren des Sozialkosmos gefährdet, die beständige Ordnung des eigenen Kosmos aber zugleich darin besteht, daß »Hochmut vor dem Fall kommt«.[233] Auf diese Weise schienen die Katastrophengeschehen durchsichtig und nachvollziehbar: Sie waren nach dem Gesetz verlaufen: Alles Hohe kommt zu Fall, alles Stolze wird stürzen; wer übertreibt, wer überzieht, wer zu hoch hinaus drängt, stört die Weltordnung. Das war geschehen, das waren, wie man an den Gedichten vermeintlich illustriert sah, die Fehlhaltungen gewesen, auf Grund derer der Untergang vorprogrammiert war[234].

---

[232] Vgl. ähnlich KRIEG, Todesbilder, S. 454, der im Blick auf die neben Jerusalem auch Tyros und Ägypten thematisierenden »Leichenlieder Ezechiels« (S. 454) einen ursprünglichen »Nänienzyklus aus sechs Liedern« erschließen möchte. Daß diese Klagen in der ältesten Fassung bereits »den Hochmut, die Macht und Pracht der Angesprochenen als Beginn und Grund von Fall, Zerbruch und Untergang« erweisen sollen, wie KRIEG annimmt (ebd.), ist allerdings eine Einschätzung, die das ursprüngliche Anliegen solcher Klagen völlig verkennt. Das Motiv »Hochmut kommt vor dem Fall« hat in echten Klagetexten keinen Platz. Die Untergangsklage hebt analog zur Totenklage das Erhabene, Stolze, Schöne etc. einer zu beklagenden Größe ja nicht hervor, um klarzustellen, daß dergleichen eben wegen »Hochmut« zu Fall kommen mußte, sondern um die Absurdität und Uneinsichtigkeit eines vor Augen stehenden Geschicks auszudrücken und darüber zu klagen, daß hier die üblichen Ordnungszusammenhänge nicht greifen.

[233] Vgl. z. B. Prov 16,18; 17,19; 18,12.

[234] Ein solcher Erklärungsversuch impliziert zum einen das Eingeständnis, daß die bisherige Vorstellung von Jerusalem als Mitte eines absolut gesetzten eigenen Ordnungsbereiches endgültig nicht mehr zu halten war. Zum anderen konnte man schließlich so zu der Überzeugung gelangen, daß sich die Katastrophenereignisse selbst schon in einem höhe-

Auf Grund dieser Erwägungen kann man also durchaus die Möglichkeit in Betracht ziehen, daß dem Verfasser von Ez 17,1−10 die Abfolge Ez 31*; Ez 19,10−14 schon mit den auf den Hochmut verweisenden Erweiterungen[235] vorlag, diese Erweiterungen also einem früheren Interpretationsstadium angehören[236].

Da in der ihm vorgegebenen Textreihung im Weinstockwort (Ez 19,10−14) die Anspielungen auf den »Hochmut« des Weinstocks (= Zedekias) als Wiederholungsfall erklärungsbedürftig schienen und zugleich nicht ohne weiteres einsichtig sein mochte, warum nach einer ja schon einmal vorgenommenen Erniedrigung (der Sturz des Zedernbaums) eine weitere erfolgte, versucht er konkret zu zeigen, wie die im Rahmen dieser neuen Ordnung zugestandene Existenz durch unkluge politische Ambitionen verspielt wurde und es erneut zur Katastrophe kam, bzw. welches Verhalten angesichts der Wirksamkeit der neuen Ordnung angebracht gewesen wäre[237].

Las der für 17,1−10 verantwortliche Autor zudem die vorgegebenen Klagetexte schon so, daß nach seinem Verständnis hier vorweg etwas festgehalten schien, was schließlich auch eingetroffen war, also eine Weissagung warnenden Charakters, so konnte er der jetzigen Text- und Ereignisabfolge entnehmen, daß die Ereignisse bis zur Katastrophe und die Katastrophe selbst »nach Plan« abgelaufen waren, so daß hinter allem eine höhere Ordnung zu veranschlagen war. Als ein Indiz, das in diese Richtung deutet, wird man die »Zweigipflichkeit« von Ez 17,1−10 werten können: Bevor in Ez 17,5−10 die Hintergründe für das Scheitern des Weinstocks (Zedekia) aufgehellt werden, geht es ja in Ez 17,1−4 zunächst deutlich darum, die Sonderstellung Jojachins in den Blick zu rücken; die hier pointiert den Darlegungen über das Scheitern Zedekias (v. 5 ff.) vorausgeschickte Bildrede über den Zedernwipfel läuft darauf hinaus, daß dessen weiteres Geschick nach seiner Versetzung nach Babel offen gehalten ist. Der Grund dafür kann nur sein, daß der Verfasser dem Vorgang der

---

ren und umfassenderen Ordnungshorizont abgespielt hatten, woraufhin man nun auch eine die noch verbliebene Eigenwelt umfassende neue Ordnungsebene veranschlagen konnte. Darüber, ob in dieser Sichtweise nun anders als in den vorgegebenen Untergangsklagen schon von vornherein ein Hintergrundwirken Jahwes implizit vorausgesetzt war, lassen sich nur Vermutungen anstellen. Daß diese neu erkannte »Ordnung« schließlich in der Folgezeit mit Jahwes Wirken in Verbindung gesehen wird, ist sicher (vgl. z. B. Ez 17,24; Ez 21,30 ff.; Jes 2,12 ff.; Jes 10,33; Jes 14 u.ö.).

[235] Vgl. zumindest Ez 19,11aβ(b?); Ez 31,5.10aβ.b.

[236] Die Art und Weise, wie der Verfasser von Ez 17,1−10 die Installierung des Königtums Zedekias beschreibt, indem er hier den Weinstock mit dem Prädikat »von niedrigem Wuchs« (Ez 17,6aα [vgl. 17,14]) belegt, deutet zudem daraufhin, daß er hier Ez 19,11aβb berücksichtigt; denn für die weitere Aussageabfolge in Ez 17,5−10 spielt dieser Gesichtspunkt »von niedrigem Wuchs« gar keine Rolle mehr.

[237] Vgl. ähnlich Jer 27.

Exilierung Jojachins einen Sinn abgewinnt, also einen Plan, eine höhere
Ordnung zu erkennen meint, woraufhin er klarstellen will, daß der Zedernwipfel in Babel für die weitere Zukunft von Bedeutung sein wird.

Daß die Vorgänge um 597 im Rückblick aus der Zeit nach der
Katastrophe von 587 jetzt positiv gewertet werden und nicht mehr als
Teilgeschehen einer Ereignisabfolge, als Glied einer lediglich fatalistisch
zu betrachtenden Ereigniskette mit negativem Ende verstanden werden,
wie die vorgegebene Abfolge der Klagetexte an sich nahelegen mußte,
läßt sich am besten so erklären, daß der Verfasser von 17,1−10 die
Anordnung der Klagetexte für eine planvolle »Ordnung« der entscheiden-
den Ereignisse selbst hielt, deren Sinn er mit seinen Darlegungen deutlicher
herauszuarbeiten sucht. Allerdings ist explizit von einem Mit- oder Hintergrundwirken Jahwes nirgends die Rede[238]. Doch ist hier immerhin zu
beachten, daß der Autor mit den rhetorischen Fragen im Schlußteil dem
vorgestellten Sprecher den Prophetenmantel umhängt; denn er läßt ihn
abschließend nicht konstatieren, daß, wie er ja selbst sehr wohl aus der
Sicht nach 587 weiß, der »Weinstock« tatsächlich zerstört wurde, sondern
böse Vorahnungen (»wird das gut ausgehen«) artikulieren.

Gute Vorahnungen dürfte die Vorschaltung von Ez 17,1−4 vor Ez
17,5−10 andeuten. Denn die jetzige Abfolge läuft darauf hinaus, dem
Königtum Zedekias nicht mehr einen absoluten Stellenwert beizumessen,
an dessen Existenz oder Nichtexistenz alles hängt. Es wird nicht nur
hinsichtlich seiner Entfaltungsmöglichkeiten etc. als von niedrigerem Rang
(vgl. so auch v. 5 f.) eingestuft, es wird auch klar, daß der Verlust dieses
Königtums für die Situation nach 587 nicht den Verlust aller bisherigen
mit dem Jerusalemer Königtum verbundenen Hoffnungen bedeutet: Der
Weinstock (das Königtum Zedekias) ist zwar tatsächlich vernichtet worden[239], aber es existiert ja noch der zuvor nach Babel versetzte Zedernwipfel[240].

Diese Beobachtungen deuten daraufhin, daß der Verfasser von Ez
17,1−10 hinter den in den vorgegebenen Texten angesprochenen Ereignissen einen Plan erkennt und diesen Plan besser strukturiert vor Augen
malen will. In jedem Fall gelingt es dem Verfasser dieser Einheit, die
Entwicklungen vor der Katastrophe sinnvoll auf eine Reihe zu bringen
und zu zeigen, wie innerhalb der gesetzten Rahmenbedingungen die Weiterexistenz des Jerusalemer Königtums möglich gewesen wäre. Die ins

---

[238] 17,1−3aα.9a müssen hier außer Betracht bleiben, weil nicht auszuschließen ist, daß es
sich um spätere Zusätze handelt.

[239] Ez 19,10−14 interpretiert in Ez 17,5−10; Ez 15,2*−4 hinter Ez 19,1−9.10−14 hat
dieser Interpret wahrscheinlich schon gar nicht mehr auf Jojachin gemünzt verstanden
und vielleicht so aufgefaßt, daß hier das seiner Ansicht auf Zedekia zu beziehende Bild
vom Weinstock noch eine Weiterführung erfahren hat.

[240] Vgl. Jer 24 das auf Jojachins Gola angewandte Bild von den guten Feigen.

Verderben führende Schaukelpolitik Zedekias ist also nicht nur unkluges, undankbares Verhalten gegenüber Babel, sie ist auch schon verwerflich als Auflehnung gegenüber den übergeordnet planvoll angelegten Rahmenbedingungen. Der Autor denkt bereits geschichtsperspektivisch, Zurückliegendes wird geordnet, und das zugleich so, daß der Blick für die Zukunft nicht versperrt ist.

Ob Ez 17,22—24* dem gleichen Autor wie Ez 17,1—4 zuzuschreiben ist, ist strittig; immerhin wird hier die Bildrede vom Zedernwipfel aufgegriffen und angekündigt, daß es dieser Zedernwipfel ist, mit dem Jahwe einen hoffnungsvollen Neuanfang setzen wird[241].

Wir haben bei unseren bisherigen Bemühungen, die Aussageeinheiten von Ez 17,1—10 zu erfassen, die in Ez 17,11 ff. vorliegende Ausdeutung der Allegorie unberücksichtigt gelassen, da von vornherein nicht sicherzustellen war, daß beide Texteinheiten von ein und demselben Verfasser stammen.

Die Entscheidung in dieser Frage hängt von einer genaueren Analyse dieses zweiten Teiles von Ez 17 ab.

b) Ez 17,11—24

Zunächst ist festzustellen, daß Ez 17,11—24 uns nicht in der Fassung vorliegen kann, wie sie im ersten Wurf konzipiert gewesen sein muß. Bei genauerem Hinsehen fällt deutlich auf, daß hier bestimmte Ausführungen zumindest den in Ez 17,1—10 vorgegebenen Aussagerahmen sprengen.

Die Deutung[242] bleibt vorerst auf der Ebene innerweltlicher Vorgänge (Ez 17,12b—15). Wie in Ez 17,1—10 ist hier explizit von einem Mit- oder Hintergrundwirken Jahwes nirgends die Rede. Die Einheit Ez 17,12—15 klingt ebenfalls aus wie Ez 17,10: Wird der Erfolg haben (vgl. *htṣlḥ* in v. 10a [s. a. v. 9] und *hyṣlḥ* v. 15), sich retten, der so etwas tut?

---

[241] Vgl. die jetzige Textfolge in Jer 22,6 — 23,6, die abschließend, nachdem zuvor auf die die Katastrophe provozierenden Verhaltensweisen des Jerusalemer Königtums verwiesen wurde, einen von Jahwe dem David erweckten Sproß in Aussicht stellt; zu Ez 17,22— 24 vgl. oben S. 34 ff.

[242] Nach ZIMMERLI (Ezechiel 1—24, S. 384) wäre »die in 11 ff. zugesetzte Deutung (17,22—24 behandelt er als »Heilswort« gesondert) in einem gewissen zeitlichen Abstand formuliert worden«. Er betrachtet diesen Text im wesentlichen als einheitlich, unterscheidet allerdings zwei Redegänge: Ez 17,11—18 und Ez 17,19—21. Im ersten Redegang gehe es darum, daß Zedekia den Bund mit Nebukadnezar gebrochen hat; der zweite »stößt in die volle Tiefe hinunter: Im Bunde steht Gott selber, der Zeuge des Schwurs, vor Zedekia« (Ezechiel 1—24, S. 387). Für FOHRER sind Allegorie und Deutung gleichzeitig entstanden. Er sieht allerdings in Ez 17,16—18 eine »näherbestimmende Gl, die genauer auf ... Vorgänge ... eingeht, die Ez noch unbekannt sein mußten«; ferner wäre v. 20 »wiederholende Gl nach 12,13« (Ezechiel, S. 95).

In Ez 17,18bβ ist diese rhetorische Frage in eine Feststellung umgewandelt: Er wird sich nicht retten! Hier liegt also eine Doppelung vor;
v. 18bβ nimmt v. 15b wieder auf. Was dazwischen steht, enthält zugleich
Aspekte, die über die Aussagen der Allegorie selbst hinausgehen. Darin
war das Verhalten des Weinstocks (= Zedekia) als unklug und undankbar
charakterisiert worden. In Ez 17,16–18 wird dargelegt, daß Zedekia
eidbrüchig geworden ist: Er hat die Selbstverfluchung mißachtet und den
Bund mit Babel gebrochen. Sein Fehlverhalten wird hier also nicht wie in
Ez 17,1–10 darin erkannt, daß er nicht der Machtposition des ersten
Adlers Rechnung getragen hat und die von diesem gewährte Existenzmög-
lichkeit dankbar akzeptiert hat. Der springende Punkt ist hier (v. 16–18),
daß er sich im Bereich kultisch-ritueller Verpflichtungen (Eid–Fluch–
Bund) ein Vergehen hat zu Schulden kommen lassen. Damit ist hier eine
neue Wertungsebene ins Spiel gebracht: Wer so handelt, handelt nicht nur
unklug und undankbar, sondern auch in einem tiefen Sinne moralisch
verwerflich und kann deswegen keinen Anspruch auf Rettung haben. Da
in den vorausgehenden Versen schon bestimmte Textanteile auf dieses
neue Erklärungsmuster für das Scheitern Zedekias vorbereiten, liegt die
Vermutung nahe, daß Ez 17,16–18 zusammen mit Ez 17,13aβbα.14b.15bβ
insgesamt nachgetragen worden sind. Der Nachtragscharakter ergibt sich
im Fall von v. 13aβbα auch aus der Art der literarischen Verklammerung
(vgl. die Wiederaufnahme des in v. 13 einleitenden *wyqḥ* nach der Einschaltung durch *lqḥ* am Versende!).

Bisher sind nach allem folgende Rückschlüsse auf den Werdegang[243]
von Ez 17,11–24 erlaubt: Die älteste Textstufe liegt vor in Ez
17,(11?).12b.13aαbβ.14a.15abα. In diesen Text nachgetragen wurden:
v. 13aβbα.14b.15bβ.16–18. Die Einordnung von Ez 17,17 stellen wir
vorerst noch zurück[244].

In Ez 17,19–21 stoßen wir zweifellos auf eine weitere, sich von den
bisherigen Darlegungen abhebende Texteinheit; denn hier ist plötzlich der
alleinige Handlungsträger Jahwe selbst. Er selbst ist nun der Beleidigte;
hier ist es jetzt sein Fluch und sein Bund, die Zedekia in seinem Verhalten
Nebukadnezar gegenüber außer Acht gelassen hat. D. h.: Der törichte
Abfall Zedekias wird hier nun auf »allerhöchster« Ebene gewertet, indem
klargestellt wird, daß es Jahwe selbst ist, gegen den sich Zedekia vergangen
hat. Dazu kommt, daß anders als in den vorgegebenen Textstadien hier
nun auch Jahwe selbst als der aktiv Einschreitende vorgestellt ist.

Folgende Beobachtungen deuten allerdings daraufhin, daß auch die
Verse 19–21 nicht aus einem Guß sind: V. 19 führt das Thema »Eidbruch«
weiter. V. 20 ist deutlich unter dem Einfluß von Ez 19,8.9 formuliert und
stellt hier — wahrscheinlich im Vorausblick auf Ez 19,8.9 und zum Zweck

---

[243] Vgl. dazu auch Hossfeld, Untersuchungen, S. 59–98.
[244] Vgl. dazu unten!

einer Vorweginterpretation der dortigen Aussagen — klar, daß Jahwe selbst Urheber und Vollstrecker des Gerichts ist[245]. V. 20 taucht außerdem weitgehend in wörtlicher Entsprechung in Ez 12,13.14 auf. Ferner wechselt die Terminologie; ist zuvor von »Fluch verachten« und »Bund brechen« die Rede, so qualifiziert v. 20 Zedekias Verhalten als *m'l*, also als Abfall von Jahwe[246]. Sehr wahrscheinlich dient Ez 17,20.21 als letzter Nachtrag auch noch dazu, im Zusammenhang mit dem bisher nicht näher eingestuften v. 17[247] und den jeweils darin enthaltenen zahlreichen Anspielungen auf historische Vorgänge vor und während der Katastrophe von 587 den Ansage- bzw. Weissagungscharakter der ganzen Einheit zu verstärken und damit abzusichern: Es ist alles genauso eingetroffen, wie es vorausgesagt war.[248].

c) Ergebnisse

Die bisherigen Beobachtungen und Erwägungen ergeben für die Frage nach der Genese von Ez 17,1—21 folgendes:

1. Im ältesten Stadium schloß sich an die in sich verständliche Allegorie (Ez 17,1—10) eine kurze Deutung an, die wahrscheinlich von anderer Hand stammt als die Allegorie selbst. Diese Deutung umfaßte Ez 17, 12b[249].13aαbβ.14a.15abα; sie führt völlig konform mit der Allegorie selbst lediglich die politische Unklugheit und Undankbarkeit Zedekias als Ursache für die Katastrophe seines Königtums an[250].

2. Die in Ez 17,13aβbα.14b.15bβ.16.18 (eventuell nur 18b?) erkannte Bearbeitungsschicht bemüht sich darum, Zedekias Verhalten als Vergehen herauszustellen, das den kultischen Bereich tangiert (Eidbruch) und deswegen als verwerflich gelten muß.

---

245 In Ez 19,8.9 ist allerdings nicht explizit Zedekia das Objekt.

246 Vgl. in diesem Sinn Ez 14,13; 15,8; 18,24; 20,27; 39,23.26.

247 Daß Ez 17,17 jetzt einen ursprünglichen zwischen v. 16 und v. 18 bestehenden Zusammenhang unterbricht, ist deutlich erkennbar.

248 Zum redaktionellen Stellenwert von 17,20f. vgl. oben S. 36 ff.

249 Die jetzige Einleitung Ez 17,11.12aα dürfte später eingebracht worden sein; erwägen kann man, ob die Frage in v. 12aβ zum ältesten Textstadium zu rechnen ist.

250 Daß die für dieses Textstadium maßgebliche Sichtweise in einer gewissen Nähe zu Auffassungen steht, wie sie Würthwein für die von ihm rekonstruierte dtr. Grundschrift von I/II Reg vermutet (vgl. besonders ATD 11,2, S. 490: »Will sie (DtrG) vielleicht andeuten, daß man Juda und Jerusalem durch entsprechende Zugeständnisse [Verweis auf Tributleistungen und Unterwerfung] hätte retten können und sollen?«; zu weiteren Einzelheiten muß auf den Kommentar selbst verwiesen werden.), sei immerhin angemerkt. Andererseits betont Würthwein, daß für DtrG »politischer und religiöser Gesichtspunkt ... eng miteinander verbunden« sind (a. a. O., S. 495), was in Ez 17,1 ff.* so nicht, jedenfalls nicht erkennbar, der Fall ist.

3. Daran anknüpfend und zugleich verschärfend charakterisiert Ez 17,19 Zedekias Vergehen als ein Vergehen gegenüber Jahwe, um damit zugleich die Katastrophe Zedekias als von Jahwe selbst herbeigeführt verständlich zu machen.

4. Ez 17,20a stellt unter Auswertung von Ez 19,8.9 noch deutlicher heraus, daß Jahwe der eigentliche Hintergrundakteur der Katastrophe ist; zugleich hat dieser Vers die Funktion, im Blick auf Ez 19,8.9 vorweg klarzustellen, wer eigentlich hinter den »Löwenfängern« in Ez 19,1—9 zu sehen ist. In v. 20bβ ist über v. 19 hinausgehend nun von Zedekias Verhalten als »Abfall« (*m'l*) von Jahwe die Rede.

5. Ez 17,17 zusammen mit Ez 17,21aα soll mit den historischen Anspielungen den Weissagungscharakter der gesamten Einheit sicherstellen, da sich nun für den Leser ergibt, daß die hier in Aussicht gestellten Vorgänge tatsächlich so eingetroffen sind.

6. Das jüngste Textstadium wird jetzt in v. 21 greifbar; hier war die golaorientierte Redaktion am Werk[251].

Zu Ez 17,22—24[252] ist hier nur festzuhalten, daß diese Verse möglicherweise die in Ez 31 vorliegende Schilderung des prächtigen Zedernbaumes[253] berücksichtigen und daß deutliche Verbindungslinien zu Ez 17,3—4 erkennbar sind.

Ez 17 in der von uns rekonstruierten ältesten Textfassung legt bei dem Versuch einer Neuinterpretation der in Ez 19* und 31* angedeuteten Vorgänge einen besonderen Akzent darauf, daß die Ursache für die Katastrophe unter Zedekia dessen politische Schaukelpolitik zwischen Ägypten und Babel gewesen ist. Genau dieser Aspekt spielt auch in Ez 23 eine wichtige Rolle.

7. Ez 23

a) Analyse

Das umfangreiche Kapitel in der vorliegenden Fassung ist unstrittig erst das Ergebnis eines mehrstufigen, schwer durchschaubaren Bearbeitungsprozesses. Welche älteste, ursprüngliche Grundlage läßt sich rekonstruieren?

In den einschlägigen Kommentaren geht man überwiegend davon aus, daß das älteste Stück in Ez 23,1—27 vorliegt; alle weiteren Einheiten werden als Nachträge eingestuft[254]. Wenden wir uns daher zunächst Ez

---

[251] Vgl. dazu ausführlich oben S. 36 ff.

[252] Vgl. dazu ausführlich oben S. 40 ff.

[253] Vgl. 17,23 und 31,6; dazu GARSCHA, Studien, S. 33.

[254] Für Ez 23,40 ff. zieht man in Betracht, daß darin »ein Fragment aus einem anderen Zusammenhang« erhalten sein könnte, das »vielleicht einer verlorengegangenen Dichtung Ezechiels angehört hat« (vgl. EICHRODT, ATD 22,2, S. 222).

23,1–27 zu, so fällt folgendes auf: Das jetzt das Kapitel beherrschende Thema »Ehebruch/Hurerei«, das hier als Gleichnis für »Israels« Verhalten in seiner Geschichte steht, wird von Ez 23 und Ez 16 abgesehen auch im Hoseabuch[255] und im Jeremiabuch[256] verhandelt. Zwischen Ez 16 und Hos 1–3/Jer 3 besteht eine Gemeinsamkeit in dem Punkt, daß hier Ehebruch gegenüber Jahwe in der Übernahme heidnischer Fruchtbarkeitsriten gesehen wird. Ehebruch ist hier Abfall zu fremden Göttern[257].

Ez 23,1–27 unterscheidet sich von den eben genannten Stücken darin, daß hier der Tatbestand »Ehebruch« in einem ganz anderen Sinn als Abfall von Jahwe gesehen und beschrieben wird. So stellt ZIMMERLI[258] mit Recht fest: »Dabei steht hier nicht mehr wie in Hos 2, Jer 3 und Ez 16 die Buhlerei mit den kanaanäischen Landesbaalen vor Augen, sondern die politische Fremdländerei der beiden Landesteile. So sind denn hier auch nicht mehr die Baale, sondern die politisch geschichtlichen Gestalten der schmuck aussehenden assyrischen und babylonischen Krieger die Nebenbuhler Jahwes geworden«. M. a. W.: Ez 23,1–27 läuft jetzt insgesamt darauf hinaus, mit dem Bild von den treulosen Frauen, die sich von ihrem Eheherrn weg Liebhabern zuwenden, zu illustrieren, was es bedeutete, daß Israel/Juda mit politischen Mächten Kontakt aufnahm und sich so von Jahwe abwandte, so daß verständlich wird, warum Jahwe der Beleidigte ist und entsprechend reagiert.

Im Vergleich zu Hos 2, Jer 3 und Ez 16 liegt hier also insofern eine auffällige Motivverschiebung vor, als hier anders als dort mit »Ehebruch« nicht das Fehlverhalten Israels/Judas im kultisch-religiösen Bereich charakterisiert ist, sondern damit bestimmte bündnispolitische Optionen der Vergangenheit negativ eingeschätzt werden.

Ferner ist nicht zu übersehen, daß innerhalb des Bildes von Judas Treulosigkeit gegenüber Jahwe als dem Eheherrn[259] (Ez 23,11–27), nachdem Ez 23,14–17a die Buhlerei mit den Chaldäern beschrieben ist, nun zusätzlich die Treulosigkeit gegenüber den chaldäischen »Buhlen« herausgearbeitet wird, indem anschließend dargelegt wird, daß die Verbindungen mit den Chaldäern aufgegeben werden, um sich Ägypten zuzuwenden (Ez 23,17b.19.20)[260].

---

[255] Vgl. Kap. 1–3.

[256] Vgl. Kap. 3.

[257] Vgl. Jer 2,23 ff.; Jer 3,13; ferner auch Jer 13,26.27; Hos 2,15 u. ö.; Ez 16,15 ff.

[258] Ezechiel 1–24, S. 539.

[259] Vgl. ZIMMERLI, Ezechiel 1–24, S. 539: »Dieser tritt allerdings als der Eheherr in dem ganzen Bild merkwürdig stark in den Hintergrund vor dem großen Thema der Rivalität der geschichtlichen Nebenbuhler im Süden (Jugendliebe Israels) und Osten (spätere Liebe).«

[260] So nach ZIMMERLI der ursprüngliche Text; v. 18 und 21 sind nachgetragen (vgl. Ezechiel 1–24, S. 547 f.).

Somit steht in diesem Abschnitt der Aspekt der Untreue gegenüber Jahwe unausgeglichen neben dem Aspekt der Untreue gegenüber den Chaldäern.

Dieser zweite Aspekt erinnert an die in Ez 17,5 − 10(11 − 15) vorliegende Sichtweise, die darauf hinausläuft, daß solche in der Hinwendung zu Ägypten begründete Abtrünnigkeit von Babel als politisches Fehlverhalten ein schlimmes Ende zur Folge haben wird. Hier ist jedoch anders als in Ez 23,1 − 27 Jahwe keineswegs von Anfang derjenige, der von den angesprochenen Vorgängen betroffen ist und entsprechend selbst auch einschreiten wird[261].

Von Ez 23,1 ff. her gelesen erscheint das Verhalten der beiden Schwestern als Abfall von Jahwe, als Untreue ihm gegenüber als dem Eheherrn, so daß er der Beleidigte ist, dessen Reaktion dann entsprechend verständlich wird. Von einer solchen Reaktion ist im Blick auf Ohola in Ez 23,9 f., im Blick auf Oholiba in Ez 23,22 ff. die Rede. Zumindest in Ez 23,25aβ ff. (w'św 'wtk bḥmh ...) ist aber deutlich, daß die das Gericht vollziehende Macht (v. 23 = die Babylonier) gar nicht im Auftrag bzw. als Gerichtswerkzeug Jahwes einschreitet. Wenn diese nach v. 25 selbst »im Zorn«[262] handelt, so kann dieser Hinweis nur den Sinn haben, die natürliche Reaktion der Babylonier auf die in v. 17 ff. als pervers angemerkte Verhaltensweise (Abtrünnigkeit von Babel) hervorzuheben und damit hervorzuheben, daß das vor Augen stehende Verhalten immanent die Katastrophe provozieren mußte. Ein Hintergrundwirken Jahwes ist hier (wie in Ez 17,1 − 10.11 − 15*) gar nicht der springende Punkt[263].

Für die Entstehung von Ez 23,1 − 27 ist folglich zu veranschlagen, daß hier zwei keineswegs restlos miteinander ausgeglichene Erklärungsmodelle aufeinander bezogen sind. Nach der einen Sichtweise ist die Kontaktaufnahme der dem Eheherrn verbundenen Frauen zu Assur, bzw. Babel und Ägypten jeweils als Buhlerei, als Untreue gegenüber Jahwe verstanden. In den Nachträgen in v. 7 und v. 30[264] soll offensichtlich deutlicher herausgestellt werden, wie das gemeint ist, indem darauf hingewiesen wird, daß die Buhlerei mit diesen Völkern die Verunreinigung mit deren Göttern (glwlyhm) impliziert.

Die andere Sichtweise, die nur auf Oholiba (Juda/Jerusalem) bezogen in Ez 23,11 − 21* vorgetragen wird, legt dagegen den Akzent darauf, daß es das Hin und Her der Schaukelpolitik zwischen Ägypten und Babel gewesen ist, das schließlich Babels Zorn provozieren und in die Katastrophe führen mußte.

---

[261] Das wird erst in den Nachträgen Ez 17,16 ff. herausgearbeitet; vgl. dazu oben S. 201 ff.

[262] Vgl. Ez 19,12, wo die Vernichtung des Weinstocks mit dem Interpretament »im Zorn« versehen ist.

[263] Vgl. so auch die Beobachtungen KRÜGERS, Geschichtskonzepte, S. 190.

[264] Vgl. dazu ZIMMERLI, Ezechiel 1 − 24, z. St.

Für Zimmerli scheint das Nebeneinander beider Sichtweisen unproblematisch[265]. Er hebt zusammenfassend darauf ab, daß hier Ägypten vor Augen steht als »die große Versuchung, der Ort des unfrömmsten Buhlens und Umgehens des Gottesvolkes mit Mächten neben der alleinigen Macht Jahwes«[266]. Damit bleibt allerdings ungeklärt, warum in Ez 23,11−21* die eigentliche Kehre erst erfolgt, nachdem Oholiba ihr Verhältnis zu den Babyloniern aufgekündigt hat. An sich hätte Jahwe als der Eheherr ja schon beleidigt reagieren müssen, als die als Buhlerei verstandene (v. 14a) Beziehung zu den babylonischen Liebhabern aufgenommen wurde[267]. Die ganze Geschichte wird jedoch erst kritisch nach der Abkehr von den Babyloniern und der Hinwendung zu den Ägyptern, indem nun das Motiv »Zorn der beleidigten Liebhaber« (so Ez 23,25aβ) zum Tragen kommt. Im Blick auf diese Abfolge deutet alles daraufhin, daß hier der Gedanke verfolgt wird, das Zorneshandeln der Babylonier wäre vermeidbar gewesen, wenn sich Juda/Jerusalem nicht wie eine törichte Frau verhalten hätte, die ihre Liebhaber wechselt und damit die Rache der Verschmähten provoziert.

Auf Grund der Einsichten, zu denen die Analyse von Ez 17 über den Werdegang dieses Kapitels geführt hat, ist es nach den bisherigen Beobachtungen und Erwägungen zu Ez 23 durchaus naheliegend, die erkannten Unausgeglichenheiten analog zu Ez 17 darauf zurückzuführen, daß der für das jetzige Kapitel zu veranschlagende Kern- und Ausgangstext zunächst nur darauf abzielte, mit dem Bild jener buhlerischen Frau, die unverständlicher- und törichterweise ihrem prächtigen Liebhaber aus Babylon den Laufpaß gibt, die politische Torheit Jerusalems unter Zedekia vor Augen zu malen und somit die Hintergründe für die Katastrophe von 587 ohne Bezug auf ein Betroffensein und Hintergrundwirken Jahwes zu verdeutlichen[268].

---

[265] Vgl. immerhin das Zitat oben Anm. 259.

[266] Ezechiel 1−24, S. 550.

[267] Der nachgetragene v. 18 will offensichtlich einen Hinweis in dieser Richtung anbringen!

[268] Wenn Garscha (Studien, S. 55 ff.) im Anschluß an Messel (Ezechielfragen, S. 89 ff.) die zahlreichen Spannungen und Unausgeglichenheiten in Ez 23 damit zu beseitigen versucht, daß er das Motiv von der Untreue der beiden Frauen gegenüber Jahwe bereits für den ursprünglichen Kerntext veranschlagt (= Ez 23,4a.5.6.9.10a.11.14b.15a.16.18b.22.24b.25a [vgl. Studien, S. 58 ff.]) und alles weitere einer historisierenden Bearbeitung zuschreibt, so überzeugt dieser Lösungsvorschlag schon deswegen nicht, weil selbst diese so radikal reduzierte Textfolge immer noch das Motiv der Rache des enttäuschten Liebhabers enthält, woraufhin dann entweder diesem Motiv oder dem von der Enttäuschung Jahwes ein Überschußmoment zukommen muß. Ähnlich zu werten ist in Ez 23,24b der Hinweis, daß die Liebhaber »nach ihren Satzungen« richten, woraus noch hervorgeht, daß sich die Betroffenen nicht gegenüber Jahwe, sondern gegenüber den Liebhabern vergangen haben.

Ein Versuch, einen solchen Ausgangstext in seinem ursprünglichen Textbestand aus der jetzigen Fassung des Kapitels heraus zu sondieren, steht wegen der im einzelnen schwer durchschaubaren, weil komplizierten, mit mehrfachen Theologisierungen verbundenen Genese von Ez 23 naturgemäß vor enormen Schwierigkeiten. Bevor ein solcher Versuch eine gewisse Aussicht auf Erfolg haben kann, und sei es nur, daß er zu einer hypothetischen Erschließung des gesuchten Ausgangstextes führt, ist in jedem Fall zu klären, welche Textbestandteile der jetzigen Konzeption von Ez 23,1—27 bei einem solchen Versuch unberücksichtigt bleiben müssen. Folgende Erwägungen und Beobachtungen dürften hier weiterführen:

Ez 23 handelt jetzt vom Verhalten und Geschick zweier Frauen, die zu Jahwe gehören. Es ist völlig klar, daß damit die beiden Teilgrößen des Jahwevolkes, Israel und Juda, gemeint sind. Das an sich auffällige und merkwürdige Bild Jahwes als eines Eheherrn zweier Frauen, ist demnach darauf zurückzuführen, daß dem dafür verantwortlichen Autor eben diese beiden geschichtlichen Größen und ihre Beziehung zu Jahwe vor Augen stehen und daß er darüber handeln möchte.

Im Blick auf Ez 16 und Jer 3,1—5, wo jeweils im gleichen Bild von Jahwe als dem Eheherrn nur von einer Frau die Rede ist, liegt die Frage nahe, ob Ez 23 überhaupt von vornherein als Bildrede über die zwei ehebrecherischen Frauen Jahwes konzipiert war, bzw. ob nicht wie in Hos 1 f., Ez 16 und Jer 3,1—5 so auch in Ez 23 ursprünglich in dem Bild von Jahwe als dem Eheherrn lediglich eine Frau vorgeführt wurde. Die Einbeziehung einer weiteren Frau wäre dann ähnlich zu erklären wie die jetzt nachgetragene Weiterführung von Jer 3,1—5 durch Jer 3,6 ff.[269]. Daß in Jer 3,1—5.6—13 jetzt von zwei Frauen die Rede ist, resultiert daher, daß hier »die Konfrontation Israels und Judas in je ihrem Verhältnis zu Jahwe mit dem analoger Verschuldung ... schon ein Fazit dtr. Denkbarbeit«[270] ist[271]. Solche »Denkarbeit« dürfte auch bei der Entstehung von Ez 23 mit im Spiel gewesen sein. Bereits FOHRER vermerkt, daß zwischen Jer 3 und Ez 23 engere Berührungen zu erkennen sind. Für Ez 23 veranschlagt er zudem als »zeitgenössischen Einfluß die dt (= deuteronomische) Theologie mit ihrer Geschichtsbetrachtung, nach der der Fall Jerusalems die endgültige Verwerfung nach immer neuem Abfall Israels von Jahwe im Kulturlande bildet«[272]. Wenn FOHRER gegenüber solchem Einfluß dennoch ein Spezifikum ezechielischen Denkens für Ez 23 betont, weil »abweichend davon ... Ez den Abfall nicht erst in Palästina vollzogen, sondern bereits in Ägypten« geschehen sieht[273], so läßt sich leicht zeigen,

[269] Vgl. auch die nachträglichen Erweiterungen zu Ez 16,1—43 in Ez 16,44 ff.
[270] So THIEL, Redaktion 1—25, S. 90.
[271] Vgl. II Reg 17,7—23!
[272] Ezechiel, S. 132.
[273] Ezechiel, S. 132.

daß gerade dieser Punkt (Verschuldung und Abfall Israels bereits in oder seit Ägypten) für eine geschichtsperspektivische Betrachtungsweise charakteristisch ist, wie sie in späten deuteronomistischen Textanteilen innerhalb des deuteronomistischen Geschichtswerks und des Jeremiabuches ihren Niederschlag gefunden hat, weil hier die gesamte Geschichte Israels seit den Anfängen in Ägypten als eine Ungehorsams- und Abfallgeschichte gewertet wird[274].

Nach allem drängt sich die Folgerung auf, daß das Motiv der Verschuldung schon in Ägypten ebenso wie die Einbeziehung einer zweiten Frau (= Israel) in Ez 23,1—10 mit späteren Eingriffen seitens einer dtr. Theologie zusammenhängt, die wie in den sogenannten DtrN Passagen im deuteronomistischen Geschichtswerk und späten dtr. Texten des Jeremiabuches auf größere Geschichtsüberblicke Wert legt, um damit — also mit dem Nachweis einer ausnahmslosen Abfallgeschichte — eine theologisch überzeugendere Begründung der Katastrophe von 587 und zugleich der eigenen Misere in der Folgezeit herauszuarbeiten. Indem jetzt das Unheilsgeschick des Nordreiches zusätzlich mit vor Augen gestellt wird, woraufhin die im ursprünglichen Bild für Juda bzw. Jerusalem stehende buhlerische Frau eine entsprechende Schwester erhalten mußte, kann zugleich hervorgehoben werden, daß das Verhalten und das entsprechende Geschick dieser Schwester zur Warnung hätte dienen müssen (Ez 23,11; vgl. Jer 3,6 ff.).

Mit diesen Ausführungen dürfte zumindest die Möglichkeit sichergestellt sein, daß in einer älteren Fassung von Ez 23 jener Teil (Ez 23,1—10) noch gar nicht enthalten war, der Jahwe als Eheherrn zweier Frauen vorstellt und aus der Blickrichtung einer spätdeuteronomistischen, geschichtsperspektivisch geprägten Theologie auch Israels Geschick mitberücksichtigt.

Veranlaßt durch die Beobachtung[275], daß in Ez 23,11—27 das Motiv »Jahwe als der beleidigte Eheherr« unausgeglichen neben dem Motiv

---

[274] Vgl. z. B. II Reg 21,14 f. (nach WÜRTHWEIN, Könige, ATD 11,2, S. 442 ein »auf einen DtrN-Kreis zurückgehende[r] Passus …: Der Rest von Jahwes Erbe … wird von Jahwe selber den Feinden preisgegeben, weil sie vom Auszug aus Ägypten an, d. h. von der Zeit an, da Jahwe die Gemeinschaft mit Israel begründete, ihn ›gereizt‹, sich gegen seinen Willen aufgelehnt haben.«); Dtn 9,7 ff.; I Sam 8,8; ferner Jer 7,25; Jer 11,7 f.; Jer 32,22 f. (anders Jos 23,8 [vgl. dagegen Jos 24,14 f.; wenn hier *bmṣrym* nachgetragen ist, wie PERLITT Bundestheologie, S. 257, Anm. 1, vermutet, so sind die Hintergründe für diesen Nachtrag deutlich: Die Verschuldung auch schon gerade in Ägypten soll so hervorgehoben werden!]; Jer 2,1—3 [Verweis auf die Treue Israels in seiner Jugendzeit in der Wüste]; Jer 32,31: »seit diese Stadt gebaut ist«; vgl. dagegen Jer 32,23!); man kann diesen Befund nur so deuten, daß im Zuge der theologischen Bemühungen, die Katastrophe von 587 zu verarbeiten und zu rechtfertigen, die Tendenz zunimmt, mit Hilfe geschichtsperspektivischer Rückblicke die Anfänge der Geschichte des Abfalls von Jahwe immer weiter zurück zu verfolgen, bzw. zurück zu verlegen.

[275] Vgl. auch die oben Anm. 259 zitierten Bemerkungen ZIMMERLIS!

»beleidigte Liebhaber« stehen geblieben ist, hatte sich uns die Vermutung aufgedrängt, daß hier mit dem zweiten Motiv möglicherweise ein Rudiment einer früheren Bildrede erhalten geblieben ist, in der es lediglich darum ging, ähnlich wie in Ez 17 am Bild des unklugen Weinstocks nun hier am Bild der törichten Buhlerin aufzuzeigen, wie Juda/Jerusalem auf Grund seiner törichten Schaukelpolitik in die Katastrophe schlittern mußte. Entstehungszeit und -ort sowie das Anliegen einer solchen Bildrede von einer hurerischen Frau wären dann analog zu Ez 17,5—10 zu bestimmen[276].

Diese hypothetisch erschlossene Bildrede wäre folglich der Ursprungstext gewesen, der wiederum analog zu Ez 17 und den dort sondierten Theologisierungen zunächst dahingehend weiter ausgebaut wurde, daß die törichte Buhlerin nicht nur in Konflikt mit ihren Liebhabern, sondern auch zu Jahwe geraten ist[277], und daß entsprechend dann Jahwe selbst das Auftreten der beleidigten Liebhaber zum Gericht steuert.

Bei den bisher vorwiegend motivgeschichtlich und mit Hilfe von Analogieschlüssen (Ez 17) begründeten Überlegungen zur Vorgeschichte der jetzigen Fassung von Ez 23 wird man wohl stehen bleiben müssen. Ein Versuch, die jetzige Textfassung von Ez 23,11—27 zu sondieren und hier die ursprünglichen Bestandteile der vorgegebenen Bildrede stimmig heraus zu rekonstruieren, dürfte schon daran scheitern, daß eben infolge der Mehrfachbearbeitungen nur wenige Rudimente dieser Bildrede erhalten geblieben sind. Ein gewisses Grundmuster ist immer noch erkennbar: Vor Augen stand eine buhlerische Frau, die ihre Liebhaber wechselt. Nachdem sie sich zunächst intensiv mit den Babyloniern eingelassen hat, entdeckt sie anschließend ihr Verlangen nach den Ägyptern. Damit provoziert sie den Zorn und das Strafgericht der früheren Liebhaber[278].

---

[276] Vgl. dazu oben S. 182 f.196 f.

[277] Vgl. ähnlich Jer 2,14—19, wo neben den Vorwurf der einstigen Schaukelpolitik nun auch der Vorwurf auftaucht, Jahwe verlassen zu haben; vgl. auch Jer 2,31—37.

[278] M. E. ist nicht auszuschließen, daß weitere Rudimente dieser historisierenden Bildrede noch in den merkwürdigen Aussagen in Ez 23,40—45* überliefert sind; so scheint v. 43 »ganz wie dann 44a nur von einer einzigen Frau zu reden, der die Besuche gleich einer Buhlerin gemacht werden« (ZIMMERLI, Ezechiel 1—24, S. 554). Ferner berührt sich Ez 23,40abα mit Ez 23,16; hier wie dort ist von Boten die Rede, die ausgesandt werden, woraufhin dann die durch die Boten Angesprochenen kommen (vgl. v. 17 und v. 40). Erklärt sich diese merkwürdige Doppelung so, daß v. 40 ursprünglich von der Abkehr der Frau von ihrem ersten Liebhaber handelte, also nach v. 17* darlegte, wie nun neuer Kontakt aufgenommen wird? Oder sind hier noch die Spuren einer älteren Version des Bildes enthalten, in der die Männer, nach denen die Frau verlangt, noch gar nicht explizit als die Babylonier vorgestellt sind (vgl. »Männer und fernher«)? War analog zu Ez 17,1— 10 auch in Ez 23,11 ff. zunächst nur implizit durch die Angaben über die Wandbilder zu erschließen, wer als Liebhaber vor Augen stand? — Für die Ausschmückung der Frau(en) mit Armspangen und einer Krone (Ez 23,42), die hier von »von Ferne kommenden

b) Ergebnis und Folgerungen

Nach allem meinen wir, genügend Argumente dafür beigebracht zu haben, daß sich die jetzige Fassung von Ez 23,1—27 mit den darin enthaltenen Unstimmigkeiten und Motivkollisionen am besten erklären läßt, wenn man als ursprünglichen Ausgangstext eine nicht jahwesierte Bildrede postuliert, in der es analog zu Ez 17,5—10 lediglich darum ging, wie dort am Bild des unklugen Weinstocks nun hier am Bild der törichten Buhlerin aufzuzeigen, wie Juda/Jerusalem auf Grund seiner törichten Schaukelpolitik in die Katastrophe schlittern mußte.

Diese Bildrede von der törichten Buhlerin ist zwar nur noch in ihrem Grundmuster rekonstruierbar. Das ist jedoch kein Hinderungsgrund, angesichts der unübersehbar der Bildrede in Ez 17,5—10 (törichter Weinstock) verwandten Demonstrationsabsicht die Frage aufzuwerfen, ob nicht bei der Entstehung der Bildrede in Ez 23* analog zu Ez 17,5—10 ähnliche Vorgaben und entsprechende Interpretationsarbeit eine Rolle gespielt haben. Wir hatten für Ez 17,1—10 zeigen können, daß dieser Abschnitt das Wort vom Weinstock (Ez 19,10—14) ebenso wie das ursprünglich auf das Jerusalemer Königtum zielende Gedicht vom Fall der prächtigen Zeder (Ez 31*) voraussetzt, sich darauf bezieht und eine weiterführende Interpretation beabsichtigt[279]. Ist mutatis mutandis das gleiche für Ez 23* zu veranschlagen? Die Überlegung, daß, wie im Fall von Ez 17,1—10 nachweisbar, auch hier ein noch älteres Wort vorgegeben gewesen sein könnte, die Bildrede von der törichten Buhlerin also analog zu Ez 17,5—10 schon ein fortgeschrittenes Reflexionsstadium darstellt, ist zumindest naheliegend[280].

c) Ez 23 — Zur Frage nach dem ältesten Kern

Ein Versuch, sich in der angepeilten Richtung weiter zurück zu tasten, ist m. E. nicht ganz so aussichtslos, wie er demjenigen erscheint, der sich mit Recht fragt, wie es denn möglich sein soll, für eine lediglich erschlossene, im Wortlaut schon nicht mehr rekonstruierbare Bildrede nun noch einen vorausliegenden Ausgangstext zu sondieren.

Bisher hatten wir nur beiläufig auf die Berührungen und Beziehungen verwiesen, die zwischen Ez 23 und Ez 16 bestehen.

Männern« (v. 40) vorgenommen wird, ist in der in Ez 16 vorliegenden Bildrede vom Findelkind, das Jahwe zu seiner Frau macht, Jahwe selbst zuständig. Muß man daraus schließen, daß in Ez 23,42 noch die ältere Version anklingt und das Motiv von der Ausschmückung einer Frau nachträglich für Jahwe vereinnahmt wurde?

[279] Zu Einzelheiten vgl. oben S. 197 ff.

[280] Immerhin meint auch FOHRER, daß »zunächst ... ein profanes Liebeslied aufgegriffen« wurde (Ezechiel, S. 131).

In Ez 16 ist wie in der Jetztfassung von Ez 23 das Thema ebenfalls Untreue gegenüber Jahwe. Das Motiv »Untreue gegenüber den Liebhabern«, das in Ez 23,11—27 noch deutlich als Ursache dafür verhandelt ist, daß die beleidigten Liebhaber nun ihren Zorn an der untreuen Frau auslassen, spielt hier keine Rolle. Zu fragen ist nun angesichts der Übereinstimmungen und Berührungen zum einen, aber auch der unübersehbaren Unterschiede zum anderen, wie das Verhältnis beider Kapitel zueinander zu bestimmen ist. Dabei interessiert uns weniger, »daß die Nachinterpretation von Ez 16 durch Züge aus Ez 23, wie dann umgekehrt diejenige von Ez 23 durch Züge aus Ez 16 bestimmt ist«[280a].

Wenn man von diesen nachträglich hergestellten Bezügen absieht, bleibt ja immer noch zu bedenken, warum hier in doppelter Weise das Verhältnis »Israels« zu seinem Gott mit dem Bild der untreuen, buhlerischen Frau illustriert wird. Dazu kommt, daß jetzt die entsprechenden Texte als Bildreden in deutlicher Nähe zu den Texteinheiten stehen (Ez 17/19[31*]), die ebenfalls in Bildreden den Untergang Jerusalems und seines Königtums mit der Verschleppung des Junglöwen, dem Fall der prächtigen Zeder, der Zerstörung des edlen Weinstocks gleichsetzen und damit beklagen, wie wider Erwarten eine stolze, erhabene, edle Größe ohne ihr eigenes Zutun untergehen kann.

Versucht man den Gründen für die jetzt doppelte Thematisierung »untreue Frau/Braut« in Ez 23 und Ez 16 auf die Spur zu kommen, so bietet sich m. E. folgende Erklärung an: Wie Ez 17,1—10 das Bildwort vom edlen Weinstock und das Wort von der prächtigen Zeder voraussetzt, aufgenommen und uminterpretiert hat, so setzen analog Ez 16 und 23 im ersten Stadium ihrer Entstehung ebenfalls ein Bildwort über eine bewundernswerte Größe und ihren unverschuldeten Fall voraus, das sie aufnehmen und uminterpretieren. Das Grundmuster dieser Uminterpretation ist in Ez 23,11—27 noch in groben Zügen rekonstruierbar. Es besteht in der Negativcharakterisierung einer Frau, die als Buhlerin törichterweise mit ihren Liebhabern in Konflikt gerät. Analog zu Ez 17,5—10, wo aus dem edlen Weinstock von Ez 19,10—14 der törichte Weinstock wird, wäre zu folgern, daß das ursprüngliche Bildwort die jetzt negativ gezeichnete Frau als eine positive, bewundernswerte Gestalt vorstellte. Zugleich, wiederum analog zu Ez 17,5—10 und Ez 19,10—14 kombiniert, hätte das ursprüngliche Bildwort den tragischen, wider Erwarten und ohne eigenes Verschulden eingetretenen »Fall« (vgl. auch Ez 31*) vor Augen gemalt[281].

Wie Ez 17,1—10 auf die Bildrede vom Weinstock (Ez 19,10—14) zurückblickt (vgl. aber auch Ez 17,1—4 und Ez 31*), also auf einen Text, der lediglich das fatale Geschick eines prächtigen Weinstocks schildert,

---

[280a] ZIMMERLI, Ezechiel 1—24, S. 343.

[281] Vgl. auch, allerdings mit nicht identischem Aussagehintergrund, das Amoswort »Gefallen ist, steht nicht wieder auf die Jungfrau Israel« (Am 5,2).

der, obwohl durch beste Bedingungen abgesichert, doch plötzlich durch
Außeneinwirkung zerstört wird, und wie nun Ez 17,5—10 diesen Untergang des Weinstocks (= das Jerusalemer Königtum) damit erklären zu
können meint, daß er sich eben unklug verhalten habe, weil er die
seinen Bestand garantierende Beziehung (Babel) zu Gunsten einer anderen
Beziehung (Ägypten) aufgab, so blickt analog in Ez 23,11—27* derjenige, der das Verhalten der buhlerischen Frau ihren Liebhabern gegenüber
als unklug herausstellt, weil sie mit der Hinwendung zu anderen Liebhabern den Zorn der ersten herausfordern muß, auf eine Bildrede zurück,
die von einer schönen, prächtig ausgestatteten Frau handelte, die —
vielleicht ist an eine Braut ausgestattet für die Hochzeit gedacht — das
unverschuldete Schicksal einer plötzlichen von außen eindringenden Erniedrigung traf. Diese Bildrede wäre wie die anderen Bildreden in der Form
der Klage abgefaßt gewesen, wie sie der Darstellung des Kontrastes
zwischen dem prächtigen Einst und dem niedrigen Jetzt, der es ja darum
geht, einen Verlust bewußt und somit beklagenswert zu machen, angemessen ist.

Daß die Stadt Jerusalem oder Jerusalem als Sitz des Königtums nicht
nur mit den Löwen, der Zeder, dem Weinstock, sondern auch mit einer
Frau/Jungfrau verglichen werden konnte, ergibt sich schon aus der mehrfach belegten Formulierung »Tochter/Jungfrau Zion« o. ä. Darüber hinaus
läßt sich zeigen, daß gerade das Geschick einer Frau als Gleichnis für das
Geschick einer Stadt oder eines Volkes dienen konnte. Zu verweisen ist
z. B. auf Jes 1,21 (»Ach, wie ward zur Hure die treue Stadt ...«); 23,15
(Tyros als Hure); Nah 3,4 ff. (Ninive als Hure); Jes 47,8 (Babel als kinderlose Witwe); Jes 54,1 ff. (Jerusalem als kinderlose Witwe); Jes 49,18
(Jerusalem als Braut); Jes 62,5 (Jerusalem als Braut); vgl. noch Jer 4,30 f.;
14,17.

Aus diesen Stellen geht hervor, daß man mit Hilfe des Bildes von
einer Frau (als Hure, als kinderlose Witwe, als Braut) die Katastrophe
einer Stadt oder eines Volkes begreifbar zu machen und ihren Stellenwert
zu bestimmen suchte. Entsprechend können Heilsworte an solche Bilder
anknüpfen. Hier wie dort ist das Vergleichsmoment die Erniedrigung oder
der Fall einer Frau bzw. ihre Restituierung oder Erhöhung. Wie für Ez
19,1—9.10—14 und Ez 31* ist also auch für diese Worte charakteristisch,
daß darin ein herrliches Einst (Höhe, Ansehen) einem elenden Jetzt (Fall,
Verachtung) gegenübersteht[282].

Zugleich enthalten diese Stellen hilfreiche Hinweise darauf, wie in
dem ursprünglichen Bildwort der wider Erwarten und ohne eigenes Verschulden von außen bewirkte »Fall« konkretisiert war. Folgende Möglichkeiten stehen hier vor Augen: 1. »einst Ehefrau, jetzt kinderlose Witwe«;

---

[282] In Heilsworten entsprechend umgekehrt oder dreistufig (1. einstiges Ansehen [implizit
vorausgesetzt durch] 2. jetziges Elend, 3. künftiges Ansehen).

2. »einst herrlich geschmückte Braut, jetzt verstoßen«; 3. »einst Braut/
Ehefrau, jetzt Hure«[283]. Von diesen kommt die dritte Möglichkeit als die
naheliegendste Konkretisierung in Frage; denn war in dem ursprünglichen
Bildwort dargelegt, wie eine Ehefrau oder Braut zur Hure erniedrigt wird,
so würde das am einleuchtendsten die weitere Bearbeitungsgeschichte bis
hin zur Entstehung der Jetztfassungen sowohl von Ez 23 wie von Ez 16
nachvollziehbar machen und zugleich erklären, warum das ursprüngliche
Bildwort in den folgenden Bearbeitungen untergehen konnte.

Daß in dem ursprünglichen Bildwort von einer Frau die Rede war,
deren einstigem Ansehen nun ihr Elend als Hure gegenübersteht, müßte
allerdings analog zu Ez 19/31*, wo Untergang und Fall jeweils unverschul-
det eintreten, noch dahingehend spezifiziert werden, daß das Bildwort
dann also darauf hinausgelaufen sein muß, daß diese Frau zur Hure
gemacht wurde, also in die elendste Stellung einer Frau[284] erniedrigt
wurde, ohne daß von ihrer Seite in irgendeiner Weise — durch entsprechendes Verhalten etwa — dazu Anlaß gegeben worden wäre.

Mit welchen konkreten Vorgängen das Bildwort diese Erniedrigung
in Verbindung gebracht hat, läßt sich von Am 7,17 her erschließen. Hier
wird einer ehrbaren angesehenen Frau, der Frau des Priesters Amazja in
Bethel, angekündigt, daß sie in der Stadt zur Hure werden wird. Aus
dem Kontext geht eindeutig hervor, daß dies im Zusammenhang mit
kriegerischen Ereignissen anläßlich der Eroberung der Stadt geschehen
soll, also wohl an Vergewaltigung und Schändung durch feindliche Solda-
teska zu denken ist[285].

Das Grundmuster der ursprünglichen Bildrede läßt sich nach allem
wie folgt skizzieren:

In einem ersten Teil wurde analog zu Ez 19,10—11 und Ez 31,1—
9*[286] eine Frau in all ihrer Pracht und Schönheit vor Augen gemalt[287], sei
es als Braut oder Ehefrau in hohem Ansehen.

Der zweite Teil enthielt die abschließende Aussage »so daß sie zur
Hure wurde« oder »und sie machten sie zur Hure«. Vorausgegangen sein
mag lediglich ein knapper Hinweis wie in Ez 31,12, daß es »Fremde«
waren, die die Frau erniedrigten[288] oder schändeten[289].

---

[283] Vgl. die Negativrangfolge in Lev 21,13 f; Witwe, Verstoßene, Hure!

[284] Vgl. z. B. I Reg 22,38 »Hunde und Huren«.

[285] Vgl. auch Gen 34 und den abschließenden Vers 31.

[286] Vgl. die Erwägungen zum ursprünglichen Kern von Ez 31 oben S. 185 ff.

[287] Rudimente dieses Teils sind möglicherweise in Ez 16,10—14 (vgl. auch Ez 23,42b?)
aufgenommen, wo jetzt beschrieben ist, wie Jahwe die zur Ehefrau erwählte Jungfrau
prächtig ausstattet (vgl. ZIMMERLI, Ezechiel 1—24, S. 352: »Daß auch die Krone ...
genannt ist, deutet auf die Schmückung der Braut, die am Hochzeitstage die Krone
empfängt ...«).

[288] Vgl. Ez 23,44?

[289] Ob nicht auch Jes 1,21, wo der »einleitende Klageruf ›ach, wie‹, die Gegenüberstellung
des herrlichen Einst mit dem kläglichen Jetzt und das mit dem Doppelzweier abwech-

Diese Bildrede dürfte mit großer Wahrscheinlichkeit in einer Reihung mit Ez 19/31* demjenigen vorgelegen haben, der die Hintergründe des Katastrophengeschehens von 587 besser zu durchschauen meinte und dementsprechend, analog zu der in Ez 17 vorliegenden Nach- und Uminterpretation zu Ez 19,10 — 14/31*, deutlicher herauszuarbeiten suchte. Wie in Ez 17,5 — 10 veranschlagt er als Ursache für den Untergang Jerusalem die politisch unkluge Schaukelpolitik. Daß in dem Bild die Frau zur Hure erniedrigt wird, verstand er nicht mehr so, wie es ursprünglich gemeint war, als Bild für den beklagenswerten Fall Jerusalems. Er verstand es so, daß hier von einer Frau die Rede ist, die sich immer schon als Hure aufführte, woraufhin für ihn das Bild darauf abzielt, daß entsprechend die Ursache für die Katastrophe im Verhalten Jerusalems selbst angelegt war. Da in seinen Augen die Ursache der Katastrophe in der verhängnisvollen Schaukelpolitik bestand, faßte er die abschließende Kennzeichnung der Frau als Hure als eine Anspielung in dieser Richtung auf. Dementsprechend bemühte er sich gleichsam in einer erweiterten Neuauflage, die Hurenqualität der Frau deutlicher vorzustellen und zu zeigen, wie sie zum Konflikt mit den »Liebhabern« führen und schließlich daraus die Katastrophe resultieren mußte. Spuren dieser Interpretationsarbeit hatten wir in Ez 23,11 — 27 entdecken können.

Fragt man nun, warum die von uns lediglich erschlossene ursprüngliche Bildrede nicht erhalten geblieben ist, wie das im Blick auf Ez 17* (vgl. Ez 19,10 — 14*) der Fall ist, so bietet sich als Antwort geradezu an, daß diese ursprüngliche Bildrede jetzt in Ez 16 aufgegangen ist, also zunächst noch einmal Anlaß zu einer Fortschreibung und Neuinterpretation bot.

---

selnde Metrum des Dreizweiers ... auf die Qina oder Totenklage zurück«(weisen) (vgl. Kaiser, Jesaja 1 — 12, S. 53), ursprünglich lediglich darauf hinaus wollte, das gewaltsame Geschick der »treuen Stadt« etc. zu beklagen und somit das »wie ward zur Hure« nicht einen Charakterzug, sondern die gewaltsame von außen aufgezwungene Erniedrigung hervorhebt, ist immerhin zu erwägen. Diese Auffassung hätte den Vorteil, daß der Form der Totenklage ihr Inhalt entspräche, weil nur so verstanden der für die Totenklage hervorzuhebende Gegensatz zwischen herrlichem Einst und kläglichen Jetzt gegeben ist und so diese Totenklage (besser mit Hardmeier, Texttheorie, S. 325 ff.: »Untergangsklage«) sich ihrem Wesen gemäß auf eine Katastrophe beziehen kann. Bleibt man bei der üblichen Interpretation, so fällt ja auf, daß hier dann die Form der Totenklage vorliegt, obwohl es nur darum geht, den moralischen Verfall der Stadt aufzuzeigen (also: »Scheltrede« in der Form der Totenklage?). Erst eine Nachinterpretation des Klagewortes dürfte also das Stichwort »Hure« gegen die ursprüngliche Intention der Klage so verstanden haben, daß die Stadt »ihre anfängliche Treue zu Jahwe vergessen hat und darüber zur Hure geworden ist« (vgl. so Kaiser, Jesaja 1 — 12, S. 55, dessen Auffassung von einem in Jes 1,21 — 23a wirksamen prophetischen Schriftsteller dahingehend zu modifizieren wäre, daß dieser Schriftsteller auf ein vorgegebenes echtes Klagefragment [Jes 1,21] zurückgreift.), also die vom Stichwort »Hure« her assoziierte Treulosigkeit als Vergehen gegen »Recht« und »Gerechtigkeit« ausgelegt haben.

Mit dem Stichwort »Hure« verband man bei dem nun einsetzenden Interpretationsvorgang die alte Vorstellung »hinter anderen Göttern herhuren« o. ä.[290], sah also hier anders als der Autor von Ez 23*[291] eine Anspielung auf die Übernahme von Fremdgötterkulten und der entsprechenden Riten und verstand das ursprüngliche Bildwort dementsprechend so, daß es Jerusalems Abfall von Jahwe thematisiere. Daß in Ez 16 möglicherweise noch Rudimente des alten Bildwortes enthalten sind (vgl. Ez 16,[4−9]10− 13*; ursprünglich Beschreibung der Ausstattung der schönen Frau), ist durchaus vorstellbar.

d) Fazit

Die Genese von Ez 23 hat zum Ausgangspunkt eine Untergangsklage, in der das tragische Geschick Jerusalems im Bild einer einst schönen, geschmückten Braut/Frau vor Augen gemalt ist, die zur Hure erniedrigt worden ist. Dieser Ausgangstext läßt sich allerdings nur noch hypothetisch postulieren. Anhaltspunkte, die Rückschlüsse in dieser Richtung nahelegen, ergeben sich aus folgenden Beobachtungen und Überlegungen:

Die vorliegende Fassung von Ez 23 mit der Rede von den beiden Frauen Jahwes und ihren Verschuldungen Jahwe gegenüber seit Ägypten trägt das Gepräge deuteronomistischer Theologie und ihrer geschichtsperspektivischen Betrachtungsweise. In einer der entsprechenden Bearbeitung vorausgehenden Fassung stand zunächst nur eine Frau und ihr Verhalten vor Augen. Aus dem jetzt noch deutlich anklingenden Thema »Rivalität der Nebenbuhler« ist zu schließen, daß es hier lediglich darum ging, ähnlich wie in Ez 17 am Bild des unklugen Weinstocks nun hier am Bild der törichten Buhlerin aufzuzeigen, wie Juda/Jerusalem auf Grund seiner törichten Schaukelpolitik in die Katastrophe schlittern mußte.

Diese Textfassung ist zwar nicht mehr voll rekonstruierbar. Ein gewisses Grundmuster ist immerhin noch erkennbar: Vor Augen stand eine buhlerische Frau, die ihre Liebhaber wechselt. Nachdem sie sich zunächst intensiv mit den Babyloniern eingelassen hat, entdeckt sie anschließend ihr Verlangen nach den Ägyptern. Damit provoziert sie den Zorn und das Strafgericht der früheren Liebhaber. Da in diesem Punkte sehr enge Berührungen zu Ez 17,5−10 bestehen, ist zu erwägen, ob nicht analog zu Ez 17,5−10, wo aus dem edlen Weinstock von Ez 19,10−14 der törichte Weinstock wird, das ursprüngliche Bildwort die jetzt negativ gezeichnete Frau als eine positive, bewundernswerte Gestalt vorstellte. Zugleich, wiederum analog zu Ez 17,5−10 und Ez 19,10−14 kombiniert,

---

[290] Vgl. z. B. Hos 4,13; Jer 2,20; Jer 3,6 u. ö.
[291] Ez 23* = Vorstufe analog zu Ez 17,1−10.

hätte das ursprüngliche Bildwort den tragischen, wider Erwarten und ohne eigenes Verschulden eingetretenen »Fall« (vgl. auch Ez 31*), die Erniedrigung zur »Hure« vor Augen gemalt.

8. Zur Frage nach den ältesten Texten — Zusammenfassung

Ez 19*, Ez 31* und der hypothetisch erschlossene »Urkern« von Ez 23/16 (sowie die älteste Fassung von Ez 15) gehören m. E. zu den ältesten Texten innerhalb des Ezechielbuches.

Die genannten Texte in der rekonstruierten, bzw. hypothetisch erschlossenen Form sind in engster zeitlicher Nähe zur Katastrophe von 587 entstanden.

Für die Texteinheiten Ez 19,1—9*, Ez 31*; Ez 19,10—14 und Ez 23*[292] lassen sich auffällige Entsprechungen und Gemeinsamkeiten feststellen:

1. Alle Texte tragen deutlich Klagecharakter[293]. Es sind daher echte Klagen analog zu Totenklagen, die auf beklagenswerte und völlig uneinsichtige Geschicke zurückblicken[294]. Sie spiegeln die Irritationen derer wider, deren bisher geltende Vorstellungen vom Stellenwert Jerusalems, des Königtums, des Tempels, kurz deren religiöse Mitte und Ordnungshorizont durch die Katastrophe von 587 hinfällig geworden waren. Es handelt sich mit Sicherheit um Texteinheiten, die im näheren Zeitraum um 587 entstanden sein müssen und bewegend eindrücklich die religiöse

---

[292] Vermutlich gehörten zum ältesten Kern des jetzigen Ezechielbuches noch weitere ähnliche Gedichte; vgl. dazu die Erwägungen oben S. 191 f., ferner KRIEG, Todesbilder, S. 454.

[293] Das trifft auch für Ez 31* zu, obwohl hier anders als für Ez 19,2—9* und Ez 19,10— 14 die Qualifizierung als Qina (vgl. Ez 19,1.14) fehlt. Abgesehen davon, daß eine Lesung im Qina-Metrum nicht völlig unmöglich erscheint, geht der Klagecharakter von Ez 31* schon daraus hervor, daß auch hier (wie in Ez 19) in der ersten Hälfte des Bildvergleiches zunächst Stolz und Pracht der im Vergleich vorgestellten Größe vor Augen gemalt und daran anschließend in der zweiten Hälfte Untergang oder Vernichtung konstatiert werden (vgl. ähnlich die Klagen Marduks im Erra-Gedicht, siehe dazu oben S. 193 f.).

[294] Diese Texte als prophetische Zukunfts- bzw. Unheilsansagen zu verstehen (z. B. FOHRER, Ezechiel, S. 107; GREENBERG, Ezekiel 1—20, S. 359; vgl. auch LANG zu Ez 19: »propagandistische, verfremdende Totenklage«, mit der der Prophet König Zedekia vor der Aufstandspolitik warne, Aufstand, S. 113), ist nur möglich, wenn man von Form und Inhalt und dem entsprechend abgegrenzten Aussagehorizont absieht und annimmt, daß ihre Autoren von vornherein mit einer darüberhinauszielenden Aussagesystematik befaßt sind. Das ist methodisch fragwürdig. Die Tatsache, daß solche Texte später unter dem Einfluß exilisch-nachexilischer Propheten- und Prophetenbuchauffassungen als prophetische Zukunfts- bzw. Unheilsansagen eingestuft werden konnten (vgl. z. B. Ez 19,14b), berechtigt jedenfalls noch nicht dazu, ihren Autoren zu unterstellen, daß auch sie bereits von solchen Auffassungen her ihre Texte gestalteten.

Krise, den Verlust des bisherigen theologischen Ordnungshorizontes angesichts der Katastrophe dokumentieren.[295]

2. Nur so erklärt sich, warum in keinem dieser Texte irgendein Eigenverschulden angedeutet ist oder eine Sinngebung versucht wird. Daß jeglicher Hinweis auf ein Hintergrundwirken Jahwes fehlt, dürfte damit zusammenhängen, daß das vor Augen stehende Chaos nicht mehr ohne weiteres mit der Vorstellung von einem ordnenden Handeln Jahwes in Einklang zu bringen war. Und als Ursache dafür, daß in den fraglichen Texten jeglicher Hinweis auf ein Vergehen oder Verschulden überhaupt fehlt, wird man annehmen müssen, daß die Diskrepanz zwischen Ergehen und Tun als zu groß empfunden wurde, um noch eine beides umgreifende Ordnungswelt veranschlagen zu können, wie man sie vor der Katastrophe voraussetzen durfte.

3. Zur Frage nach dem Autor und dem weiteren Trägerkreis dieser Texte ist festzuhalten, daß das besondere Interesse am Jerusalemer Königtum, seine hohe Wertschätzung und die deutliche Irritation über seinen Verlust als Indizien dafür gewertet werden können, daß sich hier Jerusalemer Kreise zu Wort melden, Kreise, die offensichtlich dem Königshof sehr nahe standen und zur weisheitlich gebildeten Oberschicht gezählt haben dürften. Die wahrscheinlich in einer Sammlung aufgereihten Klagen gehören zum ältesten Textgut, das im Ezechielbuch enthalten ist.

4. Diese Texte wurden, wie sich am Beispiel von Ez 17,1—10 zeigen ließ, im nachherein neu- bzw. uminterpretiert. Die unstrittig vorliegenden Berührungen zwischen Ez 19 und Ez 17[296] erklären sich so, daß Ez 17 in der von uns rekonstruierten ältesten Textfassung als Versuch einer Neuinterpretation der in Ez 19 angedeuteten Vorgänge (Exilierung Jojachins, Stellenwert und Gefährdung des Königtums Zedekias) einzustufen ist. In jedem Fall ist es die Hauptintention des Verfassers, am Geschick des Weinstocks aufzuzeigen, daß es eine Fehleinschätzung der Konstellation vor 587 war, wenn man sich damals gegen die babylonische Oberherrschaft zu sperren versuchte. Damit hätte er zugleich eine Warnung vor weiteren gegen Babylon gerichteten Experimenten angebracht. Daß er dieses Anliegen so ausführt, indem er Ez 19*, 31* (und 15*?) aufgreift, muß dann nicht nur damit erklärt werden, daß er diese Texte in ein neues Licht rücken will, weil er eine sich in der Reihung andeutende Sichtweise (Fatalismus) nicht mehr akzeptieren kann. Die in den vorgegebenen Texten gleichsam fatalistisch eingeschätzten Vorgänge, wenn der Autor von Ez 17,1—10 sie überhaupt noch so wahrgenommen hat, konnte er der jetzigen Text- und Ereignisabfolge entsprechend auch als Hnweise auf eine gewisse »Logik«, eine höhere Ordnung auffassen[297].

---

[295] Vgl. oben S. 194 f.

[296] Vgl. Ez 19,10—14 und Ez 17,5—10; vgl. auch Ez 19,8.9 und Ez 17,20.

[297] Vielleicht las er diese Texte sogar schon so, daß nach seinem Verständnis hier vorweg etwas festgehalten schien, was schließlich auch eingetroffen war, also als eine Weissagung warnenden Charakters.

Man kann sich vorstellen, daß diese Texte zum Thema »Untergang«
und ihre Abfolge schließlich in den Augen späterer so wirken mußten, als
ginge es darin um eine Aufreihung stolzer und erhabener Größen, mit der
belegt werden sollte, wie geradezu gesetzmäßig alles Stolze und Erhabene
mit besonderem Stellenwert zu Fall kommen muß. Darin immerhin war
nun eine Ordnung zu erkennen, die Ordnung des »Hochmut kommt
vor dem Fall«[298]. Auf diese Weise schienen die Katastrophengeschehen
durchsichtig und nachvollziehbar: Hochmut und Stolz waren, wie man an
den Gedichten vermeintlich illustriert sah, die Fehlhaltungen gewesen, auf
Grund derer der Untergang vorprogrammiert war.

Ob in dieser Sichtweise nun anders als in den vorgegebenen Untergangsklagen[299] schon von vornherein ein Hintergrundwirken Jahwes vorausgesetzt war, ist offen. Explizit ist in dieser Richtung nichts angedeutet[300]. Fest steht nur, daß diese neue erkannte »Ordnung« schließlich in
der Folgezeit mit Jahwes Wirken in Verbindung gesehen wird[301].

Im folgenden soll gezeigt werden, daß es noch andere Bemühungen
gab, im näheren Kontext zu Ez 19 etc. die in diesen Klagetexten offen
gebliebenen Fragen nach Sinn und Ordnung der Ereignisse vor und um
587 zu beantworten. Wir wenden uns Ez 18 zu, um zu klären, ob und in
welcher Hinsicht dieses Kapitel auf Grund seiner Stellung den Fragestellungen und Aussageanliegen korrespondiert.

9. Ez 18

a) Zum Kontext

Bei dem Versuch, die Gründe für die merkwürdig wirkende Stellung
von Ez 18 zwischen Kapitel 17 und 19 aufzuhellen, ist man bisher noch
nicht zu eindeutigen Ergebnissen durchgedrungen.

Nach HÖLSCHER steht das Thema von Kap. 18 zu dem von Kap. 17
und 19 »in einer gewissen Beziehung. Dort ist die Rede von der Wegfüh-
rung ins Exil, die unter Jojachin geschah. Das gab Veranlassung zum

---

[298] Vgl. z. B. Prov 16,18; 17,19; 18,12.

[299] Bei der ursprünglichen Abfassung der Gedichte stand eine solche »Ordnung« als Erklärungsmuster für die Ereignisse der Gegenwart und Vergangenheit keineswegs vor Augen.
Die Untergangsklage hebt analog zur Totenklage das Erhabene, Stolze, Schöne etc. einer
zu beklagenden Größe ja nicht hervor, um klarzustellen, daß dergleichen eben wegen
»Hochmut« zu Fall kommen mußte, sondern um die Absurdität und Uneinsichtigkeit
eines bestimmten Geschicks auszudrücken und darüber zu klagen, daß hier die üblichen
Ordnungszusammenhänge nicht greifen.

[300] Vgl. dazu oben S. 197 ff.

[301] Vgl. z. B. Ez 21,30 ff.; Jes 2,12 ff.; 10,33; 14; 40,22 ff. u. ö. — Zu weiteren Erwägungen
vgl. oben S. 199 ff.

Auftakt des Kap.s. 18,2. Auch bei seiner Behandlung der drei Generationen mag der Verfasser an die drei Generationen eben jener Zeit denken: an den frommen Vater Josia, an die gottlosen Söhne Joahas, Jojakim und Zedekia, an den im Exil lebenden Jojachin, als dessen Zeitgenossen die angeredeten Exulanten gedacht sind. Die Zeichnung gerade des gottlosen Sohnes könnte an das Bild Jojakims Jer 22,13 ff. erinnern. Vielleicht spielt auch die in Kap. 17 gegebene Gegenüberstellung der mit Jojachin Weggeführten und der unter Zedekia … Zurückgebliebenen mit hinein«[302]. ZIMMERLI meint: »Die Einordnung von 18 gerade an dieser Stelle mag damit zusammenhängen, daß Kap. 17 wie 19 das Gericht an einer Abfolge von Königen sichtbar machen. Kap. 18 will demgegenüber jedes fatalistische Mißverständnis der Folge von Gerichten brechen«[303]. EICHRODT läßt die Frage nach den Gründen für die Trennung von Kap. 17 und 19 durch den Einschub von Kap. 18 unbeantwortet[304]. Für GARSCHA ist Ez 18 am jetzigen Ort untergebracht worden, weil dem Verfasser dieses Kapitels »das in Kp 17 geschilderte Schicksal des Vasallenkönigs … als Beispiel und Beleg für den Grundsatz von Schuld und Schuldfolge (Kp 18) dienen« sollte[305]; die Möglichkeit dieser Verklammerung sei durch »eine geschickt durchgeführte Bearbeitung« in Ez 17,11−21[306] vorbereitet worden[307].

Vielleicht enthalten die Sichtweisen HÖLSCHERS, ZIMMERLIS und GARSCHAS jede für sich richtige Teilerkenntnisse. Daß die wirklichen Hintergründe, warum Ez 18 gerade am jetzigen Ort verankert ist, damit durchsichtig sind, wird man nicht sagen können. Ein Versuch, diese Frage zu beantworten, setzt voraus, daß zuvor geklärt ist, ob Ez 18 in seiner jetzigen Textgestalt oder möglicherweise in einer früheren Fassung am jetzigen Ort untergebracht worden ist. Erst wenn letzteres nicht der Fall gewesen sein kann, wenn also Ez 18 als eine Texteinheit aus einem Guß anzusehen ist, wäre von dem vorliegenden Kapitel als ganzem auszugehen und durchzuspielen, welche Motive für die jetzige Verklammerung ausschlaggebend gewesen sein können. Läßt sich dagegen zeigen, daß das Kapitel mehrere Bearbeitungsstufen durchlaufen hat, so wäre jeweils zu überprüfen, in welchem Textstadium und auf Grund welcher spezifischen Aussageabsicht eine frühere Fassung hinter Ez 17 bzw. vor Ez 19 interessant und wichtig erscheinen mochte.

Ferner ist in diesem Zusammenhang zu beachten, daß bekanntlich zahlreiche Aussagen aus Ez 18 und ähnliche Argumentationsketten auch

---

[302] Hesekiel, S. 103 f.
[303] Ezechiel 1−24, S. 110*.
[304] ATD 22,1, S. 16*.
[305] Studien, S. 33.
[306] Ez 17,13aαβ.bα.14b.15b.16.18−19.20b.
[307] Vgl. Studien, S. 31; s. a. S. 34.

in Ez 3 und Ez 33 vorliegen.[308] Der Sachverhalt, daß das Thema »Schuld, Schuldverhaftung und Umkehrmöglichkeit« an zwei besonders markanten Gliederungspunkten des Buches[309] programmatisch vorgestellt und abgehandelt wird und daß zugleich zwischen Ez 17 und Ez 19 eine nochmalige (im Blick auf Ez 3), bzw. vorweggenommene (im Blick auf Ez 33) Behandlung eben dieser Thematik angebracht erschien, bedarf einer Erklärung.

b) Ez 18 — Zur Frage der Einheitlichkeit

Für ZIMMERLI besteht kein Anlaß, die Einheitlichkeit des Kapitels zu bezweifeln; als Ganzes zeige »Ez 18 die Form des Disputationswortes«, ausgelöst durch v. 2; von diesem Vers abgesehen »kommt der Redepartner in dieser breiten Ausführung« noch in v. 19.25 und 29 zu Wort[310]. Er sieht zwar, daß in Ez 18,21 ff. ein neuer Gedankengang vorliegt; aber indem er den in Ez 18,30b formulierten Bußruf als Skopos des gesamten Kapitels einstuft[311], versucht er an der Einheit des Kapitels festzuhalten. Dabei verkennt er allerdings, daß Ez 18,21 ff. einen Aspekt betonen will, der in Ez 18,1—20 überhaupt noch nicht in den Blick rückt; denn hier dreht sich noch alles um die Frage, ob und in welchem Maße die Schuld des Vaters auf den Sohn übergeht[312]. Die in 18,21 ff. verhandelte Möglichkeit der Umkehr oder der Abkehr von Schuld hat jedoch die Fragestellung von 18,1—20 inzwischen längst überholt; denn derjenige, der der Auffassung ist, daß sich der Schuldige durch Umkehr etc. retten kann, kann nicht zugleich noch ein ernsthaftes Problem darin gesehen haben, ob und wie sich die Schuld des Vaters auf den Sohn überträgt; und derjenige, der das

---

[308] Die enge Verwandtschaft besonders mit Ez 33 ist unübersehbar:

18,21/33,19	33,11a/18,23/18,32
18,22/33,16	33,11b/18,31b
18,23/33,11a	33,13/18,24
18,24/33,18,13aβ.b	33,14b/18,21
18,25/33,17.20	33,16/18,22
18,26/33,18	33,17/18,25
18,27/33,19	33,18/18,26
18,29/33,17.20	33,19/18,27
18,30*/33,11b.*.20	
18,31/33,11bβ	
18,32/33,11a	

Vgl. auch die Berührungen zwischen Ez 3,20 und Ez 18,24(26); zu 33,10 vgl. 24,23.

[309] Ez 3 Einleitung; Ez 33 Ein- bzw. Überleitung zu den Heilsworten (nach den Fremdvölkerworten Ez 25—32).

[310] Ezechiel 1—24, S. 396; vgl. neuerdings auch FUHS, Ezechiel 1—24, S. 94.

[311] »1—20 bleiben ohne Verbindung mit diesem Skopos eine akademische Erörterung« (Ezechiel 1—24, S. 396).

[312] Vgl. besonders Ez 18,18—20.

Problem der Schuldverhaftung des Sohnes behandelt, tut das hier deutlich noch, ohne den Aspekt der individuellen Umkehrmöglichkeit mitzuberücksichtigen. Ez 18,1—20 ist daher im Vergleich zu Ez 18,21 ff. deutlich die ältere Texteinheit[313]. Die Abhandlung Ez 18,1—20 ließ aus der Sicht einer späteren Reflexionsstufe darüber im Unklaren, wie es denn mit der Umkehrmöglichkeit des »Ungerechten« (vgl. Ez 18,20Ende) steht, und erschien somit unvollständig, also ergänzungsbedürftig. Die ergänzenden Ausführungen liegen in Ez 18,21—31 vor[314].

Folglich hat man bei einem Versuch, die Frage nach den Gründen für die jetzige Stellung von Ez 18 zwischen Ez 17 und Ez 19 zu klären, zunächst Ez 18,21—32 unberücksichtigt zu lassen und zu prüfen, ob und inwiefern sich allein von Ez 18,1—20 her eine Lösungsmöglichkeit anbietet. Dabei ist allerdings ebenfalls zu berücksichtigen, daß möglicherweise auch Ez 18,1—20 nicht in der ältesten Fassung vorliegt. Ez 18,1—20 ist folglich daraufhin zu untersuchen, ob der Text überhaupt aus einem Guß ist. Dieser Aufgabe muß man sich auch schon deswegen stellen, weil das Beziehungsgeflecht zwischen Ez 18,2, dem Sprichwort zu Beginn, und den darauf folgenden Versen keineswegs eindeutig durchschaubar erscheint.

c) Ez 18,1—20 — Analyse

In der Regel[315] faßt man Ez 18,1—20 als eine einheitlich konzipierte Einheit auf. FOHRER z. B. spricht von einem »Diskussionswort über die Berechtigung von Deportation und Exil«, »das mehr ein literarisches Werk als ein zunächst mündlich gesprochenes Prophetenwort zu sein scheint«[316]. Dieses Wort — die Einheit als Ganze — gehe »von der Beschwerde der Deportierten über Jahwes Ungerechtigkeit und der Anschauung aus, daß Sippenschuld oder Sippenverdienst das Geschick bestimmen und daher auch für die Deportierten von 598 maßgebend gewesen sind«[317]. ZIMMERLI stellt im Blick auf die Frage, ob eine Einheit aus einem Guß vorliegt, immerhin formale »Zersetzungserscheinungen«[318] fest.

Folgende Beobachtungen deuten m. E. daraufhin, daß Ez 18,1—20 nicht von einem Autor in einem Zuge konzipiert worden ist:

---

[313] So auch SCHULZ, Todesrecht, S. 178, der zwar die »literarische Verwandtschaft der beiden Kapitelhälften« betont, für den aber »v. 21 ff. ... nicht von dem Verfasser von 1—20, sondern von einer Schultradition« stammt; vgl. auch KILPP, ZAW 1985, S. 212.

[314] Zur Frage, wie die engen Berührungen und Übereinstimmungen zwischen Ez 18,21 ff. und Ez 33,10—20 sowie 3,17—21 zu erklären sind, vgl. die redaktionsgeschichtlichen Darlegungen oben S. 32, Anm. 114.

[315] Vgl. die gängigen Kommentare!

[316] Ezechiel, S. 98.

[317] Ezechiel, S. 98.

[318] Ezechiel 1—24, S. 404.

1. Die in Ez 18,5—20 dargelegten Äußerungen knüpfen an den Spruch in Ez 18,2 — das Wort von den sauren Trauben — an. Dabei fällt auf, daß in der jetzigen Textfolge nicht wie in diesem Spruch »Väter« und »Söhne«, also zwei Generationen, sondern Vater (Ez 18,5—9), Sohn (Ez 18,10—13) und Enkel (Ez 18,14—20), also drei Generationen eine Rolle spielen. Damit erweitern die Ausführungen in Ez 18,14—20 die Generationenfolge von Ez 18,2.

2. Ebenfalls nicht ausgeglichen mit Ez 18,2 wirkt der in Ez 18,19 im Zitat vorgebrachte Einwand der vor Augen stehenden Disputationspartner. Denn artikuliert sich in Ez 18,2 eine Stimmung derart, daß hier der Schicksalszusammenhang zwischen der Generation der Väter und der der Söhne als nicht durchsichtig erscheint, so geht es in Ez 18,19 um die Überzeugung derjenigen, für die dieser Schicksalszusammenhang eben gerade durchsichtig ist, weil sie davon ausgehen, daß die Söhne zweifellos in der Schuld der Väter stehen[319]. Diese Unausgeglichenheiten dürften als Indizien dafür zu werten sein, daß Ez 18,1—20 nicht aus einem Guß ist. Wir behandeln zunächst:

Ez 18,14—20

Die im Sprichwort Ez 18,2 vorgegebene Konstellation »Väter — Söhne« ist hier, wie bereits angemerkt, schon deswegen gesprengt, weil hier jetzt die Generationenfolge »Vater« (Ez 18,5—9) — »Sohn« (Ez 18,10—13) weitergeführt und darüber gehandelt wird, daß der ungerechte Sohn eines gerechten Vaters einen gerechten Sohn hat.

Dazu fällt auf, daß auch von Ez 18,17—20 her gesehen die jetzt vorliegende Abfolge »gerechter Vater« (Ez 18,5—9), »ungerechter Sohn« (Ez 18,10—13), »gerechter Enkel« (Ez 18,14—20) an sich schon überschüssig wirkt. Ez 18,14—20 ist deutlich auf die Frage konzentriert, welche Auswirkung die Schuld eines ungerechten Vaters auf seinen gerechten Sohn hat (vgl. v. 17—20). Diesen Punkt hat Ez 18,5—9 noch nirgends im Blick. Die Abfolge »gerechter Vater — ungerechter Sohn« tangiert überhaupt nicht den Kernpunkt des Anliegens, auf den der Verfasser in Ez 18,14—20 hinaus will[320]. Hält man also daran fest, daß Ez 18,1—20 von einer Hand konzipiert worden ist, so bleibt völlig undurchsichtig, was der

---

[319] Vgl. auch HÖLSCHER, Hesekiel, S. 103: »Schon in 18,19 wird das Thema von 18,2 nicht geradlinig weitergeführt; denn die Klage der Leute ist in 18,19 eine ganz andere als in 18,2«.

[320] Das Stichwort 'wn spielt in Ez 18,1—13 nirgends eine Rolle (vgl. aber Ez 18,17.18.19.20); eine Festellung, wie sie in Ez 18,20bαβ (w'b l' yś' b'wn hbn) vorliegt, wäre auch hinter 18,13 möglich gewesen. Daß sie hier nicht, sondern erst im Abschnitt 18,14—20 erfolgt, zeigt an, daß Ez 18,1—13* eben noch nicht das Problem einer übergreifenden Schuldhaftung ins Auge faßt und dazu Stellung nimmt.

dafür verantwortliche Verfasser mit dem einleitenden Abschnitt über den gerechten Vater bezwecken wollte. Durchsichtig wird die jetzige Textfolge und ihre Genese, wenn man im Blick auf das Überschußmoment in Ez 18,5−9 davon ausgeht, daß dem Verfasser von Ez 18,14−20 »der gerechte Vater« in Ez 18,5−9 und entsprechend »der ungerechte Sohn« in Ez 18,10−13 − und zwar in Korrespondenz zu Ez 18,2 − bereits vorgegeben war[321].

Welches spezifische Anliegen der Verfasser von Ez 18,14−20 verhandelt, indem er Ez 18,1−13*[322] aufnimmt und im Anschluß daran den »gerechten Sohn« einführt, woraufhin jetzt erst deutlich wird, daß es um die Frage geht, ob gerechte Söhne in die Schuld ihrer Väter einbezogen sind (Ez 18,17−20), läßt sich im folgenden noch klarer herausarbeiten.

Wir kommen zuvor auf eine oben bereits vermerkte Beobachtung zurück: Für den innerhalb des Abschnitts Ez 18,14−20 in v. 19 aus dem Munde der Diskussionspartner zitierten Einwand − »Warum trägt der Sohn nicht die Schuld des Vaters?« − läßt sich feststellen, daß hier auf eine Grundeinstellung angespielt wird, die sich deutlich von der Position derjenigen unterscheidet, deren Auffassung in Ez 18,2 vorgeführt wird. Denn artikuliert sich in Ez 18,2 eine Stimmung derart, daß hier der Schicksalszusammenhang zwischen der Generation der Väter und der der Söhne als nicht durchsichtig erscheint, so geht es in Ez 18,19, wie bereits vermerkt, um die Überzeugung derjenigen, für die dieser Schicksalszusammenhang eben gerade durchsichtig ist, weil sie − und dagegen richten sich die Darlegungen im Kontext (v. 17 f.20) − davon ausgehen, daß die Söhne zweifellos in der Schuld der Väter stehen. Der für Ez 18,14−20 zuständige Autor greift diesen Punkt hier auf; er will hier offensichtlich zu einem Problem Stellung nehmen, das sich gerade der Folgegeneration der 587 bestraften schuldigen Väter aufdrängte. Denn diese mußte ihre gegenwärtige und andauernde Misere schließlich darauf zurückführen, daß sie eben die Schuld der Väter abzutragen hatte. Aus der Irreversibilität der Katastrophe resultierte, daß diese Schuld weiterhin bestand und nicht aufgehoben werden konnte. Aus der entsprechend resignativen Stimmung heraus artikuliert sich die Überzeugung »Der Sohn trägt die Schuld des Vaters«, die in Ez 18,19 mit dem Diskussionseinwand und daher als Rückfrage formuliert belegt werden soll.

Beachtet man, daß mit *md' l'* eine Frage eingeleitet wird, mit der ein Fragender jeweils irritiert darauf reagiert, daß ein normaler Sachverhalt (vgl. Ex 3,3), ein normales Verhalten (vgl. I Reg 2,43) oder eine gängige Überzeugung (vgl. Jer 8,22) in seinen Augen aufgehoben ist oder werden

---

[321] Ob dieser Verfasser Ez 18,1−13 bereits in der jetzigen Fassung las oder ob er eine Vorform im gleichen Zug mit der Weiterführung durch Ez 18,14−20 überarbeiten mußte, lassen wir vorerst offen; vgl. dazu unten S. 225 ff.

[322] Vgl. die vorige Anmerkung!

soll, so ist deutlich, daß in Ez 18,19 »Gesprächspartner« zitiert werden, die es als geradezu denknotwendig empfinden, daß der Sohn die Schuld des Vaters trägt. Daraus ist allerdings nicht zu folgern, daß diese »Gesprächspartner« die Auffassung von der Schuldverhaftung des Sohnes für den Vater beharrlich verteidigen wollen. Im Hintergrund dieser Frage muß nichts anderes stehen als die von der Wirklichkeit nach 587 aufgezwungene Einschätzung, daß sich die Schuld der Väter auswirkt und daß es keine Möglichkeit gibt, sich diesen Auswirkungen zu entziehen: »Unsere Väter haben gesündigt. Sie sind nicht mehr. Wir müssen ihre Sünden tragen« (vgl. Thr 5,7). »Wer oder was sollte daran etwas ändern?« — wäre der Tenor der Frage. Das aufgezwungene »Modell« der Generationen übergreifenden Schuldverhaftung konnte zwar die gegenwärtige und andauernde Misere erklären und somit auch einen hinter allem Katastrophengeschehen waltenden Ordnungswillen Jahwes andeuten. Ungelöst blieb hier jedoch angesichts der von den Vätern aufgebürdeten Last, wie man wieder zu einer neue Zukunft eröffnenden Perspektive gelangen konnte. Aus den daraus resultierenden resignativen Gedanken versucht die Argumentation in Ez 18,14—20 herauszuhelfen. Gegen das die elende Wirklichkeit erklärende Modell der übergreifenden Schuldverhaftung setzt der für Ez 18,14—20 zuständige Theologe seine Konzeption der individuellen Schuldverhaftung.

Diese Konzeption implizierte eine grundsätzliche Umzentrierung bisherigen Ordnungsdenkens. Hier steht nicht mehr, wie nach älterer Vorstellung, der einzelne als derjenige vor Augen, der eingebunden in die allgemeine Ordnung für diese Ordnung mitverantwortlich ist, also auch mitbetroffen ist, wenn diese Ordnung von anderer Seite gestört oder gefährdet wird. Eine solche Ordnung rückt offensichtlich gar nicht mehr in den Blick. Der einzelne verwirklicht jetzt nur noch für sich Ordnung.

Ist nach allem nachvollziehbar, auf welche Weise und aus welchen Gründen Ez 18,14—20 eingeschaltet wurde, so bleibt jetzt zu klären, ob und in welcher Hinsicht Ez 18,1—13* thematisch und sachlich dem vorausgehenden (Ez 17) oder nachfolgenden (Ez 19) Kontext korrespondiert. Auch für Ez 18,1—13 ist zunächst zu klären, ob dieser Textabschnitt aus einem Guß ist.

Ez 18,1—13

Auffällig ist die keineswegs durchstrukturierte Aufzählung der verschiedenen Verschuldungsmöglichkeiten: Während das ʿśh mšpṭ wṣdqh (Ez 18,5) zunächst in Ez 18,6 (vgl. Ez 18,11b.12b.15) mit dem Verweis auf Vergehen im Bereich des Kultischen sowie sexueller Verfehlungen spezifiziert ist, rücken Ez 18,7.8 Verschuldungen auf der Ebene sozialen Verhaltens in den Blick (vgl. Ez 18,12a.13a; Ez 18,16.17a). Ist die vorliegende Abfolge mit diesem Nebeneinander verschiedenartiger Schuldkategorien ursprünglich?

Was mit der jetzigen Textfolge erreicht werden soll, ist klar. Es ging offensichtlich darum, die mit Ez 18,2 vorgegebene Fragestellung, auf welche Weise Verhalten und Geschick zweier Generationenfolgen einander bedingen, so aufzugreifen und so zu verhandeln, daß nicht bloß das Beispiel eines einem bestimmten Stande zugehörigen Vaters und entsprechend seines Sohnes vor Augen stand. Während die Hinweise allein auf asoziales, ungerechtes Verhalten (Unterdrückung, Ausbeutung) lediglich den König bzw. die »Fürsten« oder sonstige Führer und Mitglieder der Oberschicht im Blickfeld hätten, stellen die Verweise auf Verschuldungsmöglichkeiten sowohl im sozialen als auch im kultischen und sexuellen Bereich sicher, daß hier Aussagen über alle Mitglieder der Gemeinschaft ohne Unterschied ihrer sozialen Stellung beabsichtigt sind. Daß eben auch die Unterschicht, also »jedermann« miteinbezogen war, konnte speziell der Katalog bestimmter kultischer und sexueller Verfehlungsmöglichkeiten verdeutlichen. Die jetzige Kombination unterschiedlicher Verschuldungsmöglichkeiten läßt also erkennen, daß der verantwortliche Verfasser die in Ez 18,2 anstehende Frage im umfassenden Sinn, alle Glieder der Gemeinschaft, »jedermann« betreffend reflektiert.

Im Blick auf diesen Sachverhalt ist es nicht abwegig, die Möglichkeit näher in Betracht zu ziehen, daß die jetzt vorliegende Textfolge (18,1 – 13) erst das Ergebnis späterer Eingriffe in eine ältere Textvorlage darstellt[323], und daß es diese Eingriffe waren, die die ursprünglich nachvollziehbare thematische und sachliche Verbindung der älteren Aussageeinheit mit dem Kontext von Ez 17 und Ez 19 jetzt nicht mehr erkennen lassen[324].

Daß in Ez 17 und Ez 19 speziell das Verhalten und Geschick der Könige von Juda thematisiert ist, spricht dann für die Vermutung, daß die Verankerung des ältesten Kerns von Ez 18 vor Ez 19 in der Absicht vorgenommen wurde, darin ebenfalls auf Aspekte zum Punkt Verhalten und Geschick der Könige hinzuweisen.

In welcher Weise das geschehen sein kann, erhellt ein Blick auf weitere thematisch verwandte Texte: Besonders instruktiv ist hier Jer 21,11 – 23,6, ein Textkomplex, dessen einzelne Aussageeinheiten Verhalten, Geschick, Stellenwert etc. der letzten Könige Judas im Blick haben. Verwiesen sei besonders auf Jer 22,1 – 5[325] und 22,13 – 19; denn hier

---

[323] »... Indizien für eine – lebhafte und vielleicht mehrschichtige – Überarbeitung dieser Tatbestandskataloge« findet auch KRÜGER, vgl. Geschichtskonzepte, S. 366.

[324] Mit dieser Möglichkeit ist auch selbst dann noch zu rechnen, wenn man SCHULZ zustimmt, daß jetzt die »Einheiten v. 4b.5 – 9.10 – 13.14 – 17.19b.29a ... zur Explikation eines theologischen Gedankengangs koordiniert« sind, hier also »das Problem der Schuldverfallenheit im Hinblick auf die Vererbbarkeit der Schuld vom Vater auf den Sohn sowie das Problem der Schuldhaftung ... systematisch ... expliziert und zu einer Konsequenz geführt (v. 19a.20b)« wird (vgl. Todesrecht, S. 177).

[325] Vgl. schon 21,11 f.

wendet sich der Prophet an den »König von Juda und sein Haus«[326], bzw. König Jojakim[327], um die Folgen sozialer Vergehen anzumahnen; Hinweise auf Verfehlungen kultischer oder sexueller Art spielen hier keine Rolle. Mit Jer 22 berührt sich Ez 18 auch insofern deutlich, als hier wie dort mit *ynh* (hi.; vgl. Ez 18,7.12 und Jer 22,3), *špk dm* (vgl. Ez 18,10 und Jer 22,3.17), *'ny w'bywn* (vgl. Ez 18,12 und Jer 22,16), *gzl* (vgl. Ez 18,7.12 und Jer 22,3; 21,3) klare Berührungen in der Terminologie feststellbar sind[328]. Die in Ez 18,5 (vgl. Ez 18,19b) den gerechten Vater charakterisierende Wendung *'šh mšpṭ wṣdqh* wird hier[329], völlig sachgemäß, auf den König bezogen[330]. »Oberste Aufgabe des Königs ist es, gedeihliche Ordnung (*mišpat*) und *ṣedaqa* für sein ganzes Volk zu schaffen ...«[331]. Eine Zusam-

---

[326] 22,2 mit Lxx; vgl. schon 21,11.

[327] So deutlich 22,15.

[328] Verwiesen sei ferner auf Ez 22,23—31. Das Wort, das nach ZIMMERLI die Funktion hat, »einem vom Gericht betroffenen Volk das Recht dieses Gerichts sichtbar zu machen und es zur Anerkenntnis desselben zu bringen« (Ezechiel 1—24, S. 522 f.), stammt aus der Zeit nach 587. Deutlich ist, daß die zur Begründung der Katastrophe veranschlagten Verschuldungen lediglich in den obersten Führungskreisen des Volkes geortet werden können; an erster Stelle (vgl. die Lxx-Lesart!) werden die asozialen Verhaltensweisen der »Fürsten« vorgeführt (vgl. Zeph 3,1—5); die gleichen Vorwürfe richten sich an die »Beamten« und den *'m h'rṣ*; Verschuldungen im Bereich des Kultes werden lediglich Priestern und Propheten vorgehalten; es handelt sich hier jedoch im Unterschied zu Ez 18,6.15 um Nachlässigkeiten und Mißbräuche innerhalb ihres spezifischen Aufgabenbereiches. Verschuldungsmöglichkeiten des gemeinen Volkes stehen nicht im Blickpunkt und werden nicht mitreflektiert. Das ist Ez 22,6—12 schon anders (vgl. v. 7a.8.9b.10.11); diese Ausführungen sind jünger als Ez 22,23—31 und im Rückgriff darauf (deswegen steht auch hier an erster Stelle die gewalttätige Art der »Fürsten«) aus der Absicht heraus entstanden, den Verschuldungsnachweis für alle Schichten zu führen. Damit verstärkt sich der Verdacht, daß jene Verse in Ez 18,5 ff., die über das Verhalten im sozialen Bereich hinaus auch auf das Verhalten im kultischen und sexuellen Bereich hinweisen, später eingearbeitet worden sind (VOGT, Untersuchungen, S. 113, vermutet, daß »die drei Kataloge in V. 6—8, V. 11b—13a und V. 15—17aα ... später eingefügt wurden« und rechnet mit Ez 18,1—5.9.10a.13b.14.17aβ.19.20 als älterer Textgrundlage.).

[329] Vgl. Jer 22,3; Jer 22,15 [Josia?].

[330] Vgl. ferner Jer 23,5; Jer 33,15; Jes 9,6 (jeweils im Blick auf den kommenden Davididen der Heilszeit.).

[331] Vgl. KOCH, ThAT II, Sp. 512 zu *ṣdq/ṣdqh*; s. a. KAI Nr. 26 A I, 12; Nr. 4,6; 10,9; vgl. auch II Sam 8,15 David; I Reg 10,9 Salomo; Jes 9,6; Ez 45,9; Prov 21,3 u. ö.; im Blick auf Ez 18 stellt KOCH fest: »Der Ausdruck (*'šh mšpṭ wṣdqh*) ist ›demokratisiert‹ seit Ez 18,5.19.21.27; 33,14.16.19.« In diesem Punkt hat KOCH nur zum Teil Recht. Ursprünglich, jedenfalls in Ez 18,5 dürfte sich die Aussage auch hier auf den König bezogen haben; erst im Zuge einer Bearbeitung unter einer neuen Fragestellung (vgl. Ez 18,19) dürfte die sogenannte »Demokratisierung« erfolgt sein, und zwar in dem Sinne, daß nun jeder Fromme die Funktion des Königs übernimmt (vgl. z. B. auch Gen 18,19; Jes 56,1; Jes 58,2). — Zum *ṣdq/ṣdqh* — Verständnis in Israels Nachbarkulturen vgl. KOCH, a. a. O., Sp. 508.

menstellung sozialer Königspflichten findet sich auch im ugaritischen Krt-Text (Vorwürfe des aufrührerischen Thronfolgers): »Nicht verschaffst du Recht der Witwe, nicht richtest du die Rechtssache des in seinem Leben Bedrohten, nicht wirfst du nieder diejenigen, die den Armen bedrücken! Vor dir läßt du nicht speisen die Waisen ...«[332].

Postuliert man auf Grund der bisherigen Überlegungen und Beobachtungen, daß als Reaktion auf Ez 18,2 in Ez 18,5 ff.* im ältesten Textstadium zunächst lediglich das rechte bzw. unrechte Verhalten aufeinander folgender Könige (Vater — Sohn; vgl. Jer 22,15!) verhandelt worden ist, so ist damit auch die bislang unbefriedigend gelöste Frage beantwortet, warum Ez 18 überhaupt im jetzigen Kontext untergebracht ist:

In Ez 19 und Ez 17 ist das Jerusalemer Königtum, bzw. das Geschick der letzten Könige das Thema. Während Ez 19* (und Ez 31*) in der jetzigen Abfolge[333] lediglich gleichsam fatalistisch die letzten Phasen des Königtums vor Augen stellt, versucht Ez 17 in seiner ältesten Fassung[334] eine Erklärung des Untergangs mit dem Verweis auf das politisch unkluge Verhalten gegenüber der babylonischen Supermacht. Wir hatten bereits herausgearbeitet[335], daß der Verfasser von Ez 17,1—10 hinter den in den vorgegebenen Texten (Ez 19* und 31*) angesprochenen Ereignissen einen Plan erkennt und diesen Plan nun selbst besser strukturiert vor Augen malen will. In jedem Fall gelingt es ihm, die Entwicklungen vor der Katastrophe sinnvoll auf eine Reihe zu bringen und zu zeigen, wie innerhalb der gesetzten Rahmenbedingungen die Weiterexistenz des Jerusalemer Königtums möglich gewesen wäre. Die ins Verderben führende Schaukelpolitik Zedekias ist also nicht nur unkluges, undankbares Verhalten gegenüber Babel, sie ist auch schon verwerflich als Auflehnung gegenüber den übergeordnet planvoll angelegten Rahmenbedingungen.

Anders als Ez 17 verhandelt Jer 21,11 — 23,6 die Frage nach dem Bestand und den Chancen des Königtums. Hier wird alles davon abhängig gemacht, ob die Könige »Recht und Gerechtigkeit« getan haben (*'š mšpṭ wṣdqh*). Mit eben diesem Aspekt dürfte sich auch der älteste Kern von Ez 18 befaßt haben[336].

Es spricht daher nach allem vieles dafür, für Ez 18,5 ff.* einen älteren Kern zu veranschlagen, in dem es (in Anknüpfung an den bereits

---

[332] Übersetzung nach BERNHARDT (in: BEYERLIN [Hg.] RTAT, S. 242); vgl. auch Ps 72,1 ff.; ferner Prov 16,12: »denn in ṣdqh hat ein Thron Bestand«; ähnlich Prov 20,28 (vgl. Lxx); Prov 25,5; 29,4.14; 31,5.9 (der König urteilt nach Recht und tritt ein für den Elenden und Geringen).

[333] Vgl. dazu oben S. 192 f.

[334] Vgl. dazu oben S. 178 ff.

[335] Vgl. oben S. 200.

[336] Jene Versteile in Ez 18,5 ff., die auf das Verhalten im sozialen Bereich zu sprechen kommen, berühren sich sehr eng mit den in Jer 22 verwendeten Formulierungen (vgl. dazu oben S. 226 f.).

vorgegebenen Spruch in Ez 18,2) darum ging, klarzustellen, daß der gerechte König, der Recht und Gerechtigkeit tut und nicht unterdrückt etc., lebt, also nicht untergeht (vgl. Ez 18,5.7aα.8.9*), und der ungerechte, der unterdrückt, Blut vergießt etc. (vgl. Ez 18,10a.12aα.13bβ), nicht leben wird, also untergeht. Der zuständige Verfasser wollte also darauf hinweisen, daß das jeweilige Geschick der letzten Könige davon abhängig war, ob jeweils Recht und Gerechtigkeit verwirklicht wurden. Dieses Kriterium ermöglichte die rechte Beurteilung der Generationenfolge der letzten Davididen, erlaubte die Feststellung einer Ordnung im Blick auf die Abfolge der letzten Könige. Für die Entstehung der — zugestandenermaßen nur noch hypothetisch zu erschließenden — »Urfassung«[337] dürften, zumal im Vorausblick auf die Darlegungen in Ez 19, Reflexionen über die Abfolge der letzten Könige (Josia und seine Söhne) ähnlich eine wichtige Rolle gespielt haben, wie das in Jer 22 der Fall ist.

Offen bleiben kann zunächst noch, welche Aussageabsicht Ez 18,2 ursprünglich verfolgte und ob der Verfasser von Ez 18,3—13* den ursprünglichen Sinn des Sprichwortes[338] überhaupt noch erfaßt hat. Er legt in jedem Fall Wert darauf, die Generation der Väter von Schuld zu entlasten (Ez 18,5—9*) und die Söhne zu belasten (Ez 18,10—13*). Anderenfalls hätte man erwarten können, daß er zunächst vom ungerechten Vater handelt, den das verdiente Geschick ereilt, und anschließend dessen Sohn als den Gerechten charakterisiert, der leben soll. Der Sohn steht für ihn demnach für die Königsgeneration, die 587 die Katastrophe traf; nach seiner Auffassung war diese Katastrophe von den Betroffenen selbstverschuldet und entsprechend auszubaden. Der Vater — möglicherweise denkt der Verfasser an Josia (vgl. Jer 22,15!) — handelte dagegen gerecht. Das Sprichwort ist also deswegen zurückzuweisen oder korrekturbedürftig, weil es den Anschein erweckt, daß die Söhne schuldlos das Gericht getroffen hat und die Väter ungerechterweise verschont geblieben sind, und daraufhin Jahwes Ordnungswirken angezweifelt wird. Gegenüber dieser fatalistisch wirkenden Einschätzung der Generationenabfolge in Ez 18,2 (vgl. auch Ez 19,1—14!) beantwortet der für Ez 18,3—13* in der ursprünglichen Fassung verantwortliche Autor die Frage nach dem »Warum?« der Katastrophe mit dem Verweis auf die Könige und ihr Verhalten[339], wobei dann implizit entsprechende Reaktionen Jahwes veranschlagt sind.

---

[337] Immerhin postuliert ähnlich Vogt eine Vorfassung zu Ez 18,1—20, vgl. Untersuchungen, S. 113.

[338] Vgl. dazu unten S. 231 ff.

[339] Möglicherweise berührt sich diese Art der Ordnungsfindung, was hier die Endphase des Jerusalemer Königtums betrifft, mit jener Sichtweise, die nach Würthwein für die dtr. Grundschrift von Reg charakteristisch ist. Hier besteht »durchweg ein Zusammenhang ... zwischen guter und schlechter Beurteilung eines Königs und günstiger oder ungünstiger

Fazit: Ez 18,1—13* enthält noch erkennbare Spuren dafür, daß hier
in einem früheren Textstadium versucht wurde, die in den vorgegebenen
älteren Texten[340] enthaltene fatalistische Einschätzung des Geschicks der
letzten Könige aufzubrechen, indem betont wird, daß das jeweilige Geschick aus dem jeweiligen Verhalten resultiert. Daß man auf diese Weise
auch sonst hinter den Sinn und die Ordnung der katastrophalen Entwicklungen zu kommen suchte, belegt Jer 22.

Die entsprechenden Reflexionen sind offensichtlich ganz anderer Art
als die Denkbemühungen, die zu der Konzeption in Ez 17,1—10 geführt
haben. Läßt sich noch klären, in welchem zeitlichen und sachlichen Abstand sie zu sehen sind? Erkenntnisse darüber könnten zugleich weitere
Einsichten in die literarischen Prozesse ermöglichen, die bei der weiteren
Aus- und Umgestaltung der von uns rekonstruierten Klagensammlung
(Ez 19,1—9; Ez 31*; Ez 19,10—14 u. ä.) eine Rolle gespielt haben.

Wir hatten schon festgestellt[341], daß der Verfasser von Ez 17,1—10
bereits geschichtsperspektivisch denkt: Zurückliegendes wird geordnet,
und das zugleich so, daß der Blick in die Zukunft nicht versperrt ist.
Dagegen dürfte es in Ez 18,5—13* im Anschluß an 18,2 und Vorausblick
auf Ez 19* gegen die hier erkennbare fatalistische Sicht der Ereignisse
darum gegangen sein, analog zu Jer 22 den Bestand der Ordnung bzw.
ihre Aufhebung mit dem Verhalten der Könige im sozialen Bereich in
Verbindung zu bringen und entsprechend an ein Ordnungswalten Jahwes
zu erinnern, dem die Könige schon immer unterstellt waren. Vielleicht
darf man hier sogar eine königskritische Position unterstellen, wie sie sich
später(?) auch in der königskritischen Sicht deuteronomistischer Kreise
(DtrN) zu Wort meldet, eine Position, die sich deutlich von jener unterscheidet, die in den Untergangsklagen das besondere Interesse am Jerusalemer Königtum, seine hohe Wertschätzung und die deutliche Irritation
über seinen Verlust artikuliert[342].

Ez 17,1—10 wird man wegen der hier schon maßgeblichen geschichtsperspektivischen Reflexionsstufe entsprechend als einen im Vergleich zu
Ez 18,1—13* jüngeren weiterführenden Versuch einstufen, im Blick auf
das Geschick der in Ez 19* etc. vor Augen stehenden letzten Könige die
Hintergründe und Zielpunkte der geschichtlichen Entwicklungen aufzudecken.

----

politischer Lage Judas zu seiner Zeit. Diese Beobachtung legt die Annahme nahe, daß
die Beurteilungen der Könige gemäß dem Auf und Ab der Geschichte Judas und nach
dem Grundsatz von einem engen Zusammenhang zwischen Tun und Ergehen erteilt
wurden. Diejenigen Könige, die in — politisch gesehen — guten Zeiten regierten, haben
nach der Überzeugung von DtrG auch das getan, ›was recht ist in den Augen Jahwes‹
(und umgekehrt)« (WÜRTHWEIN, ATD 11,2, Göttingen 1984, S. 495.).
[340] Vgl. besonders Ez 19,1—14*; Ez 31*, Ez 18,2.
[341] Vgl. oben S. 199 f. die zusammenfassenden Bemerkungen.
[342] Vgl. dazu oben S. 190 ff.

Die bisherigen Beobachtungen und Erwägungen sprechen dafür, daß
für Ez 18,1—13 eine ältere Vorstufe zu postulieren ist, in der ähnlich wie
in Jer 22 lediglich dargelegt war, an welchem Verhalten die Könige, deren
Geschick im Kontext das Thema war, gescheitert sind, bzw. durch welches
Verhalten ein Unheilsgeschick vermieden wurde. Da der weitere Fort-
schreibungsprozeß dieser Einheit, wie bereits für Ez 18,14—20 gezeigt,
durchsichtig[343] ist, die Genese der vorliegenden Fassung von Ez 18 also
nachvollziehbar ist, ist auch nachvollziehbar, aus welchen Gründen Ez 18
insgesamt zwischen Ez 17* und Ez 19, also im Kontext das Jerusalemer
Königtum thematisierender Texte, auftaucht.

Ausführlicher einzugehen ist noch auf die Frage, wie Ez 18,2 ursprünglich zu verstehen ist und warum dieses Sprichwort hier aufgegriffen
wurde.

d) Ez 18,2

Bekanntlich taucht das gleiche Wort auch in Jer 31,29 auf. Aus diesem
doppelten Vorkommen folgert man im allgemeinen, daß das Sprichwort
eine weit verbreitete Sichtweise widerspiegelt.

Während das Sprichwort in Ez 18,2/Jer 31,29 in der bisherigen
Forschung weithin als eine sarkastische[344], zweifelnde[345], freche, zynische
oder nihilistische[346] Absage an Jahwe interpretiert worden ist[347], beurteilen
neuere Arbeiten die sich in diesem Wort artikulierende Haltung vorsichti-
ger und versuchen die entsprechenden Hintergründe aufzudecken. SCHEN-
KER[348] versucht Ez 18,2 von Ez 18,19 her verständlich zu machen. Zu Ez
18,19a bemerkt er: »Die Israeliten haben den Propheten gefragt, warum
der gerechte Sohn die Schuld des Vaters nicht tragen müsse. ›Warum‹
fragt man, wenn man etwas nicht begreift. Unbegreiflich ... ist es also,
daß der Sohn die Schuld des Vaters nicht tragen muß ...«; das Begreifliche
ist also: »dass der Sohn an der Schuld seines Vaters trägt! Die Schwierigkeit
der Israeliten, die mit Ezechiel disputieren, ist somit das Gegenteil der
Schwierigkeit, an die die meisten modernen Erklärer denken! Schwierig
und erklärungsbedürftig ist nicht die Behaftung der Nachfahren mit der
Schuld ihrer Vorväter, sondern umgekehrt: Schwierig und der Erklärung
bedürftig ist die Straflosigkeit der Söhne schuldiger Väter! Unverständlich
ist offenkundig der Stop der sich auswirkenden Schuld«[349]. Diesen Ausfüh-

---

[343] Zu Ez 18,21—32 vgl. unten S. 239 ff.
[344] Vgl. J. HERRMANN, Ezechiel, S. 110.
[345] Vgl. NÖTSCHER, Das Buch Jeremias, S. 233.
[346] Vgl. ZIMMERLI, Ezechiel 1—24, S. 402 f.
[347] Vgl. die Zitatenlese bei KILPP, ZAW 97, S. 210.
[348] Saure Trauben.
[349] A. a. O., S. 456 f.

rungen wird man im Blick auf Ez 18,19 zustimmen müssen[350]. Ist aber diese Interpretation so auf Ez 18,2 zu übertragen, wie SCHENKER das tut, wenn er meint »Im Lichte von v. 19 gewinnt der Sinn des Maschal in v. 2 klare Konturen.«? SCHENKER gelangt zu der Auffassung: V. 2 »enthält keine Kritik; er ist so gemeint, wie er lautet; der eine brockt die Suppe ein, der andere löffelt sie aus. Das ist der Lauf der Dinge ... Die Israeliten sind realistisch genug, dieses Gesetz anzuerkennen, weit entfernt sich dagegen prometheisch oder zynisch aufzulehnen. Für sie ist damit kein Theodizeeproblem verbunden«[351]. Letzteres trifft sicher für Ez 18,19 zu, keineswegs jedoch für Ez 18,2! SCHENKER überspielt die unterschiedlichen Einstellungen, die sich in den beiden Worten ausdrücken.

Das hat zutreffend KILPP erkannt, wenn er im Blick auf die Frage nach dem Verhältnis von Ez 18,2 zu Ez 18,19 feststellt: »Würden diejenigen, die sich mit den ›Söhnen‹ identifizieren (= v. 2) und doch unter den Fehlern der vorhergehenden Generation zu leiden haben, an dieser Stelle (= v. 19) den Propheten fragen: ›Warum trägt der Sohn nicht die Schuld des Vaters?‹, müßte man ihnen den absurden Gedanken unterstellen, sie würden (jetzt) das Mittragen der Strafe wollen oder gar fordern«[352]. Ez 18,19 ist daher auch[353] nach KILPP[354] im deutlichen Abstand zum Sprichwort in Ez 18,2 formuliert worden.

Die Unterschiede zwischen Ez 18,2 und Ez 18,19 betont neuerdings ebenfalls LEVIN[355]. Gegen die ältere und neuere Forschung, die überwiegend davon ausgeht, daß sich das Sprichwort Ez 18,2 gegen eine alte Vorstellung von der kollektiven Vergeltung richtet, so daß es als Indiz für einen allmählichen Übergang vom kollektivistischen Rechtsempfinden der älteren Zeit hin zum ethischen und religiösen Individualismus des nachexilischen Judentums gewertet wird, meint LEVIN zeigen zu können, daß ein entwicklungsgeschichtliches Nacheinander von Kollektivschulddenken

---

[350] D. h.: Für diejenigen, aus deren Mund die Rückfrage v. 19a zitiert wird, bleibt es unvorstellbar, wie sich angesichts der von den Vätern aufgebürdeten Last überhaupt eine neue Zukunftsperspektive eröffnen könnte. Da die Katastrophe so empfunden werden mußte, daß nicht nur die Schuldigen vor 587 zur Rechenschaft gezogen wurden, sondern auch deren Nachkommen ausnahmslos die Folgen zu tragen hatten, so mußte daraus ein neues, bisher nicht übliches und bisher auch nicht denknotwendiges Schuldverständnis resultieren. Der umfassenden Katastrophe korrespondiert umfassende Schuld; aus der Irreversibilität der Katastrophe resultiert, daß diese Schuld weiterhin besteht und nicht aufgehoben werden kann. Diese resignative Stimmung spiegelt wider die in Ez 18,19 als Diskussionseinwand und daher hier als Rückfrage formulierte Überzeugung »Der Sohn trägt die Schuld des Vaters«. Vgl. dazu schon oben S. 224 f.

[351] A. a. O., S. 457 f.

[352] ZAW 97, S. 212.

[353] Vgl. oben Anm. 319!

[354] Vgl. a. a. O., S. 211.

[355] Vgl. Verheißung, S. 38—47.

und Individualschuldverhaftung im AT nicht nachweisbar ist[356]: »Seit der exilischen Zeit nimmt das Bewußtsein der überindividuellen und metaphysischen Dimension der Schuld auffallend zu. Die Ursache für diesen offenkundigen Lernprozeß liegt auf der Hand: die Katastrophe Judas. Damals hat man in dramatischer Weise die Erfahrung des kollektiven und geschichtlichen Schuldzusammenhangs gemacht, die es von nun an auch theologisch zu bewältigen galt. Das Sprichwort von den stumpfen Zähnen ist dafür einer der ersten Belege und zugleich einer der ersten Belege für das Bewußtsein des überindividuellen Schuldzusammenhangs überhaupt. Es ist nicht gegen eine alte Praxis, sondern gegen eine neue Erfahrung gerichtet«[357]. Entsprechend ordnet LEVIN Ez 18,19, da hier diese Erfahrung schon verinnerlicht erscheint, zeitlich nach Ez 18,2 ein; hier ist nach seiner Auffassung »das Rechtsempfinden der nachexilischen Zeit beschrieben«[358].

Kann man LEVINS Beurteilung von Ez 18,19 zustimmen, so scheint dagegen der Sachverhalt, der in Ez 18,2 angesprochen ist, noch keineswegs in voller Schärfe erfaßt zu sein. Denn was heißt das, wenn LEVIN formuliert, daß Ez 18,2 »einer der ersten Belege für das Bewußtsein des überindividuellen Schuldbewußtseins überhaupt ist«, und was heißt »gegen eine neue Erfahrung gerichtet«, wenn kurz vorher für »die überindividuelle Dimension der Schuld« eine »gemeinmenschliche Erfahrung«[359] veranschlagt wird? Was ist dann das Neue der Erfahrung, das man mit dem Wort in Ez 18,2 auf den Punkt zu bringen sucht? Die Wahrnehmung des überindividuellen Schuldzusammenhangs an sich kann nicht das entscheidend und bestürzend Neue gewesen sein; denn daß man im alten Israel längst mit dieser Vorstellung von überindividuellen Schuldverhaftungen vertraut war, läßt sich gar nicht — und will auch LEVIN nicht — bestreiten.

Da die kritisch anmutende, Unverständnis signalisierende Aussagerichtung[360] von Ez 18,2 schlecht mit dem Sachverhalt in Einklang zu bringen ist, daß generell in vorexilischer wie in nachexilischer Zeit die Vorstellung überindividueller Schuldzusammenhänge unstrittig zu sein

---

[356] Vgl. LEVINS Exkurs »Kollektive und individuelle Vergeltung«, Verheißung, S. 40—46; vgl. auch den Verweis auf von RAD, Das fünfte Buch Mose, S. 109.

[357] Verheißung, S. 46.

[358] Verheißung, S. 46, Anm. 40; vgl. auch S. 54: »Es ist für die Geschichte des Gottesvolkes Israel entscheidend gewesen, daß später die Sünde der Väter nicht mehr beiseite geschoben, sondern als die eigene Schuld angenommen und bekannt worden ist« (Verweis auf Jer 3,25; Jer 14,20; zu vergleichen wäre ferner Jer 32,18; Esr 9,6f.13; Ps 106,6; Thr 3,42 u. ö.).

[359] Vgl. Verheißung, S. 45.

[360] Nach LEVIN »greift die Metapher gezielt ins Absurde, will eine mögliche Kausalität ausschließen«. Das Sprichwort wirbt »nicht um Einsicht, sondern wehrt sich im Gegenteil ... vehement gegen den Versuch, die Gegenwart einsichtig zu machen« (Verheißung, S. 39).

scheint, bleiben also Schwierigkeiten, die Aussageintention von Ez 18,2 genauer zu bestimmen. Sie hängen möglicherweise damit zusammen, daß man hier — von Ez 18,19 und dem weiteren Kontext irregeleitet — die falsche Richtung anpeilt. Daß Ez 18,2 die Ereignisse von 587 einerseits im Bewußtsein eines überindividuellen Schuldzusammenhangs ins Auge zu fassen sucht, aber andererseits so formuliert ist, daß dieser Schuldzusammenhang gleichsam außer Kontrolle geraten zu sein scheint und folglich auch »theologisch« undurchsichtig ist, könnte ein Indiz dafür sein, daß im traditionellen Denkhorizont »Unheil als Folge von Schuld« und damit auch im bisherigen die Generationen übergreifenden Ordnungswirken Jahwes die Katastrophe von 587 und ihre Auswirkungen gar nicht mehr unterzubringen war.

Das Sprichwort lautet in der M-Fassung: »Väter essen[361] saure Trauben, und/aber die Zähne der Söhne pflegen stumpf[362] zu werden«. Somit steht nicht ein einmaliges Geschehen vor Augen, das zurückliegt und abgeschlossen ist. Betont wird vielmehr: So ist es, so geht es zu.

Gemeint ist ein zwangsläufiger und zugleich ungesteuerter und unkontrollierbarer Automatismus. Zwangsläufig ist dieser Automatismus, wie das Essen saurer Trauben eben immer stumpfe Zähne zur Folge hat; in diesem Punkt enthält der Automatismus durchaus ein Ordnungsmoment, auf das man sich einstellen kann, mit dem umzugehen ist: Ein bestimmtes Verhalten, wie das Essen unreifer Trauben, hat für den Esser selbst zwangsläufige Folgen. Bis dahin ist dieser Automatismus noch kalkulierbar. Ein jeder kann wissen oder erfahren, was er für sich selbst bewirkt, wenn er den Automatismus in Gang setzt: Ein bestimmtes Tun hat für den Täter selbst ein bestimmtes Ergehen zur Folge!

Ungesteuert erscheint der Automatismus, sofern das Sprichwort »eine Ursache und eine Wirkung mit einander verknüpft, die nichts mit einander zu thun haben«[363]. Zwar wird einerseits an einem Kausalnexus zwischen den Generationen festgehalten; andererseits aber läuft Ez 18,2 darauf hinaus, daß dieser Kausalnexus nicht mehr nachvollziehbar ist. Ein an sich kalkulierbarer Automatismus hat sich völlig seiner Kontrolle entzogen.

Ez 18,2 verweist also einerseits auf jenen übergreifenden Kausalzusammenhang, in dem eine Familie und ihre Glieder und Generationsfolgen miteinander verbunden sind. An diesem Modell kann verdeutlicht werden, daß ein Verhalten Auswirkungen haben kann, in die auch die miteinbezo-

---

[361] *y'klw*; die Präfixkonjugation mit vorgestelltem Subjekt drückt hier einen dauerhaften bzw. wiederholten Vorgang (anders Jer 31,29!) aus (vgl. z. B. Prov 27,18; Num 18,10; Lev 22,13). Lxx liest wie in Jer 31,29 *'klw* und übersetzt »haben gegessen«.

[362] Präfixkonjugation mit vorgestelltem Subjekt.

[363] DUHM, Jeremia, S. 253.

gen sind, die selbst gar nicht aktiv gewesen sind[364]. Andererseits besteht
zwischen den eben aufgeführten Texten[365] sowie der entsprechenden Auffassung von einem Generationen übergreifenden Tun-Ergehenszusammenhang und der in Ez 18,2 artikulierten Sichtweise ein markanter Unterschied. In der Regel ist der Väter- und Folgegenerationen übergreifende
Tun-Ergehenszusammenhang nicht nur als gültig und wirksam vorausgesetzt, er ist auch so durchschaubar, einsehbar und nachvollziehbar, daß
daraus Mahnungen, Warnungen und Lehren (vgl. das Sprichwort »Wie die
Mutter so die Tochter« in Ez 16,44!) resultieren und darüber theologisch
reflektiert wird. In Ez 18,2 impliziert das Väter und Söhne einbeziehende
Modell zwar ebenfalls einen Generationen übergreifenden Tun-Ergehenszusammenhang; nur erscheint dieser weder durchschaubar noch nachvollziehbar. Denn Ez 18,2 zeichnet sich ja dadurch aus, daß hier anstelle eines
ursprünglich nachvollziehbaren Kausalzusammenhangs (das Essen saurer
Trauben bewirkt stumpfe Zähne) ein unkontrollierbarer und unkalkulier-
barer Geschehensablauf vor Augen steht. Ez 19,2 reflektiert also nicht
einfach darüber, daß es Verschuldungen der Väter gibt, für die die Söhne
einzustehen haben und einstehen können. Wollte man diese Auffassung
unterstellen, so wäre zu fragen, warum dann nicht unverblümt wie z. B.
in Thr 5,7 formuliert werden konnte: »Unsere Väter, die sündigten, sind
nicht mehr. Wir selbst müssen ihre Verschuldungen tragen«. Hier verstehen
die »Söhne« ihr Geschick als ein Verhängnis, »in das sie ohne ihr eigenes
Zutun allein durch die Schuld der Väter geraten waren ... In der Bezeichnung dieser Schuld als Sünde liegt die Erkenntnis beschlossen, daß es sich
bei diesem Unglück in Wahrheit um eine von Jahwe selbst verhängte
Strafe handelt. So zielt die Betonung der eigenen Schuldlosigkeit auf das
Gerechtigkeitsempfinden Gottes ab, das sich in der Befreiung der schuldlos
Unterdrückten äußern sollte«[366]. Hier in Thr 5,7 kann also beides zusam-
mengedacht werden — die Schuld der Väter, die daraus selbstverständlich
resultierende und nachvollziehbare Schuldverhaftung mit den entsprechenden negativen Folgen sowie die eigene Schuldlosigkeit an diesen Folgen[367] — und vor Jahwe als die zuständige Instanz gebracht werden.

---

[364] Diese Einschätzung im Blick auf Familienschicksale scheint im alten Israel wie auch sonst
in Israels Umwelt durchaus gängig zu sein; vgl. z.B. Hiob 5,4; 18,17.19; 27,13—15; Ps
109,6 ff.; Prov 13,22; 14,26; 17,6; 20,7). Hier handelt es sich jeweils um ein Verhalten
oder Tun, das nach seiner Art negative Folgen implizieren muß.

[365] Vgl. die vorige Anm.!

[366] Vgl. KAISER, Klagelieder, S. 380.

[367] Vgl. besonders eindrücklich auch das sogenannte 2. Pestgebet Mursilis II: § 8: »... So hat
auch mein Vater gesündigt ... Ich aber habe in nichts gesündigt. Nun ist es [freilich] so:
des Vaters Sünde kommt auf den Sohn. So ist auch auf mich die Sünde meines Vaters
gekommen ...« (so die Übersetzung C. KÜHNES in: BEYERLIN [Hg.] RTAT, S. 191 ff.); an
diesem Text ist zudem interessant, daß die schuldlose Verstrickung in die Schuld der

Das ist aber ganz offensichtlich in Ez 18,2 nicht der Fall. Hier ist weder von Jahwe die Rede noch von Schuld! Der hier — offensichtlich auf dem Wege weisheitlicher Denkbemühungen — »konstruierte«, die Generationen übergreifende Zusammenhang postuliert zwar eine Ordnung, den überindividuellen Kausalnexus, in dem Familienglieder untereinander stehen, hält also fest, daß eine gegenwärtige Generation mit der vorausgehenden zusammen gesehen werden muß; aber auf die entscheidende Frage, wie das ohne eigenes Verschulden überkommene Geschick nach 587 dennoch als einsehbares Folgegeschehen des Verhaltens der Väter akzeptabel und zu bewältigen ist, gibt es keine Antwort.

Ez 18,2 ist der Ausdruck fatalistischer Resignation angesichts der eigenen Misere (= »stumpfe Zähne«), zu deren Bewältigung die traditionelle »Theologie« keine Hilfe bietet. Die Misere besteht nicht nur in der Elendssituation an sich, sie besteht gerade auch darin, daß Jahwe als steuernde Ordnungsinstanz aus dem Blick geraten ist und als Appellationsinstanz ausfällt (vgl. anders bereits Thr 5,7). Das zu postulierende und postulierte Beziehungsgeflecht zwischen der Vätergeneration und den Söhnen ist offensichtlich in den Augen der Betroffenen »theologisch« überhaupt nicht mehr zu erfassen und begreifbar zu machen[368]; und das deswegen, weil die Misere der »stumpfen Zähne« nicht mehr mit der traditionellen Vorstellung in Einklang zu bringen ist, die Unheil als eine jeweils von Jahwe selbst verhängte Strafe, bzw. gesteuertes Folgegeschehen, für entsprechende Verschuldungen werten kann, woraufhin entsprechend an Jahwe appelliert, kultisch agiert etc. werden kann.

Von einer Kritik oder von einem Aufbegehren gegenüber Jahwe kann gar keine Rede sein. In Ez 18,2 äußert sich die bloße Irritation in einer Weise, die noch erkennen läßt, daß die alten Erklärungsmuster, sucht man sie in diesem Spezialfall in Anschlag zu bringen, versagen und absurd ausfallen müssen. Schuld, auch die Schuld der Väter, war ja immer zu bewältigen gewesen; aber hier erschien der bisherige Vorstellungshorizont gesprengt, innerhalb dessen Schuldzusammenhänge veranschlagt und auch geordnet werden konnten.

Es ist die totale Katastrophe, die Zerstörung aller bisher die eigene Ordnungswelt stützenden Institutionen (Tempel, Kult, Königtum etc.), die auf der Ebene des klassischen Schuldverständnisses nicht mehr nach-

---

Väter, indem die negativen Folgen dieser Schuld zu tragen sind, auf kultischem Wege (Schuldeingeständnis [§ 8], Appellation an die Gottheit [§ 9], Sühnleistungen [§ 9 f.]) aufgehoben und somit auch die negativen Folgen aufgehoben werden können; auch aus Ps 109 ist zu entnehmen, daß die Schuld des Vaters (oder der Mutter) auf kultischem Wege abzulösen, also zu bewältigen war, vgl. Ps 109,14(!); vgl. auch Hiob 1,5, wo umgekehrt der Vater mögliche Verschuldungen der Söhne mit Hilfe kultischer Maßnahmen kompensiert.

[368] Vgl. dagegen die Bemühungen Mursilis II. (s. o. Anm. 367).

vollziehbar und durchschaubar ist, weil ein der bisher angenommenen Korrespondenz von Schuld und Strafe entsprechendes Reagieren nicht mehr möglich erscheint. M. a. W.: Ist die Katastrophe von einem derartigen Ausmaße, daß sie möglichen Schuldzusammenhängen als der auslösenden Ursache gar nicht mehr zu korrespondieren scheint, während bislang Schuldzusammenhängen, welcher Art auch immer, jeweils kultisch Rechnung getragen werden konnte[369], also die postulierte Ordnung, das stimmige Gefüge zwischen einer Notsituation und der zu veranschlagenden Schuld, letztlich nie als ganze außer Kraft gesehen werden mußte, so stand man völlig irritiert vor der drängenden Frage, welche Hintergründe, welche »Ordnung« denn sonst für die Katastrophe und die anschließende Misere ausschlaggebend gewesen sein konnten[370]. Auf der Suche danach rücken Phänomene in den Blick, die auch sonst, im weisheitlichen Denken, beobachtet worden sind, die aber nicht von vornherein »theologisch« begreifbar wurden oder erfaßt werden konnten[371]. Es gibt ein Verhalten,

---

[369] Einige Beispiele für Israel: Jos 7 berichtet darüber, wie das Vergehen »Diebstahl von Gebanntem« zur Folge hat, daß Israel im Kampf unterliegt. Das Problem wird gelöst, indem der Schuldige bestraft, d. h. aus der Gemeinschaft getilgt und somit auch die Unheil bewirkende Ursache getilgt wird. — II Sam 21 ist von einer Hungersnot die Rede. Eine Jahwebefragung ergibt, daß der Grund dafür Blutschuld ist. Erst nach der Tilgung der Verantwortlichen, so heißt es II Sam 21,14, »wurde Gott dem Lande wieder gnädig« (vgl. ähnlich auch II Sam 24,25). D. h.: In den eigenen Reihen des Jahwevolkes verursachte Schuld hat Unheil zur Folge. Der Sachverhalt Unheil »Hungersnot, Dürre, Niederlage etc.« wirft die Frage nach der verursachenden Schuld auf. Die erkannte Schuld ist zu beheben. Damit läßt sich das Unheil vermeiden, bzw. eingrenzen oder zurückwenden. Dieses System erscheint in sich stimmig. Während hier also drohendes Unheil oder gegenwärtige Not derart behoben werden kann, daß die verursachende Schuld beseitigt oder kultisch bewältigt wird, oder umgekehrt die Aufdeckung von Verschuldung und der Hinweis auf entsprechendes Unheil darauf zielt, durch geeignete Maßnahmen wie Buße, Opfer etc. oder die Beseitigung des schuldverursachenden Tatbestandes Unheil abzuwenden oder auszugrenzen, also die negativen Folgen, für deren Ursache man selbst gar nicht verantwortlich war, die aber die eigene Wirklichkeit gefährlich beeinträchtigen, zu stoppen, erscheint in dem uns interessierenden Wort in einer Weise Unheilsgegenwart und Unheilsursache vor Augen zu stehen, daß eine Abwendung des Unheils gar nicht mehr möglich ist, bzw. die Beseitigung der Unheil verursachenden Tatbestände gar nicht mehr in den Blick gerät.

[370] »Der Versuch, die Krise zu bewältigen, indem man das Unerklärliche, Dunkle doch irgendwie ... integriert, die Unordnung zum Bestandteil der Weltordnung erklärt, um so trotz allem Ordnung zu wahren, ist aufgegeben in mutwilligem Protest, ist angesichts dessen, was mit dem Untergang Judas geschehen ist, schlechterdings nicht mehr möglich«. Dieser Einschätzung LEVINS (Verheißung, S. 39) kann man mit der Einschränkung zustimmen, daß sich hier nicht »mutwilliger Protest«, sondern die totale Irritation und Orientierungslosigkeit artikuliert.

[371] Vgl. Prov 14,12 (vgl. Prov 16,25): »Manch' einen Weg gibt es, der einem Menschen gerade dünkt, aber sein Ende sind Todeswege« (Übersetzung nach PLÖGER, Sprüche

das sich einer Beurteilung nach religiösen Kategorien entzieht, Verhalten,
dessen Vorteile oder Nachteile erst am Ende, aus der Retrospektive sichtbar
werden, ohne daß von vornherein die Folgen abschätzbar sind: »As a non-
theological popular proverb, the saying serves to express the conviction
of every generation that those who preceded them have made a mess of
things and that they have to suffer for it«[372].

Fazit: Ez 18,2 äußert sich zum Problem des Generationen übergreifenden Tun-Ergehenszusammenhangs. Ein solcher Zusammenhang wird
zwar, wie aus der Rede von Vätern und Söhnen hervorgeht, vorausgesetzt
und hingenommen. Doch erscheint dieser Zusammenhang keineswegs
durchsichtig oder gar theologisch reflektierbar. Das fällt umso mehr auf,
als sonst der vor Augen stehende Sachverhalt, daß die Söhne die Folgen
väterlicher Verhaltensweisen treffen, mit Hilfe theologischer Denkkatego-
rien (Schuld, Strafe, Jahwe als Ordnungsinstanz) begreifbar gemacht werden konnte[373]. Geschieht das hier nicht, so nicht deswegen, weil sich
jetzt der Protest gegen solche »Theologie« bzw. gegen das entsprechende
Jahweverständnis anbahnt, sondern vielmehr, weil angesichts der Katastrophe und ihrer Folgen Jahwe als die bisher geltende Ordnungsinstanz und
somit das gesamte auf der theologischen Ebene postulierte Ordnungsge-
füge in seiner Anwendbarkeit in Frage gestellt war.

Salomos, S. 165): »Die Undurchschaubarkeit eines Weges, der als gerade erscheint, aber
zu einem bösen Ende führen kann, verweist auf die Unabwägbarkeiten menschlicher
Existenz.« … Es geht hier darum, »die Rätselhaftigkeit des Lebens zu durchschauen, die
sich auch dem Weisheitslehrer als eine nicht leicht zu beantwortende Frage stellt« (PLÖGER,
Sprüche Salomos, S. 171 f.).

[372] So zu Ez 18,2 McKANE, Proverbs, S. 30; Textbeispiele, in denen »Familiengeschicke«,
also das Tun und Ergehen von Generationenfolgen, behandelt werden: Hiob 5,3 f. »Ich
selbst sah einen Toren Wurzeln schlagen, doch ausgetilgt war jählings seine Stätte. Fern
jeder Hilfe blieben seine Söhne; sie lagen da zermalmt (im Tor), es war kein Retter«
(Übersetzung nach HORST, Hiob, BK XVI/1, S. 59); v. 4 will »die Aussage dahin
weiterführen, daß das Unheil, wenn es über den Toren kommt, alles erfaßt, was zu seiner
Sphäre gehört. So vor allem seine Söhne« (HORST, a. a. O., S. 80).

[373] Vgl. KILPP, ZAW 97, S. 220: »Das durch die gemeinsame Sündhaftigkeit mögliche
Zusammenschauen der Vorfahren mit der jeweils gegenwärtigen Menschengeneration,
das ansatzweise bei Jeremia (2,5 ff.; 23,27), aber häufig bei Ezechiel (16; 20; 23) und
DtrJer (7,25 f.; 11,10; 16,11 f. u. ö.) zu finden ist, wird jedoch von den Gruppen, die den
Spruch geprägt haben, nicht vollzogen. Das heißt aber noch lange nicht, daß diese
Menschen gegen Jahwe rebellieren.« Bis zu diesem Punkt ist KILPP durchaus zu folgen.
Wenn er jedoch fortfährt: »Daß gewählte Bild läßt im Gegenteil das Gericht als notwendig
erscheinen«, so kann damit keinesfalls gemeint sein, daß die Katastrophe von 587 als
notwendiges Jahwegericht vor Augen stand; für das gewählte Bild ist doch gerade
charakteristisch, daß das Geschick der Söhne als Folgegeschick väterlicher Handlungen
in einer Weise abgeleitet wird, daß jegliche Kontrollierbarkeit der Zusammenhänge
bestritten ist und somit eine ordnungsgemäße Aufarbeitung ausfällt.

Der Versuch, das eigene Geschick wie das Geschick von Söhnen zu erklären, die selbst unbeteiligt mit den Folgen von Verhaltensweisen ihrer Väter konfrontiert werden, kann nichts anderes mehr erheben, als daß man wie im Familienbereich solchen zwar undurchschaubaren, aber dennoch keineswegs zu leugnenden Lebenszusammenhängen ausgeliefert ist[374]. »Die ›Söhne‹ wissen, daß sie die [sic] Folgen der schicksalsträchtigen Tat der ›Väter‹ nicht entrinnen können ...«[375]. Insofern kann Ez 18,2 nur Ausdruck fatalistischer Resignation sein[376]. Mitschwingen mag dabei durchaus ein Moment der Kritik »... an den entscheidungsmächtigen politischen Gruppen der letzten Königszeit, die für das herrschende Leiden verantwortlich gemacht werden«[377].

Im Blick auf die resignative und kritische Redeweise sowie die assoziative Nähe zu dem Weinstockwort in Ez 19,10—14 ist es immerhin denkbar, daß das Sprichwort nicht erst zum Zweck seiner in Ez 18,3—13* folgenden Widerlegung hier aufgenommen wurde, sondern bereits im näheren Kontext dieses Weinstockwortes — als resignierende Abschlußbemerkung — vorgegeben war.

e) Ez 18,21—32

In Ez 18,21 ff. wird eine neue[378], allerdings aus den bis dahin vorgebrachten Aussagen resultierende Fragestellung behandelt: Daß der Gerechte zum Leben gehört, der Ungerechte aber zum Tode, daß es pauschal

---

[374] »Bei ihrer Suche nach einer Antwort auf das Warum ihres Leidens konnten sie auf analoge Erfahrungen aus dem Bereich der Familie zurückgreifen ... Was im Familienbereich bekannt war, ist auf der Ebene des Volkes eingetroffen. Die Entscheidungsmächtigen des Volkes haben die Not des ganzen ›Hauses‹ hervorgerufen. Entscheidende Elemente zur Interpretation der Katastrophe kommen also zu diesem Zeitpunkt nicht aus kultischen oder theologisch hoch reflektierenden Kreisen, sondern aus den profan-weisheitlichen der Großfamilie« (so KILPP, ZAW 97, S. 217 f.). Während in diesen Punkten KILPP beizupflichten ist, wird man fragen müssen, ob diese Sichtweise mit den von ihm beigebrachten Textstellen zu belegen ist; der Verweis auf Ps 109,6 ff. als Beispiel dafür, »daß die Strafe eines Menschen seine nächste Umgebung, also zunächst seine Familie, in Mitleidenschaft zieht« (ZAW S. 217), führt insofern in Schwierigkeiten, als man sich daraufhin fragen muß, warum, wenn solche Vorgänge »Strafe des Sünders« und Folgen für seine Familie vor Augen standen, dann nicht anstelle von Ez 18,2 der Generationen übergreifende Tun-Ergehenszusammenhang theologisch reflektiert verhandelt wird. Daß das gerade nicht geschieht, fällt ja auch KILPP auf (vgl. die vorige Anm.).

[375] So KILPP, ZAW 97, S. 219.

[376] Gegen KILPP, ebd., der meint, daß sich das in Ez 18,2 artikulierende »Selbstbewußtsein« der Söhne, weil sie sich »der Eigenständigkeit ihrer Generation bewußt« seien, »nicht mit einer allgemeinen fatalistisch-resignierten Stimmung vereinbaren« lasse.

[377] KILPP, ZAW 97, S. 220.

[378] Vgl. hier auch KILPP, ZAW 97, S. 212 f.

und undifferenziert heißt: »Die sündige Seele muß sterben« (Ez 18,4.20), dieses Ordnungsmodell, das die jetzige Texteinheit Ez 18,1—20 geprägt hat, wurde offensichtlich im weiteren Verlauf der Glaubensgeschichte und der entsprechenden Denkbemühungen deswegen als zu starr empfunden, weil hier außer Betracht blieb, daß die Kategorien »Gerecht« und »Ungerecht« in reiner Form nur selten anzuwenden waren. Insofern wird jetzt dem Ungerechten die Möglichkeit der Abkehr von seiner Ungerechtigkeit zugestanden und zur Umkehr aufgefordert, während auf der anderen Seite der unübersehbaren Möglichkeit der Abkehr auch des Gerechten von seiner Gerechtigkeit Rechnung getragen werden mußte. Das Ordnungsmodell wird also verfeinert und zugleich stabilisiert, aus dem starren Nebeneinander oder Auseinander »Gerechte und Ungerechte« wird wieder ein Ordnungsprozeß, ein Kräftespiel.

In 18,21 ff. regt sich also der Widerspruch gegen eine der Wirklichkeit gegenüber als unangemessen empfundene Sichtweise, die eine Gerechtigkeitsordnung nur noch in Aussonderungsvorgängen von Ungerechten wahrnimmt, damit Jahwes Ordnungs- und Gerechtigkeitswillen rein reaktiv versteht und damit zunehmend in dem Sinn beschränkt, daß schließlich die Unrechtssphäre zwangsläufig zunehmen und sich so immer mehr verselbständigen muß, wogegen dann der Zuständigkeitsbereich Jahwes immer mehr schrumpft. Schien hier ein bewahrendes, heilendes, umwandelndes und neuschöpferisches Wirken Jahwes, wie es in den alten Glaubensüberzeugungen innerhalb des ehemaligen Kosmos/Chaos-Modells wichtig gewesen und wie es in tradierten Aussagen aus der verexilischen Zeit festgehalten war, völlig ausgeblendet, so soll jetzt in den Blick gerückt werden, daß Jahwe für den Gesamtzusammenhang zuständig ist, indem den »Ungerechten« die Wandlungsfähigkeit zugestanden und zur »Umkehr« aufgefordert wird. Wie das Chaos einst von Jahwe nicht sich selbst überlassen wurde, vielmehr alles Chaotische eben auch integriert, umgewandelt und immer wieder der Ordnung zugeführt wurde, um eben auf diese Weise Kosmos zu erhalten und zu stabilisieren, so erscheint der Ungerechte jetzt als derjenige, der zu Jahwes Zuständigkeitsbereich gehört und deswegen nicht aufzugeben ist und sich auch selbst nicht aufzugeben braucht (vgl. Ez 18,23.32).

f) Ez 18 — Zusammenfassung

Ez 18 in der vorliegenden Fassung ist erst das Ergebnis eines länger währenden Bearbeitungs- und Fortschreibungsprozesses.

1. Der ursprüngliche Kern bestand zunächst aus einer nur noch hypothetisch zu erschließenden Vorstufe der jetzigen Abfolge Ez 18,1—13. Wie in Jer 22 war hier lediglich dargelegt, an welchem Verhalten die Könige, deren Geschick im Kontext das Thema war, gescheitert sind, bzw. durch welches Verhalten ein Unheilsgeschick vermieden wurde. In

Anknüpfung und Widerspruch zu dem bereits vorgegebenen Spruch in
Ez 18,2 handelte es sich um ein Wort vom Gerechten (scil. König), der
Recht und Gerechtigkeit tut und nicht unterdrückt etc. und daher lebt,
also nicht untergeht (teilweise noch erkennbar in Ez 18,5.7aα.8.9*) und
vom Ungerechten, der unterdrückt, Blut vergießt etc. (vgl. Ez 18,10a.
12aα.13bβ).

Im Blick auf die resignative und kritische Redeweise sowie die
assoziative Nähe zu dem Weinstockwort in Ez 19,10—14 ist es immerhin
denkbar, daß das Sprichwort Ez 18,2 nicht erst zum Zweck seiner in Ez
18,3—13 folgenden Widerlegung hier aufgenommen wurde, sondern bereits im näheren Kontext des Weinstockwortes — als resignierende Abschlußbemerkung, also hinter Ez 19/31/15*[379] — vorgegeben war. Im
näheren Kontext zu den den Verlust des Königtums thematisierenden
Texten lag es nahe, das Sprichwort als Aussage über die Könige aufzufassen. So wird nachvollziehbar, daß gegen 18,2 herausgearbeitet und konsequent Ez 19*/31*/15* vorausgeschickt wird: Das jeweilige Geschick eines
Königs war davon abhängig, ob jeweils »Recht und Gerechtigkeit« verwirklicht wurden. Dieses Kriterium ermöglicht die rechte Unterscheidung
zwischen Vätern und Söhnen, erlaubt die Feststellung einer Ordnung im
Blick auf die Abfolge der letzten Könige.

Damit ist zugleich hinreichend erklärt, aus welchen Gründen Ez
18,1—13* zwischen Ez 17* und Ez 19, also im Kontext das Jerusalemer
Königtum thematisierender Texte, auftaucht.

Dem Verfasser dieser älteren Textstufe (Ez 18,3—13*) geht es allein
darum, gegen das vorgegebene Sprichwort (Ez 18,2) auf das Verhalten
der Könige und das entsprechende Ordnungswirken zu verweisen, also
darzulegen, daß die Katastrophe von 587 in »Ordnung geht« und kein
willkürliches oder sinnloses Geschehen ist, das am Stellenwert Jahwes
zweifeln läßt[380].

2. Der für Ez 18,14—20 zuständige Autor will sich dem Problem
stellen, mit dem sich die Folgegeneration der 587 bestraften schuldigen
Väter konfrontiert sah. Weil diese ihre gegenwärtige und andauernde
Misere darauf zurückführen mußte, daß sie eben die Schuld der Väter
abzutragen hatte, sah sie offensichtlich keine Möglichkeit mehr, wie sich
angesichts der von den Vätern aufgebürdeten Last überhaupt eine neue
Zukunftsperspektive eröffnen könnte. M. a. W.: Nachdem die postulierte
und hypothetisch erschlossene Vorstufe (Ez 18,3—13*) »demokratisiert«
war[381], lautete die Antwort auf die durch 587 provozierte »Theodizee-

---

[379] Vgl. dazu oben S. 190 ff.

[380] Eine jüngere, einen weiteren Horizont setzende und somit durchreflektiertere, auch
     zusätzliche Akzente einbringende Interpretation zu den vorgegebenen alten Klagen über
     das Geschick der Könige stellt Ez 17,1—10 dar.

[381] Vgl. oben S. 227, Anm 331.

frage«, daß diejenigen, die die Katastrophe traf, schuldig gewesen sind. Damit war nun zwar sichergestellt, daß Jahwes Ordnungswirken ausschlaggebend gewesen ist; aber dieses Ordnungswirken war dann ja derart gewesen, daß nicht nur die Schuldigen vor 587 zur Rechenschaft gezogen wurden, sondern auch deren Nachkommen ausnahmslos die Folgen dieses Ordnungswirkens tragen mußten. Aus der Irreversibilität der Katastrophe ergab sich die resignative Vorstellung, daß diese Schuld weiterhin bestand und nicht aufgehoben war. Die entsprechende Stimmung spiegelt die in Ez 18,19 als Diskussionseinwand und daher hier als Rückfrage formulierte Auffassung »Der Sohn trägt die Schuld des Vaters«[382]. Dagegen wendet sich die Argumentation in Ez 18,14—20 (vgl. besonders 18,17—20), indem der hierfür zuständige Theologe seine Konzeption der individuellen Schuldverhaftung einbringt und die in die totale Resignation führende Vorstellung von einer übergreifenden Schuldverhaftung korrigiert. Damit dürfte eine grundsätzliche Umzentrierung bisherigen Ordnungsdenkens verbunden gewesen sein. Es steht nicht mehr der einzelne als der vor Augen, der eingebunden in die allgemeine Ordnung für diese Ordnung mitverantwortlich ist, also auch mitbetroffen ist, wenn diese Ordnung von anderer Seite gestört oder gefährdet wird. Eine solche Ordnung rückt offensichtlich gar nicht mehr in den Blick, kann nach 587 nicht mehr in den Blick geraten, weil die einst geltenden Voraussetzungen einer solchen Ordnung hinfällig geworden waren. Der einzelne verwirklicht jetzt nur noch eine Ordnung für sich.

3. Ez 18,21—32 hebt sich thematisch vom vorausgehenden insofern ab, als hier die Umkehrmöglichkeit des $rš'$, des »Gottlosen« (v. 21—23.27.28), bzw. die Abkehrmöglichkeit des $ṣdyq$, des »Gerechten« (v.24.26) verhandelt wird und anschließend (durch v. 29 übergeleitet) in v. 30 ff. zu Umkehr und Abkehr von Sünde aufgefordert wird. Somit will 18,21 ff. einen Aspekt betonen, der in Ez 18,1—20 überhaupt noch gar keine Rolle spielt, da dort allein die Frage im Mittelpunkt steht, ob und in welchem Maße die Schuld des Vaters auf den Sohn übergeht. Diese Problemstellung hat sich für denjenigen bereits erledigt, der der Auffassung ist, daß sich der Schuldige jeweils durch Umkehr etc. retten kann. Im Vergleich zu Ez 18,1—20 ist daher Ez 18,21 ff. deutlich die jüngere Texteinheit. Es regt sich hier der Widerspruch gegen eine der Wirklichkeit gegenüber als unangemessen empfundene Sichtweise, die eine Gerechtigkeitsordnung nur noch in Aussonderungsvorgängen von Ungerechten wahrnimmt und damit Jahwes Ordnungs- und Gerechtigkeitswillen rein reaktiv versteht und damit zunehmend in dem Sinn beschränkt, daß schließlich die Un-

---

[382] Vgl. weitere Zitate von resignierenden Äußerungen in Ez 4,17; 24,23; 33,10; dazu Lev 26,39.

rechtssphäre zwangsläufig zunehmen und sich so immer mehr verselbständigen muß, wogegen dann der Zuständigkeitsbereich Jahwes immer mehr
schrumpft.

g) Ez 18 im jetzigen Gesamtkontext des Buches

Zur Frage, ob und in welcher Weise die einzelnen in Ez 18 erkannten
Fortschreibungsstufen mit der oben sondierten Entstehungsgeschichte des
gesamten Buches in Verbindung zu bringen sind, sind hier nur einige
vorläufige Hinweise möglich:

Wie oben begründet wurde[383], resultiert Ez 18,21 ff. am jetzigen Ort
aus weiterführenden Reflexionen zu den vorausgehenden Darlegungen.
Die golaorientierte Redaktion (oder eine Fortschreibung im golaorientierten Sinn) hat diese lehrhaften Rechtssätze bereits in dem ihr vorgegebenen
Prophetenbuch[384] vorgefunden und im Rahmen ihrer Konzeption gleich
eingangs (Ez 3,17—21) dahingehend aufgenommen, daß Ezechiels Tätigkeit in der Situation der ersten Gola auch die besondere Aufgabe einschloß,
seinen Leidensgenossen in der Exilsgemeinde entsprechend dieser Lehre
Weisung zu erteilen und über sie zu wachen und zu warnen[385]. Auch der
in Ez 14,21—23 greifbare golaorientierte Redaktor setzt sakralrechtlich
unterweisende Passagen (Ez 14,4—11.12—20) voraus und reagiert darauf[386]. Daher ist davon auszugehen, daß das vorgolaorientierte Prophetenbuch auch bereits Darlegungen enthielt, deren Aussageanliegen nicht
in die Richtung der eigentlichen Prophetenbuchkonzeption »Ansage —
Erfüllung« zielte. Die Konzeption des vorgolaorientierten Prophetenbuchs
schloß offensichtlich keineswegs aus, daß auch Reflexionen über anderweitige Fragestellungen eingetragen wurden. Im Blick auf Ez 18 ist sogar mit
der Möglichkeit zu rechnen, daß der älteste Kern bereits in dem dem
Prophetenbuch vorgegebenen Textgut Aufnahme gefunden hatte.

In der jetzigen Fassung des Buches hat sich, zunächst infolge der
golaorientierten Umakzentuierungen[387] und dann schließlich aufgrund der
den Diasporahorizont berücksichtigenden Nachträge in Ez 33,1 ff.[388], das
Aussageziel von Ez 18,21 ff. verschoben. Ursprünglich ging es darum,
die Katastrophe theologisch zu verarbeiten und angesichts der Folgen
Stellenwert und Chancen der Überlebenden vor Jahwe neu zu bestimmen,
so daß Ez 18,21—32 schließlich auf das allgemein geltende Angebot und
die Aufforderung individueller Schuldabkehr hinauslief. Für 18,1—20 ist

---

383 Vgl. S. 221 ff.
384 Vgl. dazu oben S. 34.45.124 ff.
385 Zu Ez 3,17—21 vgl. oben S. 24 ff.; dazu ferner S. 32, Anm. 114.
386 Vgl. dazu oben S. 7 ff.
387 Vgl. dazu Teil A.
388 Vgl. dazu oben S. 24 ff.

zumindest wegen v. 6.11.15 (»essen auf den Bergen«) sicher, daß hier aus der Sicht des Landes formuliert ist[389]. Bereits im Rahmen des Prophetenbuchs konnte Ez 18 allerdings auch so verstanden werden, daß Jahwe hier den Judäern v o r der Katastrophe noch die Chance zum Leben, also zur Rettung etc. angeboten hatte, daß diese Chance aber, wie die Katastrophe zeigte, von ihnen ausgeschlagen worden war. Damit erhielt Ez 18 eine unheilsbegründende Funktion: Weil die in Ez 18 dargelegten Bedingungen zum Leben nicht eingehalten worden waren, hatte die Jerusalemer das Unheil getroffen. Zugleich kam die Funktion der Warnung hinzu: Diesen Fehler galt es künftig zu vermeiden. In der golaorientierten Fassung schließlich bleibt der warnende Charakter von Ez 18 erhalten. Was es bedeutete, die angebotenen Möglichkeiten nicht zu beherzigen, soll jetzt der ersten Gola am Geschick der Zurückgebliebenen klar werden. Entsprechend wird in Ez 14,21—23 in Fortsetzung zu Ez 14,12—20 sichergestellt, daß von diesen ausnahmslos, vom verkommenen geringen Rest der nach Babel Versprengten abgesehen, niemand sein Leben bewahren konnte. Darf der ersten Gola schließlich und abschließend versichert werden, daß sie zum Leben bestimmt ist (Ez 37,1—10), so wird mit dem Verweis auf »Ezechiels Wächteramt« in ihrer Mitte (3,17—21) aufgezeigt, wie für die Einhaltung der Bedingungen zum Leben Sorge getragen ist. Ez 33,1—20 verhandelt die Bedingungen zum Leben dann noch einmal im Horizont der Diasporasituation.

---

[389] Vgl. so auch Ez 14,7, vgl. dazu oben S. 8, Anm. 25.

C. Auswertung — Zusammenhänge — Folgerungen

Im vorliegenden Ezechielbuch sind zahlreiche Textpassagen enthalten, deren Entstehung und darüber hinaus in einer buchkonzeptionellen Hinsicht offensichtlich durchdachte Arrangierung mit dem Anliegen zusammenhängen, den besonderen Stellenwert der ersten Gola hervorzuheben. Zugleich läßt sich beobachten, daß diese golaorientierte Prägung[1] des Buches mehrfach durchbrochen wird. Mit dem Thema »Zerstreuung Israels unter die Völker und in die Länder« bzw. »Sammlung der Zerstreuten«[2] wird die Engführung auf die erste Gola aufgehoben. Hier geht es nicht mehr darum, den Anspruch der ersten Gola bzw. ihrer Nachkommen auf die Führungsrolle für die Zeit während und nach den ersten Rückkehrerwellen aus dem babylonischen Exil abzusichern; hier wird vielmehr eine Problemstellung der nachexilischen Zeit literarisch verarbeitet[3], nämlich die Frage nach dem Stellenwert des Diaspora-Israel[4]. Das Ezechielbuch erweist sich somit als ein Literaturwerk, an dessen Werdegang bis zur vorliegenden Endfassung durchaus unterschiedlich motivierte literarische Gestaltungskräfte beteiligt gewesen sind[5]. Um die Voraussetzungen dieses Literaturwerks aufzuhellen und damit auch die der golaorientierten Redaktion vorausgehenden geistig-religiösen Reflexionen der exilischen, ja, wenn möglich, der eigentlichen Katastrophenzeit nachvollziehen zu können, muß man sich der Aufgabe stellen, die literarischen Vorgegebenheiten zu erschließen, an die die golaorientierte Redaktion anknüpft und deren sie sich bedienen konnte. Angesichts der verwickelten Textverhältnisse und der deshalb vorauszusetzenden komplizierten literarischen Prozesse sind die Ausgangsbedingungen allerdings nicht gerade günstig für einen Versuch, sich ein genaueres Bild von jenem Textgut zu machen, das der

---

[1] Zu den golaorientierten Textanteilen und Strukturierungen vgl. die zusammenfassenden Darlegungen oben S. 120 ff.; siehe auch schon S. 43 ff.

[2] Vgl. dazu die zusammenfassenden Darlegungen zu Ez 20 oben S. 75 ff. und zu Ez 36 oben S. 86 f.; vgl. auch schon zu Ez 12,1−16 oben S. 36 ff.; zu Ez 11,14−21 vgl. oben S. 105, ferner zu Ez 34 oben S. 108 f.

[3] Zum theologischen Anliegen vgl. oben S. 131 ff.; zu beachten ist, daß die die Diasporasituation reflektierenden Texte keine einheitlich konzipierte Redaktionsschicht darstellen, sondern durchaus unterschiedliche Reflexionsstadien widerspiegeln (vgl. z. B. Ez 36,16−23a und Ez 20 sowie Ez 36,23b ff., siehe dazu oben S. 133 f.).

[4] Vgl. zur Hoffnung auf die Heimkehr der Diaspora z. B. Jes 62,10−12; 66,20 (s. a. Jes 11,11−16 und 35,8−10).

[5] Es spricht daher alles dagegen, das Ezechielbuch, sei es im Sinne BECKERS (vgl. BEThL LXXIV), sei es im Sinne GREENBERGS (vgl. BEThL LXXIV) als einen ganzheitlichen Entwurf einzustufen.

golaorientierten Redaktion vorgegeben war, und zu klären, welche Texte in welcher Abfolge und mit welchem Aussageanliegen dazu gehörten.

Immerhin meinten wir genügend Anhaltspunkte für die These entdeckt zu haben, daß das der golaorientierten Redaktion vorgegebene Textgut bereits als »Prophetenbuch« konzipiert vorlag[6]. Die darin enthaltenen Texteinheiten waren so arrangiert, daß die Entwicklungen im Zeitraum vor und um 587 im Rückblick nach dem Schema »Ansage — Erfüllung« abgelaufen erschienen. Das weist auf ein Bestreben, eine größere Zeiträume übergreifende Metaebene hinter den Ereignissen der Vergangenheit anzudeuten. Die zugrunde liegende theologische Konzeption beinhaltet ein Jahweverständnis, nach dem Jahwe die angesprochenen Unheilsereignisse selbst geplant und gesteuert hat, also auch für die Zukunft weiterhin planen und steuern wird. Die bereits geschichtsperspektivische, das Prophetenwort reflektierende Überzeugungsarbeit zielt schließlich darauf ab, die Hoffnung auf eine Unheilswende zu stabilisieren und zu nähren: Die prophetisch angekündigte, also in Jahwes Plan vorgesehene Wende, muß ebenso sicher eintreten, wie in der Vergangenheit die angekündigten Unheilsereignisse eintrafen[7].

Ein solches Prophetenbuch muß eine Vorgeschichte haben, so daß sich die Frage nach seinen Entstehungsvoraussetzungen, und zwar in zweierlei Hinsicht, aufdrängt. Zu klären sind zum einen die Entstehungsvoraussetzungen der Gattung bzw. der Konzeption »Prophetenbuch«; zum anderen interessiert natürlich das bei der Konzipierung des Buches ausgewertete Textgut. Erkenntnisse über die dem Prophetenbuch selbst schon vorgegebenen Texte, ihren ursprünglichen »Sitz im Leben«, ihren Textumfang, ihre Organisation, Überlieferung etc. vor der späteren Aufnahme im Prophetenbuch erlauben möglicherweise Rückschlüsse auf die Hintergründe, die bei der Entstehung der Gattung »Prophetenbuch« eine Rolle gespielt haben. Daher ging es in Teil B. »Zur Frage nach den ältesten Texten im Ezechielbuch«[8] darum, jene Texte aufzuspüren und genauer zu sondieren, die möglicherweise zum ältesten Bestand des Buches gehören und die demzufolge als Ausgangsbasis aller weiteren literarischen Ausgestaltungen gelten können. Ein solcher Versuch, für bereits lediglich rekonstruierte literarische Vorstufen des Ezechielbuches (golaorientierte Version, Prophetenbuch) eine weitere Vorstufe erfassen zu wollen, provoziert auf den ersten Blick wahrscheinlich den Vorwurf, damit die literar- und redaktionskritische Forschungsmethodik zwanghaft zu überspitzen. Daß das nicht zutreffen muß, kann man sich immerhin mit Verweis auf die Erforschung der synoptischen Evangelien klar machen. Konnte hier

---

[6] Vgl. dazu die zusammenfassenden Ausführungen »Zur Frage nach älteren vorgegebenen Texten« (oben S. 124 ff.); zu Einzelheiten vgl. auch bereits oben S. 11 ff.19 f.30 ff.103 f.

[7] Vgl. oben zu Ez 24,25−27*.

[8] Vgl. oben S. 137 ff.

schließlich immer deutlicher an den Tag gebracht werden, daß und welche
literarischen Vorstufen zu veranschlagen sind, ja daß schließlich auch
Vorstufen der Vorstufen zu postulieren sind[9], so zeigt das, daß es keineswegs ein Auswuchs spitzfindiger Schreibtischgelehrsamkeit ist, wenn man
auch für das Ezechielbuch mit ähnlichen Textentwicklungen rechnet, zumal
hier für sukzessive redaktionelle Weiter- und Umgestaltungen jeweils
bereits in sich geschlossen konzipierter Textvorgaben Jahrhunderte mit
entsprechend zahlreichen und höchst unterschiedlichen Fragestellungen
veranschlagt werden können, wogegen sich die Entstehungsprozesse bis
hin z. B. zum Matthäusevangelium lediglich in einem Zeitraum von wenigen Jahrzehnten vollzogen.

Zwar ist die Ausgangslage für einen Versuch, im Ezechielbuch Vorstufen der rekonstruierten Vorstufen der jetzigen Endgestalt zu sondieren,
weitaus ungünstiger als im Fall der synoptischen Evangelien, wo der
synoptische Vergleich und darauf abgestimmte Rückschlußverfahren es
ermöglichen, die Vorlagen und weiteren Vorstufen mit ihrem jeweiligen
Eigencharakter zu erfassen; doch erlaubt auch das Ezechielbuch textver-
gleichende Gegenüberstellungen, und zwar anhand einiger thematisch und
sachlich verwandter Einzeltexte[10].

Auf diesem Wege stießen wir auf genügend Anhaltspunkte für die
These, daß Texte wie Ez 19,1—9*; Ez 19,10—14*; Ez 31* und Ez 23*
einmal Bestandteile einer Textstufe gewesen sind, die der Konzipierung
des vorgolaorientierten Prophetenbuches vorausging. Sie gaben sich als
ursprünglich echte Untergangsklagen und nicht als prophetische Unheilsansagen zu erkennen. Am Anfang des Prozesses, aus dem schließlich ein
Prophetenbuch hervorging und nach mehreren Redaktions- und Fort-
schreibungsetappen das vorliegende Ezechielbuch wurde, steht also eine
Sammlung nichtprophetischer Texte. Ez 19,1—9; Ez 19,10—14, Ez 31
und Ez 23/16 (sowie Ez 15) in der rekonstruierten, bzw. hypothetisch
erschlossenen Urform sind in engster zeitlicher Nähe zur Katastrophe von
587 entstanden. Die hier greifbaren Klagen, die analog zu Totenklagen
auf beklagenswerte und völlig uneinsichtige Geschicke zurückblicken,
spiegeln die Irritationen derer wider, deren bisher geltende Vorstellungen
vom Stellenwert Jerusalems, des Königtums, des Tempels, kurz deren
religiöse Mitte und Ordnungshorizont durch die Katastrophe von 587
hinfällig geworden waren. Sie dokumentieren die religiöse Krise, den
Verlust des bisherigen theologischen Ordnungshorizontes angesichts der
Katastrophen[11]. Jegliche Bezugnahme auf Jahwe, jeglicher Hinweis auf ein
Hintergrundwirken Jahwes fehlt, nirgends erscheint ein Zusammenhang

---

[9] Vgl. die Bemühungen, die Entstehung von Q weiter zurückzuverfolgen etc.

[10] Vgl. dazu oben S. 137 f.

[11] Zu ähnlichen Texten im Jeremiabuch vgl. POHLMANN, Die Ferne Gottes (Teil B.:
»Unheilsahnung und Unheilsklage«), s. bes. die Zusammenfassung S. 181 ff.

zwischen diesem Unheil und menschlicher Schuld auch nur angedeutet.
Beides dürfte damit zusammenhängen, daß das vor Augen stehende Chaos
nicht mehr ohne weiteres mit der bisherigen Vorstellung von einem
ordnenden Handeln Jahwes in Einklang zu bringen war. Ein zu Jahwe
hingewandtes Reden und kultisches Handeln mußte aussichtslos erscheinen[12]. Das besondere Interesse am Jerusalemer Königtum, seine hohe
Wertschätzung und die deutliche Irritation über seinen Verlust dürfen als
Indizien dafür gewertet werden, daß sich hier dem Jerusalemer Königtum
nahe stehende, zur gebildeten Oberschicht zählende Kreise artikulieren.

In den Augen späterer konnten diese Texte zum Thema »Untergang«
schließlich wie eine Aufreihung stolzer und erhabener Größen wirken, die
vor Augen führte, wie geradezu gesetzmäßig alles Stolze und Erhabene
zuletzt zu Fall kommt. Daraufhin glaubte man hier auf den Ordnungshorizont zu stoßen, in dem sich die Katastrophenereignisse abgespielt haben
mußten: Stolz und Hochmut waren, wie man an den Gedichten vermeintlich illustriert sah, die Fehlhaltungen gewesen, auf Grund derer der Untergang vorprogrammiert war[13].

Ob in dieser Sichtweise nun anders als in den vorgegebenen Untergangsklagen selbst schon ein Hintergrundwirken Jahwes vorausgesetzt
war, ist offen. Explizit ist in dieser Richtung nichts angedeutet. Fest steht
nur, daß diese neu erkannte »Ordnung« des »Hochmut kommt vor dem
Fall« schließlich in der Folgezeit mit Jahwes Wirken in Verbindung
gesehen wird[14].

Wie sich an Ez 17,1—10 zeigen ließ, gaben diese Texte im nachherein
Anlaß zu weiteren Reflexionen[15]. Die unstrittig vorliegenden Berührungen
zwischen Ez 19 und Ez 17 erklären sich so, daß Ez 17 in der von uns
rekonstruierten ältesten Textfassung als Versuch einer Neuinterpretation
der in Ez 19*/Ez 31* vor Augen stehenden Vorgänge (Exilierung Jojachins, Stellenwert und Ende des Königtums Zedekias) einzustufen ist.
Gewisse Indizien deuten daraufhin, daß der Verfasser von Ez 17,1—10 die
vorgegebenen Klagetexte gar nicht mehr als solche wahrnahm, sondern
sie als proleptische Klagen verstand, die, was schließlich noch eintreffen
sollte, bereits vorweggenommen hatten. Er meinte aus der Reihung der
vorgegebenen Texte entnehmen zu können, daß sie eine umsichtige Voraus-
planung der angesprochenen Ereignisse (als Ordnung anderer Art als die
weisheitlich zu beobachtende des »Hochmut kommt vor dem Fall«) belegt;

---

[12] Vgl. SPIECKERMANN (Heilsgegenwart, S. 122) zu Ps 137: »Ob die Depression in Ps 137
auch deshalb so tief ist, weil es noch nicht gelungen war, das Entsetzen über den Verlust
des theologischen Mittelpunktes in (An)Klage zu fassen, den Gedanken der Schuld mit
den Ereignissen von 587 in Verbindung zu bringen ...?«

[13] Vgl. oben S. 197 ff.

[14] Vgl. z. B. Ez 17,24; 21,30 ff.; Jes 2,12 ff.; 10,33 u. ö.

[15] Vgl. oben S. 199.

entsprechend konnte er hinter allem eine höhere und steuernde Hand veranschlagen. Der Autor von Ez 17,1–10 denkt bereits geschichtsperspektivisch: Zurückliegendes wird geordnet, und das zugleich so, daß der Blick für die Zukunft nicht versperrt ist[16].

Zur Frage, welche Momente im Spiele waren, als das von uns sondierte Prophetenbuch Gestalt annahm, ergibt sich aus diesen Beobachtungen: Daß man, wie bereits vermerkt, in einem gewissen Abstand von der Katastrophe im Blick auf die Textreihung der Untergangsklagen diese nicht mehr als solche verstand, sondern sie als proleptische Klagen auffaßte, die die Unheilsereignisse und ihre Abfolge vorweggenommen und damit als im Voraus angesagt erwiesen hatten, war die entscheidende Weichenstellung, die schließlich im Endergebnis auf das Prophetenbuch als literarischen Entwurf hinauslaufen mußte. Denn es lag daraufhin nahe, die sich so andeutende Metaebene, Jahwes Geschichtsplanen, mit impliziten und expliziten Verweisen auf die Erfüllung prophetischer Ansagen immer deutlicher zu belegen und damit jene Grundüberzeugung zu stützen, wie sie schließlich in Amos 3,7 auf den Begriff gebracht ist: »denn nicht wirkt der Herr Jahwe irgend etwas, ohne daß er seinen Plan seinen Knechten den Propheten, (zuvor) enthüllt«[17].

Zu der Frage, ob und in welcher Weise die Gattung »Prophetenbuch« längst vorgegeben war und damit auch die entsprechende Sichtweise, daß Jahwes planvolles steuerndes Geschichtswirken an der Erfüllung prophetischer Ansagen abzulesen war, was schließlich auch mit Hilfe von vaticinia ex eventu verdeutlicht werden konnte, kann hier nur am Rande Stellung genommen werden. Zwar darf man damit rechnen, daß in Israel schon immer »prophetische« Worte[18] tradiert und auch schriftlich aufgezeichnet worden sind[19]; doch ist daraufhin noch keineswegs klar, seit wann und wie schließlich der literarische Entwurf »Prophetenbuch«, zumal in der Unheilsansage als umfassendes vaticinium ex eventu konzipiert, zustande kam[20]. Daß bereits »im Verlauf der zweiten Hälfte des 8. Jh.« das Buch des Amos als »Ergebnis literarischer Tätigkeit«[21] »weitgehend als ein großes vaticinium ex eventu dar«gestellt[22] war und so, »da die Geschichte das Handlungsfeld Gottes ist, … mit der Deutung des Geschichtsverlaufs

---

[16] Dazu oben S. 200.

[17] Übersetzung nach WOLFF, BK XIV, 2, z. St.

[18] D. h. auch Worte von »Sehern« (r'h; vgl. I Sam 9,9), »Schauern« (ḥzh; vgl. II Sam 24,11; s. a. Jes 1,1; Amos 1,1) und »Gottesmännern« (y'š h'lhym; vgl. II Reg 4,16.33).

[19] Zu Prophetensprüchen und Sammlungen solcher Sprüche im assyrischen Bereich vgl. neuerdings M. WEIPPERT (Assyrische Prophetien, S. 72 ff; Die Bildsprache, S. 56 f.).

[20] Vgl. GARSCHA, Studien, S. 189, Anm. 576, der meint, »daß die literarische Form des ›Prophetenbuches‹ … erst ›erfunden‹ werden mußte«.

[21] FRITZ, Amosbuch, S. 43.

[22] FRITZ, a. a. O., S. 41.

als eines göttlichen Gerichts Gott in seiner unendlichen Überlegenheit und in seiner Gerechtigkeit gewahrt«[23] blieb, scheint mir schon deswegen hinterfragbar, weil ca. zwei Jahrhunderte später bei Deuterojesaja noch deutlich geradezu so etwas wie »Entdeckerfreude« über die erkannte Geschichtslenkung Jahwes[24] zu verspüren ist. Das sowie die Tatsache, daß in der Katastrophe von 587 Jahwe zunächst keineswegs »in seiner unendlichen Überlegenheit und in seiner Gerechtigkeit« erkennbar geworden, sondern vielmehr unter Ohnmachtsverdacht geraten war und es diesen Ohnmachtsverdacht zunächst auszuräumen galt[25], spricht nicht gerade dafür, daß Jahwe bereits seit Amos' Zeiten als der planvoll und souverän die Weltgeschichte steuernde Gott in dem Sinne angesehen wurde, daß er zum Beweis seiner allem überlegenen Macht schließlich sogar den bislang für sein Volk geltenden, von ihm selbst garantierten Ordnungszusammenhang zur Disposition stellen konnte.

Daß Jahwe für die vergangene, aber dennoch die Gegenwart beherrschende Katastrophe von 587 verantwortlich zeichnete, die Katastrophe also nicht als ein Symptom seiner Ohnmacht, sondern gerade Beweis seiner Welt überlegenen Macht eingestuft werden konnte, dieses theologische Denkmuster stand beim Eintritt der Katastrophe jedenfalls denen nicht zur Verfügung, deren Orientierungslosigkeit sich in den alten Klagetexten ausspricht[26].

Es leuchtet dieses ein als das Resultat erst auf die Ereignisse von 587 reagierender Reflexionen, in denen es darum geht, sich Jahwes und seiner Gottheit wieder zu vergewissern. Auf das gleiche Ziel konzentriert sich auch der literarische Gestaltungswille, als dessen Ergebnis die Form »Prophetenbuch« zustande kam. Denn das Konzept »Prophetenbuch« soll den seit 587 aufgekommenen Ohnmachtsverdacht widerlegen, weil mit der hier vorliegenden Beweisführung sichergestellt werden soll, daß trotz der schmerzhaften und wirren Erfahrungen der Vergangenheit ein planvolles Geschichtswirken Jahwes vorausgesetzt werden darf. Somit sind die zum literarischen Entwurf »Prophetenbuch« führenden Bemühungen der Ver-

---

[23] Fritz, a. a. O., S. 43.

[24] Vgl. z. B. Jes 46,9—11, dazu Werner, Plan Jahwes, S. 126 ff.

[25] Vgl. dazu auch oben S. 70 ff.

[26] Vgl. Spieckermanns Feststellung zur »Psalmtheologie« (Heilsgegenwart, S. 158 f.), daß sich darin »die umfassende und andauernde Wahrnehmung von Geschichte ... spät und eher widerwillig« vollzog. »Denn sie war zunächst keine selbstgewählte positive Zuwendung zur Heilsgeschichte, sondern unausweichliche Konfrontation mit der Unheilsgeschichte des Exils, in die auch die Tempeltheologie durch den Verlust des Heiligtums in Jerusalem tief verstrickt und somit zur theologischen Reaktion gezwungen war. Wie sehr ihr dazu jene Vorbereitung fehlte, war Ps 137 zu entnehmen, welcher wohl nur als theologische Kapitulationserklärung verstanden werden kann. Eine Theologie, die schon immer die Geschichte des Volkes umfassend begleitet und reflektiert hätte, wäre wohl nicht zu dieser Sprachlosigkeit verdammt gewesen.«

such, nach dem Verlust des Kultes, der kultisch stabilisierten und zu stabilisierenden Mitte, sich Jahwes zu vergewissern, der Versuch also, gleichsam im nachkultischen Raum[27] Theologie zu treiben.

Aus den bisher gewonnenen Einsichten ergibt sich, daß uns Ezechiels Gestalt immer weniger greifbar wird. Das mag man bedauern[28]; aber Ezechiel teilt hier das Geschick eines Mose und anderer, über deren historisches Wirken uns kaum etwas bekannt ist, obwohl oder gerade weil sich sukzessive das Interesse der Nachgeborenen immer mehr auf sie konzentrierte. Zwar ist nicht auszuschließen, daß es einen historischen Ezechiel gegeben hat, auch nicht, daß vereinzelt ipsissima verba im jetzigen Buch enthalten sind. Aber auf welchem Wege sind sie zu sondieren? Hier wird man kritisch zu bedenken haben, daß wir eben nicht einmal genau wissen, wonach zu suchen ist. Ist der Gesuchte derjenige, dem wir die »Klagetexte« verdanken? Oder ist sein Wort in anderweitigen Passagen des Prophetenbuches enthalten, das, wie wir postulieren, erst in einem gewissen Abstand zu den alten Klagetexten und zugleich im Rückgriff darauf konzipiert worden ist: Ezechiel, ist er der zeichenhandelnde Prophet? Ist er der Visionär? Ist er der Zukunftsankünder? Ist er der Warner, der Wächter …?

Wie und wo auch immer man den Einsatzpunkt jenes Prozesses zu erkennen versucht, als dessen Endprodukt das jetzige Buch gilt, man wird in dieser Frage wohl kaum zu einem allgemein anerkannten Ergebnis gelangen. Sicher ist nur: Ezechiel war nicht der, wie er uns jetzt im Endstadium des Buches vor Augen stehen soll; er war nicht all das zusammen, nämlich Visionär, Umkehrprediger, Unheilsverkünder, Wächter und Warner, Dichter von Untergangsklagen etc. Er wurde das alles, ähnlich wie Moses schließlich der geworden ist, den uns der Pentateuch in seinem Endstadium in dem Blick rückt.

Was wir wissen können, ist: Das nicht nur im Ezechielbuch zu beobachtende Phänomen solcher »Ämterhäufung« auf eine Person ist das Ergebnis sukzessiver Fortschreibungen. Aus dem Ezechiel des Prophetenbuchs, dessen Unheilswort sich erfüllt hat, wird am Ende des Fortschreibungsprozesses der Visionär. Aus dem ursprünglichen Prophetenbuch wird schließlich ein Buch der Visionen, die über Einsichtnahmen in die göttliche Sphäre selbst informieren[29].

---

[27] Zum Begriff vgl. Stolz, Psalmen im nachkultischen Raum, besonders S. 18 ff.

[28] Vgl. Gerstenberger, »Gemeindebildung« in Prophetenbüchern?, S. 47: »Die Sehnsucht nach den ›ipsissima verba‹ schlägt unter Alttestamentlern beim Umgang mit dem ›allerheiligsten‹ Prophetenkanon noch unreflekierter durch als bei neutestamentlichen Kolleginnen und Kollegen, die gelernt haben, auch zentrale Jesusworte als ›Gemeinbildung‹ ansehen zu dürfen«.

[29] Vgl. z. B. oben S. 96 ff. zu Ez 8—11.

Wir hatten oben zur Entstehung der literarischen Gattung »Prophetenbuch« vermerkt, daß nach dem irreversiblen Verlust der kultischen Mitte und damit auch aller kultischen Möglichkeiten der Vergewisserung Gottes das Prophetenbuch das Ergebnis des Versuches darstellt, im nachkultischen Raum Theologie zu betreiben, also daraus resultiert, die nun im nachkultischen Raum zu bewältigende Existenz dennoch als theologische Existenz wahrnehmen zu können. Versuchte man dem wegen der Erfahrungen um 587 aufgekommenen Verdacht der Ohnmacht Jahwes und der Gottverlassenheit zum Trotz die Anwesenheit und Zuständigkeit Jahwes zu denken und führte das schließlich zu dem Postulat eines die Abläufe der Geschichte steuernden Ordnungswirkens Jahwes, wie es bereits im ersten Entwurf des Prophetenbuchs mit Hilfe prophetischer Ansagen und dem Nachweis ihrer Erfüllung belegbar schien, so mußte man im weiteren Verlauf der Geschichte immer wieder neu und akutalisierend daraufhinweisen, also das göttliche Ordnungswirken in der Geschichte auf dem Wege eines permanenten Fortschreibungsprozesses gleichsam beschwörend stabilisieren. So hat das Ezechielbuch nach mehrfach aufeinander folgenden »Auflagen« erst im weiten zeitlichen Abstand von den historischen Ereignissen, die sich auf den ersten Blick darin widerzuspiegeln scheinen, seine jetzige Endgestalt erhalten. Dieses Buch ist somit Zeugnis einer Jahrhunderte während Glaubensgeschichte; es ist der Beleg einer theologischen Denkarbeit, die sich immer wieder neu gegen den Verdacht richtet, daß das Volk wie der Einzelne total den wirren Entwicklungen und Konstellationen lediglich weltlicher Gegebenheiten, also dem Chaos, ausgeliefert sein könnte. Solchem Verdacht setzte man entgegen, daß sich Jahwes weltüberlegenes Wirken zu Gunsten Israels als ein im Gang befindlicher, geordneter, wiewohl noch zu vollendender Prozeß denken und entsprechend in der bisherigen Geschichte aufzeigen lasse.

Literaturverzeichnis

Die bibliographischen Abkürzungen richten sich nach S. SCHWERTNER, Theologische Realenzyklopädie. Abkürzungsverzeichnis, Berlin—New York 1976.

AURELIUS, E., Der Fürbitter Israels. Eine Studie zum Mosebild im Alten Testament, CB.OT 27, Stockholm 1988.

ACKROYD, P. R., Exile and Restoration. A Study of Hebrew Thought of the Sixth Century B C, London 1968 (= Exile).

BARTON, J., Begründungsversuche der prophetischen Unheilsankündigung im Alten Testament, in: EvTh 47, 1987, S. 427—435.

BARTELMUS, R., Textkritik, Literaturkritik und Syntax. Anmerkungen zur neueren Diskussion um Ez 37,11, in: BN 25, 1984, S. 55—64 (= BN 25).

—, Ez 37,1—14, die Verbform weqatal und die Anfänge der Auferstehungshoffnung, in: ZAW 97, 1985, S. 366—389 (= ZAW 97)

BECKER, J., Erwägungen zur ezechielischen Frage, in: FS Schreiner, Künder des Wortes, Würzburg 1982 (hg. von L. Ruppert, P. Weimar und E. Zenger), S. 137—149 (= Erwägungen).

—, Ez 8—11 als einheitliche Komposition in einem pseudepigraphischen Ezechielbuch, in: BEThL LXXIV, Leuven 1986, S. 136—150 (= BEThL).

BEGG, Chr., The Idendity of the Princes in Ezekiel 19: Some Reflections, in: EThL LXV 1989, S. 358—369 (= Identity).

—, The Reading in Ez 19,7a: A Proposal, EThL LXV, 1989, S. 370—380 (EThL LXV).

BERTHOLET, A., Hesekiel, HAT I,13, Tübingen 1936[2].

BETTENZOLI, G., Geist der Heiligkeit. Traditionsgeschichtliche Untersuchung des QDS-Begriffs im Buch Ezechiel, QuSem 8, Florenz 1979.

BEYERLIN, W., (Hg) Religionsgeschichtliches Textbuch zum Alten Testament, ATD Ergänzungsreihe Bd. 1, Göttingen 1975 (= BEYERLIN [Hg.]RTAT).

BLOCK, D. I., Gog and the pouring out of the spirit. Reflections on Ezekiel XXXIX 21—9, in: VT XXXVII, 1987, S. 257—270.

van den BORN, A., Ezechiel, De boeken van het Oude Testament 11,1, Roermond 1954.

BROWNE, L. E., Ezekiel and Alexander, London 1952.

BROWNLEE, W. E., Ezekiel 1—19, World Biblical Commentary 28; Word Books, Waco, TX, 1986.

BULTMANN, R., Die Geschichte der synoptischen Tradition, FRLANT 29, Göttingen 1964[6].

CAGNI, L., The Poem of Erra, Sources from the Ancient Near East, Vol. 1, fasc. 3 Malibu/ California 1974.

COOKE, G. A., A Critical and Exegetical Commentary on the Book of Ezekiel, ICC 26, Edinburgh 1936 [= 1951] (= Ezekiel).

DARR, K. P., The wall around paradise. Ezekielian ideas about the future, in: VT XXXVII, 1987, S. 271—280.

DAVIS, Ellen F., Swallowing the Scroll. Textuality and the Dynamics of Discourse in Ezekiel's Prophecy, JSOT Suppl. Ser. 78, Sheffield 1989.

DIETRICH, W., Prophetie und Geschichte. Eine reaktionsgeschichtliche Untersuchung zum deuteronomistischen Geschichtswerk, FRLANT 108, Göttingen 1972.

EBACH, J., Kritik und Utopie. Untersuchungen zum Verhältnis von Volk und Herrscher im Verfassungsentwurf des Ezechiel (Kap. 40—48), Diss. Hamburg 1972 (= Kritik).

EICHRODT, W., Der Prophet Hesekiel Kapitel 1—18, ATD 22,1, 4., unveränderte Auflage, Göttingen 1978 (= ATD 22,1).

—, Der Prophet Hesekiel Kapitel 19—48, ATD 22,2, 2., durchgesehene Auflage, Göttingen 1969 (= ATD 22,2).

EISSFELDT, O., Einleitung in das Alte Testament unter Einschluß der Apokryphen und Pseudepigraphen sowie der apokryphen- und pseudepigraphenartigen Qumran-Schriften, NTG, 3., neubearbeitete Auflage, Tübingen 1964 (= Einleitung).

ELLIGER, K., Ich bin der Herr — euer Gott, in: Kleine Schriften zum Alten Testament, hg. von H. Gese und O. Kaiser, ThB 32, München 1966, S. 211—231.

FOHRER, G., Die Hauptprobleme des Buches Ezechiel, BZAW 72, Berlin 1952.

—, Ezechiel, HAT 1. Reihe, Bd. 13, Tübingen 1955 (= Ezechiel).

FRITZ, V., Amosbuch, Amosschule und historischer Amos, in: Prophet und Prophetenbuch, FS für O. Kaiser zum 65. Geburtstag, hg. von V. Fritz, K.-F. Pohlmann und H.-C. Schmitt, BZAW 185, Berlin—New York 1989, S. 29—43 (= Amosbuch).

FUHS, H. F., Ezechiel 1—24, Echter Verlag Würzburg 1984.

—, Ezechiel 25—48, Echter Verlag Würzburg 1988.

—, Ez 24. Überlegungen zu Tradition und Redaktion des Ezechielbuches, in: BEThL LXXIV, Leuven 1986, S. 266—282 (= BEThL).

GARSCHA, J., Studien zum Ezechielbuch. Eine redaktionskritische Untersuchung von Ez 1—39, EHS.T 23, Bern/Frankfurt 1974 (= Studien).

GERSTENBERGER, E., Der klagende Mensch. Anmerkungen zu den Klagegattungen in Israel, in: Probleme biblischer Theologie, FS G. von RAD zum 70. Geburtstag, hg. v. H. W. WOLFF, München 1971, S. 64—72 (= Der klagende Mensch).

—, »Gemeindebildung« in Prophetenbüchern? Beobachtungen und Überlegungen zum Traditions- und Redaktionsprozeß prophetischer Schriften, in: Prophet und Prophetenbuch, FS für O. Kaiser zum 65. Geburtstag, hg. von V. Fritz, K.-F. Pohlmann und H.-C. Schmitt, BZAW 185, Berlin—New York 1989, S. 44—58.

GÖSSMANN, P. F., Das Era-Epos, Würzburg 1955.

GREENBERG, M., Ezekiel 1—20, The Anchor Bible, 22, Garden City, New York, 1983 (= Ezekiel 1—20).

—, Ezekiel 17: A Holistic Interpretation, in: JAOS 103, 1983, S. 149—154.

—, What Are Valid Criteria for Determining Inauthentic Matter in Ezekiel?, in: BEThL LXXIV, Leuven 1986, S. 123—135.

HAAG, Ernst, Ez 31 und die alttestamentliche Paradiesvorstellung, in: Wort, Lied und Gottesspruch, Bd. II, FS Ziegler, hg. von J. SCHREINER, FzB 2, Würzburg, 1972, S. 171—178 (= Ez 31).

HARDMEIER, Chr., Kritik der Formgeschichte auf texttheoretischer Basis am Beispiel der prophetischen Weheworte. Die prophetischen Klagerufe als Stilform der Redeeröffnung im Rahmen einer unheilsprophetischen Trauermetaphorik, Diss. Heidelberg 1975; gedruckt: Texttheorie und biblische Exgese, Kaiser-Verl. 1977 (= Texttheorie).

HERMISSON, H.-J., Jeremias Wort über Jojachin, in: Werden und Wirken des Alten Testaments. Festschrift für Claus Westermann zum 70. Geburtstag, hg. von R. ALBERTZ, H.-P. MÜLLER u. a., Göttingen 1980, S. 252—270.

HERNTRICH, V., Ezechielprobleme, BZAW 61, Gießen 1932.

HERRMANN, J., Ezechiel, KAT 11, 1924.

HERRMANN, S., Die prophetischen Heilserwartungen im Alten Testament. Ursprung und Gestaltwandel, BWANT 85, Stuttgart 1965 (= Heilserwartungen).

HÖFFKEN, P., Beobachtungen zu Ezechiel XXXVII 1—10, in: VT XXXI, 1981, S. 305— 317 (= VT XXXI).

HÖLSCHER, G., Hesekiel. Der Dichter und das Buch, Giessen 1924.

HORST, Fr., Exilsgemeinde und Jerusalem in Ez VIII—IX, in: VT III, 1953, S. 337—360.

—, Hiob, BK XVI/1, Neukirchen 1969.

HOSSFELD, L.-F., Untersuchungen zu Komposition und Theologie des Ezechielbuches, FzB 20, Würzburg 1977 (= Untersuchungen).

—, Probleme einer ganzheitlichen Lektüre der Schrift. Dargestellt am Beispiel Ez 9—10, in: ThQ 167, 1987, S. 266—277.

—, Die Tempelvision Ez 8—11 im Licht unterschiedlicher methodischer Zugänge, in BEThL LXXIV, Leuven 1986, S. 151—165 (= BEThL).

JAHNOW, H., Das hebräische Leichenlied im Rahmen der Völkerdichtung, BZAW 36, Gießen 1923 (= Leichenlied).

JEREMIAS, J., Der Prophet Hosea, ATD 24,1, Göttingen 1983.

JOYCE, P., Divine Initiative and Human Response in Ezekiel, Journal for the Study of the Old Testament Supplement Series 51, Sheffield 1989, JSOT Press.

KAISER, O., Das Buch des Propheten Jesaja. Kapitel 1—12, ATD 17, 5., völlig neubearbeitete Auflage, Göttingen 1981 (= Jesaja 1—12).

—, Der Prophet Jesaja. Kapitel 13—39, ATD 18, 3., durchgesehene Auflage, Göttingen 1983 (= Jesaja 13—39).

—, Einleitung in das Alte Testament, 4. Auflage, Gütersloh 1978.

—, Klagelieder, ATD 16,2, 3., neubearbeitete Auflage, Göttingen 1981 (= Klagelieder).

—, Geschichtliche Erfahrung und eschatologische Erwartung. Ein Beitrag zur Geschichte der alttestamentlichen Eschatologie im Jesajabuch, in: NZSTh 15, 1973, S. 272—285 (= WdF CDLXXX [hg. v. H. D. PREUSS], S. 444—461; ferner: KAISER, O., Von der Gegenwartsbedeutung des alten Testaments. Ges. Stud. zur Hermeneutik und zur Redaktionsgeschichte, hg. v. V. FRITZ, K.-F. POHLMANN u. H.-C. SCHMITT, Göttingen 1984, S. 167—180).

—, Einleitung in das Alte Testament, 5., grundlegend überarbeitete Aufl., Gütersloh 1984.

KEEL, O., Die Welt der altorientalischen Bildsymbolik und das Alte Testament. Am Beispiel der Psalmen, Zürich u. a. 1980³ (= Bildsymbolik).

KILIAN, R., Überlegungen zur alttestamentlichen Eschatologie, in: Eschatologie. Bibeltheologische und philosophische Studien zum Verhältnis von Erlösungswelt und Wirklichkeitsbewältigung, in: FS für E. NEUHÄUSLER, hg. v. R. KILIAN u. a., St. Ottilien 1981, S. 23—39.

KILPP, N., Eine frühe Interpretation der Katastrophe von 587, in: ZAW 97, 1985, S. 210—220 (= ZAW 97).

KOCH, K., Art. »ṣdq gemeinschaftstreu/heilvoll sein«, in: THAT II, Sp. 507—530.

KRAUS, H. J., Psalmen. 1. Teilband, BK XV/1, Neukirchen 1966, 3. Auflage (= Psalmen 1).

—, Psalmen. 2. Teilband, BK XV/2, Neukirchen 1966, 3. Auflage (= Psalmen 2).

KRIEG, M., Todesbilder im Alten Testament, AThANT 73, Zürich 1988 (= Todesbilder).

KRÜGER, Th., Geschichtskonzepte im Ezechielbuch, BZAW 180, Berlin—New York 1989 (= Geschichtskonzepte).

KUHL, C., Der Schauplatz der Wirksamkeit Hesekiels, in: ThZ 8, 1952, Sp. 401—418.

KUTSCH, E., Die chronologischen Daten des Ezechielbuches, OBO 62, Freiburg/Göttingen 1985 (= Daten).

LANG, B., Ezechiel, EdF 153, Darmstadt 1981 (= EdF).

—,   Kein Aufstand in Jerusalem, SBB, Stuttgart 1978 (= Aufstand).

LAUHA, A., Kohelet, BK XIX, Neukirchen 1978.

LEVIN, Chr., Die Verheißung des neuen Bundes, FRLANT 137, Göttingen 1985 (= Verheißung).

—,   Noch einmal: die Anfänge des Propheten Jeremia, in: VT XXXI, 1981, S. 428—440.

LIWAK, R., Überlieferungsgeschichtliche Probleme des Ezechielbuches. Eine Studie zu postezechielischen Interpretationen und Kompositionen, Diss. Bochum, 1976 (= Probleme).

LOHFINK, N., Die Priesterschrift und die Geschichte, VTS XXIX, 1978, S. 189—225.

LUST, J., Ez., XX, 4—26 une parodie de l'histoire religieuse d'Israel, BEThL XXIV, 1969, S. 127—166.

—,   Ezekiel 36—40 in the Oldest Greek Manuscript, in: CBQ 43, 1981, S. 517—533 (= CBQ 43).

—,   »Gathering and Return« in Jeremiah and Ezekiel, in: BEThL LIV, Leuven 1981, S. 119—142 (= BEThL LIV).

—,   (ed.), Ezekiel and His Book. Textual and Literary Criticism and Their Interrelation, BEThL LXXIV, Leuven 1986.

—,   The Final Text and Textual Criticism: Ez 39,28:, in: BEThL LXXIV, Leuven 1986, S. 48—54.

MAARSINGH, B., Das Schwertlied in Ez 21,13—22 und das Erra-Gedicht, BEThL LXXIV, 1986, S. 350—358.

McGREGOR, L. J., The Greek Text of Ezekiel. An Examination of its Homogeneity, Atlanta 1985.

McKANE, W., A Critical and Exegetical Commentary on Jeremiah, Vol. I, Introduction and Commentary on Jeremiah I—XXV, ICC, Edinburgh 1986 (= Jeremiah).

—,   Proverbs. A. New Approach, OTL, London 1970.

McCULLOUGH, W. S., Israels Eschatologie von Amos bis zu Daniel, in: WdF CDLXXX (hg. v. H. D. PREUSS), S. 394—414.

MESSEL, Ezechielfragen, SNVAO.HF 1945, No. 1, Oslo 1945.

MILLER, P. D., Trouble and Woe. Interpreting the Biblical Laments, in: Interpretation 37, 1983, S. 32—45.

MOSIS, R., Ez 14,1—11 — ein Ruf zur Umkehr, in: BZ 19, 1975, S. 161—194.

—,   Das Babylonische Exil Israels in der Sicht christlicher Exegese, in: Exil, Diaspora, Rückkehr. Zum theologischen Gespräch zwischen Juden und Christen, hg. von R. MOSIS, Düsseldorf 1978, S. 55—77.

NEUMANN, P. H. A., Das Prophetenverständnis in der deutschsprachigen Forschung seit Heinrich Ewald (hg. von P. H. A. NEUMANN), WdF CCCVII, Darmstadt 1979.

NÖTSCHER, Fr., Prophetie im Umkreis des alten Israel, in: BZ 10, 1966, S. 161—197.

—,   Das Buch Jeremias, HSAT VII/2, 1934.

OSSWALD, E., Aspekte neuerer Prophetenforschung, in: ThLZ 109, 1984, Sp. 641—650.

Perlitt, L., Bundestheologie im Alten Testament, WMANT 36, Neukirchen 1969.

—,   Anklage und Freispruch Gottes. Theologische Motive in der Zeit des Exils, in: ZThK 69, 1972, S. 290—303 (= Anklage).

—,   Jesaja und die Deuteronomisten, in: Prophet und Prophetenbuch, FS für O. Kaiser zum 65. Geburtstag, hg. von V. Fritz, K.-F. Pohlmann und H.-C. Schmitt, BZAW 185, Berlin—New York 1989, S. 133—149 (= BZAW 185).

PLÖGER, O., Theokratie und Eschatologie, WMANT 2, 3. Auflage, Neukirchen 1968.

—,   Sprüche Salomos, BK XVII, Neukirchen 1984.

PODELLA, T., Ein mediterraner Trauerritus, in: UF 18, 1986, S. 263—269.

POHLMANN, K.-F., Studien zum Jeremiabuch. Ein Beitrag zur Frage nach der Entstehung des Jeremiabuches, FRLANT 118, Göttingen 1978 (= Studien).

—,   Die Ferne Gottes — Studien zum Jeremiabuch. Beiträge zu den »Konfessionen« im Jeremiabuch und ein Versuch zur Frage nach den Anfängen der Jeremiatradition, BZAW 179, Berlin—New York 1989 (= Die Ferne Gottes).

—,   Zur Frage nach den ältesten Texten im Ezechielbuch — Erwägungen zu Ez 17, 19 und 31, in: Prophet und Prophetenbuch, FS für O. Kaiser zum 65. Geburtstag, hg. von V. Fritz, K.-F. Pohlmann und H.-C. Schmitt, BZAW 185, Berlin—New York 1989, S. 150—172.

PONS, J., Le vocabulaire d'Ez 20, BEThL LXXIV, S. 214—233.

PREUSS, H. D., Eschatologie im Alten Testament (hg. v. H. D. PREUSS), WdF CDLXXX, Darmstadt 1978.

—,   Jahweglaube und Zukunftserwartung, BWANT 87, Stuttgart 1968.

—,   Jahweglaube als Zukunftserwartung, in: WdF CDLXXX (hg. v. H. D. PREUSS), S. 293—305 (= Jahweglaube und Zukunftserwartung, BWANT 87, Stuttgart 1968, S. 205—214).

RAD, G. von, Das fünfte Buch Mose. Deuteronomium, ATD 8, Göttingen 1968^2.

RENDTORFF, R., Das Alte Testament. Eine Einführung, Neukirchen 1983 (= Einführung).

—,   Ez 20 und 36,16 ff. im Rahmen der Komposition des Buches Ezechiel, BEThL LXXIV, S. S. 260—265 (= BEThL).

ROOKER, M. F., Biblical Hebrew in Transition. The Language of the Book of Ezekiel (Journal for the Study of the Old Testament Supplement Series 90), Sheffield 1990, JSOT Press.

RUDOLPH, W., Jeremia, HAT 1. Reihe, 12, 3., verbesserte Auflage, Tübingen 1968 (= Jeremia).

—,   Micha-Nahum-Habakuk-Zephanja, KAT XIII,3, Gütersloh 1975 (= Zephanja etc.).

SCHENKER, A., Saure Trauben ohne stumpfe Zähne. Bedeutung und Tragweite von Ez 18 und 33,10—20 oder ein Kapitel alttestamentlicher Moraltheologie, in: Mélanges Dominique Barthélemy, hg. von P. CASETTI, O. KEEL u. A. SCHENKER, OBO 38, Göttingen 1981, S. 449—470 (= Saure Trauben).

SCHMID, H. H., šalôm »Frieden« im Alten Orient und im Alten Testament, SBS 51, Stuttgart 1971.

—,   Altorientalische Welt in der alttestamentlichen Theologie, Zürich 1974 (= AW).

SCHMIDT, W.H., Zukunftsgewißheit und Gegenwartskritik. Grundzüge prophetischer Verkündigung, BS 64, Neukirchen-Vluyn 1973 (= Zukunftsgewißheit).

—,   Die prophetische »Grundgewißheit«. Erwägungen zur Einheit prophetischer Verkündigung, in: EvTh 31, 1971, S. 630—650 (= WdF CCCVII, hg. v. P. H. A. NEUMANN, Darmstadt 1979, S. 537—564).

—,   Exodus, BK II,1, Neukirchen 1988.

SCHMITT, H.-C., Prophetie und Schultheologie im Deuterojesajabuch. Beobachtungen zur Redaktionsgeschichte von Jes 40—55*, in: ZAW 91, 1979, S. 43—61 (= Schultheologie).

SCHOTTROFF, W., Jeremia 2,1—3. Erwägungen zur Methode der Prophetenexegese, in: ZThK 67, 1970, S. 263—294 (= ZThK 67).

SCHULZ, H., Das Todesrecht im Alten Testament, BZAW 114, Berlin 1969 (= Todesrecht).

SCHUNCK, Kl.-D., Eschatologie der Propheten des Alten Testments, in: WdF CDLXXX (hg. v. H. D. PREUSS), S. 462—480.

SCHWEIZER, H., Der Sturz des Weltenbaumes (Ez 31) — literarisch betrachtet, in: ThQ 165, 1985, S. 197—213 (= ThQ 165).

—, Die vorhergesehene Katastrophe. Der Sturz des Weltenbaumes (Ez 31), in: »... Bäume braucht man doch!«. Das Symbol des Baumes zwischen Hoffnung und Zerstörung, hg. v. H. Schweizer, Sigmaringen 1986, Jan Thorbecke Verlag (= Katastrophe).

SEDLMEIER, Fr., Studien zu Komposition und Theologie von Ezechiel 20, SBB 21, Stuttgart 1990.

SEITZ, Chr. R., The Crisis of Interpretation over the Meaning and Purpose of the Exile. A Redactional Study of Jeremiah XXI—XLIII, VT XXXV, 1985, S. 78—95.

—, Theology in Conflict. Reactions to the Exile in the Book of Jeremiah, BZAW 176, Berlin—New York 1989 (= Conflict).

SELLIN, E. — FOHRER, G., Einleitung in das Alte Testament, 10. Auflage, Heidelberg 1965.

SIMIAN, H., Die theologische Nachgeschichte der Prophetie Ezechiels. Form- und traditions- geschichtliche Untersuchung zu Ez 6; 35; 36, FzB 14, Würzburg 1974 (= Nachge- schichte).

SIMIAN-YOFRE, H., Ez 17,1—10 como enigma y parábola, in: Bib. 65, 1984, S. 27—43.

SMEND, R., Die Entstehung des Alten Testaments, ThW 1, Stuttgart 1978 (= Entstehung).

—, Artikel »Eschatologie II«, TRE Bd. 10, S. 256—264.

—, Die Bundesformel, ThSt(B) 68, Zürich 1968 [= Die Bundesformel, in: Die Mitte des Alten Testaments, Gesammelte Studien Band 1, BEvTh 99, München 1986, S. 11— 39].

von SODEN, W., Reflektierte und konstruierte Mythen in Babylonien und Assyrien, StOr 55,4, Helsinki 1984, S. 149—157.

SPIECKERMANN, H., Heilsgegenwart. Eine Theologie der Psalmen, FRLANT 148, Göttingen 1989.

STECK, O. H., Israel und das gewaltsame Geschick der Propheten. Untersuchungen zur Überlieferung des deuteronomistischen Geschichtsbildes im Alten Testament, Spätju- dentum und Urchristentum, WMANT 23, Neukirchen 1967 (= Israel).

—, Das Problem theologischer Strömungen in nachexilischer Zeit, in: EvTh 28, 1968, S. 445—458.

STADE, B., Geschichte des Volkes Israel, Bd. I, Berlin 1887.

STOLZ, F., Psalm 22: Alttestamentliches Reden vom Menschen und neutestamentliches Reden von Jesus, in: ZThK 77, 1980, S. 129—148 (= Psalm 22).

—, Monotheismus in Israel, in: Monotheismus im Alten Israel und seiner Umwelt, BiBe 14, 1980, hg. von O. KEEL, S. 143—189.

—, Der Streit um die Wirklichkeit in der Südreichsprophetie des 8. Jahrhunderts, in: WuD 12, 1973, S. 9—30.

—, Psalmen im nachkultischen Raum, ThSt 129, Zürich 1983.

TÄNGBORG, K. A., Die prophetische Mahnrede, FRLANT 143, Göttingen 1987.

THIEL, W., Die deuteronomistische Redaktion von Jeremia 1—25, WMANT 41, Neukirchen 1973 (= Redaktion 1—25).

—, Die deuteronomistische Redaktion von Jeremia 26—45, WMANT 52, Neukirchen 1981 (= Redaktion 26—45).

VEIJOLA, T., Verheißung in der Krise. Studien zur Literatur und Theologie der Exilszeit anhand des 89. Psalms, Helsinki 1982.

—, Das Klagegebet in Literatur und Leben der Exilsgeneration am Beispiel einiger Prosatexte, in: VTS XXXVI, Leiden 1985, S. 286—307 (= Klagegebet).

—, Die Propheten und das Alter des Sabbatgebots, in: Prophet und Prophetenbuch. Festschrift für Otto Kaiser zum 65. Geburtstag, hg. von V. Fritz, K.-F. Pohlmann, H.-C. Schmitt, BZAW 185, Berlin—New York 1989, S. 246—264.

Vogt, E., Untersuchungen zum Buch Ezechiel, AnBib 95, Rom 1981.

Wanke, G., Untersuchungen zur sogenannten Baruchschrift, BZAW 122, Berlin 1971 (= Baruchschrift).

—, Zu Grundlagen und Absicht prophetischer Sozialkritik, in: KuD 18, 1972, S. 2—17.

—, »Eschatologie«, Ein Beispiel theologischer Sprachverwirrung, in: KuD 16, 1970, S. 300—312, wiederabgedruckt in: WdF CDLXXX (hg. v. H. D. Preuss), S. 342—360.

—, Jeremias Ackerkauf: Heil im Gericht?, in: Prophet und Prophetenbuch, FS für Otto Kaiser zum 65. Geburtstag, hg. von V. Fritz, K.-F. Pohlmann, H.-Chr. Schmitt, BZAW 185, Berlin—New York 1989, S. 265—276 (= Jeremias Ackerkauf).

Weippert, M., Assyrische Prophetien der Zeit Assarhaddons und Assurbanipals, in: Assyrian Royal Inscriptions: New Horizons in literary, ideological, and historical analysis, ed. by F. M. Fales, Orientis Antiqvi Collectio — XVII, Rom 1981, S. 71—115.

—, Die Bildsprache der neuassyrischen Prophetie, in: H. Weippert, Kl. Seybold, M. Weippert, Beiträge zur prophetischen Bildsprache in Israel und Assyrien, OBO 64, Göttingen 1985, S. 55—93.

Werner, W., Studien zur alttestamentlichen Vorstellung vom Plan Jahwes, BZAW 173, Berlin—New York 1988 (= Plan Jahwes).

Westermann, C., Das Buch Jesaja. Kapitel 40—66, ATD 19, 4., ergänzte Auflage, Göttingen 1981 (= Jesaja 40—66).

—, Genesis, BK I,3, Neukirchen 1982.

Wildberger, H., Jesaja, BK X/1, Neukirchen 1972 (= Jesaja 1).

—, Jesaja, BK X/2, Neukirchen 1978 (= Jesaja 2).

—, Jesaja, BK X/3, Neukirchen 1982 (= Jesaja 3).

Wilson, R. R., The Death of the King of Tyre: The Editorial History of Ezekiel 28, in: Marks, J. H., Good, R. M. (Eds.), Love & Death in the Ancient Near East. Essays in Honour of M. H. Pope, Guilford 1987, S. 211—218.

Wolff, H. W., Dodekapropheton 1, Hosea, BK XIV/1. 2. Auflage, Neukirchen 1965 (= Hosea).

—, Dodekapropheton 2, Joel und Amos, BK XIV/2, Neukirchen 1969 (= BK XIV/2).

—, Dodekapropheton 4, Micha, BK XIV/4, Neukirchen 1982.

—, Einführung in die klassische Prophetie (Unveröffentlichte deutsche Vorlage von »Prophecy from the Eighth through the Fifth Century«, in: Interpretation XXXII, 1978, S. 17—309), in: Wolff, H. W., Studien zur Prophetie, München 1987, S. 9—24.

Würthwein, E., Die Bücher der Könige, 1. Kön. 17 — 2. Kön. 25, ATD 11,2, Göttingen 1984 (= Könige).

Zimmerli, W., Ezechiel 1—24, BK XIII/1, Neukirchen 1969 (= Ezechiel 1—24).

—, Ezechiel 25—48, BK XIII,2, Neukirchen 1969 (= Ezechiel 25—48).

—, Erkenntnis Gottes nach dem Buche Ezechiel, 1954, in: ders., Gottes Offenbarung. Gesammelte Aufsätze, München 1963, S. 41—119.

—, Das Wort des göttlichen Selbsterweises (Erweiswort), eine prophetische Gattung, in: ders., Gottes Offenbarung, Gesammelte Aufsätze, München 1963, S. 120—132.

Stellenregister

Gen

17,7.8 69
18,19 227
34 214
49,9 . . . . 144, 190

Ex

3,3 224
6 69
6,3 69
6,7 a 69
6,8 69
6,9 69
27,19 172
29,45 69
32,10 ff. 82, 83
32,12 ff. 71
32,12 70
32,12 ff. 70
35,18 172
38,20 172
39,40 172

Lev

17,8.10.13 8
17,10 8
20,2 8
20,3.5.6 8
20,3.6 8
21,13 f. 214
22 64
22,12 234
23,40 175
26,27 8
26,39 242

Num

3,37 172
4,32 172
14.13 . . . . 70, 71
14,16 . . . . 70, 82, 83

18,10 234
23,24 . . . . 144, 190
24,7 174
24,9 . . . . 144, 190

Dtn

1,27 70
9,7 ff. 209
9,26 ff. 70, 71
9,28 . . . . 70, 82, 83
18,18 130
18,21 130
24,15 17
32,27 . . . . 70, 71, 82, 83
33,20 144

Jos

7 237
7,8 f. 82, 83
7,8 − 10 . . . . 70, 71
9,9 . . . . 72, 83
23,8 209
24,14 f. 209

Jdc

6,13 70
9,12 f. 154, 165, 190

I Sam

8,8 209
9,9 251

II Sam

1,17 − 27 149
1,19 147
1,23 . . . . 144, 147, 190
1,26 145
3,31 − 34 195
3,34 145
8,15 227
20,19 140

21 237
21,14 237
24,11 251
24,25 237

I Reg

2,43 224
10,9 227
20,6 17
22,38 214

II Reg

4,16.33 251
17,7 − 23 208
17,13 f. 94
21,14 f. 209
23,33 f. 143
24,15 ff. 143, 169
25 15
25,1 − 7 170
25,14 − 16 36
25,21 36
25,27 37
25,27 − 30 173

II Chr

3,17 ff. 170
36,19 141

Esr

9,6 f.13 233

Neh

9,10 72,83

Est

2,6 36

I Makk

3,4 . . . . 144, 147, 190

Job

1,5 236
4,10 f. 150
5,3 f. 238
5,4 235
7,15 114
8,11 − 13 163
18,17.19 235
27,13 − 15 235
29,9 29

Ps

1,3 . . . . 41, 152, 175
15,1 172
22,15 f. 116
22,15.16 114
24,4 17
25,1 17
27,5.6 172
30,4 116
31,11 114
38,14 29
39,3.10 30
44,14 ff. 71
44,26 115
48,3 17
61,5 172
72,1 ff. 228
74,4.10 71
79 115
79,10 70
80,7 71
80,9 ff. 154, 156, 165
80,11 175
80,13 f. 165
85,7 . . . . 117, 127
86,4 17
88,6 . . . . 114, 116
88,11 ff. 148
89,42.51 f 71
89,50 70
92,14 41
102 115
104,17 41
104,29.30 117
106,6 233
109 236
109,6 ff 235, 239

109,14 236
110,2 154
115,2 70
115,17 f 148
116,3 115
137 . . . . 250, 252
143,8 17

Prov

13,22 235
14,12 237
14,26 235
16,12 228
16,18 . . . . 198, 219
16,25 237
17,6 235
17,19 . . . . 198, 219
18,12 . . . . 198, 219
20,7 235
20,28 228
21,3 227
25,5 228
27,18 234
29,4.14 228
31,5.9 228

Cant

4,4 171

Jes

1,1 251
1,21 . . . . 213, 214, 215
1, 21 − 23 a 215
2,12 ff. 198, 219, 250
5, 1 ff. 165
5,1 − 2 160
5,1 − 6 160
9,6 227
10,8 − 11 163
10,15 163
10,16 − 19 166
10,33 . . . . 198, 219, 250
10,33 f. 166
10,34 . . . . 185, 190
11,1 ff. 185, 190
11,1 166
11,3.15 114
11,11 − 16 247

12,22.27 114
13,6.22 103
13,10 114
14 . . . . 198, 219
14,5 152
14,7.15 86
14,9 115
14,12 191
16,6 ff. 164
16,8 ff 167
16,8 f. 165
16,8 − 10 191
22,20 − 25 171
22,24 f. 171
23,14 17
23,15 213
28,23 − 29 163
33,20 172
35,6 30
35,8 − 10 247
37,24 166
40,2 74
40,9 40
40,22 ff. 219
40,27 ff. 117
40,27 115
42,5 ff. 117
42,5 . . . . 117, 127
43,22 − 28 74
43,25 74
44,1 − 4 117
44,14 ff. 162
45,18 . . . . 117, 127
46,9 − 11 252
46,13 103
47,8 213
48 . . . . 74, 75, 77, 133
48,1 74
48,1 − 11 74
48,3 − 6 a 74
48,6 b − 11 74
48,8 b − 10 74
48,9 74
49,14 ff 117
49,14 . . . . 114, 115
49,18 213
50,1 140
50,8 103

51,5 103
52,15................. 29
53,7 29
53,8 114
54,1 ff. 213
54,2 172
56,1 227
56,10 f............. 32
57,7 40
57,16............... 117
58,2 227
58,3 115
59,10........... 117, 127
60,15................. 17
62,10−12........... 247
62,3.5 17
62,5 213
63,11.15 70
63,12.14 .... 72, 83
64,10................. 17
66,10................. 17
66,20............... 247

Jer

1,11.13 110
1,18 53
2,1−3............... 209
2,5 ff. 238
2,6 70
2,14−19............. 210
2,20 216
2,21 .... 154, 156, 164, 165
2,23 ff. 205
2,26 53
2,31−37............. 210
3 .... 205, 208
3,1−5............... 208
3,1−5.6−13 208
3,6 ff. 208, 209
3,6 216
3,13 205
3,25 233
4,9 53
4,30 f. 213
6,2 152
6,9 .... 154, 164
6,17 f.............. 32
6,22 f. 185

7,25 209
7,25 f. 238
8,18−23............. 195
8,22 224
9,16−21............. 195
10,12−16............ 185
11,7 f. 209
11,10............... 238
11,16............... 167
13,1 ff. 163
13,26.27 205
14,9 83
14,17............... 213
14,20............... 233
14,21............... 70
16,11 f. 238
17,6 f. 152
17,8 41,175
21,3 227
21,11 ff. 53, 174
21,11 f. 226
21,11−23,6 ..... 226, 228
22 .... 227−231, 240
22,1−5............. 226
22,2 227
22,6 f. 185, 190
22,6 201
22,6−29............. 174
22,6−7.............. 164
22,10............... 144
22,13 ff. 220
22,13−19............ 226
22,15........... 227−229
22,16............... 227
22,17............... 227
22,20−23 ...... 185, 190
22,24............... 170
22,24−28............ 192
22,24.28............ 171
22,24−30*.......... 173
22,24−30.... 170, 172, 174
22,25−27............ 170
22,28....... 144, 153, 170
23,1−8.............. 109
23,5 227
23,9 ff. 53
23,27............... 238
24 ...... 161, 106, 180, 200

24,3 110
24,4.8 160
24,5 .... 37, 42
24,7 106
24,8−10............. 40
24,9 .... 43, 120
25.................. 13
25,1 13
25,9 85
27 .... 196, 199
27,11............... 116
27,12 f. 197
27,20............... 170
28,4 .... 37, 170, 173
28,6 36
29 52
29,1.4.16.31 36
29,22............... 37
30,19............... 110
31,15−17....... 115, 117
31,18−20............ 117
31,27............... 110
31,29 ff. 117
31,29 ..... 115, 231, 234
32*.............. 31, 106
32,15............... 169
32,18............... 233
32,20............. 72, 83
32,22 f. 209
32,23............... 209
32,31............... 209
32,36 f. 106
32,42............... 104
33,10 ff. 117
33,15............... 227
33,23 ff. 117
34,16............... 64
36 .... 13, 129
36,1 13
37,13*.............. 197
38,2 .... 117, 127
38,2.17−20.......... 197
38,3 ff. 197
38,22............... 145
38,24 ff. 197
39,1 .... 11, 13
40 ff................. 9
40 172

40,9 ff. 197
41,1 ff. 172, 197
42,1 ff. 110, 117, 127
42,10 .... 117, 127, 169
42,13 ff. 197
44,14 17
44,27 f. 37
46,1 f. 13
46,22 ff. 167
48,16 103
48,17 154
48,31−33* 191
48,32 164
49,19−21 185
50,3.9 85
50,12 140
50,41−43 185
50,44−46 185
51,15−19 185
51,48 85
52,4 .... 11, 13

Thr
1 157
1,9 71
1,10 17
1,13 .... 117, 127
2,1.15 17
2,4 17
2,4,6 172
2,9 172
2,13 152
3,4 ff. 117, 127
3,29 30
3,42 ff. 117, 127
3,42 233
3,45 f. 71
3,54 114
4,8 114
4,12 155
5,1 ff. 117, 127
5,7 .... 225, 235, 236

Bar
2,11 ff. 72

Ez
1−3* 107, 122
1−3 .... 3, 36

1,1−3 .... 121, 129
1,1−3* 44, 91, 121
1,1−3,15 89
1,1−36, 23 a.bα 86
1,2 .... 37, 170
1,3 88
1,3 ff. ... 44, 89, 90, 93, 129
1,3 b 89, 110
1,3 b ff. 91
1,5−27,28 aβ 95
1,28 .... 89, 90, 95
2,1 95
2,1 f. 95
2,3 .... 89, 90
2,3 ff. 49, 50, 91
2,3−7 .... 90−94
2,4 90
2,5 b 94
2,5.6.7.8 36
2,5−8 93
2,6 90
2,7 .... 89, 90
2,8 90
2,8 b 95
2,8 ff. 94
2,8−3,3* 93
2,8−3,3 .... 92, 95
2,9 ff. 95, 129
2,9 95
2,10 .... 129, 140
3 221
3,1 .... 89, 91
3,2 95
3,4 ff. 49, 91
3,4 .... 89, 90
3,4−9 .... 90, 92−94
3,7 .... 90, 93, 94
3,7 b 90
3,7−9 50
3,9 .... 36, 90, 93
3,10 f. 50, 90
3,10 ff. 5, 91
3,10−14 93
3,10−15* 93
3,10−16* 44, 121
3,10−16 90
3,10−16 a 24, 32
3,10−27 .... 25, 26

3,11 .... 89−91, 93
3,11 ff. 88,121
3,11.15 36
3,12 89
3,12 f. 90
3,12 ff. 91
3,12 ff.* 93
3,12−14 89
3,13 b 90
3,14 b 91
3,14.22 91
3,15 .... 89, 96
3,15 f. 91
3,15 f.* 93
3,16 b−21 ..... 24, 25
3,16−21.22−27..... 32, 33
3,16−21 ...... 47, 89
3,16 b−27 24
3,17 ff. 33
3,17−19 .... 21, 33
3,17−21.22−27....... 26
3,17−21 .... 29, 32, 33, 45, 126, 222, 243
3,20 221
3,22 113
3,22−27 .... 24, 25, 48, 50, 89, 134
3,23 89
3,25−27 .... 16, 20, 21, 23, 24, 28, 29, 32, 125
3,26 aα 16
3,26 .... 16, 25
3,26.27 36
4 125
4−7 3
4,1 ff. 19, 32
4,1 ff.* 12, 31
4,1−3 .... 125, 128
4,13 ... 48, 54, 77, 131, 134
4,17 .... 52, 242
5 .... 101, 103
5−7* 104, 105
5−7 99
5,3−4 10
5,5 ff. 50
5,5 f.7 49
5,7.8.10.11 159
5,8−15 49

5,9 99
5,10.12 39
5,11 . . . . 66, 99, 159
5,12 ff. 37
6* 119
6 78
6,1−7 49
6,2 ff. 50
6,7 50
6,8 . . . . 9, 37
6,8 f. 10
6,8 ff. 10
6,8−10 . . . . . 46, 48, 54, 77,
131, 134
6,11 ff. 50
6,12 39
6,13 50
6,14 7
7* . . 103, 105, 106, 107, 123,
125, 128
7 . . . . 49, 103, 105, 123
7,1 ff. 140
7,3 ff. 102
7,3 f. 99
7,3−9 49
7,4.9 50
7,5 37
7,7.8 103
7,8−9 99
7,13.26 103
7,20 . . . . 66, 99
7,20 ff.23 50
7,24 . . . . 17, 125
8 . . 3, 96, 98, 100−103, 106,
107, 122
8 ff. 98, 99
8−11* . . 107, 119, 121, 122
8−11 . . . . . 3, 5, 88, 96, 101
8,1 . . . . 89, 91, 94, 100, 110
8,1 b 98
8,1 ff. . . . 44, 49, 89, 99, 121
8,1 ff.* 99, 100
8,1−18* 101
8,1*.3* 104
8,1*.3*.5−18 101
8,3 100
8,4 97
8,5 ff. 100, 101

8,12 114
8,17 f. 99
8,18 b 101
8,18 a 100
8,18 99
9,1 103
9,1−11 99
9,1−11,13 49
9,8 39
9,9 . . . . 3, 114
9,10 99
10,1−22 101
10,22 97
11* 119, 126
11 . . . . 53, 50, 101, 111
11,1 ff.* 101, 104
11,1 97
11,1−13* 100, 103, 104,
106, 107, 123, 126, 128
11,1−13 . . . . 53, 104
11,1−13.14−21 97
11,1−14* 100
11,1−21 . . . . 98, 99, 104
11,1−21* 123
11,1.2 50
11,2 ff.* 102
11,2 ff. 102
11,2−13 . . . . 97, 98
11,3 ff. 117
11,10.12 50
11,13 . . . . 3, 39, 102
11,14 f. 8
11,14 ff. 4, 44, 105, 169
11,14 ff.* 123
11,14−17 52
11,14−20 . . . . 4, 46
11,14−21 . . 47, 49, 97, 102,
104, 105, 107, 247
11,14−21* . . . 103, 106, 134
11,15 . . . . . . 4, 102, 105, 119,
124, 161
11,15 ff. 117
11,16 131
11,16 f. 105
11,17 . . . . 37, 49, 52
11,17 f. 52
11,18.21 66
11,19 aα 106

11,19 . . . . 90, 102, 117
11,22−25 . . . . 100, 106
11,24 f. 36
11,24 b.25 101
11,24.25 49
11,25 96
12/13 103
12* 106
12 6
12,1 f. 8, 53
12,1 ff.* 31
12,1 ff. 50
12,1−14 . . . . 36, 48
12,1−16 . . . . 18, 36, 37, 39,
50, 53, 103, 125, 134, 247
12,2.3.9 50
12,3.4.6.11 48
12,3.4.7 50
12,5*.6*.7*.12*[13*?] 38
12,11 f. 10
12,11 . . . . 19, 50
12,11.15 f. 54, 131
12,12 ff. 10
12,13 f. 35, 36, 39, 40
12,13 201
12,13.14 . . . . 35, 203
12,14 . . . . 38, 39
12,15 f. . . . 37−39, 44, 48, 77
12,15 . . . . 10, 117
12,15−16 . . . . 25, 37
12,16 38
12,17−20 103
12,19 161
12,20 . . . . 7, 50
12,21 ff. 103, 107, 108,
117, 118, 125, 128
12,21 ff.* . . . . 103−105, 107,
125
12,21 f. 140
12,21−28 . . . . 6, 103
12,21−28* 103, 125
12,23 . . . . 103, 125
12,25 . . . . 36, 104
12,26 ff. 117
13 . . . . 6, 8, 52, 53
13,1 f. 8
13,1 ff. 103
13,1−16* 128

13,2 ff. 50
13,3 103
13,6−9.16.23 103
13,8 f. 53
13,8 aβ.9 53
13,9 .... 50, 52
13,14. 50
13,17 ff. 50
13,21.23 50
14 ... 5−7, 57, 67, 161, 174
14,1−3. ...... 8, 50, 51, 53
14,1−11* 57, 128
14,1−11 .... 6, 7, 56, 57, 67
14,1−11.12−20 45
14,1−20 ...... 10, 45, 139
14,1−20* 126
14,1−23 .... 7, 56
14,3−11 8
14,3−7.11 57
14,4 ff. 8
14,4 67
14,4−11 .... 67, 68
14,4−11.12−20 ..... 45, 56, 243
14,4.7 8
14,4/7 f.9. 67
14,5.6.11. 67
14,6 ff 67
14,6 .... 50, 51, 56
14,7 .... 8, 67, 244
14,8 .... 8, 50
14,8.9 .... 7, 57, 68
14,9 8
14,12−13 9
14,12−14 9
14,12−20 ... 6, 8, 9, 11, 33, 45, 50, 244
14,12−23 57
14,12 ff. 8, 9, 32, 57
14,13. .... 35, 56, 203
14,13.17.19 8
14,14. 9
14,15 f. 7, 9
14,15−20 9
14,17. 32
14,21 ff. 38, 140
14,21 b 9
14,21. .... 56, 126

14.21−23/15,6−8 ... 10, 11
14,21−23. ..... 4−11, 25, 36−39, 43, 45, 48, 50, 53, 55, 77, 243, 244
14,22 f. 37, 50
14,22. .... 6, 7, 9, 161
14,22.23 81
14,23 a 9
14,23. 10
15/16 175
15/17 175
15* 175, 176, 190
15 ... 6, 7, 42, 55, 138, 154, 158, 159, 173−176, 181, 217
15,1 f. 8
15,1−4 a 159
15,1−4* 55
15,1−4 126
15,1−5 45
15,1−7. 7
15,1−8 ...... 9, 43, 53, 168
15,2 161
15,2*−4 .... 166−175, 200
15,2−4 a 193, 196
15,2−4* 163, 193
15,2−5 .... 160, 161
15,3 b 171
15,4 ff. 154
15,4 b ff. 175
15,4 b 162
15,5 ff. 167
15,6 f. 7, 161
15,6 aγ,b. 7
15,6 160
15,6−7. 161
15,6.7 a 161
15,6−8.. 7, 11, 44, 45, 120, 121, 159, 161, 168, 174
15,7 f. 7
15,7 aα 7, 161
15,7 aβ 7, 160, 161
15,7 bα 160
15,7 .... 7, 50, 117
15,8 ... 4, 7, 9, 35, 175, 203
16*/17. 176
16 .. 175, 176, 205, 208, 211, 212, 214−216, 238

16,1−43. 208
16,2 60
16,3 140
16,3.44.45. 140
16,10−13* 216
16,10−14 214
16,15 ff. 205
16,29. .... 40, 177, 178
16,37. 125
16,42. 55
16,44 ff. 208
16,44. 235
16,44.45 140
16,44−63 .... 46, 47
16,63. 30
17/19[31*] 212
17* 184, 215, 231, 241
17 ... 40, 54, 138−140, 158, 174−176, 181, 184−186, 196, 197, 201, 210, 218, 225, 250
17,1 ff. 127, 175, 184
17,1 ff.* 12, 31, 203
17,1−3 aα.9 a 200
17,1−4 ..... 180, 183−185, 196, 199−201, 212
17,1−4.5−10 .... 184, 190
17,1−10. .... 139, 174, 176−178, 181, 183, 184, 190, 191, 216, 218, 228, 230, 241, 250, 251
17,1−10.11−15* 206
17,1−18. 42
17,1−21. ...... 34, 57, 203
17,3 ff. 41, 127
17, 3 f. 40, 42
17,3 184
17,3 aβ−4 178
17,3 bβ.4 a 42
17,3−4. 204
17,5 ff. 154, 190
17,5 .... 143, 174
17,5−10 ..... 138, 171, 174, 175, 176, 182, 183, 199, 200, 206, 210−213, 216, 218
17,5−6. .... 175, 178
17,5.6 bαγ.8.10 182

17,6 ff. 165, 169
17,6 aα 199
17,7 .... 175, 178
17,8 174
17,8.10 .... 41, 175
17,9 f. 165, 196
17,9−10 .... 175, 178
17,10............ 175, 201
17,11 ff. .... 174, 176−178, 201
17,11.12 aα 203
17,11−18 .... 34, 201
17,11−21 220
17,11−24 .... 201, 202
17,12................ 36
17,12 aβ 203
17,12 b 203
17,12−15 201
17,13 aβbα.14 b.15 bβ .. 202
17,16 ff. 206
17,16−18 .... 201, 202
17,17.... 35, 125, 202−204
17,18 bβ 202
17,19............ 35, 204
17,19−21 ... 35, 36, 39−41, 43, 53, 196, 201, 202
17,19−21.22−24* 42
17,19−24 ...... 43, 44, 121
17,20 f. 35, 39
17,20 a 35, 204
17,20.......... 35, 45, 218
17,20.21 .... 35, 203
17,21 aα 204
17,21.............. 39, 50
17,22...... 40, 42, 45, 184
17,22−24* 43, 201
17,22−24 ... 34, 40, 42, 43, 46, 47, 53, 120, 127, 130, 180, 184, 204
17,23 aβ 41
17,24..... 41, 167, 198, 250
18/19 176
18* 27
18 ... 25, 33, 45, 47, 50, 55, 56, 126, 128, 139, 140, 176, 219−222, 226−228, 231, 240, 243, 244
18,1 ff. 117

18,1−13* ... 223−225, 230, 241
18,1−13.... 223−225, 231, 240
18,1−20.... 139, 221−223, 229, 240, 242
18,1 140
18,2 .... 222, 223, 224, 226, 228−236, 238, 239, 241
18,2.3 56
18,3−13* 239, 241
18,3−13 241
18,3−20 56
18,4.20 240
18,5 ff. 227, 228
18,5 .... 225, 227
18,5−13* 230
18,5.19.21.27 227
18,5−20 223
18,5.7aα.8.9* 229, 241
18,5−9* 229
18,5−9.......... 223, 224
18,6 225
18,6.11 51
18,6.11.15............ 244
18,6.15 227
18,7.12 227
18,7.8 225
18,10 a.12 aα.13 bβ 229, 241
18,10−13* 229
18,10−13 .... 223, 224
18,10................ 227
18,11 b.12 b.15 225
18,12................ 227
18,12 a.13 a 225
18,13................ 223
18,14−20 ... 223−225, 231, 241, 242
18,16,17 a 225
18,17.18.19.20 223
18,17−20 .... 223, 224
18,18−20 221
18,19 a 231
18,19 b 227
18,19...... 223−225, 227, 231−234, 242
18,20 baβ 223

18,20Ende 222
18,21 ff. ... 24, 32, 45, 221, 222, 239, 240, 242, 243
18,21−24 32
18,21−29 56
18,21−31 222
18,21−32.... 139, 222, 231, 239, 242, 243
18,23.32 240
18,24............ 35, 203, 221
18,30 ff. 50
18,30 f. 53
18,30................ 51
18,30 b 221
18,30−31 56
18,31................ 90
19/15* 174
19/21 f. 55, 173
19/31* 214, 215
19* 126, 184, 190, 204, 217, 228, 230
19 ... 55, 140, 156, 158, 159, 183, 185, 189, 190, 191, 195, 196, 217, 218−222, 225, 228, 230, 250
19,1 55,146
19,1−10 196
19,1−14* 230
19,1−14..... 139, 157, 229
19,1.14 217
19,1−9* 191, 197, 217, 249
19,1−9 ..... 140, 141, 143, 144, 146, 148, 150, 151, 158, 182, 230
19,1−9.10−14.... 200, 213
19,2 ff. 144
19,2 aα 145, 146
19,2 .... 152, 235
19,2−4 141
19,2.5 b.6.7 b.8*.9* 149
19,2.5 b.6.7 b.8−9* 156, 189, 190
19,2.5 b.6.7 b.8−9 191
19,2−9* 217
19,2−9 145
19,3 a 142
19,3 b 142

19,3 143
19,4 .... 142, 143
19,4 bβ 148
19,4 b 142
19,5 a 148
19,5 b 142
19,5 b−9 .... 141, 145
19,6 b 142
19,7 a 141, 144, 149
19,7 b 189
19,8 b.9 41
19,8.9 ... 35, 202−204, 218
19,9 189
19,9 aβ 143
19,9 b 153
19,10 ff. 127, 165
19,10 .... 174, 176, 188
19,10−11 214
19,10.11 aα 175
19,10.13 .... 41, 175
19,10−14* .. 156−158, 215,
                249
19,10−14 ..... 55, 126, 138,
   139, 151−153, 155, 156,
   158, 169, 171, 173, 191,
   199, 212, 230, 239, 241
19,11 aβb 153, 175, 182,
                197, 199
19,11 aβ 190, 199
19,11............... 189
19,12 aα 153
19,12........ 55, 175, 206
19,12−14 175
19,14 b 217
19,14............... 189
20* 62, 80
20 .. 5, 8, 33, 36, 38, 44, 51,
   54−58, 64−70, 72−77,
   79−81, 86, 94, 132, 134,
                238, 247
20,1 .... 58, 59
20,1−3 ..... 59, 65, 75, 132
20,1−31* 66, 76, 132
20,1−31 .... 63, 68, 81
20,1−44 .... 48, 58
20,1−3.30 ff. 50, 56
20,1−3.30 f..... 51, 65, 66,
                75, 76

20,2.3 58
20,3 b 59
20,4 .... 55, 56, 60
20,4 a 55
20,4 b 59
20,4−29 60
20,5−23.[24−29] ... 65, 75
20,5 ff. 60, 80
20,5 .... 68, 69, 74
20,5−10 73
20,5 f.15.23 69
20,5−6 72
20,5.7.19.20 69
20,5−9 72
20,5.19 68
20,5−22 63
20,5−24 .... 61−63, 65, 76,
                132
20,5−29 .... 59, 65, 66, 75,
                132
20,5.30.39.40 56
20,6 73
20,6.7.12.19.20 62
20,7 ff. 56, 69
20,7 68
20,7.8 66
20,7.16.18.24 59
20,7.16.18.24.30.31...... 57
20,7.18 .... 59, 79
20,7.18.30.31.43 ..... 63, 81
20,8 93
20,8.13.21 ... 36, 55, 59, 61,
                66, 79
20,8 b.9 61
20,9 f................. 62
20,9 73
20,9.14.22 .... 64, 74, 79
20,10............... 61
20,11 f. 62
20,11.13.21 33
20,11.13.16.18−21.24 ... 57
20,13 b.14 61
20,14 ff. 62
20,15−17 61
20,18−20 .... 62, 68
20,21 b.22 61
20,22 f............... 62,76
20,22.23 81

20,23 f. .... 61−63
20,23.... 54, 62, 65, 68, 73,
            76, 79, 131, 132
20,23.30 f.............. 63
20,23.34.41 57
20,25 f................ 61
20,27 .... 35, 203
20,27−29 .... 61, 140
20,28.42 69
20,30 ff. 64
20,30 f. .. 59, 60, 65, 66, 75,
                132
20,30.31 .... 59, 67
20,30.39 64
20,30 a.43 63
20,31............... 59
20,31 a 59
20,32 ff. 63, 80
20,32 f. 117
20,32−38 63
20,32−44 .. 66, 76, 132, 140
20,34............... 68
20,34.38 59
20,34.41 .... 48, 54, 131
20,35............... 54
20,35−38 64
20,38............. 53, 94
20,38.42.44 50
20,39 f................ 64
20,39............... 64
20,39−44 63
20,40 ff. 63
20,40..... 41, 64, 66, 76, 86
20,42.44 117
20,44............. 63, 81
21/22 55
21 .... 51, 57, 140
21,1 ff. 173
21,1−5* 55, 126, 127
21,1−22 51
21.4.10 84
21,6.25 55
21,13−22 193
21,17.30 55
21,22............... 55
21,23−27 ..... 12, 31, 125
21,23−32 57
21,29............. 57, 159

21,30 ff. 198, 219
21,34. 103
21,36. 55
22 . . . . 51, 56, 57
22,1 − 16 . . . . 57, 139
22,2 ff. 51
22,2 . . . . 51, 55, 57, 60
22,2.6.9 a.12.13. 57
22,3 ff. 55
22,6 ff. 51
22,6 − 12 227
22,6 ff.25 ff. 55
22,7.12 57
22,8.9 b 57
22,10.11 57
22,15 f. 54, 131
22,15. . . . . 48, 77, 134
22,17 − 23 57
22,19. 159
22,20. 160
22,20.22 55
22,23 ff. 51
22,23 − 31 . . . . . . 53, 57, 227
22,24.32 57
22,28 ff. 128
22,28. 103
22,30. 57
22,31. 55
23* 211, 216, 217, 249
23 . . . . 51, 56, 204, 205,
           207 − 212, 214, 216,
           217, 238
23,1 ff. 206
23,1 − 10 209
23,1 − 27 . . . . 204 − 206, 208,
           211
23,1 − 49 11
23,2 140
23,7 39
23,9 f. 206
23,11. 209
23,11 − 21* 206, 207
23,11 − 27* 213
23,11 − 27 . . . . 205, 209, 210,
           212, 215
23,11 ff. 210
23,14 − 17 a 205
23,16. 210

23,17 b.19.20 205
23,22 ff 12, 31, 125, 206
23,24 b 207
23,25 aβ ff. 206
23,25 aβ 207
23,25. 55
23,35. 159
23,36. . . . . 55, 60
23,40 ff. 204
23,40 abα 210
23,40 − 45* 210
23,42. . . . . 210, 211
23,42 b 214
23,44 a 210
23,44. 214
23,46 − 49 186
24/33 . . . . 66, 76, 132
24* 34, 45, 53, 125, 128
24 . . . . 11, 27, 32
24,1 ff.* 107
24,1 . . . . . . 12, 13, 15, 125
24,1 − 2 . . . . 11, 12
24,1 − 14* 126
24,1 − 14 . . . . 13, 129
24,1 − 24 19
24,1 − 27 20
24,1 − 27/33, 21 − 29* . . . 26
24,1.3 − 24* 19, 20
24,1.3 − 24.25 − 27* 31
24,1.3 − 24 . . 15, 26, 27, 30,
           31
24,1 − 3.25 − 27. 51
24,2 . . . . 12, 19, 45
24,3 ff. 13
24,3 aα 13
24,3 36
24,3 − 14 15
24,3 − 14.15 − 24* 19
24,3 − 24* 19
24,3 − 24 15
24,3 − 27 13
24,4 f. 39
24,6.9 51
24,13 f. 51
24,14. . . . . 81, 133
24,15 ff. 51
24,15 − 24.25 − 27* 30
24,15 − 24 . . . . 14, 15, 18, 28

24,15 − 27 14
24,16. 18
24,16.17 14
24,16 − 24* 31
24,18 aα 14
24,18. 14
24,19. 14
24,21 17
24,21 b 14, 19
24,21.24 29
24,22 f. 14
24,22 − 23 14
24,22.23.25Ende.26 45
24,23. . . . . . 33, 53, 221, 242
24,24. 50
24,24 − 27 3
24,25. . . . . 15, 18
24,25 − 27/33,21 ff. 53
24,25 − 27* . . 19 − 22, 26, 28,
           30 − 32, 34, 44, 121,
           126, 248
24,25 − 27 . . . . 4, 5, 11,
           15 − 17, 19, 21 − 23, 26,
           27, 29, 32, 52, 53, 88, 125
24,26. 18
24,27 a 28
24,27. . . . 15, 16, 18, 23, 30,
           34
25 − 32 . . . . . . 4, 20, 47, 52
25 ff. 17
25 . . . . 53, 83, 221
25,7.11.14 84
25,12 − 14 . . . . 78, 110
25,13.16 159
25,16. 39
25,17. 117
26,3 159
26,6 84
26,17. 140
26,19 ff. 187
27,2 140
27,3 b − 9.26 − 34.36 191
27,11. 171
27,32. . . . . 140, 152
28,1 − 19 192
28,6 159
28,11 − 19 192
28,12. 140

28,12−19 191
28,13 192
28,17 192
28,22 f. 84
28,22.28 117
28,24 85
28,25 f. 48, 77
28,25 . . . . 48, 54, 131
29,6.9 84
29,8 159
29,21 . . . . 30, 85
30,3 103
30,8.19.25.26 84
30,8.25 117
30,15 17
31 . . . . . 169, 184−191, 197,
            204, 214
31* . . . . 153, 183, 188−191,
    196, 197, 199, 211−213,
       217, 228, 230, 249
31,1 ff. 167
31,1−14 167
31,1−9* 214
31,2 ff. 192
31,2 152
31,2−9 184
31,2−13 153
31,2 a.3.4.6.7.8 aα1.b. 12.13
            187
31,2 b−9 185
31,3 . . . . 153, 182, 184, 190
31,3−8 . . . . 185, 186
31, 4 a 188
31,4 187
31,5 185
31,5.7 174
31,5.8 aα.9 187
31,5.10 aβ.b 199
31,6 aα 153, 189
31,6 189
31,8 187
31,9 182
31,10 f. 187
31,10 . . . . 159, 184
31,10−14 . . . . 185, 186
31.11 b 186
31,11−12 186
31,12 f. 186, 193

31,12 . . . . 167, 214
31,12−13* 188
31,13 a 153, 189
31,13 189
31,14 a 187
31,14 . . . . 184, 186
31,14 b−18 187
31,15−18 . . . . 185, 186
31,16 39
32 24
32,2 . . . . 140, 147, 152, 190
32,15 . . . . 84, 117
32,16 140
32,17 ff. 187
33 . . . . . . 4, 11, 20, 221, 227
33 ff. 4
33,1 32
33,1 ff. 89, 243
33,1−6 . . . . 32, 33
33,1−20 . . . . 21, 22, 24, 26,
         32, 33, 47, 139, 244
33,1−20.21 f 32, 33
33,1−22 . . . . 24, 25
33,1−29 27
33,7 ff 24, 33
33,7 . . . . 21, 33
33,7−9 . . . . 32, 33
33,10 . . 33, 52, 117, 127, 242
33,10 ff. 117
33,10−20 . . . . 33, 222
33,15 33
33,16 ff. 113
33,17−20 33
33,21 ff. . . . 3, 5, 11, 52, 53,
             88, 121
33,21 f. 4, 7, 16, 17,
    20−24, 29, 32, 34, 53
33,21 . . . . . 15, 18, 21, 26, 37
33,21−22 11
33,21 f.23−29 21
33,21.23−29 22
33,21−29 . . . . 7, 10, 21, 22,
26, 36, 37, 43, 44, 53, 108,
            120, 121
33,22 aα 21
33,22 . . . . 22, 23, 26, 91
33,22 b 16, 21
33,23 ff. 4, 21, 22, 26

33,23 f. 8
33,23−29 . . . . . . 4, 10, 11,
         21−23, 52, 110
33,24 ff. 110
33,24 21
33,24.27 10
33,25 f. 21
33,25 52
33,27 ff. 11
33,27 . . . . 4, 52, 110
33,28 f. 7
33,29 . . . . 21, 117
33,30 ff. 118
33,30−33 108
33,33 94
33,37 7
34−39 121
34 ff. 4
34 . . . . 16, 77, 102, 108, 109,
            247
34,1 110
34,1−6 108
34,7−10 108
34,11−16 108
34,12 160
34,12 b−14 108
34,13 f. 78
34,13 . . . 48, 54, 77, 131, 134
34,14 41
34,17−22 . . . . 108, 109
34,18 37
34,20 159
34,23 f. 42, 108
34,25 ff. 110
34,25−31 108
34,25−30 109
34,27 . . . . 78, 109, 117
35 . . . . 78, 109, 110
35,1 . . . . 77, 110
35,1−15* 110
35,1−15 78
35,1−36,15 110
35,2.3.7 . . . . 78, 109
35,3.4.12.15 7
35,4 84
35,10.12 109
35,10 . . . . 78, 109, 110
35,12 78

35,15 109
36 . . . . 44, 78, 109, 247
36,1−5 110
36,1−6 79
36,1−15* 78, 107, 119, 127, 128
36,1−15 . . . . 78, 79, 82, 88, 107, 110, 118, 122, 123
36,1−23 a 112
36,1.4.8 78
36,2−5 109
36,2 f.5 110
36,3.4.5 . . . . 39, 84, 85
36,4 . . . . 78, 109, 110
36,4.10.12 110
36,6 159
36,6.7 78,109
36,7 85
36,8 . . . . 78, 109
36,8 b 110
36,10 109
36,11 50
36,11.12 78,109
36,13−15 . . . . 78, 109
36,13 50
36,15 ff. 121
36,16 ff. . . . . 77−81, 83, 88, 121
36,16 f. 8, 79
36,16−23 a.bα . . 80, 81, 83, 84, 86−88, 107, 122, 133, 134
36,16−23 a 81, 247
36,16−23 79
36,16−32 . . . . 5, 48, 77
36,17 f. 80
36,18 f. 80, 133
36,18 . . . . 63, 79
36,19 ff. 107
36,19 . . . . 79, 80, 131
36,19 b 63, 81, 82
36,20 ff. 80
36,20 . . . . 79, 85
36,20−23 64
36,22 ff. 80
36,23 a.bα 84
36,23 84
36,23 b ff. 134, 247

36,23 bβ ff. 80
36,23 bβ−32 84
36,23 bβ−38 . . . 86, 88, 122
36,24 . . . . 48, 54, 131
36,26 . . . . 90, 117
36,27 . . . . 115, 117
36,29 b.30 110
36,30 . . . . 78, 109
36,33−36 84
36,36 . . . . 39, 84, 85
37* . . . 88, 95, 101, 102, 107, 130
37 . . . . . 86, 88, 89, 99, 100, 101, 107, 108, 110, 122
37,1 . . . . . 89, 91, 100, 110
37,1−10* 119, 123
37,1−10 . . . . 111, 113, 114, 116, 118, 244
37,1−14* 80, 101, 102, 122
37,1−14 . . 44, 107, 119, 123
37,1−15 89
37,1−28 112
37,3 ff. 102
37,4 111
37,5 f. 112
37,6 50
37,7 a.8 b−10 a 111
37,7 b.8* 102
37,10 . . . . 118, 123
37,11 a 115
37,11 . . . . 102, 114, 148
37,11 ff. 113
37,11−14* . . . 116, 118, 123, 128
37,11−14 . . . 102, 112−114, 117−119, 127
37,11 b ff. 114
37,11 b 114, 118, 119
37,11 b−14* 115
37,12 f. 113
37,12 . . . . 48, 54
37,12 aβb.13 115
37,12 b 116, 117
37,13 116
37,13 b−14 115
37,14 aα 115
37,14 aβ 116

37,14 102
37,15 ff 121
37,15 112
37,15−19 112
37,15−22 125
37,15−28 112
37,21 f. 112
37,21 . . . . 48, 77
37,22 78
37,24 f. 42
37,28 84
38/39* . . . . 86−88, 122, 134
38/39 . . . . 84−86, 112, 125, 134
38*/39* 107
38,3−7 84
38,8 85
38,8.9.10.11.16 b 85
38,12.16 a 85
38,14 18
38,16 . . . . 84, 85
38,18 ff. 85
38,23 . . . . 84, 85
39,1−2 84
39,1−5 85
39,2.4.17 85
39,6.7 . . . . 84, 85
39,14 37
39,17−20 85
39,23 203
39,23.26 35
39,23.27 85
39,25 ff 48, 54, 131
39,26 203
39,28 117
40−48 . . . . 86, 88, 112, 122
40 ff. 101
40 112
40,1 ff. 44
40,1 b 100, 110
40,1 . . . . 21, 37, 91
40,2 40
45,9 227
48,15.18.21 37

Dan
3,33Lxx 30
9,15 . . . . 72, 83
11,15 39

Hos

1–3 205
2 205
2,4 140
2,15 205
4,13 216
6,1–3 195
9,13 164
9,16 164
10,1 164
10,1 f. 165
13,15 .... 154, 175, 193

Joel

1,6 165
1,7 .... 156, 165
1,15 103
2,1 103
4,14 103

Am

3,3 ff. 163
3,7 251
3,12 .... 160, 164
5,2 212
5,18–20 163
7,1–3 110
7,4–6 110
7,8 110
7,17 214
8,2 110

Ob

15 103

Jon

4,8 175

Mi

7,10 70

Nah

2,12 ff. 144
3,4 ff. 213

Hab

2,1–5 32

Zeph

1,7 103
3,1–5 227

Sach

6,10 37
11,1 f. 167
11,1–3 .... 185, 190

Mal

3,19 175